HELMUT SATZGER

Der Submissionsbetrug

Strafrechtliche Abhandlungen · Neue Folge

Herausgegeben von Dr. Eberhard Schmidhäuser
em. ord. Professor der Rechte an der Universität Hamburg

und Dr. Friedrich-Christian Schroeder
ord. Professor der Rechte an der Universität Regensburg

in Zusammenarbeit mit den Strafrechtslehrern der deutschen Universitäten

Band 93

Der Submissionsbetrug

Eine Untersuchung zur Strafbarkeit von Manipulationen bei Ausschreibungsverfahren als Betrug

Von

Helmut Satzger

Duncker & Humblot · Berlin

Zur Aufnahme in die Reihe empfohlen von
Prof. Dr. Werner Beulke, Passau

Die Deutsche Bibliothek – CIP-Einheitsaufnahme

Satzger, Helmut:
Der Submissionsbetrug : eine Untersuchung zur Strafbarkeit von Manipulationen bei Ausschreibungsverfahren als Betrug / von Helmut Satzger. – Berlin : Duncker und Humblot, 1994
(Strafrechtliche Abhandlungen ; N.F., Bd. 93)
Zugl.: Passau, Univ., Diss., 1993
ISBN 3-428-08225-7
NE: GT

Druckvorlage: W. März, Tübingen
Fotoprint: Color-Druck Dorfi GmbH, Berlin
Printed in Germany

ISSN 0720-7271
ISBN 3-428-08225-7

Gedruckt auf alterungsbeständigem (säurefreiem) Papier
gemäß der ANSI-Norm für Bibliotheken

Meinen Eltern

Vorwort

Die vorliegende Arbeit wurde im Wintersemester 1993/94 von der Juristischen Fakultät der Universität Passau als Dissertation angenommen.

Mein ganz besonderer Dank gilt Herrn Prof. Dr. *Werner Beulke*, der die Bearbeitung dieses überaus interessanten Themas anregte, mir während der gesamten Entstehungszeit mit Rat und Tat zur Seite stand und mich in jeder erdenklichen Weise unterstützte und förderte. Auch Herrn Prof. Dr. *Bernhard Haffke* danke ich für die zügige Erstellung des Zweitgutachtens.

Für ein allzeit offenes Ohr für meine Ideen und Probleme, für viele fruchtbare Diskussionen und für eifrige Hilfe beim Korrekturlesen bin ich meinen Passauer Freunden zu großem Dank verpflichtet, insbesondere Frau *Katharina Peter*, Herrn Dr. *Dietmar Nolting*, Herrn *Christoph Schuch* sowie Frau *Andrea Weiß*. Meinen Eltern, denen ich meine gesamte Ausbildung verdanke, möchte ich diese Arbeit in tiefer Dankbarkeit widmen.

Für die Aufnahme der Dissertation in die Reihe „Strafrechtliche Abhandlungen N.F." danke ich den Herausgebern, Herrn Prof. Dr. *Friedrich Christian Schroeder* und Herrn Prof. Dr. *Eberhard Schmidhauser*, ganz herzlich.

Berlin, im April 1994 *Helmut Satzger*

Inhaltsverzeichnis

Abkürzungsverzeichnis

a.A.	anderer Ansicht
a.a.O.	am angegebenen Ort
ABl.	Amtsblatt der Europäischen Gemeinschaften
Abs.	Absatz
AcP	Archiv für civilistische Praxis
AG	Amtsgericht
AGB	Allgemeine Geschäftsbedingungen
AGBG	Gesetz zur Regelung der Allgemeinen Geschäftsbedingungen
Anm.	Anmerkung
Art.	Artikel
AT	Allgemeiner Teil
AO	Abgabenordnung
BAnz.	Bundesanzeiger
BauR	Baurecht, Zeitschrift für das gesamte öffentliche und zivile Baurecht
BayGO	Gemeindeordnung für den Freistaat Bayern
BayHO	Haushaltsordnung des Freistaates Bayern
BayObLG	Bayerisches Oberstes Landesgericht
BB	Betriebsberater
BGB	Bürgerliches Gesetzbuch
BGBl.	Bundesgesetzblatt
BGH	Bundesgerichtshof
BGHR	BGH-Rechtsprechung, hrsg. von den Richtern des Bundesgerichtshofes
BGHSt	Entscheidungen des Bundesgerichtshofes in Strafsachen
BGHZ	Entscheidungen des Bundesgerichtshofes in Zivilsachen
BHO	Bundeshaushaltsordnung
BKA	Bundeskriminalamt
BKartA	Bundeskartellamt

BMJ	Bundesministerium der Justiz
BT	Besonderer Teil
BT-Drs.	Drucksachen des Deutschen Bundestages
BStBl.	Bundessteuerblatt
BVerfG	Bundesverfassungsgericht
BVerfGE	Entscheidung des Bundesverfassungsgerichts
BVerwG	Bundesverwaltungsgericht
bzgl.	bezüglich
bzw.	beziehungsweise
c.i.c.	culpa in contrahendo
DB	Der Betrieb
ders.	derselbe
d.h.	das heißt
Diss.	Dissertation
DStZ	Deutsche Steuer-Zeitung
DWiR	Deutsche Zeitschrift für Wirtschaftsrecht
EGV	Vertrag über die Europäische Gemeinschaft
Einl.	Einleitung
EuGH	Gerichtshof der Europäischen Gemeinschaften
evtl.	eventuell
EWiR	Entscheidungen zum Wirtschaftsrecht
f., ff.	folgend(e)
Fn.	Fußnote
fortgef.	fortgeführt
FS	Festschrift
GA	Goltdammer's Archiv
GG	Grundgesetz für die Bundesrepublik Deutschland
ggf.	gegebenenfalls
GK	Gemeinschaftskommentar (*Müller-Henneberg / Schwartz*)
GWB	Gesetz gegen Wettbewerbsbeschränkungen
h.A.	herrschende Ansicht
HGrG	Haushaltsgrundsätzegesetz
h.L.	herrschende Lehre

h.M.	herrschende Meinung
HRR	Höchstrichterliche Rechtsprechung
hrsg.	herausgegeben
i.d.F.	in der Fassung
i.d.R.	in der Regel
i.E.	im Ergebnis
i.e.	im einzelnen
I/M	*Immenga/Mestmäcker*, Kommentar zum GWB
i.S.d., i.S.v.	im Sinne der (des), im Sinne von
i.ü.	im übrigen
i.V.m.	in Verbindung mit
i.w.	im wesentlichen
JA	Juristische Arbeitsblätter für Ausbildung und Examen
JMBlNRW	Justizministerialblatt für Nordrhein-Westfalen
JR	Juristische Rundschau
Jura	Juristische Ausbildung
JuS	Juristische Schulung
JW	Juristische Wochenschrift
JZ	Juristenzeitung
KartellR	Kartell-Rundschau, Monatsschrift für Kartell- und Konzernwesen
KG	Kammergericht
Lbl.	Loseblattsammlung
LG	Landgericht
LK	Leipziger Kommentar
L/R	*Löwe/Rosenberg*, Strafprozeßordnung
LSP-Bau	Leitsätze für die Ermittlung von Preisen für Bauleistungen auf Grund von Selbskosten
MDR	Monatsschrift für Deutsches Recht
m.E.	meines Erachtens
MschrKrim.	Monatsschrift für Kriminologie und Strafrecht
MüKo	Münchener Kommentar zum BGB
m.w.N.	mit weiteren Nachweisen

NdschrStrKomm.	Niederschriften über die Sitzungen der Großen Strafrechtskommission
NJW	Neue Juristische Wochenschrift
Nr.	Nummer
NStZ	Neue Zeitschrift für Strafrecht
o.g.	oben genannte(r)
OGHSt	Entscheidungen des Obersten Gerichtshofes für die Britische Zone in Strafsachen
OLG	Oberlandesgericht
OrgKG	Gesetz zur Bekämpfung des illegalen Rauschgifthandels und anderer Erscheinungsformen der Organisierten Kriminalität
OWiG	Gesetz über Ordnungswidrigkeiten
RG	Reichsgericht
RGRK	Reichsgerichtsräte-Kommentar
RGSt	Entscheidungen des Reichsgerichts in Strafsachen
RGZ	Entscheidungen des Reichsgerichts in Zivilsachen
Rn.	Randnummer
Rs.	Rechtssache
S.	Seite
SK	Systematischer Kommentar zum Strafgesetzbuch
SK-StPO	Systematischer Kommentar zur Strafprozeßordnung und zum Gerichtsverfassungsgesetz
Slg.	Sammlung der Entscheidungen des EuGH
sog.	sogenannte(r)
S / S	*Schönke / Schröder*, Strafgesetzbuch
StGB	Strafgesetzbuch
StPO	Strafprozeßordnung
str.	strittig
StV	Strafverteidiger
SZ	Süddeutsche Zeitung
u.a.	unter anderem, und anderswo
u.U.	unter Umständen
UWG	Gesetz gegen den unlauteren Wettbewerb
v.	vom, von

v.a.	vor allem
VerwArch.	Verwaltungsarchiv
vgl.	vergleiche
VOB (/A)	Verdingungsordnung für Bauleistungen (Teil A)
VOL (/A)	Verdingungsordnung für Leistungen (Teil A)
WiKG	Wirtschaftskriminalitätsgesetz
WirtschaftsKrim.	Wirtschaftskriminalität
WiStG	Wirtschaftsstrafgesetz
wistra	Zeitschrift für Wirtschaft, Steuer, Strafrecht
WM	Wertpapier-Mitteilungen
WuW/E	Wirtschaft und Wettbewerb — Entscheidungssammlung zum Kartellrecht
z.B.	zum Beispiel
ZfBR	Zeitschrift für deutsches und internationales Baurecht
ZGR	Zeitschrift für Unternehmens- und Gesellschaftsrecht
ZHR	Zeitschrift für das gesamte Handelsrecht und Wirtschaftsrecht
ZIP	Zeitschrift für Wirtschaftsrecht und Insolvenzpraxis
ZPO	Zivilprozeßordnung
ZRP	Zeitschrift für Rechtspolitik
ZStW	Zeitschrift für die gesamte Strafrechtswissenschaft
z.T.	zum Teil

A. Einleitung

„Das StGB darf nicht länger ein Gesetzbuch allein gegen die Armen und Dummen sein, denen nichts besseres einfällt, als dem Nachbarn mit plumper Hand in die Tasche zu greifen".[1] Dieser Appell Baumanns, auch wenn er schon vor über 20 Jahren geäußert wurde, hat bis heute nichts von seiner Aktualität eingebüßt. Trotz zweier Wirtschaftskriminalitätsgesetze in der Zwischenzeit scheint es zumindest nach wie vor so, daß man einiger Formen komplexer, intelligenter Wirtschaftskriminalität mit dem Strafgesetzbuch nicht Herr werden kann. Und doch: Unsere Gesellschaft hat gerade in jüngster Zeit der Organisierten Kriminalität und der Korruption den Kampf angesagt.[2] Damit rückt auch der Submissionsbetrug in den Mittelpunkt des allgemeinen Interesses, denn zum einen unterfällt ein Großteil der Manipulationen bei Ausschreibungsverfahren dem Begriff der „Organisierten Kriminalität", der die von Gewinn- oder Machtstreben bestimmte planmäßige Begehung von Straftaten erfaßt, die einzeln oder in ihrer Gesamtheit von erheblicher Bedeutung sind, wenn mehr als zwei Beteiligte auf längere oder unbestimmte Dauer arbeitsteilig ... unter Einflußnahme auf Politik, Medien, öffentliche Verwaltung, Justiz oder Wirtschaft zusammenwirken.[3] Zum anderen entstammt eine Vielzahl in Erscheinung tretender Korruptionsfälle dem Bereich der öffentlichen Auftragsvergabe.[4]

Bis in die Gegenwart hinein sind immer wieder bedeutsame Unregelmäßigkeiten bei der Auftragsvergabe aufgedeckt worden und in die Schlagzeilen

---

[1] *Baumann*, JZ 1972, 2.

[2] Vgl. z.B. den Erlaß eines OrgKG, durch das zum einen – materiell – der Straftatbestand der Geldwäsche sowie Vermögensstrafe und erweiterer Verfall eingeführt wurden; wichtiger aber sind die formellrechtlichen Regelungen, die den Strafverfolgungsbehörden ihre Aufgabe erleichtern sollen, so durch Einsatz Verdeckter Ermittler, Rasterfahndung, Einsatz technischer Mittel und Verbesserung des Zeugenschutzes. Vgl. weiterhin den Einsatz mobiler Prüfgruppen in der Frankfurter Kommunalverwaltung, die mit erfahrenen Verwaltungsbeamten und technischen Spezialisten besetzt ist, um Korruption und deren Folgen im Zusammenhang mit kommunalen Bauaufträgen aufzuspüren; vgl. *Herbig*, VerwArch. 1989, 389; zu weiteren Maßnahmen und Vorschlägen vgl. *Seidel*, Kriminalistik 1993, 2 ff.

[3] Auszug aus der umfassenden Definition der Arbeitsgruppe Justiz/Polizei aus dem Jahre 1990, vgl. bei *Gehm/Link*, Kriminalistik 1992, 491.

[4] Vgl. nur *Seidel*, Kriminalistik 1993, 2, insb. S. 6; *Herbig*, VerwArch. 1989, 381 ff.

geraten.[5] Und gleichwohl kann man sich des Eindrucks nicht erwehren, daß Rudolf Gerhardt Recht hat, wenn er schreibt: „Die Mühlen der Gerechtigkeit mahlen langsam. Ganz besonders langsam – wenn überhaupt – mahlen sie aber, wenn es Wirtschaftsstrafsachen sind, die in ihr Räderwerk gelangen."[6] In bezug auf den Submissionsbetrug allerdings hat der BGH am 8.1.1992 mit seiner vielbeachteten Entscheidung[7] wenn nicht einen „Kanonenschlag", dann zumindest doch ein „Donnergrollen" ausgelöst,[8] das eine Kehrtwende in diesem Bereich einläuten könnte und auch Anlaß für die vorliegende Untersuchung gab. Der BGH hatte zum ersten Mal ausdrücklich erklärt, Preisabsprachen bei Submissionen könnten den Tatbestand des § 263 StGB erfüllen und als Betrug zu Lasten des Ausschreibenden strafbar sein. Damit endet ein jahrzehntelanger „Dornröschenschlaf" des Strafrechts in bezug auf diese Art von Ausschreibungsmanipulation, an dessen Ungestörtheit das oberste Strafgericht selbst durch ein Urteil aus dem Jahre 1961[9] wesentlichen Anteil hat.

Hingegen sind in der Literatur die Stimmen nie verstummt, die in den Submissionsabsprachen einen strafbaren Betrug sehen wollten. Im Mittelpunkt der Diskussion um die Strafbarkeit solcher Absprachen stand jedoch die rechtspolitische Frage, ob ein eigener Tatbestand des „Submissionsbetrugs" in das StGB Aufnahme finden sollte.[10] Seit 1922 enthielten nahezu alle Entwürfe eines Strafgesetzbuchs einen solchen speziellen Tatbestand – bis heute allerdings ohne Erfolg. Nach dem Zweiten Weltkrieg beschäftigte sich die Große Strafrechtskommission, die sich am 6.4.1954 konstituierte, mit dem Ausschreibungsbetrug, wobei diese es als „schweren Fehler des Gesetzgebers" ansah, „zweifellos kriminelle Sachverhalte" im Kartellrecht als bloße Ordnungswidrigkeiten zu behandeln und empfahl folglich die Einführung eines Sondertatbestands, der u.a. die Einflußnahme auf die öffentliche Auf-

---

[5] So z.B. das süddeutsche Zementkartell, Handelsblatt vom 17.7.1989, S. 1 und 10; die Münchener Schmiergeldprozesse, Die Zeit Nr. 9 vom 21.2.1992, SZ Nr. 135 vom 16.6.1993, S. 46, sowie SZ Nr. 159 vom 14.7.1993, S. 36.

[6] *Rudolf Gerhardt*, Die Zeit Nr. 11 vom 6.3.1992, S. 35.

[7] BGHSt 38, 186 = NJW 1992, 921 = BauR 1992, 383 = BB 1992, 234 = DWiR 1992, 117 = EWiR § 263 StGB 1/92, 295 = JZ 1993, 420 = NStZ 1993, 40 = wistra 1992, 98 = WM 1992, 372 = ZfBR 1992, 126 = ZIP 1992, 266. Im folgenden wird diese Entscheidung nach der NJW-Fundstelle zitiert, da die Entscheidungsgründe in BGHSt 38, 186 nur unvollständig abgedruckt sind.

[8] Vgl. *Tiedemann*, ZRP 1992, 151; *Rudolf Gerhardt*, Die Zeit Nr. 11 vom 6.3.1992, S. 35.

[9] BGHSt 16, 367.

[10] Dazu und zum folgenden ausführlich *Franzen*, Die Strafbarkeit und Strafwürdigkeit von Submissionskartellen und Bietungsabkommen; *Möschel*, Zur Problematik einer Kriminalisierung von Submissionsabsprachen, *R. Schmid*, Der Ausschreibungsbetrug als ein Problem der Strafgesetzgebung.

tragsvergabe unter Strafe stellen sollte (Entwurf eines § 270 StGB aus dem Jahre 1959). Mit geringfügigen Änderungen wurde dieser Entwurf in die Regierungsentwürfe 1960 und 1962 als „§ 270 Unlautere Einflußnahme auf Versteigerungen und Vergaben" übernommen; dieser konnte aber nicht alle parlamentarischen Hürden überwinden. Anfang 1975 legte die Regierung den Entwurf eines 1. WiKG vor, der jedoch keine einschlägigen Bestimmungen enthielt. Allerdings hatte das Bundesjustizministerium bereits 1972 eine unabhängige Sachverständigenkommission zur Bekämpfung der Wirtschaftskriminalität eingesetzt, deren Empfehlungen in bezug auf die Schaffung eines Tatbestands des Ausschreibungsbetrugs die Referentenentwürfe des Bundesjustizministeriums für ein 2. WiKG (von 1978, 1979 und 1980) ebenso beeinflußten wie der Alternativentwurf der Strafrechtslehrer, der weitgehend auf den Vorarbeiten von Tiedemann beruhte und ebenfalls die Schaffung eines Sondertatbestandes empfahl. Allerdings teilte das Wirtschaftsministerium, damals unter der Leitung von Graf Lambsdorff, die Ansicht des Justizministeriums nicht; es sprach sich vielmehr energisch gegen eine Pönalisierung solchen Verhaltens aus. Bei den Beratungen des 2. WiKG hat der Gesetzgeber es dann auch schließlich abgelehnt, den Tatbestand des Ausschreibungsbetruges einzuführen,[11] und alle diesbezüglichen Empfehlungen und Entwürfe verschwanden in der Versenkung. Auch jetzt, nach der vielbeachteten BGH-Entscheidung, bestehen keine Pläne, das StGB durch einen solchen Spezialtatbestand zu ergänzen.[12]

Angesichts der Untätigkeit des Gesetzgebers auf diesem Gebiet erlangte die Frage, ob Manipulationen bei Submissionsverfahren bereits durch den allgemeinen Betrugstatbestand erfaßt werden können, in der Literatur bereits früh gesteigerte Aufmerksamkeit.[13] Der BGH hatte sich aus diesem Streit sozusagen selbst ausgeschaltet, indem er mit einem Freispruch mangels Schadensnachweises in einem besonders gelagerten Fall im Jahre 1963 bei den Strafverfolgungsorganen den Eindruck erweckte, Submissionsabsprachen könnten generell nicht als Betrug bestraft werden. Aus diesem Grund wurden von den Staatsanwaltschaften lange Jahre keine Verfahren eingeleitet. Erst nach gut 30 Jahren erhielt der BGH jetzt Gelegenheit, erneut zu diesem Thema Stellung zu nehmen.

Bislang fehlte eine monographische Untersuchung der Strafbarkeit von unlauteren Einflußnahmen auf Ausschreibungsverfahren. Diese Lücke soll mit der vorliegenden Arbeit geschlossen werden. Dabei möchte ich die Betrach-

[11] Vgl. den Ausschußbericht, BT-Drs. 10/5058, S. 31.

[12] Auskunft des BMJ vom 29.1.1993.

[13] Vgl. nur *Gutmann*, MDR 1963, 6; *Baumann/Arzt*, ZHR 1970, 24 ff.; *Eichler*, BB 1972, 1347.

tungen nicht allein auf Submissionsabsprachen beschränken, wenngleich der höchst problematische Schadensnachweis bei diesen Fallgestaltungen im Mittelpunkt der Ausführungen steht. Vielmehr liegt der Untersuchung eine Unterscheidung in horizontale und vertikale Einflußnahmen auf das Vergabeverfahren zugrunde, die zwar ansonsten nur selten getroffen wird, die m.E. aber grundlegend für das Verständnis und die strafrechtliche Beurteilung ist, da die Problemstellung jeweils eine deutlich andere ist.

Hierdurch ist auch der Gang der Arbeit vorgezeichnet: Nach einigen allgemeinen Ausführungen zum Ausschreibungsverfahren im ersten Teil befasse ich mich im zweiten Teil der Arbeit mit der horizontalen Einflußnahme auf das Submissionsverfahren, also mit den Submissionsabsprachen. Im dritten und letzten Teil werden dann die vertikalen Manipulationen auf ihre Strafbarkeit nach § 263 StGB untersucht. Diese unterscheiden sich von Preisabsprachen i.w. dadurch, daß korrumpierender Einfluß auf einen Bediensteten der Vergabestelle genommen wird und erst durch dessen Verhalten das Ausschreibungsverfahren und dessen Ausgang beeinflußt werden kann.

B. Allgemeines zur Ausschreibung

I. Begriff, Sinn und Zweck einer Ausschreibung

Unter einer Ausschreibung versteht man ein Verfahren, bei dem durch individuelle Aufforderung bzw. öffentliche Bekanntmachung Interessenten aufgefordert werden, Angebote auf eine gewünschte Lieferung oder Leistung schriftlich einzureichen, wobei diese Angebote zu einem bestimmten Termin gemeinsam geöffnet werden und derjenige Anbieter den Zuschlag erhält, dessen Angebot nach Preis und sonstigen Umständen am annehmbarsten erscheint.[1] Anstelle des Begriffs „Ausschreibung" werden gleichbedeutend die Worte „Submission" und „Verdingung" gebraucht.[2]

Je nach der Anzahl der durch den Ausschreibenden zum Angebot aufgeforderten Unternehmer kann die Ausschreibung *öffentlich* sein, d.h. die Aufforderung zur Angebotsabgabe ergeht an eine unbeschränkte Anzahl von potentiellen Anbietern, oder sie ist *beschränkt*, also nur für eine beschränkte Zahl von Anbietern offen. Die Ausschreibung ist gerichtet auf den Zuschlag, also den Vertragsschluß mit dem annehmbarsten Bieter. Da die Ausschreibungsteilnehmer nicht nur hinsichtlich des Preises, sondern auch in bezug auf die Qualität in Wettbewerb stehen, ist das billigste Angebot zwar theoretisch nicht automatisch das annehmbarste. Die Praxis zeigt aber, daß die Ausschreibenden generell dazu neigen, dem billigsten Bieter den Zuschlag zu erteilen.[3]

---

[1] *Herbst*, S. 49; eine gesetzliche Definition dieses Begriffs existiert leider nicht, so daß auch in der Literatur bis heute keine Einigkeit über die genaue Begriffsbestimmung herrscht; ausführlich und mit vielen Nachweisen hierzu *Franzen*, S. 8 ff.

[2] Früher hatte der Begriff „Ausschreibung" eine engere Bedeutung und bezeichnete nur einen Teil des Submissionsverfahrens, nämlich den Konkurrenzaufruf als solchen. In dem Bestreben, einen deutschen Ausdruck an die Stelle des Fremdworts Submission zu setzen, veränderte sich die Bedeutung des Begriffs „Ausschreibung", vgl. bei *Gandenberger*, S. 30.

[3] *Möschel*, Kriminalisierung, S. 40; *Franzen*, S. 10; *Klages*, S. 2; *Leitzinger*, S. 129 hält die Möglichkeit, daß der Zuschlag einmal einem anderen als dem billigsten Bieter erteilt werde als „vernachlässigbar" und führt ein eindrucksvolles Beispiel an, in dem das Aachener Finanzbauamt hinsichtlich eines Millionenauftrags einer ausländischen Handwerksfirma gegenüber einer einheimischen den Zuschlag erteilte, weil das Angebot der ersteren um 0,045% unter dem der einheimischen Firma lag, obwohl unter dem Aspekt der Gewährleistungsansprüche und der regionalen Wirtschaftsförderung das Angebot der Aachener Firma wesentliche Vorteile bot.

Dieses Verfahren wird sowohl von der öffentlichen Hand als auch von privaten Auftraggebern eingesetzt. Bei der Auftragsvergabe durch die *öffentliche Hand* (v.a. Bund, Länder, Gemeinden, Körperschaften des öffentlichen Rechts) kommt dem Submissionsverfahren kraft Gesetzes eine Vorrangstellung zu.[4] Der Staat muß zur Deckung seiner Beschaffungsbedürfnisse in rechtsgeschäftlicher Form mit privaten Anbietern in Kontakt treten. Gleichzeitig legt das öffentliche Haushaltsrecht die Grundsätze der Wirtschaftlichkeit und Sparsamkeit fest,[5] so daß gesetzlich ein optimaler wirtschaftlicher und sparsamer Einsatz von Haushaltsmitteln vorgeschrieben ist. Die zwingende Durchführung eines Ausschreibungsverfahrens soll eine dementsprechende Entscheidungsfindung erleichtern. Aber auch in der *Privatwirtschaft* kommt das Ausschreibungsverfahren zur Anwendung, wenngleich dies hier nur eine Möglichkeit von vielen ist, einen Auftrag zu vergeben. Zur Submission greift ein Privater dann, wenn er sich davon wirtschaftliche Vorteile im Einzelfall verspricht.

Öffentliche Ausschreibungen sind nicht nur in Deutschland verbreitet, sondern finden sich auch in vielen ausländischen Staaten — wirtschaftlich entwickelten wie wenig entwickelten Ländern.[6]

Ziel und Zweck der Auftragsvergabe durch Ausschreibung sind zum einen durch die Besonderheiten der ausgeschriebenen Güter und Leistungen bedingt:[7] Diese sind dadurch gekennzeichnet, daß der Ausschreibende an sie individuelle Anforderungen bezüglich ihrer Eigenschaften und Funktionen stellt und/oder ihre Erbringung bzw. Lieferung orts- und zeitgebunden ist. Typisches Beispiel hierfür sind Bauleistungen. Dies bedingt, daß der an solchen Aufträgen Interessierte nicht im voraus und auf Vorrat tätig werden kann, sondern vielmehr sämtliche Produktionsfaktoren, die erforderlich sind, um die Leistung zu den vom Ausschreibenden genannten Bedingungen ordnungsgemäß zu erbringen, bereithalten muß. Wegen der Individualität des Objekts der Ausschreibung und der besonderen Anforderungen an die Kapazität und Fähigkeiten der Wettbewerber muß sich die Vergabestelle erst einmal einen Überblick verschaffen können, wer überhaupt für einen solchen Auftrag in Frage kommt. Weiterhin folgt aus dem Charakter der geforderten Leistungen, daß die Vergabestelle nicht von vornherein berechnen kann, welcher Preis gefordert werden wird, da es an der Vergleichbarkeit mit

---

4 Vgl. z.B. § 30 HGrG, § 55 I BHO, Art. 55 I BayHO: grundsätzliche Pflicht zur Durchführung einer öffentlichen Ausschreibung.

5 Z.B. §§ 6 I HGrG, 7 I BHO, Art. 7 I BayHO, 61 II BayGO.

6 In Großbritannien und den USA spricht man von „procurement by formal advertising“, in Frankreich von „adjudication“; vgl. *Gandenberger*, S. 17, 31.

7 Dazu *Klimm*, S. 21; *Herbst*, S. 50.

anderen Aufträgen und somit an einem diesbezüglichen Markt fehlt.[8] Deshalb wird durch die Ausschreibung künstlich ein Markt geschaffen,[9] wodurch ein Marktpreis für die individuelle Leistung bestimmt werden soll.[10]

Dahinter steht aber natürlich auch die Absicht des Auftraggebers, einen Wettbewerb zwischen den potentiellen Anbietern auszulösen und so durch Steigerung der Unternehmensleistung den Wettbewerbspreis zu seinen Gunsten zu beeinflussen.[11] Denn über die Ermittlung eines Marktpreises hinaus hat dieses Verfahren zum Ziel, die finanziellen Interessen des Ausschreibenden möglichst weitgehend zu wahren, indem er sich eine Orientierung über die erforderlichen Aufwendungen und die zu erwartende Qualität, also „Markttransparenz" zu verschaffen vermag, um so „wissend" die wirtschaftlich vernünftigste Entscheidung treffen zu können.

Schließlich bietet das Ausschreibungsverfahren auch einen Vorteil aus Sicht der Bieter: Es gewährleistet in einem gewissen Rahmen, daß die Vergabe von Aufträgen frei von persönlichen Beziehungen zum Auftraggeber und dessen subjektiven Vorlieben erfolgt. Vielmehr sind allein objektive Kriterien maßgebend.[12]

Damit diese Ziele verwirklicht werden können, müssen jedoch folgende grundlegende *Spielregeln* beachtet werden:[13]

- Die Angebote der Anbieter müssen bis zum Ablauf der Angebotsfrist vor den Konkurrenten geheimgehalten werden.[14] Nur dann befindet sich der Anbieter in Ungewißheit über das Konkurrentenverhalten, so daß er seinen Preis allein nach den eigenen Kosten und seiner eigenen Einschätzung der aktuellen Wirtschafts-und Wettbewerbssituation kalkulieren wird. Erfährt er vor Abgabe des eigenen Gebots von dem Angebotsverhalten eines oder mehrerer potentieller Mitbewerber, besteht die Gefahr, daß er sein Angebot auf das der Konkurrenten abstimmt und so der Wettbewerb, der die Grundlage der Ausschreibung bildet, verzerrt wird.

---

[8] Vgl. z.B. *Böhm*, KartellR 1931, 312.

[9] Sog. „organisierter Markt"; vgl. *Klimm*, S. 22.

[10] *Gandenberger*, S. 32 spricht von „organisierter Konkurrenz".

[11] *Böhm*, KartellR 1931, 312.

[12] *Callmann*, Der unerlaubte Wettbewerb, § 1 Rn. 117; *Böhm*, KartellR 1931, 312.

[13] Vgl. *Gandenberger*, S. 36ff.; *Jaath*, Schäfer-FS, S. 92.

[14] Die Bekanntgabe der Unternehmen, die sich an der Ausschreibung eines (Bau-) Vorhabens beteiligen wollen, an andere Unternehmen, die auch eine Beteiligungsabsicht äußern, kann wegen Verstoßes gegen § 1 GWB gemäß § 37a GWB untersagt werden; vgl. BGHR GWB § 1 Abs. 1 Marktbeeinflussung 1; BGH NJW 1992, 921, 923.

- Weiterhin muß ein Nachverhandeln nach Ablauf der Angebotsfrist ausgeschlossen sein, da andernfalls der Anreiz für die Bieter, von Anfang an so scharf wie möglich zu kalkulieren, verlorenginge und somit das Ziel des Ausschreibenden, einen möglichst geringen Preis für eine bestimmte Leistung aufbringen zu müssen, gefährdet würde.
- Schließlich muß der Zuschlag auf das nach allen Kriterien annehmbarste Angebot erfolgen, da nur diese Entscheidung das bestmögliche Verhältnis zwischen finanziellem Aufwand und zu erbringender Leistung gewährleistet. Ansonsten würde auch die Bereitschaft der Anbieter, sich an Ausschreibungsverfahren zu beteiligen, bei denen es keine Möglichkeit gibt, durch Gestaltung des Angebots Einfluß auf die Zuschlagserteilung zu nehmen, vermindert, was wiederum negative Einflüsse auf die Preisbildung hätte.

Ob diese Spielregeln rechtlich verbindlich sind, und welcher rechtliche Rahmen überhaupt für die Durchführung von Ausschreibungen besteht, soll im folgenden behandelt werden.

II. Rechtliche Grundlagen eines Ausschreibungsverfahrens

1. Rechtliche Einordnung der Vergabe von Aufträgen im Wege der Ausschreibung

Wird ein Auftrag im Wege der Ausschreibung vergeben, so beurteilen sich die Beziehungen von Auftraggeber und (potentiellen) Auftragnehmern allein nach Zivilrecht. Dies ist offensichtlich, wenn alle Beteiligten Private sind, wenn also ein privater Auftrag vergeben werden soll. Aber auch, wenn Vergebender die öffentliche Hand ist, kommt ausschließlich Zivilrecht zur Anwendung, da sich die Bedarfsdeckung des Staates nicht wesentlich von derjenigen privater Bedarfsträger unterscheidet;[15] die öffentliche Verwaltung nimmt somit am Rechts- und Wirtschaftsverkehr wie eine Privatperson teil, so daß ein „fiskalisches Hilfsgeschäft" vorliegt, bei dem der öffentliche Auftraggeber – auch schon bezüglich der Vergabe – uneingeschränkt im Verhältnis der Gleichordnung zu den potentiellen Bietern steht.[16] Diese rechtliche Einordnung schließt jedoch nicht aus, daß der Abschluß des Vertrages im öffentlichen Interesse liegt, also z.B. damit Aufgaben gegenüber

[15] *Daub/Eberstein*, Einführung Rn. 16.

[16] BGHZ 49, 77, 79 f.; OLG Köln BauR 1977, 343; *Ingenstau/Korbion*, Einl. Rn. 1; *Heiermann/Riedl/Rusam/Schwaab*, Einl. Rn. 3; *Daub/Eberstein*, Einführung Rn. 16; *Unger*, BauR 1984, 466; *Lampe-Helbig/Zeit*, BauR 1988, 662.

der Allgemeinheit wahrgenommen werden.[17] Die Vergabe öffentlicher Aufträge ist selbst dann zivilrechtlicher Natur, wenn aufgrund Gesetzes ein bestimmter Bewerberkreis bevorzugt werden soll.[18] Eine Ausnahme von der rein privatrechtlichen Einordnung ist nur für den Fall vorzunehmen, daß bei einem Submissionsverfahren bestimmte Anbieter wegen ihrer besonderen Rechtsstellung kraft *Verwaltungsakt* als typisch öffentlich-rechtlichem Gestaltungsmittel begünstigt werden.[19] Diese – seltenen – Fälle der „normativen Begünstigung" einzelner Bewerber sollen aber für die weiteren Untersuchungen außer Betracht bleiben.

Grundlage für das Zustandekommen eines Vertrages zwischen Auftraggeber und -nehmer sind damit allein die Regelungen des BGB, insbesondere dessen §§ 145 ff. Im übrigen gilt für alle Beteiligten der Grundsatz der Vertragsfreiheit (vgl. § 305 BGB), d.h. sie haben das Recht, ihre Beziehungen untereinander nach Maßgabe ihrer übereinstimmenden Willenserklärungen eigenverantwortlich zu regeln.[20] Spezielle Rechtsnormen für das Submissionsverfahren fehlten bisher vollständig. Eine Änderung führte insoweit die Novellierung des HGrG zur Umsetzung von EG-Richtlinien für bestimmte, EG-weite Ausschreibungen herbei.[21]

2. Bedeutung der Verdingungsordnungen

Ein eingehendes Regelwerk für ein geordnetes Vergabeverfahren enthalten die „Verdingungsordnung für Bauleistungen" (VOB) sowie die „Verdingungsordnung für Leistungen – ausgenommen Bauleistungen" (VOL), jeweils in ihrem Teil A. Diese Regelungen stellen grundsätzlich weder Gesetz noch Rechtsverordnung dar;[22] sie beinhalten noch nicht einmal Gewohnheitsrecht.[23] Darüber hinaus können die jeweiligen Teile A auch nicht Bestandteil des Vertrages zwischen Auftraggeber und -nehmer werden, da sie sich nur mit dem Verfahren bis zum Vertragsschluß auseinandersetzen. Daher stellen

---

[17] Z.B. Bau einer Schule; vgl. *Unger*, BauR 1984, 466 sowie BGHZ 36, 91, 93; 49, 77, 80.

[18] So BVerwG NJW 1962, 1535 f.; *Ingenstau/Korbion*, Einl. 40.

[19] Z.B. Flüchtlinge oder Schwerbehinderte, vgl. BVerwGE 34, 213, 215; BGHZ 47, 77, 80 m.w.N.; *Ingenstau/Korbion*, Einl. Rn. 2; *Unger*, BauR 1984, 467.

[20] *Kleine-Möller*, § 4 Rn. 1; *Vygen*, Rn. 31.

[21] Dazu sogleich unten B.II.2.c.

[22] Zur abweichenden gesetzlichen Regelung bei der Vergabe von Großaufträgen durch bestimmte, gesetzlich näher bezeichnete Auftraggeber siehe sogleich unter c.

[23] Vgl. nur *Ingenstau/Korbion*, Einl. Rn. 18; *Riedl*, in: *Heiermann/Riedl/Rusam/Schwaab*, Einl. Rn. 2; *Daub/Eberstein*, Einführung Rn. 33; *Klein/Witzel*, S. 76.

VOB und VOL dem Grundsatz nach rechtliche „nulla" dar. Den Verdingungsordnungen kommt aber gleichwohl rechtliche Bedeutung zu; allerdings ist zwischen der Vergabe öffentlicher und privater Aufträge zu differenzieren.

a) Öffentliche Auftragsvergabe

Die Haushaltsführung der öffentlichen Hand steht unter dem Grundsatz der Wirtschaftlichkeit und Sparsamkeit.[24] Zur Sicherung dieses Grundsatzes schreibt das öffentliche Haushaltsrecht vor, daß „dem Abschluß von Verträgen über Lieferungen und Leistungen ... eine öffentliche Ausschreibung vorangehen" muß, „sofern nicht die Natur des Geschäfts oder besondere Umstände eine Ausnahme rechtfertigen."[25] Desweiteren ist beim Abschluß von Verträgen „nach einheitlichen Richtlinien" zu verfahren.[26]

Eben diese Vergabe nach einheitlichen Richtlinien wurde dadurch erreicht, daß durch Beschluß der jeweils übergeordneten Behörden die Anwendung der VOB / A bzw. VOL / A verbindlich vorgeschrieben wurde. Durch diese Selbstbindung der öffentlichen Hand erlangen die Verdingungsordnungen den Charakter von Verwaltungsvorschriften (Dienstvorschriften, Ausführungsvorschriften), an die die Bediensteten *im Innenverhältnis* gebunden sind.[27] Diese Bindung im Innenverhältnis hat auch zur Folge, daß die Behörde gehalten ist, nach den VOB / A bzw. VOL / A vorzugehen, selbst wenn dies in der betreffenden Ausschreibung nicht ausdrücklich hervorgehoben wurde.[28]

Im Außenverhältnis, also gegenüber den Bietern, ist die öffentliche Hand demnach nicht an die Regelungen der Verdingungsordnungen gebunden. Sie dienen nur dem Erfordernis sparsamer Haushaltsführung und nicht dem Schutz eines einzelnen Bewerbers, so daß diesem, hält sich der öffentliche Ausschreibende nicht an die VOB / A bzw. VOL / A, kein klagbarer Anspruch auf Einhaltung der Vergaberegeln zusteht.[29] Seine Rechtsschutzmöglichkeiten beschränken sich daher auf formlose Rechtsbehelfe; er kann daher insbesondere Dienstaufsichtsbeschwerde bei der zuständigen Aufsichtsbehörde einlegen. Im Falle der Untätigkeit der Dienstaufsichtsbehörde hat der Bieter aber auch keine Möglichkeit, die Untätigkeitsklage (§§ 42 I, 75 VwGO) zu erhe-

---

[24] Vgl. z.B. §§ 6 I HGrG, 7 I BHO, Art. 7 I BayHO, 61 II BayGO.

[25] Z.B. §§ 30 HGrG, 55 I BHO, Art. 55 I BayHO.

[26] Z.B. § 55 II BHO, Art. 55 II BayHO.

[27] *Daub/Eberstein*, Einführung Rn. 34, 36; *Kleine-Möller*, § 4 Rn. 6; *Ingenstau/Korbion*, Einl. Rn. 42; *Klein/Witzel*, 4.a.

[28] BGHZ 60, 221, 225; *Ingenstau/Korbion*, Einl. Rn. 103 m.w.N.

[29] *Ingenstau/Korbion*, Einl. Rn. 38.

ben, weshalb dieser formlose Rechtsbehelf in der Praxis wenig brauchbar und geeignet ist.[30]

Über die Bindungswirkung im Innenverhältnis hinaus kann den Verdingungsordnungen insofern Bedeutung zukommen, als die schuldhafte Verletzung dieser Regeln Schadensersatzansprüche aus *culpa in contrahendo* (c.i.c.) auslösen kann. Hat der Ausschreibende durch Aufforderung zur Angebotsabgabe Vertragsverhandlungen aufgenommen, und durften die Bieter von einer Vergabe nach den VOB / A bzw. VOL / A ausgehen, so entsteht ein Vertrauensverhältnis dahingehend, daß diese Regeln auch eingehalten werden. Dies ist bei einer Auftragsvergabe durch die öffentliche Hand regelmäßig der Fall, da wegen der bereits seit langem bestehenden Selbstbindung an die Verdingungsordnungen jeder Bewerber auf die Beachtung dieser Regelungen vertrauen darf.[31] Eine schuldhafte Verletzung der Verfahrensvorschriften der Verdingungsordnungen begründet demnach einen Schadensersatzanspruch aus c.i.c.[32]

b) Private Auftragsvergabe

Nur diese letzte – mittelbare – Bedeutung können VOB / A und VOL / A für private Ausschreibende haben. Voraussetzung ist aber, daß sie bei der Angebotsaufforderung *ausdrücklich* auf die Zugrundelegung der Verdingungsordnung hinweisen.[33] Dies ist bei der VOL / A – soweit ersichtlich – bisher noch nie geschehen, weil sich dieses Verfahren wegen seiner starken Formalisierung für die private Wirtschaft nicht eignet.[34] Anders hingegen bei der VOB / A: Von diesen Regeln machen zuweilen auch private Vergebende Gebrauch; allerdings hat sich dieses förmliche Verfahren noch nicht allgemein durchsetzen können. Insbesondere bei Aufträgen geringeren Umfangs spielt VOB / A keine wesentliche Rolle.[35]

---

30 *Ingenstau / Korbion*, Einl. Rn. 43.

31 Vgl. BGHZ 60, 221, 225; *Feber*, Auftragsvergabe, S. 82.

32 Ständige Rechtsprechung des BGH, vgl. nur BGHZ 49, 77, 79; 60, 221, 223 f.; BauR 1985, 75, 76.

33 *Feber*, Auftragsvergabe, S. 82.

34 *Daub / Eberstein*, Einführung, S. 35.

35 *Feber*, Auftragsvergabe, S. 10.

c) Neue Rechtslage für die Vergabe von Großaufträgen

Für die Vergabe von Großaufträgen (Bauaufträge im Wert von über 5 Mio. ECU bzw. sonstige Leistungen im Wert von über 200.000 ECU) durch gesetzlich festgelegte Auftraggeber (insbesondere Gebietskörperschaften) haben die Verdingungsordnungen durch Erlaß eines „Zweiten Gesetzes zur Änderung des Haushaltsgrundsätzegesetzes“ sowie einer darauf gestützten „Verordnung über die Vergabebestimmungen für öffentliche Aufträge (Vergabeverordnung – VgV)“[36] seit dem 1. März 1994 *Rechtsnormcharakter* erhalten, wie dies zur Umsetzung der einschlägigen EG-Richtlinien[37] in nationales Recht erforderlich war.[38] Allerdings hat die Umsetzung der Richtlinien *im Rahmen des Haushaltsrechts* zur Folge, daß keine individuellen, einklagbaren Rechtsansprüche aus diesen Normen erwachsen können.[39] Der Kreis der von der Neuregelung erfaßten Auftraggeber umfaßt auch private Auftraggeber, soweit bestimmte Voraussetzungen erfüllt sind.[40]

Für die Auftragsvergaben, die die obigen Schwellenwerte nicht erreichen bzw. aus sonstigen Gründen nicht der Neuregelung unterfallen, verbleibt es auch in Zukunft bei der bisherigen Regelung.

III. Ablauf eines Ausschreibungsverfahrens

Welche Stufen bei der Durchführung eines förmlichen Vergabeverfahrens durchlaufen werden müssen, läßt sich den Verdingungsordnungen entnehmen, deren jeweilige Teile A detaillierte Vorschriften bezüglich des Ablaufs eines Ausschreibungsverfahrens enthalten. Dabei unterscheidet sich das Verfahren nach VOB / A nicht wesentlich von dem nach VOL / A.[41] Die folgenden

---

[36] BGBl. 1993 I S. 1928 ff. und BGBl. 1994 I S. 321 ff.

[37] Insbesondere die Baukoordinierungsrichtlinie 71 / 305 / EWG des Rates v. 26.7. 1971 über die Koordinierung der Verfahren zur Vergabe öffentlicher Aufträge, geändert durch die Richtlinie 89 / 440 / EWG sowie die Sektorenrichtlinie 90 / 531 / EWG des Rates v. 17.9.1990 betreffend die Auftragsvergabe durch Auftraggeber im Bereich der Wasser-, Energie- und Verkehrsversorgung sowie im Telekommunikationssektor.

[38] Vgl. *Alvermann*, NJW 1993, 1244; ausführlich zum ganzen *Portz*, NJW 1993, 2146 f.

[39] Vgl. nur die Begründung der Bundesregierung, BT-Drs. 12 / 4636 S. 12.

[40] Z.B. natürliche oder juristische Personen des privaten Rechts, die z.B. mit Gebietskörperschaften einen Vertrag über die Erbringung von Bauleistungen abgeschlossen haben, bei dem die Gegenleistung für die Bauarbeiten statt in einer Vergütung in dem Recht auf Nutzung der baulichen Anlage, ggf. zuzüglich der Zahlung eines Preises besteht, hinsichtlich der Aufträge an Dritte, § 57a Abs. 1 Nr. 7 HGrG.

Verfahrensschritte kennzeichnen demnach die Vergabe durch Submission nach den Verdingungsordnungen:

(1) Bestimmung der Vergabeart

Zu Beginn eines jeden Ausschreibungsverfahrens muß die vergebende Stelle prüfen, welche Vergabeart im jeweiligen Einzelfall durchzuführen ist. Dabei stehen zur Verfügung:

- die öffentliche Ausschreibung,
- die beschränkte Ausschreibung und
- die freihändige Vergabe.

Bei der *öffentlichen Ausschreibung* wird der Auftrag nach *öffentlicher* Aufforderung an eine *unbeschränkte* Zahl von Unternehmen zur Einreichung von Angeboten vergeben (§ 3 Nr. 1 (1)). Bei der *beschränkten Ausschreibung* wird hingegen nur eine *beschränkte Zahl* von Unternehmern zur Angebotseinreichung aufgefordert (§ 3 Nr. 1 (2)); ggf. kann dieser beschränkten Aufforderung eine öffentliche Aufforderung zur Stellung von Teilnahmeanträgen vorangehen, um den Kreis der in die engere Wahl kommenden Unternehmer zu bestimmen.[42] Wird die (Bau-)Leistung ohne förmliches Verfahren vergeben, so nennt man dies *freihändige Vergabe* (§ 3 Nr. 1 (3)). Mangels eines förmlichen Vergabeverfahrens bleibt diese Vergabeart im folgenden außer Betracht.

Grundsätzlich muß eine öffentliche Ausschreibung durchgeführt werden, es sei denn, Natur oder Eigenart des Geschäfts oder besondere Umstände rechtfertigen die Durchführung eines beschränkten Verfahrens oder einer freihändigen Vergabe (§ 3 Nr. 2–4).[43]

---

[41] Da die Verdingungsordnungen weitgehend parallel aufgebaut sind, kann bei den folgenden Verweisen auf die Paragraphen der Verdingungsordnungen der Zusatz „VOB/A" bzw. „VOL/A" entfallen, wenn sie für beide gleichermaßen gelten.

[42] Beschränkte Ausschreibung nach öffentlichem Teilnahmewettbewerb — § 3 Nr. 1 (2) a.E. VOB/A bzw. § 3 Nr. 1 (4) VOL/A.

[43] Aufgrund der Richtlinien des Rates 71/305/EWG (Baukoordinierungsrichtlinie) und 90/531/EWG (Sektorenrichtlinie) enthält VOB/A Sonderregelungen für Bauaufträge, deren geschätzter Gesamtwert 5 Mio. ECU oder mehr beträgt (§§ 1a, 1b VOB/A bzw. § 1 VOB/A-SKR). In diesen Fällen finden sog. offene oder nichtoffene Verfahren bzw. ein Verhandlungsverfahren statt (§§ 3a, 3b VOB/A bzw. § 3 VOB/A-SKR). Diese Vergabeformen entsprechen aber i.w. der öffentlichen oder beschränkten Ausschreibung bzw. der freihändigen Vergabe. Entsprechend enthält VOL/A aufgrund der Richtlinie des Rates 88/295/EWG Vorschriften für Aufträge, deren Wert mindestens 200.000 ECU beträgt (§ 1a VOL/A). Auch bezüglich dieser Auftragsvergaben bestehen aber keine grundlegenden Unterschiede zum sonstigen Verfahren nach VOL/A.

(2) Bekanntmachung der Ausschreibung

Die öffentliche Ausschreibung bzw. der öffentliche Teilnahmewettbewerb bei der beschränkten Ausschreibung ist durch Tageszeitungen, amtliche Veröffentlichungsblätter oder Fachzeitschriften bekanntzumachen, wobei bestimmte Angaben vorgeschrieben sind (§ 17 Nr. 1 und 2).

(3) Übermittlung der Vergabeunterlagen

Den Bewerbern sind die Vergabeunterlagen zu übermitteln (§ 17 Nr. 3–5), wobei insbesondere an die Leistungsbeschreibung erhöhte Anforderungen gestellt werden: Diese muß die Leistung „eindeutig und so erschöpfend beschreiben, daß alle Bewerber sie im gleichen Sinne verstehen müssen und ihre Preise sicher und ohne umfangreiche Vorarbeiten berechnen können" (§ 9 Nr. 1 VOB/A bzw. ähnlich § 8 Nr. 1 VOL/A). Die Namen der Bewerber sind geheimzuhalten (§ 17 Nr. 6 VOB/A bzw. ähnlich § 17 Nr. 5 VOL/A).

(4) Angebotseinreichung innerhalb der Angebotsfrist

Auf Grundlage der Verdingungsunterlagen müssen die Bewerber ihr Angebot innerhalb der Angebotsfrist i.S.d. § 18 einreichen. Bis zum Ablauf dieser Frist können Angebote jederzeit zurückgenommen werden (§ 18 Nr. 3). Die eingegangenen Angebote sind bis zum Zeitpunkt der Öffnung unter Verschluß zu halten (§ 22 Nr. 1).

(5) Öffnung der Angebote

Mit dem Eröffnungstermin endet die Angebotsfrist und beginnt die Zuschlagsfrist. Während dieser Frist sind die Bieter an ihr Angebot gebunden (§ 19 Nr. 3). Alle rechtzeitig eingegangen und unversehrten Angebote werden geöffnet und in allen wesentlichen Teilen gekennzeichnet (§ 22). Anders als bei der Vergabe nach VOB/A (§ 22 Nr. 1 VOB/A) dürfen nach der VOL/A Bieter bzw. deren Bevollmächtigte nicht zugegen sein (§ 22 Nr. 2 (2) VOL/A).

(6) Prüfung der Angebote

Die geöffneten Angebote werden nun in formeller, rechnerischer, fachlicher und wirtschaftlicher Hinsicht, ggf. unter Hinzuziehung von Sachverständigen geprüft (§ 23).

(7) Wertung der Angebote

An die Prüfung schließt sich die Wertung der Angebote an, die über die Zuschlagserteilung bestimmen soll. Dabei sind bestimmte Angebote von vornherein auszuschließen (§ 25 Nr. 1 (1)), insbesondere Angebote von Bietern, die in bezug auf die Ausschreibung eine Abrede getroffen haben (§ 25 Nr. 1 (1) c) VOB / A bzw. § 25 Nr. 1 (1) f) VOL / A). Von den verbleibenden Angeboten sind nur solche zu berücksichtigen, die von ausreichend fachkundigen, leistungsfähigen und zuverlässigen Bietern stammen (§ 25 Nr. 2), deren Preise auch nicht unangemessen hoch oder niedrig sein dürfen (§ 25 Nr. 3 VOB / A bzw. § 25 Nr. 2 (2) VOL / A).

(8) Zuschlagserteilung oder Aufhebung der Ausschreibung

Der Zuschlag erfolgt noch vor Ablauf der Zuschlagsfrist an das nach allen Umständen „annehmbarste" (§ 25 Nr. 3 (3) VOB / A) bzw. „wirtschaftlichste" Angebot (§ 25 Nr. 3 VOL / A), wobei der niedrigste Angebotspreis nicht allein entscheidend sein soll. Mit dem Zuschlag kommt nach allgemeinen Rechtsgrundsätzen der Vertrag zustande (§ 28 Nr. 2). Zu einem Zuschlag kommt es nicht, wenn die Voraussetzungen des § 26 vorliegen, wenn also insbesondere kein den Ausschreibungsbedingungen entsprechendes Angebot eingegangen ist, die Verdingungsunterlagen grundlegend geändert werden müssen oder aber „andere schwerwiegende Gründe" bestehen und der Vergebende deshalb die Ausschreibung aufhebt.

(9) Verständigung der Nichtberücksichtigten

Bieter, deren Angebote den Zuschlag nicht erhalten haben, sollen verständigt werden (§ 27).

Durch vielfältige Manipulationen kann dieses Verfahren nun gestört und so entwertet werden. Zunächst sollen die horizontalen Einflußnahmen auf das Vergabeverfahren, also die Submissionskartelle näher betrachtet werden.

C. Betrug durch horizontale Einflußnahme (Submissionskartelle)

I. Allgemeines zum Submissionskartell und zu den Folgerungen für die Auslegung des § 263 StGB

1. Begriff des Submissionskartells

Ein Kartell kann allgemein definiert werden als freiwilliger, schriftlicher oder mündlicher Vertrag oder vertragsunabhängige Verhaltensabstimmung zwischen finanziell und persönlich unabhängigen Privaten – als Anbieter oder als Abnehmer auftretenden Unternehmern –, wodurch sie ihre Aktionsparameter für einen zukünftigen Zeitraum festsetzen oder beeinflussen, ihre Absatzgebiete oder Produkte aufteilen oder ihre Produktionsmengen quotenmäßig abgrenzen.[1]

Submissionskartelle sind darauf gerichtet, die zwischen unabhängigen Anbietern bei Ausschreibungen bestehende Konkurrenzlage durch eine Absprache zu beschränken, um ein gegenseitiges Unterbieten zu verhindern. Es wird übereinstimmend festgelegt, welches Kartellmitglied den Zuschlag erhalten soll (sog. „Herausgestellter") und zu welchem Preis er den Auftrag bekommen soll (sog. „Nullpreis"). Die übrigen Kartellteilnehmer verpflichten sich „zum Schutz" des Herausgestellten, sich eines Angebots zu enthalten oder bloße „Scheinangebote" abzugeben.[2] Durch diese Vorgehensweise wird der Wettbewerb zwischen den kartellierten Konkurrenten völlig ausgeschaltet. Gegenüber dem Ausschreibenden wird die Absprache jedoch nicht offengelegt, so daß dieser davon ausgehen muß, alle eingegangenen Angebote seien im freien Wettbewerb aufgrund unabhängiger Kalkulation erstellt worden. Ihm wird ein funktionierender Wettbewerb zwischen den Bietern also nur vorgetäuscht. Sein Ziel, die Ermittlung eines Preises für die zu vergebende Leistung im Wettbewerb, wird damit verfehlt.

Um welche *Kartellform* es sich bei einem Submissionskartell handelt, ist umstritten. Je nachdem, worin man den Schwerpunkt der Funktion der Kartelle sieht, fällt die Zuordnung zu allgemeinen Kartellformen aus: Diejenigen,

---

[1] Definition nach *R. Schmid*, Ausschreibungsbetrug, S. 41, die im wesentlichen auf *Brems*, S. 157 zurückgeht.

[2] Vgl. I / M-*Tiedemann*, § 1 Rn. 263.

die den Gesichtspunkt der Auftragsverteilung unter den Kartellmitgliedern in den Mittelpunkt rücken, sprechen von einer „Zwischenstufe zwischen Angebots- und Auftragsverteilungskartell“[3] oder einer „besonderen Art Kundenschutzkartell“[4]. Wer hingegen die Verhinderung des gegenseitigen Unterbietens und damit die Einflußnahme auf die Preisbildung betont, ordnet das Submissionskartell den Preiskartellen zu.[5] Diese bloß formale Einordnung hat aber keine unmittelbare Auswirkung auf die strafrechtliche Beurteilung dieser Kartelle.

2. Funktions- und Vorgehensweise der Submissionskartelle

Jede Definition eines Ausschreibungskartells und jede Beschreibung seiner Wesenszüge muß schon allein wegen der Vielfalt der möglichen Formen und Vorgehensweisen von Kartellmitgliedern, die einen beachtlichen „Einfalls- und Erfindungsreichtum“ sowie eine außerordentlich große Anpassungsfähigkeit an veränderte Umstände aufweisen,[6] sehr abstrakt und wenig anschaulich bleiben. Für das Verständnis der Bedeutung dieser Form von Manipulation sowie insbesondere für deren strafrechtliche Einordnung und Bewertung ist es jedoch erforderlich, ein genaueres Vorstellungsbild über Funktions- und Vorgehensweise eines solchen Kartells zu bekommen, so daß im folgenden ein Grundmuster des Zustandekommens und der Methoden von Submissionskartellen dargestellt werden soll. Hierbei stehen Kartelle im Bereich der Baubranche im Vordergrund, da diese Branche im Hinblick auf die Kartellbildung mit Abstand die größte Rolle spielt.[7] Selbstverständlich weist jeder Einzelfall Besonderheiten auf, doch sind gewisse Grundzüge erkennbar, die immer wiederkehren und so eine gewisse Grundstruktur erkennen lassen.

Bevor auf diese Struktur näher eingegangen wird, läßt sich eine Unterscheidung hinsichtlich der Ausschreibungskartelle treffen, die Auswirkungen auf deren Funktions- und Vorgehensweise hat. Submissionskartelle können

---

3 *Liefmann*, S. 42.

4 *Callmann*, Das Deutsche Kartellrecht, S. 108; zustimmend *Franzen*, S. 21; GK-*Müller-Henneberg*, § 1 Rn. 79.

5 *Herbst*, S. 59; *Wöhe*, S. 424; *Callmann*, Der unerlaubte Wettbewerb, § 1 Rn. 117a; *Böhm*, KartellR 1931, 311; *R. Schmid*, Ausschreibungsbetrug, S. 43 f.; *Klages*, S. 58.

6 Vgl. *R. Schmid*, Ausschreibungsbetrug, S. 49; *Baumann*, NJW 1992, 1663.

7 *R. Schmid*, Ausschreibungsbetrug, S. 35: „... sind Submissionsabsprachen ein Branchenproblem der Bauindustrie“; ebenso *Schaupensteiner*, ZRP 1993, 250; *Baumann*, NJW 1992, 1663; *Jaath*, Schäfer-FS, S. 97.

nämlich einerseits als „Gelegenheits-"[8] oder „wilde"[9] Absprachen nur anläßlich einer bestimmten Ausschreibung und allein für diese getroffen werden; andererseits finden sich auch auf Dauer angelegte Absprachen[10] zwischen Konkurrenten, die für alle Ausschreibungen einer bestimmten Art (z.B. alle Baggerarbeiten auf Main und Saar)[11] Rahmenbedingungen festlegen und im Einzelfall zusätzlich konkrete Absprachen treffen.

Im Gegensatz zu Gelegenheitskartellen bedürfen auf Dauer angelegte Absprachen regelmäßig einer aufwendigeren Organisation, es bestehen mehr Möglichkeiten, andere Absprachteilnehmer für ihren Verzicht auf den Auftrag zu kompensieren, insbesondere durch Verzicht bei einem anderen Ausschreibungsverfahren, und schließlich können sich auf Dauer gebildete Kartelle leichter gegen unterbietende Dritte durchsetzen.

Eine Submissionsabsprache kann also wie folgt ablaufen:

- Ist ein Auftrag ausgeschrieben worden, so treten – bei einem Gelegenheitskartell – die Interessenten untereinander in *Kontakt*. Bei längerfristigen Absprachen sollen zumeist alle möglicherweise interessierten Unternehmen über die Ausschreibung informiert werden. Bei kleineren Projekten geschieht dies üblicherweise durch die Unternehmer untereinander, für größere Projekte werden teilweise sogenannte „Meldestellen" eingerichtet, die – sobald ein Unternehmer Meldung von der Ausschreibung gemacht hat – alle in Frage kommenden Anbieter hiervon unterrichten (sog. Rückmeldung).[12]
- Nach einer eventuellen *Vorbesprechung* (u.U. mit gemeinsamer Projektbegehung) treffen sich die wirklich am konkreten Auftrag Interessierten zu einer besonderen Absprachesitzung, zumeist an einem neutralen Ort (Hotel, Restaurant). Ziel dieser Besprechung ist die *Bestimmung des „Herausgestellten"*, also desjenigen Unternehmers, der den Zuschlag letztlich erhalten soll. Dabei kann z.B. die Kapazitätsauslastung der einzelnen Interessenten, ihre fachliche Qualifikation, ihre Standortvorteile, das Ergebnis einer intern durchgeführten Vorsubmission etc. berücksichtigt werden. Bei auf Dauer angelegten Kartellen erfolgt die Bestimmung des Herausgestellten meist anhand von Punktelisten, aus denen sich ergibt, wer

---

[8] *Jaath*, Schäfer-FS, S. 94.

[9] *Herbst*, S. 69.

[10] „Sich zu Ringen verfestigende Submissionskartelle", so *Jaath*, Schäfer-FS, S. 94, oder „gelenkte Preisabsprachen", so Herbst, S. 69.

[11] Vgl. den Sachverhalt, der der Entscheidung des OLG Frankfurt a.M. NJW 1990, 1057 zugrunde lag.

[12] Vgl. *Eichler*, BB 1972, 1347; *Baumann*, NJW 1992, 1663; *R. Schmid*, Ausschreibungsbetrug, S. 50.

aufgrund Verzichts bei früheren kartellierten Ausschreibungsverfahren nun für eine Herausstellung an der Reihe ist.[13]

- Steht der Herausgestellte fest, gilt es nun, den *Nullpreis*, also den Preis, zu dem der Herausgestellte den Zuschlag erhalten soll, zu ermitteln. Dieser kann vom Herausgestellten selbständig festgelegt oder von allen gemeinsam festgesetzt werden.[14] Es wird z.B. das arithmetische Mittel aus den Ergebnissen der Vorkalkulationen der einzelnen Unternehmer ermittelt und dieser Wert um einen bestimmten Betrag erhöht.[15] Nach Schätzungen beträgt diese Erhöhung ca. 10% der Auftragssumme.[16] Dieser Preisaufschlag kann z.B. dadurch begründet sein, daß der Herausgestellte verpflichtet ist, Ausgleichszahlungen an zurücktretende Kartellmitglieder zu zahlen.[17]
- In einem nächsten Schritt muß vereinbart werden, wie der Herausgestellte zu schützen ist, d.h. welcher Unternehmer ein *Scheingebot* in welcher Höhe abgibt und wer von einer Angebotsabgabe gänzlich Abstand nimmt. Es werden den Kartellmitgliedern Überbietungsquoten zugeteilt, anhand derer sie ihr Angebot „kalkulieren" müssen. Zur Vereinfachung kann der Herausgestellte auch „Nullpreislisten" verteilen, das sind Leistungsverzeichnisse, bei denen bei allen Positionen der Nullpreis für den jeweiligen Posten ausgewiesen und angegeben ist, um wieviel der Bieter den Nullpreis jeweils zu überbieten hat.[18] Die so abgesprochenen Angebote werden bei der Vergabestelle eingereicht, ohne die Absprache offenzulegen.
- Als Ausgleich für den Verzicht der Kartellmitglieder auf die Abgabe eines echten Angebots verpflichtet sich der Herausgestellte zu einer *Kompensation*, deren Form unterschiedlich ausfallen kann. Bei bloßen Gelegenheitsvereinbarungen werden vom Herausgestellten i.d.R. einmalige Ausgleichszahlungen an die anderen Absprachteilnehmer geleistet.[19] Auf diese Weise werden alle Kartellteilnehmer am Gewinn beteiligt. Außerdem

---

[13] *R. Schmid*, Ausschreibungsbetrug, S. 52; *Baumann*, NJW 1992, 1663 f.; *Eichler*, BB 1972, 1348.

[14] *Herbst*, S. 69.

[15] So der Sachverhalt bei BGH NJW 1992, 921; *R. Schmid*, Ausschreibungsbetrug, S. 53; *Baumann*, NJW 1992, 1664.

[16] Vgl. *R. Schmid*, Ausschreibungsbetrug, S. 53; *Baumann*, NJW 1992, 1664; *Schaupensteiner* (ZRP 1993, 251) geht von durchschnittlich 11% aus und verweist auf andere Schätzungen, die eine Erhöhung von 10–50% annehmen.

[17] Vgl. den Sachverhalt bei BGH NJW 1992, 921. Zu den Ausgleichszahlungen siehe im folgenden.

[18] *Eichler*, BB 1972, 1348.

[19] Vgl. den Sachverhalt bei BGH NJW 1992, 921; *Jaath*, Schäfer-FS, S. 94; *R. Schmid*, Ausschreibungsbetrug, S. 54; *Diehl*, BauR 1993, 2.

besteht die Möglichkeit zumindest teilweiser Kompensation zugunsten einzelner Kartellmitglieder durch spätere Beteiligung als Subunternehmer an dem Auftrag.[20] Bei auf Dauer angelegten Kartellen existieren über die eben genannten Ausgleichsmöglichkeiten hinaus noch drei weitere Kompensationsmechanismen, nämlich Punkte-, Gutschein- oder Kontokorrentsysteme.[21] Beim bereits oben erwähnten Punktesystem erhält jeder Unternehmer, der den Nullpreis überbietet, Punkte, deren Anzahl von der Höhe der Überbietung abhängt. Diese Differenzierung rührt daher, daß bei der Ausschreibung, zumindest theoretisch, nicht allein das geringste Gebot, sondern auch andere Kriterien, wie insbesondere die Qualität der angebotenen Leistung ausschlaggebend sind, so daß auch das zweitgünstigste Scheingebot noch eine gewisse Zuschlagschance hat. Mit zunehmender Angebotshöhe nimmt diese Chance allerdings ab, so daß es gerechtfertigt ist, Scheinbietern mit höheren Angeboten mehr Punkte zuzuschreiben als Kartellmitgliedern mit weniger überhöhten Angeboten.[22] Dieses Punktesystem bewirkt, daß jedes Kartellmitglied einmal zum Zuge kommt, wenn es genügend Punkte gesammelt hat.[23] Beim Gutschein- bzw. Kontokorrentsystem wird der durch die Kartellbildung erzielte Überschuß nach einem festen Schlüssel auf die abgesprochenen Bieter verteilt bzw. gutgeschrieben,[24] so daß jedes Kartellmitglied an den Aufträgen verdient.

- Wegen des Mißtrauens der Absprachеteilnehmer untereinander werden oftmals *Schutzmaßnahmen* vereinbart, die sicherstellen sollen, daß die Absprache auch eingehalten wird. So werden z.B. Wechsel oder Bargeld bei einer neutralen Stelle hinterlegt, die bei absprachewidrigem Verhalten verfallen.[25] Der Herausgestellte kann auch den Nullpreis geheimhalten, um die Unterbietungsgefahr seitens eines Kartellmitglieds zu mindern.[26] Darüber hinaus kommen finanzielle Repressalien gegenüber Ausscherenden aufgrund der häufig sehr weitgehenden wirtschaftlichen Verflechtungen in Betracht. Die anderen Kartellmitglieder können daher z.B. bewirken, daß Banken unversehens Kredite sperren oder Lieferanten ihre Lieferungen verzögern, weil personelle Identität zwischen Aufsichtsräten, Geschäftsführern, Vorständen o.ä. besteht.[27] Auch kann die wirtschaftliche, soziale

---

[20] Vgl. den Sachverhalt bei OLG Hamm NJW 1958, 1151.

[21] *Crome*, BB 1959, 832; *Herbst*, S. 71.

[22] Vgl. *R. Schmid*, Ausschreibungsbetrug, S. 53 f.

[23] Vgl. *R. Schmid*, Ausschreibungsbetrug, S. 54.

[24] *Herbst*, S. 71.

[25] *Herbst*, S. 70.

[26] *Franzen*, S. 26; *Herbst*, S. 69.

[27] *Herbst*, S. 70.

und gesellschaftliche Stellung des ausscherenden Unternehmers durch Verruferklärungen angegriffen werden.[28]

– Wird schließlich die Funktionsfähigkeit durch *unterbietende Außenseiter* gestört, so können diese durch einen Vernichtungswettbewerb, bei dem der Außenseiter z.B. abwechselnd von einem Kartellmitglied unterboten wird, vom Markt gedrängt werden, weil er nicht mehr kostendeckend arbeiten kann.[29] Außerdem kommen die schon gegen Kartellmitglieder genannten Repressalien durch Banken, Lieferanten etc. oder durch Verruferklärungen in Betracht.[30]

3. Gründe und Folgen der Kartellbildung

Wenn Unternehmen ein so aufwendiges und ausgeklügeltes Absprachesystem entwickeln und unterhalten, so müssen besondere Gründe hierfür bestehen. Die wesentliche Ursache für die Tendenz zur Kartellbildung kann in der starken Stellung der Nachfragenden und in der Abhängigkeit der Anbieter von deren Verhalten gesehen werden.[31]

Zu diesem Ungleichgewicht trägt zum einen die besondere Wettbewerbssituation bei Submissionen bei.[32] Bei der *Ausschreibung einer konkreten Leistung* steht einem einzelnen Auftraggeber eine Mehrzahl von Anbietern gegenüber, deren Anzahl allerdings begrenzt ist. Dies gilt nicht nur für beschränkte, sondern auch für öffentliche Ausschreibungen, bei denen man theoretisch sogar von einer unbeschränkten Vielzahl von Anbietern ausgehen müßte; aus standortbedingten, technischen, kapazitäts- und terminbedingten Gründen kommt aber für jeden Auftrag nur eine überschaubare Anzahl von Bietern in Betracht. Damit steht dem Monopol auf Nachfrageseite eine oligopolistisch strukturierte Anbieterseite gegenüber.[33]

Die Stellung des Auftraggebers gegenüber den Anbietern wird verstärkt durch die Tatsache, daß allein der Ausschreibende durch das von ihm erstellte Leistungsverzeichnis Art und Menge der zu erbringenden Leistung bestimmt; die Anbieter sind hieran gebunden. Sie konkurrieren somit nur hinsichtlich Preis und Qualität, letzteres aber auch nur im Rahmen der Vorgaben

[28] *Franzen*, S. 26.

[29] *R. Schmid*, Ausschreibungsbetrug, S. 55 f.

[30] *Franzen*, S. 26; *Herbst*, S. 70.

[31] Vgl. nur *Franzen*, S. 14.

[32] Vgl. ausführlich zum folgenden *Franzen*, S. 13 ff.; *Herbst*, S. 38 ff.

[33] Vgl. *Franzen*, S. 13 ff.; *Herbst*, S. 39 ff.; *Leitzinger*, S. 13 benennt die Marktform bei einer Submission als „Monopsom mit fester unteilbarer Menge“.

durch die Leistungsbeschreibung. Darüber hinaus verschafft das Ausschreibungsverfahren allein dem Auftraggeber Markttransparenz, d.h. nur er kann sich einen vollständigen Überblick über die momentane Marktlage verschaffen, während die Anbieter nach den Regeln des Ausschreibungsverfahrens in Unkenntnis ihrer Mitkonkurrenten und deren Verhalten ihr Angebot kalkulieren müssen.[34] Gerade in der Geheimhaltung der Konkurrenten voreinander liegt ein wesentlicher Charakterzug des Ausschreibungsverfahrens.[35] Der Anbieter, der den Auftrag erhalten möchte, befindet sich also in der mißlichen Lage, nicht zu wissen, mit welchem Angebot er den Auftrag höchstwahrscheinlich erhalten wird. Eine Orientierung an Konkurrenzpreisen scheidet im konkreten Verfahren wegen der Geheimhaltung aus und ein Vergleich mit dem Verhalten der Konkurrenten bei früheren Ausschreibungen fällt häufig deshalb schwer, weil individuelle, auf den Ausschreibenden zugeschnittene Sonderleistungen, insbesondere Bauleistungen, zu erbringen sind, die einem Vergleich nicht zugänglich sind.[36] Bedenkt man zudem, daß in der Praxis – entgegen den Verdingungsordnungen und heftiger Kritik der Anbieter – nahezu ausschließlich der Preis ausschlaggebend dafür ist, wem der Ausschreibende den Zuschlag erteilt, so stehen die an einem Auftrag Interessierten unter einem gegenseitigen, aber unbestimmten Preisdruck.[37] Jeder Bieter weiß nur, daß er seine Chancen, den Auftrag regelgerecht zu erhalten, dadurch erhöhen kann, daß er seinen Preis niedriger ansetzt. Will er diesem Preisdruck ausweichen, so kann dies nur dadurch erreicht werden, daß dem Nachfragemonopol des Ausschreibenden ein Angebotsmonopol entgegengesetzt wird, so daß mangels Konkurrenten keine Unsicherheit über das Konkurrentenverhalten mehr besteht, also auch auf Anbieterseite Markttransparenz herrscht. Dies ist auf zwei Wegen möglich: Die Monopolisierung der Anbieterseite kann durch einen Verdrängungswettbewerb der Anbieter untereinander erreicht werden, wenn sich diese auf einen Machtkampf und somit auf eine ruinöse Konkurrenz einlassen wollen. Hierbei besteht aber die Gefahr, selbst wirtschaftlich zu unterliegen und vom Markt verdrängt zu werden. Dieser Gefahr entgeht, wer den zweiten Weg wählt: die Bildung eines Kollektivmonopols, also den Zusammenschluß der Interessenten zu

[34] Vgl. nur § 17 Nr. 6 VOB / A bzw. § 17 Nr. 5 VOL / A.

[35] Vgl. BGHR § 1 I GWB Marktbeeinflussung 1; zur starken Stellung des Ausschreibenden bei der Submission und die Bedeutung der Intransparenz vgl. ausführlich *Leitzinger*, S. 70 ff., 160 ff.

[36] Vgl. *Klages*, S. 63 f.

[37] Ein reiner Preiswettbewerb bestünde auch dann, wenn der Ausschreibende die Leistung ganz exakt beschriebe, so daß alle Anbieter eine gleichwertige Leistung anbieten müßten, ein Wettbewerb hinsichtlich der Qualität also ausgeschlossen wäre; vgl. *Gandenberger*, S. 96.

einem Submissionskartell, wodurch jede Form des Wettbewerbs ausgeschaltet wird.[38]

Aber auch, wenn man nicht die Wettbewerbsbedingungen bei einer konkreten Ausschreibung, sondern die *Gesamtheit der Ausschreibungen* betrachtet, so zeigt sich eine starke Übermacht der Nachfrageseite, und zwar insbesondere im Bereich der Baubranche als mit Abstand wichtigsten Anwendungsbereich von Submissionskartellen.[39] Die öffentliche Hand nimmt hier eine quasi-monopolistische Stellung ein, indem sie über 60%, in Teilbereichen wie dem Großanlagen-und Autobahnbau sogar 100% aller Bauaufträge vergibt.[40] Sie kann es sich daher erlauben, kurze Ausschreibungsfristen festzusetzen und solche Anbieter nicht mehr zur Teilnahme aufzufordern, die sich bei einer vorhergehenden Ausschreibung nicht beteiligt haben. Dies zwingt die Anbieter dazu, sich regelmäßig zu bewerben und in dieser kurzen Zeit aufwendige und kostspielige Kalkulationen zu erstellen.[41] Weiterhin wird oft kritisiert, daß Leistungsverzeichnisse unvollständig oder ungenau erstellt sind und so das Kalkulationsrisiko des Anbieters erhöhen. Diesen kosten- und risikosteigernden Umständen wirkt ein Bieter entgegen, wenn er sich auf Absprachen mit anderen Anbietern einläßt.

Schließlich wird die Anbieterseite v.a. bei der Bauwirtschaft noch dadurch in eine schwache Position gedrängt, daß die zu erbringende Leistung eine individuelle Sonderleistung nach den Angaben des jeweiligen Ausschreibenden darstellt, so daß eine Vorratsproduktion nicht möglich ist. Es handelt sich vielmehr um ein Bereitschaftsgewerbe, das auf Nachfrage wartet und von dem eine Vorhaltekapazität mit hoher Fixkostenbelastung (z.B. Gehälter für Arbeitnehmer) erwartet wird.[42] Die Unternehmen müssen daher an einer gleichmäßigen Auslastung interessiert sein. Diese kann aber – nicht zuletzt angesichts starker konjunktureller Schwankungen – nur erreicht werden, wenn sich langfristig Kartelle bilden.[43]

---

[38] Vgl. *Bergemann-Gorsky*, S. 10 f.; *Gandenberger*, S. 51; *Poerting*, WirtschaftsKrim. 1984, 69; *Franzen*, S. 14.

[39] Siehe oben Fn. 7.

[40] *R. Schmid*, Ausschreibungsbetrug, S. 36; *Möschel*, Kriminalisierung, S. 24; *Tiedemann*, ZRP 1992, 151; vgl. auch *Poerting*, WirtschaftsKrim. 1984, 69; *Bruns*, NStZ 1983, 389: Anteil der öffentlichen Hand beträgt 80%.

[41] Die Kalkulationskosten werden auf 1–2% der gesamten Betriebskosten geschätzt, vgl. *Möschel*, Kriminalisierung, S. 39; vgl. auch die tabellarische Zusammenstellung der Angebotskosten bei *Leitzinger*, S. 171.

[42] *Möschel*, Kriminalisierung, S. 39.

[43] Vgl. *Crome*, BB 1959, 834.

Das bisher Gesagte scheint nun den Eindruck zu erwecken, Submissionskartelle seien die zwingende und verständliche Folge der Wettbewerbsverhältnisse. Die obengenannten Probleme und Mißstände im Zusammenhang mit Ausschreibungsverfahren dürfen jedoch nicht darüber hinwegtäuschen, daß die Rechtsordnung nun einmal gebietet, den Wettbewerb nicht durch Kartellbildung auszuschalten.[44] Es steht den Unternehmen – auch in schwierigen Zeiten – nicht zu, über die Wettbewerbsregeln zu disponieren.[45]

Diese Skepsis gegenüber Submissionskartellen erscheint umso mehr gerechtfertigt, wenn man sich die Nachteile, die von solchen Absprachen ausgehen, vor Augen führt. Der materielle Schaden, der durch Submissionsabsprachen allein der öffentlichen Hand jährlich zugefügt wird, wird auf bis zu 4 Mrd. DM, teilweise sogar deutlich höher geschätzt.[46] Diese Zahlen beruhen auf der Mindestannahme, etwa 40–50% der Aufträge seien abgesprochen[47] und die Preisüberhöhung durch Absprache betrage ca. 10% der Ausschreibungssumme.[48] Genaue Zahlen lassen sich naturgemäß in diesem Bereich nicht ermitteln. Es herrscht aber Einigkeit darüber, daß durch Submissionsabsprachen ein sehr hoher Schaden angerichtet wird. Dies belegen auch die hohen Geldbußen, die von den Kartellbehörden in Fällen von Submissionsabsprachen ausgesprochen wurden. Diese betrugen z.B. allein in einem einzigen, umfangreichen Verfahren gegen Unternehmen im Heizungs-, Klima-, Lüftungs- und Sanitärbereich 57,1 Mio. DM[49] und beim sog. „Süddeutschen Zementkartell" sogar 224 Mio. DM.[50]

Die negativen Auswirkungen der Absprachen sind aber noch viel weiterreichend: Der bei einer Ausschreibung erzielte Preis dient nämlich wiederum als Preisbemessungsgrundlage für weitere Aufträge, so daß das Preisniveau

---

[44] Siehe auch unten C.I.4.

[45] *Möschel*, Kriminalisierung, S. 40.

[46] Schätzungen des BKA, Handelsblatt v. 24.7.1974, S. 1, und der Prognos AG, zitiert bei *R. Schmid*, ZIP 1983, 652. Nach den Schätzungen, auf die *Poerting* (WirtschaftsKrim. 1984, 69) hinweist, soll der Schaden über 5 Mrd. DM betragen; nach der Schätzung von *Schaupensteiner* (ZRP 1993, 251) sogar über 10 Mrd. DM. Einen zweistelligen Milliardenbetrag prognostiziert *Broß*, VerwArch. 1993, 405, 413 wegen des unermeßlichen Investitionsbedarfs in den neuen Bundesländern.

[47] *Schaupensteiner* (ZRP 1993, 251) geht von 30–70% abgesprochener Aufträge aus; *Poerting* (WirtschaftsKrim. 1984, 69) nennt Zahlen, wonach bis zu 95% der Ausschreibungen im Baubereich abgesprochen seien.

[48] *Tiedemann*, Kartellrechtsverstöße, S. 116; *R. Schmid*, wistra 1984, 1; *Baumann*, NJW 1992, 1663 Fn. 27; ähnlich auch *Schaupensteiner*, ZRP 1993, 251.

[49] Vgl. den Tätigkeitsbericht des BKartA 1989/90, BT-Drs. 12/847.

[50] Handelsblatt Nr. 132 v. 12.7.1989, S. 1, 10, wo von „Europarekord" die Rede ist; auch 1983/84 wurden in 250 Absprachefällen Bußgelder in Höhe von 56,5 Mio. DM verhängt, vgl. Tätigkeitsbericht des BKartA 1985/86, S. 83, BT-Drs. 11/554.

insgesamt hochgeschraubt wird.[51] Da der Wettbewerb zwischen den Kartellmitgliedern durch die Absprache völlig beseitigt wird, können sich auch Wettbewerbsvorteile einzelner Unternehmer nicht durchsetzen. Daraus folgt, daß der Anreiz zu technischem Fortschritt und die Innovationsfähigkeit stark nachlassen und so der gesamte Wirtschaftsprozeß nachteilig umgestaltet wird.[52] Auch die „reinigende Wirkung“ des Wettbewerbs wird ausgeschaltet, da selbst ineffiziente Anbieter am Markt bleiben; der abgesprochene Preis muß nämlich so hoch sein, daß selbst sie mit Gewinn den Auftrag ausführen können.[53] Nicht zu unterschätzen sind schließlich die Auswirkungen solcher Absprachen auf die herrschende Wirtschaftsmoral, zumal es bisher immer noch nicht gelungen scheint, auf das Rechtsbewußtsein der Beteiligten einzuwirken.[54]

4. Rechtliche Sanktionen außerhalb des StGB

Bevor im einzelnen untersucht wird, inwieweit das geltende StGB bereits die Praktiken der Submissionskartelle als Betrug erfassen kann, soll zunächst ein vollständiges Bild von den rechtlichen Sanktionsmöglichkeiten gezeichnet werden, also aufgezeigt werden, welche Vorschriften außerhalb des StGB ein Einschreiten gegen die Kartellbildung ermöglichen.

a) Gesetz gegen Wettbewerbsbeschränkungen

Nach allgemeiner Ansicht sind Absprachen unter Submissionsteilnehmern nach § 1 I GWB unwirksam bzw. – wenn die Abrede zwischen den Anbietern nicht als „Vertrag“ im Sinne dieser Vorschrift eingestuft werden kann – tritt dieselbe Folge nach § 25 I GWB ein, der alle „abgestimmten Verhaltensweisen“ erfaßt.[55] Letztere Vorschrift wurde im Jahre 1973 gerade aus dem Grund in das GWB eingeführt, um mögliche Lücken, die sich aufgrund einer engen Auslegung des Begriffs „Vertrag“ in § 1 GWB ergeben können, zu schließen.[56]

---

[51] *R. Schmid*, Ausschreibungsbetrug, S. 57; *Jaath*, Schäfer-FS, S. 96 m.w.N.

[52] *R. Schmid*, Ausschreibungsbetrug, S. 57 f.; *Kantzenbach*, S. 112.

[53] Vgl. bei *Poerting*, WirtschaftsKrim. 1984, 69.

[54] *Baumann*, NJW 1992, 1663, insbesondere Fn. 26; so auch schon früher z.B. *Crome*, BB 1959, 832: Preisabreden gelten bei den Beteiligten als „Kavaliersdelikte“.

[55] *Möschel*, Kriminalisierung, S. 23; *R. Schmid*, Ausschreibungsbetrug, S. 103; *ders.*, wistra 1984, 2; detailliert zur Subsumtion von Submissionsabsprachen unter § 1 GWB *Franzen*, S. 46 ff.; *von Czarnowsky/Gutzler/Hoffmann/Strauch*, S. 113.

[56] *Emmerich*, Kartellrecht, § 5 Rn. 3.

Geben die Kartellmitglieder entsprechend ihrer Absprache ein Scheinangebot ab oder enthalten sie sich abredegemäß eines Angebots, so setzen sie sich über diese Unwirksamkeit hinweg, was nach *§ 38 I Nr. 1 bzw. Nr. 8 GWB* eine Ordnungswidrigkeit darstellt. Diese kann gemäß § 38 IV 1 GWB mit einem Bußgeld bis zu 1 Mio. DM, über diesen Betrag hinaus bis zum Dreifachen des erlangten Mehrerlöses geahndet werden, welcher zu diesem Zweck geschätzt werden darf (§ 38 IV 2 GWB).

b) Wirtschaftsstrafgesetz

Die Sanktionsmöglichkeit des *§ 4 I WiStG* für die Forderung eines infolge Wettbewerbsbeschränkung unangemessen hohen Entgelts hat für den Bereich der Submissionskartelle kaum praktische Bedeutung, da sich diese Ordnungswidrigkeitenvorschrift nur auf „Gegenstände und Leistungen des lebenswichtigen Bedarfs" bezieht.[57]

Weit wichtiger ist die Sanktionsmöglichkeit aufgrund Verstoßes gegen das Baupreisrecht,[58] finden Submissionsabsprachen doch in erster Linie auf dem Bausektor Anwendung. Nach *§§ 3 I Nr. 1, II, 16 WiStG i.V.m. §§ 1, 18 I Nr. 1 VO PR 1/72*[59] kann gegen denjenigen ein Bußgeld in Höhe von bis zu 50.000 DM verhängt werden, der einen nach der Baupreisverordnung unzulässigen Preis fordert, verspricht, vereinbart oder gewährt. Zur Anwendung kommt die VO PR 1/72 aber nur, wenn es sich um einen öffentlichen Auftrag oder einen mit bis zu 50% frei finanzierten Auftrag handelt (§ 1 VO PR 1/72). Davon werden etwa 60% des Bauvolumens erfaßt.[60] Ein von einem Submissionskartellmitglied geforderter Preis ist dann unzulässig, wenn er den nach § 9 VO PR 1/72 berechneten, unternehmensspezifischen Selbstkostenfestpreis übersteigt. Zwar unterliegen Wettbewerbspreise und damit auch alle Preise, die bei einer Ausschreibung zustandekommen, grundsätzlich keiner baupreisrechtlichen Begrenzung (§ 5 I VO PR 1/72). Dies gilt allerdings nicht, wenn der Wettbewerb auf Anbieterseite beschränkt und die Preisbildung hierdurch beeinflußt ist (§ 5 III i.V.m. § 7, 1 VO PR 1/72).

---

[57] *R. Schmid*, Ausschreibungsbetrug, S. 106; *Nack*, in: *Müller-Gugenberger*, § 50 Rn. 89; *Möschel*, Kriminalisierung, S. 24.

[58] Ausführlich dazu siehe unten C.III.1.a.

[59] Verordnung über die Preise für Bauleistungen bei öffentlichen oder mit öffentlichen Mitteln finanzierten Aufträgen vom 6. März 1972, BGBl. 1972 I S. 293, i.d.F. der VO PR Nr. 1/89 vom 13. Juni 1989.

[60] *Möschel*, Kriminalisierung, S. 24; *Tiedemann*, ZRP 1992, 151; *R. Schmid*, Ausschreibungsbetrug, S. 36.

Jeder Abspracheteilnehmer, der also ein gegenüber dem Selbstkostenfestpreis überhöhtes Angebot abgibt, begeht damit eine Ordnungswidrigkeit.[61]

Diese Sanktionsmöglichkeit ist von besonderer Relevanz für Scheinbieter, bewirkt sie doch eine Begrenzung des Spielraums für eine Überbietung des Nullpreises. Ein zusätzlicher Abschreckungseffekt wird dadurch erzielt, daß der Selbstkostenfestpreis unternehmensspezifisch zu berechnen ist, so daß ein wesentlicher Vorteil der Scheinbieter bei Submissionskartellen, nämlich die Entbehrlichkeit einer eigenen kostspieligen Kalkulation, in gewissem Maße entfällt, da sie durch das Baupreisrecht zumindest gezwungen werden nachzurechnen, ob ihr Angebot baupreisrechtlich überhöht ist.[62]

c) Art. 85 EGV i.V.m. Art. 15 Verordnung Nr. 17 (KartellVO)

Die Kommision der Europäischen Gemeinschaften kann insbesondere nach *Art. 15 II der KartellVO*[63] Bußgelder in Höhe bis zu 1 Mio. ECU oder über diesen Betrag hinaus bis zu 10% des Vorjahresumsatzes gegen ein Unternehmen verhängen, wenn dieses vorsätzlich oder fahrlässig gegen Art. 85 I EWGV verstoßen hat. Ein Submissionskartell bewirkt regelmäßig eine Verhinderung bzw. Einschränkung des Wettbewerbs, so daß die Voraussetzungen des Art. 85 I EGV insoweit bejaht werden können.[64] Darüber hinaus muß aber auch die sog. Zwischenstaatlichkeitsklausel erfüllt sein, d.h., die Absprache muß geeignet sein, den Handel zwischen Mitgliedstaaten zu beeinträchtigen. Hierdurch wird der Geltungsbereich des Gemeinschaftsrechts vom nationalen Wettbewerbsrecht abgegrenzt.[65] Der Anwendungsbereich des europäischen Wettbewerbsrechts soll danach dann eröffnet sein, wenn die konkrete Maßnahme aufgrund einer Gesamtwürdigung aller Umstände unmittelbar oder mittelbar, tatsächlich oder der Möglichkeit nach geeignet ist, die Freiheit des Handels zwischen den Mitgliedstaaten in einer Weise zu gefähr-

[61] Ursprünglich sah die Baupreisverordnung noch eine weitere Sanktionsmöglichkeit vor, und zwar sogar unabhängig vom Nachweis einer Kartellbildung: Ein geforderter Preis war schon dann unzulässig, wenn er den Selbstkostenfestpreis so erheblich überschritt, daß er in einem auffälligen Mißverhältnis zur Leistung stand; § 5 II 2 VO PR 1/72 a.F. Diese Vorschrift wurde aber im Jahre 1984 durch die VO PR 1/84 (BGBl. I S. 375) aufgehoben.

[62] Vgl. *Eichler*, BB 1972, 1348.

[63] Verordnung Nr. 17 des Rates: Erste Durchführungsverordnung zu den Artikeln 85 und 86 des Vertrages, BGBl. II S. 93/ABl. S. 204; Sartorius II, Nr. 165.

[64] Vgl. allgemein *Grabitz*, Art. 85 Rn. 45 f., 115; *von der Groeben/Thiesing/Ehlermann*, Art. 85, Rn. 68 ff., 129.

[65] EuGH Rs. 56 u. 58/64, Consten u. Grundig/Kommission, Slg. 1966, 321, 389; *Bleckmann*, Rn. 1268.

den, die der Verwirklichung der Ziele eines einheitlichen zwischenstaatlichen Marktes nachteilig sein kann.[66] Ist diese Voraussetzung bei einem Kartell positiv zu beantworten, kommt ein Verstoß gegen Art. 85 I EGV in Betracht, so daß die Verhängung eines Bußgelds nach EG-Recht möglich ist.[67] Da das Ziel der Geldbuße nach Art. 15 II KartellVO die Ahndung von Verwaltungsunrecht darstellt, ist die Rechtsnatur der Sanktion nicht strafrechtlicher Art, sondern ähnelt dem deutschen Ordnungswidrigkeitenrecht.[68]

d) Bewertung dieser Sanktionsmöglichkeiten

Dieser Überblick hat gezeigt, daß es Möglichkeiten gibt, Submissionsabsprachen als Ordnungswidrigkeiten zu verfolgen und mit Bußgeld zu ahnden. Insbesondere die *baupreisrechtliche Sanktion* kann jedoch keine allzugroße Effektivität entfalten, da sich der Anwendungsbereich auf den zwar sehr bedeutenden, aber keinesfalls allein betroffenen Bereich des Bausektors beschränkt, und darüber hinaus nur ca. 60% des Bauvolumens erfaßt sind. Desweiteren greift die Ahndung nach dem WiStG i.V.m. BaupreisVO erst dann ein, wenn eine Obergrenze für die Baupreise überschritten ist. Das schließt aber nicht aus, daß der baupreisrechtlich noch zulässige Preis den (hypothetischen) Wettbewerbspreis übersteigt und daher überhöht ist.[69] Zudem bereitet die Berechnung des unternehmensspezifischen Selbstkostenpreises nicht unerheblichen Arbeitsaufwand, wodurch die Verfolgung erschwert wird. Schließlich enthalten die entsprechenden Vorschriften einen niedrigen Bußgeldrahmen, der angesichts der enormen Summen, die auf dem Spiel stehen, nur geringe Abschreckungswirkung entfalten kann.[70]

Demgegenüber sind die *nach § 38 IV GWB* bzw. *nach Art. 15 II KartellVO verhängbaren Bußgelder* beträchtlich. Die Schätzungsmöglichkeit des § 38 IV 2 GWB verleiht der Sanktionsmöglichkeit nach deutschem Wettbewerbsrecht zusätzliche Effektivität.

Zweifelhaft bleibt jedoch, ob mit einer Ahndung als Ordnungswidrigkeit der Unrechtsgehalt von Submissionsabsprachen vollständig erfaßt werden kann oder ob darüber hinaus ein Bedürfnis nach strafrechtlicher Sanktion besteht. Die Tatsache, daß dieses Verhalten vielfach bereits eine Ordnungs-

---

[66] EuGH a.a.O.

[67] Vgl. z.B. die Bußgeldverhängung gegen 28 baugewerbliche Verbände in den Niederlanden in Höhe von umgerechnet ca. 45 Mio. DM, vgl. *Uwe Jean Heuser*, Die Zeit Nr. 11 vom 6.3.1983, S. 35.

[68] *Grabitz*, nach Art. 87, Art. 15 VO Nr. 17, Rn. 5.

[69] *Eichler*, BB 1972, 1348 f.

[70] So auch *Müller-Gugenberger*, § 47 Rn. 8.

widrigkeit darstellt, steht einer zusätzlichen Anwendung des Strafrechts aufgrund der in § 21 OWiG zum Ausdruck kommenden Subsidiarität der Ordnungswidrigkeiten- gegenüber den Strafvorschriften nicht entgegen.[71] Die Ahndung als Ordnungswidrigkeit ist aber dann nicht genügend, wenn das zu untersuchende Verhalten derart sozialschädlich ist, daß es als strafwürdig erscheint und auch die Strafbedürftigkeit zu bejahen ist. Diese beiden Kriterien – Strafwürdigkeit und Strafbedürftigkeit – werden heute aus verfassungsrechtlichen Gründen allgemein als Voraussetzungen dafür angesehen, daß der Gesetzgeber ein Verhalten unter Strafe stellen darf.[72] Richtigerweise kommt diesen beiden Kriterien aber nicht nur dann Bedeutung zu, wenn es um die Frage geht, ob ein neuer Tatbestand geschaffen werden kann. Vielmehr muß die Feststellung, daß ein Verhalten strafwürdig und -bedürftig ist, auch dann Auswirkungen haben, wenn ein Sondertatbestand fehlt, es aber darum geht, bereits bestehende Straftatbestände auf problematische Sachverhalte anzuwenden. Ergäbe die Untersuchung, daß horizontale Einflußnahmen auf Ausschreibungsverfahren strafwürdig und -bedürftig sind, eine entsprechende Spezialvorschrift aber nicht existiert, so müßte versucht werden, alle Möglichkeiten auszuschöpfen, dieses Verhalten unter den § 263 StGB zu subsumieren, ohne dabei aber die rechtsstaatlichen Garantien, insbesondere das Bestimmtheitsgebot des Art. 103 II GG zu unterlaufen.[73]

Im folgenden soll daher die Strafwürdigkeit und -bedürftigkeit von Submissionskartellen untersucht werden.

5. Strafwürdigkeit und Strafbedürftigkeit von Submissionsabsprachen

a) Strafwürdigkeit von Submissionsabsprachen

Strafwürdig ist ein Verhalten, das sozialethisch zu mißbilligen ist, weil es geeignet ist, die sozialen Beziehungen innerhalb der Rechtsgesellschaft erheblich zu gefährden oder zu schädigen.[74] Die Beurteilung dieser Frage hängt zum einen vom Rang des betroffenen Rechtsguts (Erfolgsunwert), zum ande-

---

[71] Vgl. auch *Baumann/Arzt*, ZHR 1970, 43; I/M-*Tiedemann*, vor § 38 Rn. 58 m.w.N.

[72] *Günther*, JuS 1978, 11 f.; *Otto*, NJW 1979, 683; *Jaath*, Schäfer-FS, S. 106; *Jescheck*, AT, § 7 I 1 a; *Möschel*, Kriminalisierung, S. 31; vgl. auch BVerfGE 6, 389, 433; 39, 1, 47.

[73] Vgl. auch *Möschel*, Kriminalisierung, S. 29: „Bevor man nun neue Strafrechtsbestände schafft, sollte man sich bemühen, die vorhandenen allgemeinen Tatbestände des geltenden Rechts auszuloten. Solange dies nicht wirklich geschehen ist, bleibt eine These von einer „Strafbarkeitslücke" im Grunde spekulativ."

[74] *Otto*, NJW 1979, 683.

ren von Art und Weise der Rechtsgutsverletzung oder -gefährdung (Handlungsunwert) ab.[75]

Das BVerfG[76] hat den eine „objektive Wertordnung" verkörpernden verfassungsrechtlichen Grundentscheidungen, insbesondere den Grundrechten, auch für den Strafgesetzgeber eine hervorragende Bedeutung zugemessen. Deshalb erscheint jede erhebliche Verletzung bzw. Gefährdung umso eher als strafwürdig, je höher der Rang dieses Rechtsguts in der verfassungsrechtlichen Wertordnung ist. Je geringer dagegen dieser Rang ist, umso mehr wird es angemessen sein, nur einzelne Angriffe gegen dieses Rechtsgut, und zwar diejenigen, denen ein besonderes Maß an sozialem Umwert eigen ist, wie z.B. Täuschung oder Vertrauensbruch, als strafwürdig anzusehen.[77]

Die Strafwürdigkeit von Submissionsabsprachen kann in bezug auf drei Rechtsgüter begründet werden: den freien Wettbewerb, das Vermögen des Ausschreibenden und das Ausschreibungsverfahren als solches.

Zunächst beeinträchtigen Submissionskartelle den *freien Wettbewerb*. Der Wettbewerb erfährt seine Bedeutung als wichtiges Rechtsgut in unserer sozialen Marktwirtschaft zwar nicht durch die verfassungsmäßige Festlegung auf diese Wirtschaftsform; jedoch weist zumindest die grundgesetzliche Entscheidung gegen eine zentrale Planwirtschaft[78] – bei allem dem Gesetzgeber so noch verbleibenden Ermessensspielraum hinsichtlich der Festlegung einer Wirtschaftsordnung – dem Wettbewerb eine wichtige Steuerungs- und Verteilungsfunktion zu. Der Wettbewerb ist somit nicht nur irgendein Ordnungsprinzip, sondern er ist grundlegend für die gesamtwirtschaftliche Funktionsfähigkeit sowie als Garantie für die individuelle Freiheit gegenüber Bündelung privater Macht. Nun ist aber insbesondere aus kartellrechtlicher Sicht immer wieder eingewandt worden, der freie Wettbewerb dürfe nicht zum Schutzgut einer Strafnorm erhoben werden.[79] Viele Argumente gegen eine Kriminalisierung des Kartellrechts werden angeführt. So wird darauf verwiesen, daß das GWB ein Kompromißgesetz darstelle und deshalb viele Ausnahmetatbestände vorsehe, unter deren Voraussetzungen eine Wettbewerbsbeschränkung nicht verboten sei. Oder es wird die als Dilemma-These bezeichnete Problematik angeführt, wonach es u.U. notwendig sein könne,

---

[75] *Günther*, JuS 1978, 13 m.w.N., *Jaath*, Schäfer-FS, S. 108; *Jescheck*, AT, § 7 I 1.

[76] Vgl. BVerfGE 7, 198, 205; 21, 362, 372; 35, 79, 114; 39, 1, 41.

[77] *Günther*, JuS 1978, 13; *Otto*, NJW 1979, 683; *Peters*, ZStW 77 (1965), S. 475; vgl. auch BVerfGE 39, 1, 42.

[78] BVerfGE 4, 7, 17; 50, 290, 336 ff.; *Seifert/Hömig*, Art. 20 Rn. 5; vgl. ferner BVerfGE 29, 260, 266; 50, 290, 366.

[79] Vgl. nur *Kartte/von Portatius*, BB 1975, 1169 ff.; *Möschel*, Kriminalisierung, S. 49 ff.

Wettbewerbsgesichtspunkte gegen anerkannte gesamtwirtschaftliche Zielvorstellungen abzuwägen. Allerdings ist unabhängig von dieser Streitfrage wohl weitgehende Übereinstimmung in dem Punkt festzustellen, daß einzelne „qualifizierte" Kartellrechtsverstöße trotz aller erdenklichen kartellrechtlichen Gesichtspunkte strafwürdig sein können.[80] Submissionsabsprachen weisen eine solche Qualifikation auf, wenn sie sich nicht darauf beschränken, auf Anbieterseite den Wettbewerb auszuschalten, sondern darüber hinaus durch Verheimlichung der Absprache gegenüber dem Ausschreibenden und Abgabe von nur scheinbar frei kalkulierten Angeboten einen ordnungsgemäßen Verlauf des Vergabeverfahrens und damit *echtes Wettbewerbsverhalten vortäuschen*, mit dem *Ziel, die Preisvorstellungen der Teilnehmer durchzusetzen.*[81]

Weiterhin ist das *Vermögen des Ausschreibenden* durch die Bildung von Submissionskartellen betroffen. Allerdings kann nicht jeder Angriff auf das Vermögen eines anderen als strafwürdig erachtet werden, da auch die sozialadäquate Betätigung in einer freien Verkehrswirtschaft vielfach notwendig zu Lasten eines anderen Vermögens geht.[82] Dementsprechend schützen die Vermögensdelikte des StGB auch nur vor bestimmten, besonders gefährlichen und mißbilligenswerten Angriffsarten auf das Vermögen eines anderen. So erfaßt § 263 StGB nur die Vermögensschädigung durch Täuschung. Wesentlich für die Funktionsweise des Submissionskartells ist die Geheimhaltung der Wettbewerbsbeschränkung vor dem Ausschreibenden und dessen Täuschung über einen echten Wettbewerb auf Anbieterseite durch Abgabe abgesprochener Angebote, damit der Herausgestellte den Zuschlag erhält. Insoweit unterscheidet sich das Verhalten der Kartellteilnehmer nicht von sonstigen betrügerischen Handlungen. Die Taktik der Submissionskartelle führt aber dazu, daß der für die Betrugsstrafbarkeit essentielle Schadensnachweis im Einzelfall erschwert, wenn nicht gar unmöglich gemacht wird. Auf der anderen Seite läßt sich heute kaum mehr bestreiten, daß durch horizontale Einflußnahmen enorme Schäden beim Ausschreibenden, insbesondere bei der öffentlichen Hand verursacht werden, auch wenn eine genaue Bezifferung dieser Schäden nicht möglich ist und nur auf grobe Schätzungen zurückgegriffen werden kann.[83] Hieran zeigt sich zumindest, daß Submissionskartelle die Gefahr in sich tragen, das Vermögen des Ausschreibenden zu beeinträchtigen.[84] Beabsichtigen die Teilnehmer eines Kartells für sich einen Vermö-

---

[80] Vgl. z.B. *Kartte/von Portatius*, BB 1975, 1172; *Franzen*, S. 203; *R. Schmid*, Ausschreibungsbetrug, S. 116.

[81] So auch *Tiedemann*, Kartellrechtsverstöße, S. 115.

[82] Vgl. auch *Möschel*, Kriminalisierung, S. 32.

[83] Vgl. *Baumann*, NJW 1992, 1663; *Weinmann*, Pfeiffer-FS, S. 93 f.; zu den Gesamtschäden siehe auch oben C.I.3. und unten C.II.5.i.(5).(i).

[84] Vgl. auch *R. Schmid*, Ausschreibungsbetrug, S. 136.

gensvorteil, so kann „nach der allgemeinen Lebenserfahrung ... unterstellt werden, daß dem Vermögensvorteil auf der Anbieterseite ein Nachteil auf seiten des Veranstalters entspricht, da davon ausgegangen werden kann, daß derartige Absprachen nicht um ihrer selbst willen getroffen werden.“[85] Für die Strafwürdigkeit bedeutet dies, daß Submissionsabsprachen auf einer Stufe mit sonstigen Betrügereien stehen, wenn sie auf die Erzielung eines Vermögensvorteils gerichtet sind.[86] Ob jedoch auch der Nachweis gelingt, daß in einer konkreten horizontalen Einflußnahme auf das Vergabeverfahren ein Betrug zu Lasten des Veranstalters liegt, ist eine andere, davon zu unterscheidende Frage.

Das dritte durch ein Submissionskartell betroffene Rechtsgut stellt die *Ausschreibung* als Institution, als überindividuelles Schutzgut dar.[87] Es mag überraschen, dieses Verfahren für sich als schutzwürdig anzusehen. Doch folgt dies zum einen aus der besonderen Bedeutung der Ausschreibung für die Preisbildung und -regulierung in vielen Bereichen. Zum anderen ist dieses Verfahren für die öffentliche Hand vielfach zwingend vorgeschrieben, um die Grundsätze der Wirtschaftlichkeit und Sparsamkeit auch bei der Auftragsvergabe einzuhalten[88] und die Objektivität bei Durchführung des Verfahrens zu wahren. Diese Bedeutung des Vergabeverfahrens hat nun aber nicht zur Folge, daß bereits jeder Verstoß gegen die Vergaberegeln strafwürdig wäre. Erst wenn das Verfahren in sein Gegenteil verkehrt wird, wenn also durch Preisabsprachen – unter gleichzeitiger Ausschaltung der Preisbildungsfunktion – versucht wird, unter dem Schleier der Ordnungsmäßigkeit des Verfahrens einen Vermögensvorteil zu erzielen, ist das Verhalten als sozialschädlich und daher strafwürdig zu bewerten.[89]

Sprechen die bisherigen Ausführungen für eine Strafwürdigkeit von Submissionsabsprachen, zumindest dann, wenn sie auf die Erzielung eines Vermögensvorteils gerichtet sind, so wird dieses Ergebnis noch bestätigt, wenn man einen Vergleich mit anderen Normen anstellt: Durch das UWG (§§ 4, 12) werden bloße *Verstöße gegen die Lauterkeit des Handels* unter Strafe gestellt. Die *völlige Ausschaltung des Wettbewerbs* mittels Submissionskartellbildung soll aber lediglich als Ordnungswidrigkeit geahndet werden können. Hierin kann eine normative Inkohärenz, ein Messen mit zweierlei Maß

---

[85] *Jaath*, Schäfer-FS, S. 110.

[86] So zu Recht *Jaath*, Schäfer-FS, S. 110.

[87] So *Jaath*, Schäfer-FS, S. 110; zur schützenswerten Funktion dieses Verfahrens vgl. auch *Franzen*, S. 145 f.

[88] Siehe oben B.II.2.a.

[89] I.E. ebenso *Jaath*, Schäfer-FS, S. 111.

gesehen werden.[90] Überdies kann Baumann / Arzt nur zugestimmt werden, wenn sie darauf verweisen, daß das Rechtsbewußtsein der Bevölkerung auf Dauer zu korrumpieren drohe, wenn zwar kleine Diebereien, nicht aber Schädigungen der gesamten Verbraucher- bzw. Steuerzahlerschaft bestraft würden.[91]

b) Strafbedürftigkeit von Submissionsabsprachen

Bei der Feststellung der Strafbedürftigkeit stehen rein kriminalpolitische Erwägungen im Vordergrund. Ein Strafbedürfnis besteht nur, wenn die Kriminalstrafe das einzige Mittel darstellt, um das als sozialschädlich erkannte Verhalten zu unterbinden, und hierfür nicht andere, weniger einschneidende, aber gleich oder sogar besser wirkende Maßnahmen zur Verfügung stehen.[92]

Wie bereits festgestellt wurde, ist die baupreisrechtliche Sanktion nur wenig effektiv.[93] Auch die kartellrechtlichen Bestimmungen erlauben allenfalls eine Verfolgung als Ordnungswidrigkeit. Das Ordnungswidrigkeitenrecht kennt jedoch keine Freiheitsstrafen, so daß die Abschreckungswirkung eines Kartellverbots wesentlich kleiner als die einer Strafnorm ist. Weiterhin werden Ordnungswidrigkeiten gemeinhin nur als Bagatellvergehen und Kavaliersdelikte angesehen, so daß auch die soziale Mißbilligung eine geringere ist, da der Täter eben nicht zum „Kriminellen“ wird.[94] Die nach Ordnungswidrigkeitenrecht verhängten Bußgelder treffen gerade im Wirtschaftsleben den Täter nicht unausweichlich persönlich; vielmehr kann diese finanzielle Belastung auf das gesamte Unternehmen und insbesondere auf die Abnehmer übergewälzt werden.[95]

Vorwiegend aus kartellrechtlicher Sicht wird eine Ahndung als Ordnungswidrigkeit hingegen aus mehreren Gründen für effektiver als eine Pönalisierung gehalten. So wird auf die hohen Bußgelder nach § 38 GWB bzw. Art. 15 II KartellVO und die besondere Abschreckungswirkung der vom BKartA geübten Praxis, Bußgeldverfahren unter namentlicher Nennung der Betroffenen zu veröffentlichen, verwiesen. Dies habe oft größere Wirkung als eine

---

[90] *Baumann / Arzt*, ZHR 1970, 29; a.A. *Möschel*, Kriminalisierung, S. 46; daß unterschiedliche Schutzgüter des UWG und des GWB diese Ungleichbehandlung erklären können, widerlegt *R. Schmid*, Ausschreibungsbetrug, S. 59 ff.

[91] ZHR 1970, 28.

[92] *Günther*, JuS 1978, 11 m.w.N.

[93] Siehe oben C.I.4.d.

[94] *R. Schmid*, wistra 1984, 2; *Eichler*, BB 1972, 1348.

[95] *R. Schmid*, Ausschreibungsbetrug, S. 130.

strafrechtliche Sanktion.[96] Auch ermögliche die Geltung des Opportunitätsprinzips im Ordnungswidrigkeitenrecht (§ 47 OWiG) im Gegensatz zum Legalitätsprinzip des Strafprozeßrechts eine flexiblere Handhabung der Sanktionen, indem z.B. Kompromisse zwischen Unternehmen und BKartA angesichts des oft schwierigen Nachweises von Tatbestandsvoraussetzungen getroffen werden[97] oder das BKartA Erfolgschancen und Arbeitsaufwand berücksichtigen und so seine Arbeitskraft effektiv auf aussichtsreiche Fälle konzentrieren könne. Darüber hinaus bestehe so nicht nur die Möglichkeit rein repressiven Handelns, sondern den Kartellbehörden komme eine Beratungs- und Gestaltungsfunktion zu, die wesentlich umfassender zur Erhaltung der Wettbewerbsstrukturen beitragen könne.[98]

Diese berechtigten Einwände dürfen im Ergebnis aber nicht über die Realität hinwegtäuschen. Die immer wieder aufkommenden Submissionsskandale belegen, daß das Instrumentarium des Ordnungswidrigkeitenrechts keine ausreichende Generalprävention erzeugen konnte.[99] Will man ein solches Verhalten unterbinden, erscheint es deshalb unausweichlich, diesem mit Strafdrohung entgegenzuwirken. Durch eine drohende Freiheitsstrafe und einen Strafmakel, der der Person des Täters selbst anlastet und sein Ansehen und Vertrauen in Mitleidenschaft zieht, kann gerade bei Wirtschaftskriminellen eine wesentlich höhere Abschreckungswirkung erzielt werden, da sich ein Vertrauens- und Ansehensverlust im Hinblick auf eine weitere Tätigkeit im Wirtschaftsleben besonders negativ auswirkt. Während Geldbußen für Kartellverstöße gewissermaßen zum Berufsrisiko gehören, scheuen die in den Unternehmen Verantwortlichen das Strafrecht „wie der Teufel das Weihwasser“[100]. Eine derartig hohe Abschreckungswirkung ist aber erforderlich, um der strafwürdigen Beteiligung an Submissionskartellen Einhalt zu gebieten.

c) Folgerung für die Auslegung des § 263 StGB

Ist nach den eben gemachten Ausführungen sowohl die Strafwürdigkeit als auch die Strafbedürftigkeit von Submissionsabsprachen zu bejahen, so muß daraus folgende Konsequenz für die weitere Untersuchung der Strafbarkeit

---

[96] *Kartte/von Portatius*, BB 1975, 1171; kritisch zur Rechtmäßigkeit dieser Öffentlichkeitsarbeit *R. Schmid*, wistra 84, 3 f.

[97] Vgl. hierzu *Möschel*, Kriminalisierung, S. 35 f.; *R. Schmid*, Ausschreibungsbetrug, S. 122 ff.

[98] Vgl. *Möschel*, Kriminalisierung, S. 51 f.

[99] *Weinmann*, Pfeiffer-FS, S. 94; *R. Schmid*, wistra 1984, 5; *Müller-Gugenberger*, § 47 Rn. 8.

[100] *Rudolf Gerhardt*, Donnergrollen aus Karlsruhe, Die Zeit Nr. 11 v. 6.3.1992, S. 35.

nach § 263 StGB gezogen werden: Im Rahmen der rechtsstaatlichen Grundsätze ist zu versuchen, den Betrugstatbestand so weit wie möglich – in tatsächlicher wie rechtlicher Hinsicht – auszuschöpfen, um dieses Verhalten als Betrug bestrafen zu können. Schlüchter[101] ist zuzustimmen, wenn sie fordert, den raffinierten Praktiken der Kartellteilnehmer, den Schadensnachweis zu erschweren bzw. unmöglich zu machen, ebenso raffiniert zu begegnen. Dies bietet auch Vorteile gegenüber der Einführung eines Sondertatbestands, dem – zumindest anfänglich – klare, von der Rechtsprechung festzulegende Konturen fehlen müßten und der so nur Ansatzpunkte für neue Umgehungsmöglichkeiten schaffen würde.

II. Eingehungsbetrug zu Lasten des Ausschreibenden

1. Überblick über die in Betracht kommenden Betrugsrichtungen und -arten

Betrug durch Submissionsabsprachen ist gegenüber unterschiedlichen „Opfern" und in unterschiedlichen Handlungsstadien möglich. Demnach wird bei der folgenden Untersuchung zur Betrugsstrafbarkeit zum einen nach der *Schädigungsrichtung* differenziert, also Betrug *zu Lasten des Ausschreibenden und zu Lasten der Mitbewerber* voneinander getrennt behandelt. Zum anderen kann im Hinblick auf einen Betrug zu Lasten des Ausschreibenden danach unterschieden werden, durch welche selbstschädigende *Handlung des Getäuschten* möglicherweise ein Schaden herbeigeführt wurde. Dies kann einerseits durch die Eingehung des Vertrages selbst (*Eingehungsbetrug*), andererseits durch oder bei Erfüllung des geschlossenen Vertrages (*Erfüllungsbetrug*) geschehen sein. Am Anfang steht die Prüfung eines Eingehungsbetruges zu Lasten des Ausschreibenden.

2. Irrtumserregung durch Täuschung

a) Täuschungsrelevante Tatsache

§ 263 StGB setzt eine „Vorspiegelung falscher" oder eine „Entstellung oder Unterdrückung wahrer *Tatsachen*" voraus. Tatsachen sind konkrete Vorgänge oder Zustände der Vergangenheit oder Gegenwart, die dem Beweise zugänglich sind.[102]

---

[101] Bekämpfung der Wirtschaftskriminalität, S. 44.

[102] RGSt 56, 227.

Als relevante Tatsache, über die die Absprachteilnehmer durch Beteiligung an dem Vergabeverfahren täuschen könnten, käme auf den ersten Blick die Angemessenheit ihres jeweiligen Angebots in Betracht. Allerdings handelt es sich bei der Angemessenheit des Preises für eine konkrete Leistung nicht um eine objektiv nachprüfbare Angabe; vielmehr liegt darin, wie bei der Behauptung, eine Sache habe einen bestimmten Wert, nur ein Urteil und keine Tatsache.[103] Entscheidend ist, daß durch das Ausschreibungsverfahren ein Marktwert für die konkrete, vom Ausschreibenden gewünschte Leistung auf Grundlage des freien Wettbewerbs ermittelt werden soll, indem jeder Bieter ein unabhängig erstelltes Angebot einreichen und ihn die wettbewerbsbedingte Unsicherheit zu möglichst knapper Kalkulation veranlassen soll. Damit ist die relevante Tatsache in diesen Fällen nicht die Höhe des einzelnen Angebots, sondern die Einhaltung der Vergaberegeln, die die Bildung eines wettbewerbsgemäßen Marktwertes gewährleisten. Die relevante Tatsache bei Submissionsfällen ist also die ordnungsgemäße, auf freiem Wettbewerb beruhende Beteiligung am Ausschreibungsverfahren.[104]

b) Täuschung durch ausdrückliches Tun

Auf welche Weise die Täuschung begangen wird, ist für § 263 StGB unerheblich. In Frage kommt daher Betrug durch ausdrückliches oder konkludentes Tun sowie durch Unterlassen. Die Teilnehmer an der Absprache legen für jedes Mitglied eine bestimmte Verhaltensform fest; sie verteilen untereinander verschiedene „Rollen“: wer herausgestellt wird, wer Scheinangebote abzugeben hat und wer sich eines Angebots enthalten muß. Daher kommt bei den einzelnen Kartellmitgliedern je nach „Rolle“ ein anderes Täuschungsverhalten in Betracht. Dem muß im folgenden Rechnung getragen werden.

Eine ausdrückliche Täuschungshandlung eines Bieters läßt sich bei den hier interessierenden Fallgestaltungen nur unter engen Voraussetzungen annehmen, nämlich nur dann, wenn zwischen Vergebendem und Bietern eine ausdrückliche Abrede dahingehend getroffen wurde, daß sich die Bieter allen Absprachen und Manipulationen enthalten haben. Dies trifft also insbesondere auf die Fälle zu, in denen aufgrund der Ausschreibungsbedingungen die Bieter eine Erklärung abgeben müssen, sich an das Verbot der §§ 1 ff. GWB zu halten.[105]

---

[103] Ähnlich für den Parallelfall der Scheingebote bei öffentlichen Versteigerungen *Locher/Blind*, NJW 1971, 2291.

[104] So z.B. auch *Eichler*, BB 1972, 1349; *ders.*, Bauwirtschaft 1973, 1039; *R. Schmid*, Ausschreibungsbetrug, S. 87.

[105] Vgl. *Eichler*, BB 1972, 1349, und den Sachverhalt bei BGH NJW 1992, 921.

c) Täuschung durch konkludentes Tun

Eine Täuschung durch konkludentes Tun kommt immer dann in Betracht, wenn das Verhalten des Täters Schlußfolgerungen auf das Vorliegen bzw. Nichtvorliegen einer konkreten Tatsache zuläßt. Dies bestimmt sich danach, ob die jeweilige Verkehrsauffassung diesem Verhalten einen entsprechenden Erklärungswert beimißt.[106] Auf einen bestimmten Erklärungswillen kommt es dabei nicht an.[107] Hat das Täterverhalten keinen Erklärungswert, so bleibt nur Raum für eine Täuschung durch Unterlassen. Die Beurteilung, wann sich aufgrund der Verkehrsauffassung ein bestimmter Erklärungswert ergibt, ist mit gewissen Wertungsunsicherheiten behaftet, so daß verständlich ist, daß diese Frage beim Submissionsbetrug nicht immer einheitlich beantwortet wird.

Gibt der Täter ein Angebot ab, obwohl er sich an einer Absprache beteiligt hat, kann darin konkludent die unrichtige Erklärung liegen, er habe sein Angebot unabhängig und nur auf Grundlage des freien Wettbewerbs kalkuliert.

Stein[108] und das AG Köln[109] haben nun aber die Ansicht vertreten, daß Absprachen (auf dem Bausektor) den im Bauleben Erfahrenen und damit auch den Ausschreibenden hinlänglich bekannt seien und diese deshalb gar nicht davon ausgingen, daß Absprachen nicht stattfänden. Ihnen käme es allein auf den angemessenen Preis für die Leistung an; ob eine unredliche Machenschaft stattgefunden habe, sei nur für die Kartellbehörde von Interesse.[110]

Bei dieser Argumentation wird allerdings übersehen, daß sich die Frage nach einem „angemessenen" Preis nicht von seinem Zustandekommen trennen läßt. Die Gefahr nämlich, daß ein auf einer Absprache beruhender Preis zu hoch ist, ist dermaßen groß, daß es unrealistisch erschiene, den Ausschreibenden regelmäßig ein diesbezügliches Desinteresse zu unterstellen.[111] Sinn der Durchführung einer Ausschreibung ist es gerade, Aufschluß über den Markt und den Marktpreis zu erhalten, um so „wissend" eine Auswahl zwischen den Anbietern treffen zu können. Die Bedeutung des freien, unbeein-

---

[106] Vgl. z.B. OLG Köln wistra 1991, 115; *Wessels*, BT 2, § 13 II 1b; *Eser*, Strafrecht IV, 11 A 22.

[107] LK-*Lackner*, § 263 Rn. 28.

[108] *Stein*, Bauwirtschaft 1973, 433.

[109] Entscheidung vom 22.3.1971 (Az.: 252-3/71); zitiert nach *Eichler*, BB 1972, 1349.

[110] *Stein*, Bauwirtschaft 1973, 433.

[111] So auch *Möschel*, Kriminalisierung, S. 26.

flußten Wettbewerbs für den Vergebenden ist deshalb für alle Anbieter bereits aus der Durchführung einer Ausschreibung erkennbar. Wird dem Vergabeverfahren eine Verdingungsordnung zugrundegelegt, so kommt dies auch in den Vorschriften der VOB / A[112] bzw. VOL / A[113] zum Ausdruck. Da die Submission durch Absprachen ihren Sinn für den Ausschreibenden verlieren würde, das Vergabeverfahren vielmehr – ohne Kenntnis des Ausschreibenden – durch ein völlig anderes Vergabesystem der Anbieter untereinander ersetzt würde, muß der Abgabe eines Angebots der Erklärungswert beigemessen werden, daß sich der Anbieter den Vergaberegeln des Auftraggebers unterwerfe und sich daher nicht an Absprachen beteiligt habe. Würde man der Argumentation der Gegenansicht folgen, hieße dies „die Unsitte und das rechtswidrige Verhalten über die Rechtsordnung stellen".[114]

Richtig ist daher die ganz h.M.,[115] nach der mit Abgabe eines Angebots konkludent erklärt wird, es handele sich um ein echtes Wettbewerbsangebot.

Was gilt aber, wenn es Ergebnis der Abrede gerade war, daß einzelne Unternehmer kein Angebot abgeben, obwohl sie das unter normalen Umständen getan hätten?

Zu unterscheiden sind hier diejenigen, die ein Angebot gegenüber dem Ausschreibenden abgeben und diejenigen, die sich absprachegemäß eines Angebots enthalten. Dasjenige Kartellmitglied, das von einer Angebotsabgabe Abstand nimmt, handelt nicht, so daß lediglich ein Unterlassen, das nur bei einer Garantenstellung relevant wird, vorliegt.[116] Die abredegemäßen Bieter, insbesondere der Herausgestellte, der sich die Nichtteilnahme anderer zunutze macht, handelt durch Abgabe seines Angebots.

Möschel und Franzen behaupten nun, daß es eine Unterstellung sei, diesem Verhalten den Erklärungsinhalt zuzuschreiben, man habe keinen Einfluß auf einen Dritten genommen, ein Angebot zu unterlassen. Die Vorstellung des Ausschreibenden über die Anzahl der bietungswilligen Unternehmer werde durch die Handlung des Bieters nämlich nicht beeinflußt.[117]

---

[112] Vgl. §§ 2, 25 Nr. 1 Abs. 1c.

[113] Vgl. §§ 2, 25 Nr. 1 Abs. 1f.

[114] *Baumann*, Bauwirtschaft 1973, 1517; i.E. ebenso *Diehl*, BauR 1993, 3.

[115] OLG Hamm NJW 1958, 1151, 1152; *R. Schmid*, Ausschreibungsbetrug, S. 87; *Böhm*, Kartellrecht 1931, 319; *Eichler*, BB 1972, 1349; *ders.*, Bauwirtschaft 1973, 1039; *Möschel*, Kriminalisierung, S. 26; *Franzen*, S. 172; *D. Geerds*, DWiR 1992, 121.

[116] Dazu unter d.

[117] *Möschel*, Kriminalisierung, S. 25 f.; *Franzen*, S. 172.

Daran ist richtig, daß mit Abgabe des Angebots nichts über das Angebotsverhalten der potentiellen Mitbieter ausgesagt ist. Aber daß der Bieter selbst ein dem freien Wettbewerb entspringendes Angebot abgibt, muß hier nach der Verkehrsauffassung genauso Erklärungsinhalt sein wie in den oben besprochenen Fällen der Absprache zur Abgabe von Scheingeboten. In beiden Fällen hat der Bieter den Wettbewerb beeinflußt, und dies steht im Gegensatz zum ihm erkennbaren und vom Ausschreibenden verfolgten Zweck des Submissionsverfahrens.

d) Täuschung durch Unterlassen

Durch Unterlassen der Abgabe eines Angebots könnten diejenigen – bereits oben erwähnten – Kartellmitglieder täuschen, die sich absprachegemäß eines Angebots enthalten haben. Soweit hierzu in der Literatur überhaupt Stellung genommen wird, wird dies nicht näher problematisiert: „Wer kein Angebot abgibt, täuscht nicht."[118]

Mag dem im Ergebnis auch zuzustimmen sein, so bedarf diese Aussage doch eingehender Begründung. Nach ganz h.M. ist ein Betrug auch durch Unterlassen möglich.[119] Nach § 13 I StGB setzt die Gleichstellung mit einem Tun aber zunächst eine Garantenstellung voraus. In Betracht käme hier eine solche aus Ingerenz, d.h. aus pflichtwidrigem gefährdendem Vorverhalten.[120] Das Vorverhalten muß zum einen eine nahe Gefahr des Schadenseintritts schaffen, zum anderen muß es pflichtwidrig sein, d.h. eine Norm verletzen, die gerade dem Schutz des betroffenen Rechtsguts dient.[121] Ein solches Verhalten könnte in der Teilnahme an der Submissionsabsprache gesehen werden, durch die sich der Teilnehmer zur Nichtabgabe eines Angebots verpflichtet hatte. Mit der Absprache wird der Wettbewerb auf Anbieterseite erheblich beeinträchtigt oder sogar ganz ausgeschaltet, so daß dadurch die (adäquate) *Gefahr* geschaffen wird, daß der Ausschreibende einen höheren Betrag aus seinem Vermögen aufwendet als er es bei unterbliebener Abspra-

---

[118] *Möschel*, Kriminalisierung, S. 25.

[119] A.A. *Naucke*, Zur Lehre vom strafbaren Betrug, S. 106 ff., 214; *Grünwald*, H. Meyer-FS, S. 291; dazu vgl. umfassend die Stellungnahme von *Maaß*, S. 6 ff.

[120] Hierbei ist i.e. vieles streitig. So wird bereits die Figur der Garantenstellung aus Ingerenz abgelehnt; vgl. *Schünemann*, GA 1974, 231 ff.; *Lampe*, ZStW 72 (1960), S. 106. Heftig umstritten sind auch die Anforderungen an das Vorverhalten; wie hier die h.M., z.B. BGHSt 19, 152; 154; 23, 327; 25, 218; 34, 82; NJW 1987, 850 f.; *Jescheck*, AT, § 59 IV 4 a; S/S-*Stree*, § 13 Rn. 35; anders – auch rechtmäßiges Vorverhalten einbeziehend – z.B. *Jakobs*, AT 29/39; *Arzt*, JA 1980, 713 ff., *Maurach/Gössel/Zipf*, AT 2, § 46 Rn. 98 ff.

[121] Vgl. *Jescheck*, AT, § 59 IV 4 a; *Stree*, Klug-FS, Bd. II, S. 399 ff.; LK-*Jescheck*, § 13 Rn. 33; *Wessels*, AT, § 16 II 6 c; SK-*Rudolphi*, § 13 Rn. 39 a.

che getan hätte. Diese Absprache ist nach § 1 GWB zwar unwirksam. Ein *pflichtwidriges Vor*verhalten kann darin aber nur liegen, wenn bereits die Absprache selbst nicht nur nichtig, sondern auch verboten ist. Fiele nämlich nur das „Hinwegsetzen" über die Nichtigkeit unter das Kartellverbot (vgl. § 38 I Nr. 1 bzw. 8 GWB), so wäre erst die absprachegemäße Nichtbeteiligung am Vergabeverfahren, also das Unterlassen, das hier auf seine Tatbestandsmäßigkeit untersucht wird, verboten. Damit würden aber Pflichtwidrigkeit und Unterlassen zusammenfallen, so daß kein dem Unterlassen vorhergehendes *Vor*verhalten existierte, das eine Garantenpflicht aus Ingerenz begründen könnte.

Tatsächlich wird aufgrund des Wortlauts des § 1 I GWB vertreten, daß kein Verbot der Absprache selbst ausgesprochen wird.[122] Angesichts der ergänzenden Regelungen des § 25 I GWB, in dem abgestimmte Verhaltensweisen ausdrücklich als „verboten" bezeichnet werden, und der Parallelnorm des Art. 85 EGV, der ebenfalls ein Verbot ausspricht, kann dem jedoch nicht zugestimmt werden.[123] Somit ist bereits die Teilnahme an einem Kartell rechtswidrig. Pflichtwidrig gegenüber der Vergabestelle ist die Teilnahme daran aber nur, wenn die verletzte Norm, also § 1 GWB, dem Schutz des verletzten Rechtsguts (Vermögen des Vergebenden) dient.

Ob § 1 GWB allein den Wettbewerb schützt oder auch eine Individualschutzrichtung entfaltet, ist in der kartellrechtlichen Rechtsprechung und Literatur umstritten. Der BGH hat bereits entschieden, daß § 1 GWB nicht allgemein als Schutzgesetz gelten könne, sondern daß das Verbot den Schutz eines bestimmten Personenkreises umfasse und gegen eine näher bestimmte Art der Schädigung eines im Gesetz festgelegten Rechtsguts oder Individualinteresses gerichtet sei.[124] Gegenüber Konkurrenten ist diese Schutzwirkung weitgehend[125] anerkannt; nach wie vor umstritten ist aber die Schutzwirkung gegenüber Abnehmern und Lieferanten der Kartellmitglieder. Zumindest bezüglich Kartellen, die sich gezielt gegen die Marktgegenseite richten, bejaht die Praxis eine Schutzrichtung zugunsten der Abnehmer und Lieferanten.[126] Dies gilt insbesondere für den Schutz des Ausschreibenden gegenüber Submissionskartellen.[127]

---

[122] Vgl. die Nachweise bei I/M-*Emmerich*, § 35 Rn. 26.

[123] Ebenso I/M-*Emmerich*, § 35 Rn. 27.

[124] BGH WuW/E 1361.

[125] BGHZ 64, 232, 237; I/M-*Emmerich*, § 35 Rn. 28 m.w.N.; GK-*Benisch*, § 35 Rn. 7.

[126] I/M-*Emmerich*, § 35 Rn. 30 f. m.w.N.; so auch *Mailänder*, S. 167 ff.; *Volhard*, Oppenhoff-FS, S. 509; *ders.*, Gaedertz-FS, S. 605; a.A. GK-*Benisch*, § 35 Rn. 7.

[127] Vgl. BGHSt 16, 367; OLG Celle WuW/E OLG 559, 561; a.A. früher OLG Frankfurt a.M. WuW/E OLG 1615; OLG Karlsruhe WuW/E OLG 2085.

Nähere Ausführungen zu dieser Streitfrage[128] erübrigen sich aber deshalb, weil auch nach der Ansicht, die einen Individualschutz annimmt, i.E. keine Täuschung durch Unterlassen angenommen werden kann. Ließe sich eine Garantenpflicht aus Ingerenz von diesem Standpunkt aus noch bejahen, so müßte auch die zweite Voraussetzung des § 13 I StGB, die sog. „Modalitätenäquivalenz", erfüllt sein. Das Unterlassen der Aufklärung über die Absprache müßte der Verwirklichung des § 263 StGB durch ein Tun entsprechen.

Die Rechtsprechung hat sich mit diesem Erfordernis noch nicht näher auseinandergesetzt und das Bestehen einer Garantenpflicht regelmäßig genügen lassen. In der Literatur wird zumeist darauf verwiesen, daß die Modalitätenäquivalenz nur bei den „verhaltensgebundenen" Delikten, bei denen es also nicht nur auf den Erfolgseintritt, sondern gerade auf die Art und Weise des Erfolgseintritts ankommt,[129] eigenständige Bedeutung gewinne.

Bei § 263 StGB liegt diese besondere Handlungsmodalität gerade in der Herbeiführung des Vermögensschadens durch Täuschung. Deshalb solle ein Unterlassen der Täuschungshandlung nur „entsprechen", wenn das Unterlassen als Täuschung begreifbar sei, die den Irrtum eines anderen errege oder unterhalte.[130] Klärt der Absprachenteilnehmer lediglich nicht über die Wettbewerbsbeschränkung auf, so beschränkt sich der Unwert seines Unterlassens auf die Nichtverhinderung des Irrtums, der durch die abgesprochenen Angebote der anderen Teilnehmer beim Ausschreibenden hervorgerufen wird. Soll das Unterlassen aber als Täuschung begreifbar sein, so muß ein zusätzliches, den Täuschungsunwert des Unterlassens begründendes Element hinzukommen. Richtig ist daher die Ansicht, daß nur dann Betrug durch Unterlassen möglich ist, wenn der Irrtum des Getäuschten auf eine Fehlinformation des Täters zurückzuführen ist.[131]

3. Irrtum des Ausschreibenden

Wird der Ausschreibende (bzw. der für die Vergabe verantwortliche Bedienstete einer Vergabestelle) durch die sich an dem Verfahren beteiligenden Anbieter getäuscht, so wird bei ihm hierdurch ein Irrtum erregt. Irrtum im Sinn des § 263 StGB ist nach h.M. jede positive Fehlvorstellung über

---

[128] Nachweise bei GK-*Benisch*, § 35 Rn. 6 ff.; I/M-*Emmerich*, Rn. 30 f.

[129] SK-*Rudolphi*, § 13 Rn. 18; S/S-*Stree*, § 13 Rn. 4; *Eser*, Strafrecht II, 25 A 42; *Jescheck*, AT, § 59 V.

[130] *Maaß*, S. 35 ff.; S/S-*Cramer*, § 263 Rn. 20; *Jescheck*, AT, § 59 V; ähnlich für Fälle der Ingerenz auch LK-*Lackner*, § 263 Rn. 70.

[131] Ebenso *Maaß*, S. 38 ff.; S/S-*Cramer*, § 263 Rn. 20; so auch LK-*Lackner*, § 263 Rn. 70, zumindest für Fälle der Ingerenz.

eine der Wirklichkeit widersprechende Tatsache.[132] Die unrichtige täuschungsrelevante Tatsache ist hier darin zu sehen, daß sich die Anbieter abgesprochen und daher nicht den Vergaberegeln entsprechend am Verfahren beteiligt haben.[133] Zweifelhaft könnte allein sein, ob der Ausschreibende diesbezüglich überhaupt eine „positive" Vorstellung hat. Allerdings sind die Anforderungen an die Intensität der Vorstellung des Getäuschten gering, es genügt jedes aktuelle Bewußtsein, auch wenn es nur in Form eines „sachgedanklichen Mitbewußtseins" vorliegen sollte.[134] Wie bereits an anderer Stelle ausgeführt wurde, kann dem Vergebenden kein Desinteresse in bezug auf die Beteiligung der Bieter an Absprachen unterstellt werden, da dem freien Wettbewerb für die Funktionsfähigkeit des Vergabeverfahrens grundlegende Bedeutung zukommt.[135] Desweiteren sehen die Verdingungsordnungen vor, daß abgesprochene Angebote ausgeschlossen werden,[136] so daß der Ausschreibende innerlich in irgendeiner Form zur Frage „Stellung beziehen" muß, ob ein Angebot abgesprochen ist oder nicht. Dementsprechend macht sich jeder Ausschreibende regelmäßig eine wie auch immer geartete positive Vorstellung darüber, ob echte, im freien Wettbewerb kalkulierte Angebote abgegeben werden. Somit ruft die Täuschung der Bieter beim Vergebenden einen Irrtum über die täuschungsrelevante Tatsache hervor.

4. Vermögensverfügung

Der Irrtum des Getäuschten muß kausal für eine Vermögensverfügung desselben sein. Darunter versteht man jedes Handeln, Dulden oder Unterlassen, das eine Vermögensminderung unmittelbar herbeiführt.[137] Diese Vermögensminderung ist aber auch Voraussetzung für den Eintritt eines Vermögensschadens, so daß Vermögensverfügung und Vermögensschaden in einem Abhängigkeitsverhältnis zueinander stehen, die Verfügung also auf den

---

[132] Vgl. RGSt 42, 40, 41; BGHSt 2, 325, 326; LK-*Lackner*, § 263 Rn. 75; *Bockelmann*, Eb. Schmidt-FS, S. 438; *Eser*, Strafrecht IV, 11 A 44; *Blei*, Strafrecht II, § 61 II 1; weiter hingegen S / S-*Cramer*, § 263 Rn. 36.

[133] So schon oben C.II.2.a.

[134] Vgl. z.B. LK-*Lackner*, § 263 Rn. 77 m.w.N.

[135] Siehe dazu oben C.II.2.c.

[136] § 25 Nr. 1 Abs. 1c VOB / A bzw. § 25 Nr. 1 Abs. 1f VOL / A.

[137] Ganz h.M., vgl z.B. S / S-*Cramer*, § 263 Rn. 55; *Dreher / Tröndle*, § 263 Rn. 24; *Ranft*, Jura 1992, 68; abweichend *Maurach / Schroeder / Maiwald*, BT 1, § 41 II Rn. 72, die den Schaden deutlich von der Vermögensverfügung trennen wollen und deshalb nur ein Handeln, Dulden oder Unterlassen mit Vermögensrelevanz verlangen; ähnlich SK-*Samson*, § 263 Rn. 73.

Schaden bezogen ist.[138] Strenggenommen läßt sich das relevante Verfügungsverhalten des Getäuschten daher erst identifizieren, wenn man weiß, welcher Vermögensschaden beim Opfer in Betracht kommt.[139]

Gerade die Frage aber, worin der Schaden des Ausschreibenden liegt, stellt das Hauptproblem bei den Submissionsabsprachen dar. Da im Vordergrund der Untersuchungen dieses Abschnitts ein Eingehungsbetrug zu Lasten des Ausschreibenden stehen soll, kommt als Vermögensverfügung nur der Zuschlag in Betracht. Mit dem Zuschlag kommt der Vertrag mit dem Herausgestellten zustande und das Vermögen des Auftraggebers wird mit der vertraglichen Verpflichtung zur Zahlung des Zuschlagspreises belastet. Hierin könnte die unmittelbare Vermögensminderung des Ausschreibenden gesehen werden, wie dies auch nahezu einhellige Meinung bei den mit dem Problem der horizontalen Manipulationen befaßten Gerichten und Autoren darstellt.[140]

Natürlich darf nicht übersehen werden, daß das Tatbestandsmerkmal der Verfügung auch durch eine andere Handlung oder Unterlassung des Ausschreibenden erfüllt sein könnte; es läge dann aber kein Eingehungsbetrug vor. Des besseren Verständnisses wegen und um dem Schadensproblem nicht zu sehr vorzugreifen, wollen wir uns zunächst damit begnügen, den Zuschlag als verfügendes Verhalten anzusehen.[141] Sollte sich im weiteren Verlauf der Untersuchung aber herausstellen, daß eine Schadenskonstruktion eine andere Verfügung voraussetzen sollte, so müßte diese Annahme nachträglich korrigiert werden.

---

[138] *Hoppenz*, S. 7.

[139] Vgl. auch die Arbeitsanleitung von *Arzt*, Strafrechtsklausur, § 9 Beispiel 39, der rät, beim Betrugstatbestand gedanklich mit dem Schaden zu beginnen.

[140] Vgl. z.B. BGHSt 16, 367, 373; NJW 1992, 921, 922; OLG Frankfurt a.M. NJW 1990, 1057; LG Frankfurt a.M. NStZ 1991, 86; *Baumann*, NJW 1992, 1664; *R. Schmid*, Ausschreibungsbetrug, S. 88; *Jaath*, S. 98; teilweise abweichend *Eichler*, BB 1972, 1350.

[141] Strenggenommen müßte man bereits hier die Frage aufwerfen, ob ein Betrug schon mit der Eingehung eines beiderseitig verpflichtenden Vertrages vollendet sein kann. Denn wenn zu diesem Zeitpunkt von einem Schaden noch nicht gesprochen werden kann, dann darf erst recht nicht angenommen werden, der Vertragsschluß stelle bereits eine Verfügung dar. Dieses Problem wird aber regelmäßig erst im Zusammenhang mit dem Schaden diskutiert; dieser kleine Bruch mit der Logik wird wohl durch eine bessere Darstellbarkeit der Problematik im Rahmen der Ausführungen zum Schadensbegriff aufgewogen.

5. Vermögensschaden

Das Hauptproblem der Betrugsstrafbarkeit bei Submissionsabsprachen liegt also in der Begründung und dem Nachweis eines Vermögensschadens. Grundlegend für die Problemstellung und -lösung ist dabei der Vermögens- und Schadensbegriff. Der Meinungsstand hierzu wird daher im folgenden kurz dargestellt.

a) Der Vermögens- und Schadensbegriff

(1) Juristischer Vermögensbegriff und subjektiver Schadensbegriff

Ausgangspunkt der Entwicklung des Vermögensbegriffs war die sogenannte juristische Vermögenstheorie, die ursprünglich sowohl in der Rechtsprechung[142] als auch in der Lehre[143] herrschend war. Das Vermögen wurde verstanden als „Summe der Vermögensrechte und -pflichten" einer Person. Demnach stellt das Vermögen eine Addition heterogener Bestandteile, nämlich *subjektiver Vermögensrechte* dar, ohne daß auf deren wirtschaftliche Bedeutung abgestellt worden wäre (inventarisierende Betrachtungsweise).

Dieser Vermögensbegriff wird heute allgemein abgelehnt. Man ist sich darüber einig, daß diese Auffassung einerseits zu eng, andererseits aber zu weit ist. Zu eng ist der juristische Vermögensbegriff, weil die Beschränkung auf subjektive Rechte all diejenigen Positionen ungeschützt läßt, denen im Wirtschaftsverkehr Wert beigemessen wird, ohne daß sie zu subjektiven Rechten ausgestaltet sind, wie z.B. der Arbeitskraft. Dies würde zu unvertretbaren Strafbarkeitslücken führen; die Erwägungen, die im Zivil- oder öffentlichen Recht darüber entscheiden, ob eine subjektive Rechtsposition besteht, sind nicht identisch mit den kriminalpolitischen Erwägungen zur Reichweite des strafrechtlichen Vermögensschutzes.[144]

Auf der anderen Seite geht diese Ansicht insofern zu weit, als sie auch solche subjektiven Rechte schützt, denen kein wirtschaftlicher Wert zukommt, wie z.B. das Eigentum an wirtschaftlich wertlosen Liebesbriefen. Nun mag man begrüßen, daß sich auf diese Weise eine Möglichkeit eröffnet, auch immaterielle Interessen unter strafrechtlichen Schutz zu stellen.[145] Cra-

---

[142] Rechtsprechung des RG bis zur Entscheidung RGSt 16, 1.

[143] *Binding*, S. 238; *Gerland*, S. 560, 637; *Merkel*, S. 101.

[144] LK-*Lackner*, § 263, Rn. 121; vgl. auch *Cramer*, Vermögensbegriff, S. 87 f.

[145] Vgl. *Hirschberg*, S. 3.

mer[146] weist demgegenüber zu Recht darauf hin, daß Affektionsinteressen nicht an allen subjektiven Rechten bestehen können, sondern nur dann, wenn eine Sache Vermögensobjekt ist. Insoweit bieten aber die Eigentumsdelikte ausreichend Schutz, so daß der juristische Vermögensbegriff in dieser Hinsicht zu weit geht.

Am schwerwiegendsten dürfte aber der Einwand sein, mit diesem Vermögensbegriff seien bereits die Weichen bezüglich einer unbegrenzten *Subjektivierung des Schadensbegriffs* gestellt. Gibt der Getäuschte ein Vermögensrecht weg, so kann nicht berücksichtigt werden, daß dem Vermögen u.U. eine gleichwertige Position zufließt, denn das Vermögen wird ja nicht als Werteinheit, sondern als Akkumulation heterogener und nicht austauschbarer Rechtspositionen angesehen, so daß jede Form von Kompensation ausscheiden muß. Dem Betrugstatbestand kommt demnach die Funktion zu, das Vermögen in seinem jeweiligen Bestand zu schützen; auf eine Verringerung des Gesamtwertes kommt es nicht an. Ob ein Vermögensschaden vorliegt, hängt dann allein davon ab, ob der Getäuschte das erhalten hat, was er glaubte, beanspruchen zu können (formeller oder subjektiver Schadensbegriff). Dies bedeutet im Ergebnis aber nicht Vermögensschutz, sondern Schutz der Dispositionsfreiheit, welche jedoch nicht Gegenstand der Vermögensdelikte ist.[147]

(2) Wirtschaftlicher Vermögensbegriff und objektiv-individueller Schadensbegriff

Aufgrund dieser Einwände gegen eine juristische Betrachtungsweise basieren alle heute vertretenen Vermögensbegriffe auf einer wirtschaftlichen Grundlage. Ausschließlich wirtschaftliche Erwägungen liegen dem von der Rechtsprechung und einem Teil der Literatur vertretenen wirtschaftlichen Vermögensbegriff[148] zugrunde, so daß das Vermögen von ihnen als die *Summe der geldwerten Güter* nach Abzug der Verbindlichkeiten definiert wird.[149] Vermögensbestandteile sind demnach alle wirtschaftlichen Positionen, denen der Geschäftsverkehr wirtschaftlichen Wert beimißt, unabhängig von ihrer

[146] *Cramer*, Vermögensbegriff, S. 83 f.

[147] Vgl. LK-*Lackner*, § 263 Rn. 121; *Cramer*, Vermögensbegriff, S. 84 f.; dies entspricht heute allgemeiner Meinung; anders früher noch *Bockelmann*, Kohlrausch-FS, S. 250.

[148] Ständige Rechtsprechung seit RGSt 44, 230, 233; BGHSt 1, 262, 264; 2, 364, 365; 3, 99, 102; 15, 83, 86; 16, 220, 221; 26, 346, 347; in der Literatur z.B. vertreten von *Blei*, Strafrecht II, § 61 V 1; *Bruns*, Mezger-FS, S. 335; *Dreher/Tröndle*, § 263 Rn. 27; *Krey*, BT 2, § 11 I 4a; *Maurach/Schroeder*, § 46 II A 4b; *Schröder*, NJW 1962, 721; *Haft*, BT, § 27 II 2d.

[149] BGHSt 16, 220, 221.

Konkretisierung(sfähigkeit) als subjektives Recht.[150] Dem entspricht, daß das Vermögen als Werteinheit geschützt wird, so daß Vermögensnachteile durch zufließende Vorteile kompensiert werden können (Prinzip der bilanzierenden Gesamtwertung). Ein Vermögensschaden läßt sich also feststellen, indem der Geldwert des Vermögens vor und nach Vermögensverfügung miteinander verglichen wird. Wer danach *wirtschaftlich ärmer* wird, erleidet einen Schaden (objektiver Schadensbegriff).

Da aber nicht jeder Vermögensgegenstand für jeden Menschen gleichermaßen brauchbar und wertvoll ist, wird von diesem objektiven Ausgangspunkt trotz objektiver Gleichwertigkeit von Leistung und Gegenleistung abgewichen und ein Schaden auch dann bejaht, wenn für den individuellen Vermögensinhaber die Gegenleistung weniger wert ist (objektiv-individueller Schadensbegriff). Hierfür haben sich v.a. in der Rechtsprechung bestimmte Fallgruppen herausgebildet.

(3) Dynamischer Vermögensbegriff und objektiv-individueller Schadensbegriff

Eine bloße Spielart des wirtschaftlichen Vermögensbegriffs ist in Esers dynamischem Vermögensbegriff zu sehen.[151] Der einzige Unterschied besteht darin, daß nach diesem Vermögensbegriff auch alle *wertmehrenden Positionen* zum Vermögen zählen, also nicht nur das „Haben", sondern auch das „Haben-Können" Vermögenswert besitzen soll. Eser will damit auch die wirtschaftliche Bewegungsfreiheit, nicht aber die gesamte allgemeine Dispositionsfreiheit durch § 263 StGB geschützt sehen. Kein Unterschied zum wirtschaftlichen Vermögensbegriff besteht hinsichtlich der Schadensberechnung.

(4) Juristisch-ökonomischer Vermögensbegriff und objektiv-individueller Schadensbegriff

Die juristisch-ökonomische Vermögenstheorie ist im Ausgangspunkt eine wirtschaftliche Vermögenslehre, die sich von dieser nur durch ein zusätzliches juristisches Korrektiv unterscheidet. Sie legt nämlich den Kreis der Vermögenspositionen zugrunde, den auch der wirtschaftliche Vermögensbegriff erfaßt *(wirtschaftliche Ausgangsbasis)*, will aber nur diejenigen dieser Positionen zum Vermögen zählen, die der Person unter dem Schutz der

---

[150] Grundlegend hierzu BGHSt 16, 321.

[151] *Eser*, GA 1962, 295 ff.; *ders.*, Strafrecht IV, 10 A 26 ff.

Rechtsordnung zustehen[152] bzw. die mit Billigung[153] oder wenigstens ohne deren Mißbilligung[154] verfügbar sind (*juristisches Korrektiv*). Damit soll der Einheit der Rechtsordnung entsprochen und Wertungswidersprüche vermieden werden. Wie beim wirtschaftlichen Vermögensbegriff gilt auch hier der objektiv-individuelle Schadensbegriff.

(5) Personaler Vermögens- und Schadensbegriff

Einen völlig anderen Ausgangspunkt zur Bestimmung des Vermögens wählt der personale Vermögensbegriff. Vermögen wird definiert als „personal strukturierte Einheit, die die Entfaltung der Person im gegenständlichen Bereich gewährleistet", also als *wirtschaftliche Potenz des Rechtssubjekts*, die auf der Herrschaftsgewalt über Objekte beruht.[155] Wichtigste Konsequenz dieses Ansatzes ist die Aussage, daß Schutzobjekt der Vermögensdelikte nicht bestimmte Vermögensgegenstände seien, sondern die Beziehung eines Rechtssubjekts zu einem Vermögensobjekt.[156] Allerdings wählt auch diese Ansicht – insoweit entsprechend den wirtschaftlichen Vermögenstheorien – einen *wirtschaftlichen Ausgangspunkt* zur Bestimmung der relevanten Vermögensobjekte, auf die sich die Herrschaftsgewalt beziehen muß: „Vermögensgüter einer Person sind diejenigen Objekte, die ... von der Verkehrsanschauung als wirtschaftliche Güter, Gegenstände des Wirtschaftsverkehrs, betrachtet werden."[157] Da aber der Maßstab für die Zuordnung eines Vermögensgutes zum Vermögen stets ein rechtlicher sei,[158] wenden die Vertreter dieser Ansicht auch ein *juristisches Korrektiv* zur Begrenzung des Kreises

---

[152] *Foth*, GA 1966, 33, 42; *Franzheim*, GA 1960, 277; *Gutmann*, MDR 1963, 5; SK-*Samson*, § 263 Rn. 112 ff.; *Welzel*, § 54 I 4a.

[153] So *Cramer*, Vermögensbegriff, S. 100, der aber eine Indizwirkung der wirtschaftlichen Zugehörigkeit faktischer Vermögenspositionen hinsichtlich ihrer rechtlichen Billigung anerkennt und sich so seine Fragestellung letztlich auch dahin verschiebt, ob – entgegen dem Indiz – eine Mißbilligung durch die Rechtsordnung vorliegt, vgl. a.a.O. S. 109.

[154] *Lenckner*, JZ 1967, 105; *Seelmann*, JuS 1982, 509; *Kohlrausch/Lange*, § 263 Anm. V 1; ähnl. auch LK-*Lackner*, § 263 Rn. 123.

[155] *Otto*, Struktur, S. 69 f.; *ders.*, BT, S. 129; *D. Geerds*, Wirtschaftsstrafrecht, S. 116; weitere Vertreter der personalen Vermögenstheorie sind *Bockelmann*, Kohlrausch-FS, S. 248 ff; *ders.*, Mezger-FS, S. 378 f.; *Hardwig*, GA 1956, 17 ff.; *Heinitz*, JR 1968, 387; *Schmidhäuser*, BT, 11 / 1 ff.; *Alwart*, JZ 1986, 565; ähnlich der sog. funktionale Vermögensbegriff *Weidemanns*, Kompensationsproblem, S. 199 ff.

[156] *Otto*, Struktur, S. 35.

[157] *Otto*, Struktur, S. 44.

[158] *Otto*, Struktur, S. 49.

der relevanten Vermögensobjekte an. Insoweit stimmen juristisch-ökonomische und personale Vermögenslehre also überein.

Da die Vertreter des personalen Vermögensbegriffes diesen als wirtschaftliche Potenz einer Person definieren, kommt es für die Feststellung eines Schadens nicht auf eine Minderung des Gesamtgeldwerts des Vermögens an, sondern darauf, ob die konkrete Vermögensorganisation des Rechtssubjekts in ihrer Funktion gestört wird.[159] Der Vermögensschaden liegt daher in der *Verfehlung angestrebter wirtschaftlicher Erfolge.* Einer eventuellen Gegenleistung kommt Bedeutung allein insofern zu, als sie Zweck der eigenen Leistung und somit Maßstab für die Frage ist, ob der mit der eigenen Leistung verfolgte wirtschaftliche Zweck erreicht werden konnte[160] bzw. ob es generell zumutbar ist, sich an der konkreten Gegenleistung schadlos zu halten.[161] Eine Saldierung wird also – anders als bei den wirtschaftlichen Vermögenstheorien – nicht vorgenommen. Dies führe dazu, daß sich der Schutz durch die Vermögensdelikte nicht auf eine Wertsumme beschränke, sondern Teil des Persönlichkeitsschutzes darstelle.[162] Diese Schutzwirkung soll aber dort ihre Grenze finden, wo sich die wirtschaftliche Entfaltung nicht mehr in rechtlich zulässigen Bahnen bewegt. Die Vertreter dieser Ansicht stimmen daher auch im Ergebnis weitgehend mit den Vertretern der juristisch-ökonomischen Theorie überein.[163]

Vereinfacht läßt sich also sagen, daß die personale Vermögens- und Schadenslehre die von der h.M. anerkannte Ausnahme des „persönlichen Schadenseinschlags“ zur Regel erhebt.[164]

(6) Zusammenfassung

Zwischen den heute noch vertretenen Vermögenslehren herrscht insoweit Übereinstimmung, als nur diejenigen Objekte für das Vermögen von Bedeutung sein können, denen der Wirtschaftsverkehr Wert beimißt. Strittig ist aber bereits, ob ein juristisches Korrektiv diesen Kreis der Vermögensobjekte einengt. Im übrigen liegt der Hauptstreitpunkt in der Bestimmung des Scha-

---

[159] Vgl. *Otto*, Struktur S. 65.

[160] *D. Geerds*, Wirtschaftsstrafrecht, S. 118; *Otto*, Struktur, S. 288.

[161] *Bockelmann*, Kohlrausch-FS, S. 249.

[162] *D. Geerds*, Wirtschaftskriminalität, S. 116; *Otto*, Struktur S. 29, 41, 69.

[163] Vgl. *Otto*, Struktur S. 49; *D. Geerds*, Wirtschaftsstrafrecht, S. 116 f; *Bockelmann*, Kohlrausch-FS, S. 248 f., *ders.*, JZ 1952, 464.

[164] Vgl. *Bockelmann*, Kohlrausch-FS, S. 248, der den personalen Vermögensbegriff bereits in Zusammenhang mit der reichsgerichtlichen Rechtsprechung zur individualisierenden Betrachtungsweise brachte.

dens. Dem Saldierungsprinzip der h.M. steht das Kriterium der „Verfehlung wirtschaftlicher Zwecke“ der personalen Vermögenslehre gegenüber.

b) Problematik der Begründung eines Eingehungsschadens des Ausschreibenden auf Grundlage des herrschenden objektiv-individuellen Schadensbegriffs

Legt man nun zunächst den herrschenden objektiv-individuellen Schadensbegriff der wirtschaftlichen Vermögenstheorien zugrunde, so kann die Eingehung eines Vertrages nur dann einen Vermögensschaden für den getäuschten Vertragspartner darstellen, wenn bei Wertvergleich der beiderseitigen Verpflichtungen ein rechnerisches Minus zu Lasten des Getäuschten festzustellen ist.[165] Dies ist in den Submissionsfällen denkbar, weil die Annahme naheliegt, der wirtschaftliche Wert der vertraglichen Leistung sei geringer als der vertraglich festgelegte Preis, der ja auf einer Wettbewerbsbeeinflussung durch Absprache zwischen den Ausschreibungsteilnehmern beruht.

Dieser Versuch einer Schadensbegründung muß sich aber mit zwei Problemen auseinandersetzen: Zum einen stellt sich die allgemeine Frage, ob es überhaupt möglich ist, bereits durch Eingehung eines ungleichwertigen Vertrages einen Schaden zu erleiden. Desweiteren muß man sich mit einem speziell bei Submissionsmanipulationen auftretenden Problem auseinandersetzen, nämlich mit der schwierigen Feststellung, ob der zwischen Vergebendem und Herausgestelltem geschlossene Vertrag auch wirklich ungleichwertig ist, weshalb ein Wert für die vertragliche Leistung – als Vergleichsmaßstab bei der grundsätzlich objektiven Schadensberechnung – existieren und feststellbar sein müßte.

(1) Vollendung des Betrugs durch Eingehung eines wirtschaftlich unausgeglichenen Vertrages

Allgemein und unabhängig von der Situation bei der Submission ist zu klären, ob bereits die Eingehung eines beiderseits belastenden, wirtschaftlich aber unausgeglichenen Vertrages zu einem Schaden führt und so ein vollendeter Betrug angenommen werden kann.

Die ganz h.M. bejaht diese Frage, allerdings mit unterschiedlicher Begründung. Für die Vertreter der juristischen Vermögenslehre war dies mit folgen-

---

[165] Vgl. z.B. RGSt 73, 382, 383; BGHSt 16, 220, 221; 23, 300, 302; BGH NJW 1985, 1563, 1564; 1991, 2573; *Krey*, BT 2, Rn. 445; *Wessels*, BT 2, § 13 II 4 b; LK-*Lackner*, § 263 Rn. 149, 222 m.w.N.

der Überlegung möglich: Die Belastung mit einer vertraglichen Verbindlichkeit beeinträchtigt die Zusammensetzung des Vermögens unmittelbar, indem dem Vermögen eine negative Rechtsposition zugeordnet wird, gleichgültig, in welchem Zusammenhang der Vertragsschluß erfolgt, worin die Gegenleistung besteht und welche Möglichkeiten der Getäuschte hat, sich von seiner Verpflichtung wieder zu lösen.[166]

Für die wirtschaftlichen Vermögenstheorien reicht dies nicht aus. Es muß vielmehr danach gefragt werden, ob die Belastung des Vermögens mit einer Verbindlichkeit auch den wirtschaftlichen Gesamtwert des Vermögens vermindert. Die Rechtsprechung[167] hat dies immer bejaht, teilweise ohne nähere Begründung, teilweise unter Hinweis darauf, daß das betroffene Vermögen so konkret gefährdet sei, daß dies einer Schädigung gleichkomme. Eine Möglichkeit, vom Vertrage wieder loszukommen, insbesondere durch die regelmäßig mögliche Anfechtung wegen arglistiger Täuschung nach § 123 BGB, hat die Rechtsprechung mit der Begründung außer Betracht gelassen, daß es sonst einen Eingehungsbetrug gar nicht geben könne[168] bzw. daß der Getäuschte die Voraussetzungen des § 123 BGB beweisen müsse und Gefahr laufe, dies nicht zu können; dieses Risiko müsse aber zu Lasten des Täters gehen.[169]

Die h.L.[170] ist dem gefolgt. Insbesondere Cramer, Lenckner und Eser wollen demgegenüber eine schadensgleiche Vermögensgefährdung im Abschluß eines Vertrages erst dann sehen, wenn der Getäuschte seine Leistung nicht ohne größere Schwierigkeiten verweigern könne, was insbesondere von der Durchsetzbarkeit und Beweisbarkeit des Anfechtungsrechts abhänge.[171] Könne der Getäuschte im Einzelfall – wie wohl regelmäßig bei den komplizierten Submissionssachverhalten – die Voraussetzungen des § 123 BGB nicht ohne Schwierigkeiten beweisen, sei eine dem effektiven Schaden gleichzusetzende Vermögensgefährdung bereits mit Vertragsabschluß anzunehmen. In den Submissionsfällen dürften diese Autoren regelmäßig zum selben Ergebnis wie die h.M. gelangen.

---

[166] Vgl. *Binding*, S. 238.

[167] Z.B. RGSt 16, 1, 10; 76, 49, 50; BGHSt 1, 13, 14; 16, 220, 221; 21, 384, 385; 22, 88, 89; 23, 300, 302; BayObLGSt 1955, 8, 9; OLG Hamburg GA 1968, 281, 282.

[168] BGHSt 21, 384, 386.

[169] BGHSt 23, 300, 302.

[170] *Blei*, Strafrecht II, § 61 V 2; *Dreher/Tröndle*, § 263 Rn. 32; *Maurach/Schroeder/Maiwald*, BT 1, § 41, Rn. 129 f.; ebenso die Vertreter der personalen Vermögenstheorie: *Otto*, Struktur, S. 284; *Schmidhäuser*, BT, 11/24.

[171] *Cramer*, Vermögensbegriff, S. 168 ff.; *Lenckner*, JZ 1971, 322 f.; *Eser*, Strafrecht IV, 13 A 39.

Nur eine Mindermeinung[172] ist der Ansicht, mit Eingehung eines Vertrages dürfe nie vollendeter Betrug angenommen werden, das Vermögen des Getäuschten sei nicht hinreichend konkret gefährdet; es handele sich vielmehr um die typische Gefährdungskonstellation des Versuchs, da erst bei einer weiteren irrtumsbedingten Handlung, nämlich der Erfüllung, ein effektiver Schaden beim Geschädigten eintrete.[173]

Die Frage, welche Voraussetzungen an eine Vermögensgefährdung zu stellen sind, damit sie einem effektiven Schaden gleichgestellt werden kann, ist an dieser Stelle jedoch noch nicht zu entscheiden. Denn nach richtiger Ansicht liegt in den hier interessierenden Fallgestaltungen des Eingehungsbetrugs nicht nur eine Gefährdung des Vermögens, sondern bereits ein echter, effektiver Schaden vor, da in Fällen des Abschlusses ungleichwertiger, aber wirksamer Verträge bereits eine „nachteilige Bestandsveränderung im Vermögen des Betroffenen" eintritt.[174] Der Getäuschte erhält *bereits nach dem Inhalt des geschlossenen Vertrages* einen Anspruch, der gegenüber dem Wert seiner eigenen Leistungspflicht geringerwertig ist. Dies ist anders in Fällen eines ausgeglichenen Vertrages, wenn aber der Vertragspartner nicht leistungswillig oder -bereit ist; dann ergibt sich der negative Vermögenseinfluß erst aus Umständen, die außerhalb des Vertrages angesiedelt sind, so daß hier von einer bloßen Gefährdung gesprochen werden kann.[175] Was die Möglichkeit einer nachträglichen Anfechtung durch den Getäuschten angeht, so kann die Gefahr, daß der Getäuschte die Voraussetzungen seines Anfechtungsrechts nicht wird beweisen können, nicht dazu führen, daß ein bereits eingetretener effektiver Schaden zu einer bloßen Vermögensgefährdung umfunktioniert wird. Die Anfechtung kann allenfalls zu einer nachträglichen Schadensbeseitigung (reparatio damni) führen und ist für die Frage der Vollendung daher unbeachtlich.[176]

Damit liegt ein Schaden des Ausschreibenden bereits mit irrtumsbedingtem Abschluß des Vertrages, also im Zeitpunkt des Zuschlags vor, wenn die vertraglichen Ansprüche zum Nachteil des Vergebenden wirtschaftlich ungleichwertig sind.

---

[172] V.a. *Schröder*, JZ 1965, 516; *Meyer*, MDR 1971, 720; *Riemann*, S. 91 ff.; nur i.E. wohl ebenso *Naucke*, Zur Lehre vom strafbaren Betrug, S. 215.

[173] *Schröder*, JZ 1965, 516; S/S-*Cramer*, § 263 Rn. 91, 102.

[174] LK-*Lackner*, § 263 Rn. 223; a.A. z.B. *Lenckner*, JZ 1971, 322.

[175] Ebenso differenzierend LK-*Lackner*, § 263 Rn. 223.

[176] So auch *Krey*, BT 2, Rn. 449; *Arzt/Weber*, LH 3, Rn. 453; ähnlich LK-*Lackner*, § 263 Rn. 188, und neuerdings auch BGH NJW 1987, 388, 389.

(2) Bestimmung des Wertes der zu vergebenden Leistung

Wie gesehen, hat der objektive Schadensbegriff der wirtschaftlichen Vermögenstheorien bei der Prüfung eines Eingehungsbetrugs zur Folge, daß die beiderseitigen Vertragsverpflichtungen miteinander verglichen werden müssen. Ein Eingehungsschaden kann deshalb nur dann bejaht werden, wenn der vertragliche Anspruch, den der Getäuschte erlangt hat, in seinem wirtschaftlichen Wert hinter der eigenen Verpflichtung zurückbleibt, so daß die eigene Vermögensminderung nicht vollständig durch den gleichzeitig erlangten vertraglichen Anspruch kompensiert wird. Bei der Anwendung dieser Methode auf die Submissionsfälle ergibt sich folgendes Dilemma: Ein Schaden läßt sich nur dann bejahen, wenn die vertragliche Verpflichtung des Ausschreibenden zur Zahlung des Preises nicht durch die im selben Vertrag erfolgte Verpflichtung des Unternehmers zur Erbringung der Leistung vollständig ausgeglichen wird. Eine Aussage über eine Kompensation setzt also einen Wertvergleich der beiden vertraglichen Verpflichtungen voraus. Da beide Verpflichtungen ungleichartig sind (z.B. Erbringung einer Bauleistung gegen Zahlung von Geld), ist es erforderlich, einen Wertmesser einzuführen, der einen solchen Vergleich erst ermöglicht. Dieser Vergleichsmaßstab ist üblicherweise der Geldwert, da Geld einen allgemein akzeptierten, grundsätzlich für alle Wirtschaftssubjekte gleichen Wert hat.[177]

Voraussetzung für eine Schadensfeststellung und -berechnung wird daher die Bewertung der vom Unternehmer eingegangenen Verpflichtung und daher die Bewertung der zu erbringenden Leistung in Geld. Zur Umrechnung dient üblicherweise der Verkehrswert einer Ware oder Leistung. Ein Verkehrswert kann sich in einer Marktwirtschaft aber erst über Angebot und Nachfrage herausbilden.[178] Daher verwundert es nicht, daß der theoretische Ansatz überall dort auf Schwierigkeiten stoßen muß, wo Angebot und Nachfrage nicht in ausreichendem Maße vorhanden sind, so daß sich ein Marktwert (noch) nicht bilden konnte, wie z.B. bei erstmaligen oder – wie häufig bei der Ausschreibung – einmaligen Leistungen. Gerade weil sich ein Marktpreis bisher nicht gebildet hat, greift der Ausschreibende aber zur Submission; im Rahmen dieses Verfahrens will er einen Wettbewerbspreis ermitteln, der die Funktion des Marktpreises erfüllen und als Wertmesser fungieren soll. Das günstigste annehmbare Angebot bestimmt somit den Wert der ausgeschriebenen Leistung und somit auch den Wert der Verpflichtung zur Erbringung derselben.[179] Aussagekraft hinsichtlich des Wertes kann ein im Aus-

---

[177] Vgl. RGSt 16, 1, 8; 49, 21, 22 f.

[178] Vgl. BGH NJW 1992, 922.

[179] Diesen Zusammenhang verkennen sowohl *Joecks*, wistra 1992, 251, der auch bei Submissionen zwischen dem Marktpreis einerseits und dem tatsächlichen Wert

schreibungsverfahren zustandegekommener Preis allerdings dann nicht haben, wenn sich darin die Marktverhältnisse nicht richtig widerspiegeln, wenn also das Vergabeverfahren nicht auf dem freien, unbeeinflußten Wettbewerb beruht. Die Submissionsabsprachen verändern aber die marktbedingte Konkurrenzsituation auf der Anbieterseite grundlegend und machen den so ermittelten Preis als Wertmaßstab für die Schadensberechnung unbrauchbar. Es muß also nach Wegen gesucht werden, entweder einen tauglichen Wertmaßstab für die Leistung des Unternehmers zu finden oder aber den Schaden auf andere Art und Weise zu begründen. Hierin liegt das Hauptproblem beim Submissionsbetrug.

Die schwankende Rechtsprechung zu diesem Problem führt vor Augen, wie kompliziert die rechtliche Würdigung der Fälle ist. Die Gerichte haben damit teilweise eher zur Verwirrung beigetragen, als eine Lösung erbracht. Das RG begnügte sich für die Bejahung eines Schadens noch damit, daß die Wahrscheinlichkeit eines günstigeren Angebots bei ordnungsgemäßer Ausschreibung derart stark und naheliegend war, daß darin eine schadensgleiche Vermögensgefährdung gesehen werden konnte.[180] Das OLG Hamm[181] hielt mit einer ähnlichen Argumentation einen Schaden für möglich, wenn ohne Abrede ein günstigeres Angebot eingegangen wäre und diese Ersparnis ausgeschaltet wurde. Der BGH[182] wollte dem nicht folgen und fragte bei der Schadensprüfung danach, ob Leistung und Gegenleistung gleichwertig seien, wobei er einen Maßstab für die Ermittlung des Werts der Leistung schuldig blieb, allerdings eine Gleichwertigkeit bejahte, weil trotz Absprache das günstigste Angebot „äußerst scharf" kalkuliert und deshalb „angemessen" gewesen sei. Diese Entscheidung hatte zur Folge, daß über Jahrzehnte keine diesbezüglichen Verfahren mehr eingeleitet wurden. Erst 1989 findet sich wieder eine obergerichtliche Stellungnahme zu diesem Problem. Dem OLG Frankfurt a.M.[183] erschien eine Lösung über die konkrete Vermögensgefährdung durchaus plausibel, es zeigte allerdings einen anderen Weg auf, den jetzt auch der BGH in seiner jüngsten Entscheidung[184] hierzu eingeschlagen hat: Maßgeblicher Wertmesser der Leistung sei nicht ein angemessener Preis, sondern der hypothetische Wettbewerbspreis, also der Preis, der sich gebildet

---

andererseits unterscheidet, wobei allerdings völlig offen bleibt, wie dieser Wert bestimmt werden soll, als auch *Hefendehl*, JuS 1993, 811.

180 RGSt 63, 186.

181 NJW 1958, 1151, 1152.

182 BGHSt 16, 367, 372 f.

183 OLG Frankfurt a.M. NJW 1990, 1057, 1058.

184 BGH NJW 1992, 921, 922 f. Diese Rechtsprechung des BGH hat das KG (ZIP 1992, 1109) jüngst auf einen Fall vertikaler Manipulation übertragen; dazu ausführlich unten D.

hätte, wenn keine Absprachen getroffen worden wären. Die naturgemäß schwierige Ermittlung des hypothetischen Preises könne über eine Überzeugungsbildung des Tatrichters auf Grundlage von Indizien (z.B. Ausgleichszahlungen, Aufhebung der Marktintransparenz auf Anbieterseite) erleichtert werden. Hingegen hatte die Vorinstanz[185] – in Anlehnung an BGHSt 16, 367 – allein darauf abgestellt, ob die geforderte Gegenleistung „angemessen und auskömmlich" war, was anhand der selbständigen Kalkulationen des Ausschreibenden im Vorfeld des Verfahrens sowie durch nachträgliche Sachverständigengutachten beurteilt wurde. Die Berücksichtigung von Indizien für eine Überhöhung der Angebote, die der BGH in seiner neuesten Entscheidung in den Mittelpunkt rückte, lehnte das LG ausdrücklich ab, da ein nach obigen Kriterien angemessenes Angebot eben nicht überhöht sein könne.

Im folgenden sollen nun einzelne Lösungsvorschläge aus Rechtsprechung und Literatur nacheinander aufgegriffen und kritisch gewürdigt werden.

c) Die Schadensfeststellung nach dem personalen Vermögens- und Schadensbegriff

Da die objektiv-wirtschaftliche Schadensauffassung – wie gezeigt – zu erheblichen Problemen gelangt, möchte ich zunächst untersuchen, ob sich diese vermeiden lassen, wenn man den Ansatz des personalen Vermögens- und Schadensbegriffs wählt. Nur dann handelt es sich nämlich nicht um ein ausschließlich durch den objektiven Ansatz der h.M. bedingtes Problem.

(1) Schadensfeststellung beim Ausschreibenden anhand der personalen Schadenslehre

Von seiten der personalen Vermögenslehre, insbesondere von D. Geerds, wird zur Begründung eines Schadens folgende Argumentation angeboten:[186]

> „Bei Submissionsabsprachen besteht der Schaden der ausschreibenden Stelle darin, daß der Zweck des Ausschreibungsverfahrens verfehlt wird, demjenigen den Auftrag zu erteilen, der sich in dem objektivierenden Verfahren des Wettbewerbs unter den verschiedenen Konkurrenten als der Leistungsfähigste erweist. Zweck ist es, einen Wettbewerbspreis zu ermitteln, der sich jedoch dann nicht bilden kann, wenn die sich um den Auftrag bewerbenden Unternehmen ihr Angebotsverhalten

[185] LG Frankfurt a.M. NStZ 1991, 86.

[186] *D. Geerds*, Wirtschaftsstrafrecht, S. 178 f; ähnlich *Otto*, JZ 1993, 656; vgl. auch die Übertragung des personalen Vermögensbegriffs auf Ausschreibungsfälle durch *Möschel*, Kriminalisierung, S. 27 f., und die entsprechende Argumentation von *Otto*, NJW 1979, 685 für die Manipulation bei öffentlichen Versteigerungen.

abstimmen. ... Ein geldwertmäßiger Vergleich der ausgetauschten Leistungen erübrigt sich bei der personalen Schadensberechnung, denn hier folgt der Schaden bereits aus dem Nichteintritt des mit der Vermögensverfügung erstrebten wirtschaftlichen Erfolgs. Nur wenn dieser Erfolg selbst in einer Gegenleistung besteht, hat deren Ausbleiben für die Schadensberechnung Bedeutung. Bei öffentlichen Ausschreibungen ... besteht jedoch der bezweckte wirtschaftliche Erfolg nicht einfach darin, eine bestimmte Leistung um jeden Preis zu erlangen, sondern zu Bedingungen, die sich im Wettbewerb der an dem Verfahren Beteiligten ergeben."

Könnte mit der personalen Vermögenslehre nun tatsächlich – wie D. Geerds meint – ein Schaden begründet werden, ohne daß auf den hypothetischen, also nicht durch Wettbewerbsbeschränkung beeinflußten Preis als Vergleichsmaßstab zurückgegriffen werden muß, so böte diese Vermögenslehre eine Möglichkeit, die Probleme der h.M. zu umgehen. Allerdings muß erst geprüft werden, ob die personale Vermögenslehre die Argumentation D. Geerds' auch wirklich trägt.

(2) Verfehlung wirtschaftlicher Zwecke als Schaden

Betrachten wir nun genauer, wann nach dem personalen Schadensbegriff ein Schaden abstrakt vorliegt. Wie bereits gesehen, versteht man unter einem Schaden nach dem personalen Ansatz eine Verringerung an wirtschaftlicher Potenz des Vermögensträgers, welche auf der tatsächlichen Herrschaftsgewalt über Objekte, die von der Rechtsgesellschaft als selbständige Objekte des Wirtschaftsverkehrs angesehen werden, beruht.[187] Auf ein in einer Geldsumme auszudrückendes Minus kommt es daher nicht an. An die Stelle des negativen Saldos tritt vielmehr das Schadenskriterium der „wirtschaftlichen Zweckverfehlung".[188] Ein Schaden liegt also vor, wenn die Aufwendung bestimmter Vermögensgüter in Richtung auf einen bestimmten subjektiven Zweck hin mißlingt.[189] Allerdings darf dies nicht zu einer völligen Subjektivierung des Schadensbegriffs führen. Ansonsten würde bereits dann ein Schaden vorliegen, wenn der Getäuschte eine Verfügung vorgenommen hat, die er ohne Täuschung so nicht getroffen hätte.[190] Damit wäre aber nicht mehr das Vermögen, sondern die allgemeine Dispositionsfreiheit Schutzgut des § 263 StGB, die als solche allgemein nur gegen Gewalt und Drohung (§ 240 StGB), nicht aber gegen bloße Täuschung geschützt ist. Dies ist heute allgemein anerkannt.[191] Eine solche Ausuferung wird durch mehrere objektive

---

187 Vgl. nur *Otto*, BT, § 38 I 1.

188 *Otto*, BT, § 38 I 2.

189 *Otto*, Struktur, S. 74; *D. Geerds*, Wirtschaftsstrafrecht, S. 117.

190 Hiergegen schon RGSt 16, 1 ff.

191 Ständige Rechtsprechung, vgl. z.B. BGHSt 16, 321, 325; *Gerhold*, S. 22

Einschränkungen zu erreichen versucht: Einmal bestimmen sich die wirtschaftliche Potenz erst vermittelnden Vermögensgüter objektiv nach der Verkehrsanschauung,[192] zweitens beurteilt sich die Frage, ob der wirtschaftliche Zweck erreicht wurde, aus der Sicht eines objektiven Betrachters.[193] Die Zwecksetzung selbst erfolgt dabei grundsätzlich subjektiv, wenn auch die Täuschung Grundlage dieses Zwecks sein muß, so daß nicht jeder vom Opfer angestrebte Erfolg beachtlich ist. Schließlich sollen ausschließlich „*wirtschaftliche* Zwecksetzungen" beachtlich sein, da nur eine Verminderung des *wirtschaftlichen* Potentials Vermögensschaden und nicht nur Störung der Dispositionsfreiheit sein kann.[194] Erst in diesem Zusammenhang erlangt die versprochene Gegenleistung des Täters eine allerdings nur mittelbare Relevanz: Deren Wert kann nämlich Bedeutung dafür erlangen, ob der wirtschaftliche Zweck erreicht ist.[195]

(3) Verfehlung wirtschaftlicher Zwecke als Schaden bei den Ausschreibungsfällen

Wendet man nun diese Grundsätze auf die Submissionsfälle an, so gilt es zunächst, die vom Ausschreibenden mit der Minderung seines Vermögens durch Zuschlag verfolgten Zwecke auf ihre Vermögensrelevanz zu untersuchen und ggf. festzustellen, ob diese durch die Manipulation der Bieter wirklich vereitelt wurden. Der Ausschreibende will eine seiner Leistungsbeschreibung entsprechende Leistung zu einem Preis und zu Bedingungen erhalten, die sich im Wettbewerb frei bilden konnten.[196]

Die Zwecksetzung, *eine bestimmte Leistung zu erhalten*, berührt die Vermögenszusammensetzung des Ausschreibenden unmittelbar, so daß es sich um einen wirtschaftlichen Zweck handelt. Ist der im manipulierten Verfahren „ermittelte" Unternehmer imstande, die Leistung ordnungsgemäß zu erbringen, so führt dies dazu, daß sich nach Zuschlag die wirtschaftliche Potenz des Ausschreibenden genau so vermehrt hat, wie er das durch die Ausschreibung bezweckte. Er erhält genau die Leistung, die er erhalten will. Daß u.U. nicht der „Leistungsstärkste" diese Leistung erbringt, ist – ordnungsgemäße Erbringung der Leistung vorausgesetzt – nur ein die Dispositionsfreiheit

m.w.N.; LK-*Lackner*, § 263 Rn. 149; anders aber noch *Bockelmann*, Kohlrausch-FS, S. 250.

[192] Siehe oben C.II.5.a.(5).

[193] *Otto*, BT, § 38 I 2.

[194] Vgl. *Otto*, Struktur, S. 82.

[195] *Otto*, Struktur, S. 281.

[196] So auch *D. Geerds*, DWiR 1992, 122; *Otto*, JZ 1993, 656.

berührendes Motiv für den Zuschlag. Fließt die gewünschte Leistung seinem Vermögen zu, ist der Zweck erreicht, gleichgültig, wer diese erbringt.[197]

Weiter verfolgt die Vergabestelle aber den Zweck, die bestimmte Leistung nicht zu irgendwelchen Bedingungen, sondern *zu Wettbewerbsbedingungen*, insbesondere zu einem im freien Wettbewerb gebildeten Preis, zu erhalten. Nun soll der Vorteil des personalen Schadensbegriffs nach D. Geerds in diesem Fall gerade darin liegen, daß es nicht darauf ankomme, welcher Preis sich bei ordnungsgemäßem Verfahren gebildet hätte. Wäre dies richtig, so müßte allein die Tatsache, daß es sich nicht um einen im Wettbewerb gebildeten Preis handelt, ausreichen, eine wirtschaftliche Zweckverfehlung der eigenen Vermögensminderung zu bejahen. In letzter Konsequenz würde dies bedeuten, daß auch dann, wenn sich ohne Wettbewerbsbeschränkung derselbe Preis gebildet hätte wie mit Wettbewerbsbeschränkung, der wirtschaftliche Zweck verfehlt worden wäre und daher ein Schaden zu bejahen sein müßte. Dem scheinen aber andere Stellungnahmen von Vertretern der personalen Vermögenslehre zu widersprechen.

Otto[198] bejaht bei dem ähnlich gelagerten Fall, daß bei einer öffentlichen Versteigerung zu Preistreibungszwecken Scheinangebote abgegeben werden und der Ersteigerer ein über einem solchen Scheinangebot liegendes Gebot abgeben muß, um Erfolg zu haben, einen Schaden „in dem Maße, wie der redliche Bieter durch Scheinangebote über den letzten echten durch Wettbewerb entstandenen Preis hochgesteigert wird". Auch Ranft[199] nimmt in Submissionsfällen einen Schaden um den Betrag an, „um den der Zuschlagspreis einen frei gebildeten Wettbewerbspreis übersteigt". Daraus folgt, daß auch vom Standpunkt des personalen Vermögensbegriffs nicht allein entscheidend sein kann, daß der Preis kein echter Wettbewerbspreis ist, sondern daß er nicht die gleiche Höhe wie der Wettbewerbspreis hat.

Daß die Argumentation D. Geerds' nicht schlüssig ist, zeigt auch ein von ihm selbst zur Illustration der hier in Frage stehenden Abgrenzung eines Schadens zur beeinträchtigten Dispositionsfreiheit angeführtes Beispiel Bokkelmanns: Wer nur aus einer Konkursmasse kaufen möchte, weil er auf diese Weise billiger zu erwerben hofft, ist nicht geschädigt, wenn ihm nicht aus einer solchen Masse, aber zu einem Preis geliefert wird, der auch beim Kauf

---

[197] Anders noch *Bockelmann*, Kohlrausch-FS, S. 250, der ausführt, daß die Person des Leistungserbringers, selbst wenn Unwägbarkeiten für dessen Auswahl bestimmend waren, immer beachtlich sein soll. Dies ist aber nur Ausfluß seiner damaligen Annahme, die Dispositionsfreiheit müsse von § 263 StGB erfaßt sein. Er begibt sich damit in Gegensatz zu seiner Aussage, daß die Gegenleistung insoweit von Bedeutung sein soll, als er sich an ihr schadlos halten kann; siehe oben C.II.5.a.(5).

[198] NJW 1979, 685.

[199] Jura 1992, 73.

von Massewaren nicht niedriger zu haben gewesen wäre.[200] Auch hieran wird deutlich, daß bestimmte, den Charakter des Preises in bezug auf seine Bildung betreffende Vorstellungen des Getäuschten nicht zu wirtschaftlichen Zwecken der eigenen Vermögensminderung erklärt werden können. Die Vorstellungen über die Bildung des Preises sind letztlich nur mit Vorstellungen über die (geringe) Höhe des Preises verbunden. Stellt sich aber kein Preisunterschied heraus, so ist diese Vorstellung über die Preisbildung konsequenzenloses Motiv, das die wirtschaftliche Potenz des Ausschreibenden nicht berührt. Dies hat zur Folge, daß auch die personale Vermögenslehre nicht umhin kann, einen Vergleich des durch die Absprache beeinflußten Preises mit einem hypothetischen Preis durchzuführen, um eine Aussage über eine wirtschaftliche Zweckverfehlung treffen zu können. Die Kritik an der Argumentation von D. Geerds wird durch eine neuere Stellungnahme dieses Autors bestätigt, in der er zwar nach wie vor eine Lösung der Submissionsfälle über den personalen Vermögensbegriff propagiert, nunmehr aber erkennt, daß auch dieser Lösungsansatz zum Problem der Bestimmung des hypothetischen Wettbewerbspreises führt.[201] Durch die Täuschung wird somit nur in die Dispositionsfreiheit eingegriffen; hiermit kann jedoch kein Vermögensschaden begründet werden.

M.E. ist dieses Ergebnis auch nur Folge des Grundanliegens der personalen Vermögenslehre, „individualisierende Entscheidungen" zu ermöglichen,[202] den persönlichen Interessen Anerkennung zu verschaffen[203] und gerade „die *Person* in ihrem Wirkungsbereich und Daseinsraum zu sichern"[204]. Es soll im Gegensatz zum objektiv-wirtschaftlichen Schadensbegriff der h.M. umfassend und auch mit konsequenter Begründung möglich sein, individuelle Wertschätzungen zu berücksichtigen, so daß der Wert eines Gutes an die Möglichkeit des Vermögensträgers geknüpft wird, dieses nach seinem Belieben und seinen individuellen Bedürfnissen einzusetzen.[205] Bei den Submissionsabspra-

---

[200] Wirtschaftsstrafrecht, S. 183; das Beispiel stammt von *Bockelmann*, Kohlrausch-FS, S. 249.

[201] DWiR 1992, 122 Fn. 16, wenngleich er sich offenbar nicht bewußt ist, daß er damit in die gleichen Schwierigkeiten wie die h.M. gelangt: Vielmehr will er wie *Ranft*, Jura 1992, 73 auf die Ausgleichszahlungen abstellen, die nach dem personalen Schadensbegriff zur Schadensbegründung taugen sollen. Damit stimmt er im Ergebnis i.w. mit der Indizlösung (dazu unten C.II.5.i.) überein. Genau wie diese muß er aber in Schwierigkeiten kommen, wenn sich Ausgleichszahlungen nicht nachweisen lassen. Zur Untauglichkeit dieses Ansatzes in den Submissionsfällen vgl. auch *Hefendehl*, JuS 1993, 812 f.

[202] *Bockelmann*, Mezger-FS, S. 380.

[203] Vgl. *Bockelmann*, JZ 1952, 464.

[204] *Bockelmann*, Kohlrausch-FS, S. 248.

[205] *Otto*, Struktur, S. 69, *Bockelmann*, Kohlrausch-FS, S. 248.

chen geht es aber nicht um eine Frage der individuellen Bedürfnisse des Ausschreibenden, sondern um eine Zweckverfehlung bei einem Preisermittlungsverfahren, unabhängig von der Person des Ausschreibenden, seinen Plänen und Verwendungsmöglichkeiten hinsichtlich der ausgeschriebenen Leistung. Dies zeigt, daß eine „einfache" Lösung mit dem personalen Schadensbegriff diesen überdehnen würde und weit über sein eigenes Ziel hinausschösse.

Die Argumentation von Geerds ist darüber hinaus Wasser auf den Mühlen der Gegner der personalen Vermögenslehre, zeigt sie doch, wie unklar die Abgrenzungskriterien zur bloßen Beeinträchtigung der Dispositionsfreiheit immer noch sind.[206] Dieses Argument wiegt besonders schwer, wenn man berücksichtigt, daß nach der personalen Vermögenslehre über Eintritt und Nichteintritt des (subjektiven) Zwecks vom Standpunkt eines objektiven Betrachters entschieden werden soll, so daß es auch objektive Kriterien zur Abgrenzung wirtschaftlicher von vermögensrechtlich irrelevanten Zwecken geben muß.[207]

Da somit auch der personale Vermögensbegriff nicht geeignet erscheint, die Schwierigkeiten bezüglich der Auswirkungen der Absprache auf den Zuschlagspreis zu vermeiden, bietet er insoweit keine Vorteile gegenüber der h.M. Im folgenden soll daher eine Lösung auf Grundlage des herrschenden Schadensbegriffs gesucht werden.

d) Schadensermittlung anhand des Vergleichsmaßstabes „angemessener Preis"

Eine Schadensermittlung anhand des Saldierungsprinzips der h.M. ließe sich dann ohne größere Probleme durchführen, wenn als Wert der vom Herausgestellten versprochenen Leistung ein „angemessener Preis" angenommen werden darf, der unabhängig vom Ausschreibungsverfahren, also z.B. aufgrund von Vorkalkulationen des Vergebenden im Vorfeld der Ausschreibung oder durch nachträglich angefertigte Sachverständigengutachten bestimmt werden kann. Dann nämlich ließe sich immer ein Vergleichsmaßstab für die Schadensberechnung benennen und das Saldierungsprinzip bereitete keine Schwierigkeiten. Ist es aber zulässig, den Wert der ausgeschriebenen Leistung losgelöst vom Ausschreibungsverfahren zu ermitteln ?

---

[206] Dies gestehen auch zu: *D. Geerds*, Wirtschaftsstrafrecht, S. 128; *Otto*, Geschäftstätigkeit, S. 78; *Maiwald*, MschrKrim. 1972, 194.

[207] So auch *D. Geerds*, Wirtschaftsstrafrecht, S. 128.

(1) Das Konzept des „angemessenen Preises"

Die Argumentation über den „angemessenen Preis" als Vergleichsmaßstab hatte der BGH in BGHSt 16, 367 in einem Fall gewählt, in dem fünf Konkurrenten anläßlich einer beschränkten Ausschreibung einem sechsten das Ausfüllen und Absenden von Blankettangeboten überließen, teils, weil sie an dem Auftrag des Ausschreibenden nicht interessiert waren, aber bei der Vergabestelle im Gespräch bleiben wollten, teils, weil sie von Anfang an nicht damit rechneten, den sechsten Unternehmer unterbieten zu können. Letzterer kalkulierte sein Angebot aber trotzdem „äußerst scharf und ordnungsgemäß und ohne Beeinflussung durch die Tatsache, daß er im Besitz der Blankette der fünf anderen" war, weil er mit der Teilnahme weiterer Großunternehmer rechnete. Tatsächlich erhielt auch ein anderer den Zuschlag, so daß der BGH versuchten Betrug, insbesondere den Vorsatz des sechsten Unternehmers hinsichtlich eines Schadens der Vergabestelle zu prüfen hatte.

Der BGH[208] führt hierzu aus:

> „Machenschaften, die darauf abzielen, den Geschäftspartner über die Marktlage zu täuschen, mögen unter dem Gesichtspunkt des unlauteren Wettbewerbs verfolgbar oder als Ordnungswidrigkeit nach dem Gesetz über Wettbewerbsbeschränkungen zu ahnden sein. Unter dem Gesichtspunkt des Betruges können sie in aller Regel erst dann Bedeutung gewinnen, wenn der Tatrichter aus ihnen den – auf tatsächlichem Gebiet liegenden – Schluß zieht, daß es dem Handelnden darauf ankam, seinen Vertragspartner dadurch zu einer Leistung zu bestimmen, hinter der die von ihm angebotene Gegenleistung im Wert zurückbleibt. Diesen Schluß hat das Landgericht aber nicht gezogen. Aus den Darlegungen über die genaue und ‚äußerst scharfe' Kalkulation des Angeklagten ... ist vielmehr zu entnehmen, daß er die Übertragung der ausgeschriebenen Arbeiten durch ein genaues, richtiges und nach seinen Verhältnissen angemessenes Angebot erlangen wollte."

Nach welchen Maßstäben der BGH die „Angemessenheit" eines Angebots bestimmen will, läßt er offen. Insbesondere durch den Hinweis auf das „äußerst scharf" kalkulierte Angebot liegt es aber nahe, diese Entscheidung so zu verstehen, als werde der angemessene Preis durch die objektiv errechneten Kosten plus angemessenen Gewinn bestimmt.[209] Demnach kann ein Schaden dann nicht vorliegen, wenn ein über die Ordnungsmäßigkeit des Ausschreibungsverfahren täuschender Bewerber ein angemessenes Angebot abgibt, d.h. wenn der objektiv außerhalb des Submissionsverfahrens festgestellte Wert der Gegenleistung den geforderten Preis nicht unterschreitet.

---

[208] BGHSt 16, 373 f.

[209] Vgl. *Tiedemann*, Wettbewerb und Strafrecht, S. 16.

Dem hat sich auch das LG Frankfurt a.M.[210] – als Vorinstanz zu BGH, NJW 1992, 921 – angeschlossen, indem es den Schaden ablehnte, weil das Angebot „angemessen und auskömmlich“ gewesen sei, da der Gesamtpreis unterhalb der Vorkalkulationen des Ausschreibenden und innerhalb des von Sachverständigen errechneten Bereichs „angemessener Gebote“ gelegen habe. Der nachhaltig erzielbare Preis lasse sich nur „gleichsam negativ“ durch Ausschluß unangemessener, überhöhter Angebote ermitteln.[211] Auch in der Literatur finden sich gleichlautende Stimmen.[212]

(2) Angemessener Preis und objektiver Schadensbegriff

Entspricht es zwar dem herrschenden Schadensbegriff, die Wertdifferenz zwischen Leistung und Gegenleistung grundsätzlich anhand eines objektiven Maßstabs festzustellen, so bedeutet dies aber noch nicht, daß der Maßstab in den Submissionsfällen in dem Sinne „objektiv“ zu verstehen ist, daß er unabhängig vom Ausschreibungsverfahren bestimmt werden könnte.

Ein „objektiver Maßstab“ zur Ermittlung des Wertes einer Ware oder Leistung ist in einer Marktwirtschaft, in der der Grundsatz gilt, daß Angebot und Nachfrage den Preis regeln, nicht objektiv im Sinne von „losgelöst vom Wettbewerb unter den Marktteilnehmern“ bestimmbar. Preise beruhen letztlich auf den freien Vereinbarungen zwischen Anbietern und Nachfragern, wobei jede dieser Vereinbarungen einen Kompromiß zwischen den aktuellen

[210] NStZ 1991, 86, 87.

[211] Terminologisch befindet sich das LG Frankfurt a.M. (NStZ 1991, 86, 87) auf Abwegen, da es den angemessenen, aufgrund Vorkalkulationen und Sachverständigengutachten objektiv, vom Ausschreibungsverfahren losgelöst ermittelten Preis als „hypothetischen Marktpreis“ bezeichnet.

[212] Vgl. z.B. *Stein*, Bauwirtschaft 1973, 434: „... so fehlt es an einem Vermögensschaden, wenn jemand bei einer Ausschreibung ein angemessenes Angebot abgibt ...“, oder *Beulke*, JuS 1977, 38: „... A hat laut Sachverhalt sein Angebot scharf kalkuliert, was doch nur bedeuten kann, daß hier ein angemessener Werklohn gefordert wurde ...“ Trotzdem kommt *Beulke* dann über eine Exspektanzenlösung zu einem Vermögensschaden und erklärt: „... es ist auch nicht ungewöhnlich, trotz *Gleichwertigkeit von Leistung und Gegenleistung*, einen Schaden anzunehmen“ (eigene Hervorhebung). Eine Wertermittlung unabhängig vom Ausschreibungsverfahren vertritt wohl auch *Joecks*, wistra 1992, 252: „Der ohne Täuschung zu zahlende Preis sagt noch nichts darüber, inwieweit nicht die Gegenleistung den Aufwand des Auftraggebers zu kompensieren geeignet ist. Eine Schadensfeststellung setzt daher entweder voraus, daß die Gegenleistung weniger als das vom Auftraggeber Aufgewendete wert ist, oder die Chance auf einen niedrigeren Preis bereits Vermögenswert hatte“; ähnlich auch die Argumentation *Hefendehls*, JuS 1993, 811. Zur Bedeutung des „angemessenen Preises“ in der wirtschaftswissenschaftlichen Literatur bei der Ausschreibung vgl. *Gandenberger*, S. 138 mit zahlreichen Nachweisen.

subjektiven Wertschätzungen der Beteiligten darstellt. Der Wert, der einer Leistung oder einem Gegenstand zukommt, schwankt dementsprechend nach Zeit, Ort, Art, Inhalt und Gegenstand des fraglichen Geschäfts sowie der jeweiligen Handelsstufe.[213] Eine gewisse Objektivierung erfährt der Wert nur dadurch, daß die subjektiven Wertschätzungen in der Masse anonymisiert und letztlich auf einen „quasi objektiven" Wert zur Übereinstimmung gebracht werden.[214]

Erst bei einem Zustand vollkommener Konkurrenz könnte man daher von einem wirklich objektiven Wert sprechen. Da diese Vollkommenheit aber nur in der Theorie existiert, muß man sich auch im Hinblick auf die objektive Schadensberechnung mit einem nur annähernd objektiven Wert zufriedengeben. Für diese Zwecke ist „objektiv" also schon der Wert, der sich bei zumindest funktionstüchtigem Wettbewerb bildet.[215]

Diesem komplexen marktwirtschaftlichen Preisbildungsprozeß wird man nicht gerecht, wenn man den konkreten Wettbewerb hinsichtlich einer Leistung außer Betracht läßt und nachträglich anhand der Preisvorstellungen des auf der Marktgegenseite stehenden Auftraggebers oder der Schätzungen aus der Warte der außerhalb der konkreten Wettbewerbssituation stehenden Sachverständigen einen „angemessenen Preis" konstruieren will. Eine solche Vorgehensweise übergeht die subjektive Einschätzung der einzelnen Wettbewerber völlig, obwohl die Verfälschung des Wettbewerbs gerade verhindert, daß diese Einschätzungen kraft Objektivierung von einem tauglichen Marktpreis als Wertmesser abgelöst werden. Das statische Konzept des „angemessenen Preises", dem die Idee eines „iustum pretium" zugrundeliegt, kann mit einer dynamischen Wirtschaftsordnung nicht in Einklang gebracht werden.[216] Auf diese Weise nicht erfaßt werden könnte z.B. ein Geschäft zum Selbstkostenpreis oder darunter, weil hier nicht die Addition von Kosten und üblichem Gewinn die Preisbildung erklären, der Wettbewerb – bei angespannter Wirtschaftslage – aber durchaus Marktpreise hervorbringen kann, die unter diesen besonderen Umständen als „angemessen" bezeichnet werden müssen.[217]

---

[213] BGH NJW 1992, 921, 922; LK-*Lackner*, § 263 Rn. 150.

[214] Vgl. *Eichler*, BB 1972, 1349.

[215] *Tiedemann*, Wettbewerb und Strafrecht, S. 17; *Eichler*, BB 1972, 1350; vgl. auch *Kantzenbach*, S. 10 f., 32 ff.

[216] Vgl. *Möschel*, NJW 1975, 755 zum parallelen Vorschlag in der kartellrechtlichen Literatur zur Ermittlung des Wettbewerbspreises anhand angemessener Kosten, Verzinsung, Risikozuschläge etc. – sog. „Konzept der Gewinnbegrenzung" –; vgl. ferner *D. Geerds*, Wirtschaftsstrafrecht, S. 146 Fn. 331.

[217] Insoweit besteht hier ein Unterschied zur Preismißbrauchsaufsicht (z.B. bei § 4 WiStG): Dort ist der durch die Selbstkosten gerechtfertigte Preis nie mißbräuchlich,

(3) Die Preisbildung bei Submissionen und der angemessene Preis

Nun könnte aber die besondere Situation bei Ausschreibungen eine andere Beurteilung erfordern. Hier fehlt es häufig – insbesondere im Baugewerbe – an einem Markt für die Leistung, die durch die Leistungsbeschreibung vom Vergebenden individuell festgelegt wird. Mangels Marktes kann es hier auch keinen Marktpreis im eigentlichen Sinn geben. Dies könnte zu dem Schluß berechtigen, hier von den marktwirtschaftlichen Grundlagen eine Ausnahme zuzulassen und durch Schätzung von Kosten und angemessenem Gewinn einen „objektiven Wert" zu errechnen.

Dabei würde man aber übersehen, daß gerade das Ausschreibungsverfahren dazu dient, den nicht existierenden Markt durch Herbeiführung einer Wettbewerbssituation zu ersetzen.[218] Auch hier ist der Ausgangspunkt ein subjektiver: Jeder Teilnehmer schätzt seine angebotene Leistung subjektiv aufgrund der aktuellen Umstände und Verhältnisse ein. Aufgrund der begrenzten Anzahl von Teilnehmern, nicht nur bei beschränkten, sondern aus tatsächlichen Gründen (Entfernung, Transportkosten etc.) auch bei öffentlichen Ausschreibungen, kommt es hier aber nicht zu einer Anonymisierung der jeweiligen Wertvorstellungen in der Masse. Vielmehr ersetzen die Ungewißheit über das Verhalten der Konkurrenten und die Spielregeln der Ausschreibung den sonstigen Prozeß der Objektivierung: Das Ringen um einen Kompromiß der Wertschätzungen, das sich sonst zwischen Anbieter und Nachfrager abspielt, wird so auf die Person des einzelnen Anbieters verlagert, der mit sich selbst ringen, d.h. zwischen seinem eigenen Gewinnstreben und der bei höherem Angebot schwindenden Zuschlagschance abwägen muß. Diese Abwägung erlangt dadurch zusätzliche Bedeutung, daß ein Nachverhandeln nach dem Ablauf der Angebotsfrist ausgeschlossen,[219] sein Angebot also endgültig ist. Bereits bei der Erstellung eines Angebots muß der Ausschreibungsteilnehmer in erhöhtem Maße Erwägungen einbeziehen, die nicht allein durch seine Wertvorstellungen bestimmt sind und sich, bei später spürbarer Diskrepanz zu den Vorstellungen des Nachfragers, auch nicht mehr korrigieren lassen. Er muß schon zum Zeitpunkt der Angebotserstellung Ziel und Verhalten sowohl des Nachfragers wie auch seiner Mitkonkurrenten berücksichtigen. Diese Faktoren, die sonst zu einer Preisbildung im Wechsel-

---

vgl. *Tiedemann*, Tatbestandsfunktionen, S. 223. Hier geht es aber gerade nicht um den Mißbrauch, sondern nur um den sich im freien Wettbewerb bildenden Preis. Es wird also gerade keine Wertung vorgenommen. Demnach könnte der Selbstkostenpreis zwar nicht mißbräuchlich, aber doch gegenüber dem Wettbewerbspreis überhöht sein.

[218] Sog. organisierter Markt; vgl. oben B.I.

[219] Siehe oben B.I.

spiel zwischen Anbietern und Nachfragern beitragen, werden vom Bieter also bereits bei Angebotserstellung antizipiert. Damit ist bereits jedes Submissionsangebot gegenüber Angeboten auf dem freien Markt in gewisser Weise verobjektiviert. Durch das formalisierte Ausschreibungsverfahren und den Vergleich zwischen mehreren solchen Angeboten kommt es zu einer weiteren Objektivierung, so daß am Ende des Ausschreibungsverfahrens der günstigste annehmbare Preis die Funktion des Marktpreises übernimmt und diesem um so näher kommen wird, je ungestörter der Wettbewerb funktionieren kann. Ließen sich diese komplexen Vorgänge von Sachverständigen nachträglich im Rahmen der Berechnung eines angemessenen Preises in gleichem Maße erfassen und berücksichtigen, so wären Vergabeverfahren insgesamt entbehrlich und deren Funktionen könnten durch Sachverständige erfüllt werden. Die Notwendigkeit von Vergabeverfahren kann aber wohl nicht ernsthaft bestritten werden. Daran wird deutlich, daß auch bei den Submissionen ein „angemessener Preis“ systemfremd wäre.

Darüber hinaus weist Baumann[220] zu Recht darauf hin, daß sich ein Maßstab für die Angemessenheit gar nicht finden läßt, ist doch für einen Grenzbetrieb, der demnächst vom Markt gehen muß, ein ganz anderer Preis angemessen als für ein Spitzenunternehmen oder spielt doch der eigene Kostenaufwand für die Frage der Angemessenheit keine unerhebliche Rolle. Es verwundert daher kaum, daß z.B. das LG Frankfurt a.M.[221] auf die Figur einer „gleichsam negativen“ Ermittlung des angemessenen Preises auswich, wonach der angemessene Preis nur durch Ausschluß „unangemessener, überhöhter“ Angebote festgestellt werden sollte, was beweist, daß das LG sich nicht in der Lage sah, einen angemessenen Preis, sondern allenfalls eine Obergrenze der Angemessenheit zu bestimmen.

Es darf weiterhin auch nicht übersehen werden, daß es – entgegen häufigen Forderungen von Unternehmerseite – nicht Aufgabe einer Ausschreibung sein kann, ausschließlich auskömmliche, also kostendeckende und gewinnbringende Preise zu erbringen. In einer marktwirtschaftlichen Ordnung haben nicht nur Gewinne, sondern auch Verluste eine wichtige Aufgabe, indem durch einen Schrumpfungsprozeß weniger leistungsfähige Anbieter vom Markt verdrängt werden.[222]

Schließlich kann man auch aus Sicht des Ausschreibenden davon ausgehen, daß dieser mit Durchführung des Verfahrens nicht einen – nach welchen Maßstäben auch immer – angemessenen Preis ermitteln will, sondern einen möglichst günstigen. Zwar ist richtig, daß § 25 Nr. 3 Abs. 3 S. 3 VOB/A

---

[220] NJW 1992, 1664.

[221] NStZ 1991, 87.

[222] *Gandenberger*, S. 139.

bzw. § 25 Nr. 3 S. 2 VOL/A nicht allein den Preis für ausschlaggebend bestimmen, aber zum einen spricht die Realität eine andere Sprache, da i.d.R. dem billigsten Angebot auch der Zuschlag erteilt wird. Zum anderen will der Ausschreibende – selbst wenn letztlich nicht das billigste Angebot auch das annehmbarste sein sollte – eine unverfälschte Beurteilungsgrundlage für die Annehmbarkeit erhalten, so daß auch unter diesem Gesichtspunkt der günstigste ökonomisch realisierbare Preis von Bedeutung ist.[223]

Nach alledem müßte auch bei den Ausschreibungsverfahren die Ermittlung des Werts der Gegenleistung anhand eines „angemessenen Preises" ausscheiden. Anderes kann nur dann gelten, soweit gesetzlich ein angemessener Preis festgelegt wäre.

(4) Gesetzliche Festlegung des angemessenen Preises

Wie später noch eingehender dargelegt werden wird,[224] bestehen für den Bereich öffentlicher und öffentlich finanzierter Bauaufträge Höchstpreisvorschriften. Für den Fall eines durch Angebotskartelle behinderten Wettbewerbs reduziert sich der Vertragspreis automatisch auf den sog. Selbstkostenfestpreis.[225] Nun läge die Annahme nicht fern, dieser Höchstpreis könne aufgrund Intervention des Gesetzgebers als „Wertmesser" fungieren und so den schwierigen Rückgriff auf den hypothetischen Wettbewerbspreis zumindest im Anwendungsbereich der Höchstpreisvorschrift überflüssig machen. In diesem Sinne sind wohl die Ausführungen von D. Geerds[226] zu verstehen, der der Ansicht ist, die VO PR 1/72 stelle sicher, daß die „Sachleistung und der dafür anfallende Selbstkostenfestpreis ... stets gleichwertig" seien.

Dafür spricht, daß von dem Grundsatz der Baupreisverordnung, dem Wettbewerbspreis Vorrang vor anderen Preisberechnungen einzuräumen,[227] gerade dann abgewichen wird, wenn der Wettbewerb auf Angebotsseite beschränkt und der Preis dadurch beeinflußt wird.[228] Dem ist aber zum einen entgegenzuhalten, daß eine Höchstpreisvorschrift nur eine absolute Obergren-

---

[223] Vgl. *Baumann*, Bauwirtschaft 1973, 1517; *Möschel*, Kriminalisierung, S. 27 ff.; *Eichler*, Bauwirtschaft 1973, 1040.

[224] B.III.1.a.

[225] §§ 5 III, 7, 9 VO PR 1/72.

[226] DWiR 1992, 122.

[227] § 5 II VO PR 1/72; dazu auch BGH NJW 1992, 921, 922.

[228] §§ 5 II, 7 VO PR 1/72.

ze angeben will. Daraus läßt sich aber nicht ableiten, daß ein Preis, der diese Grenze nicht überschreitet, „angemessen" ist.[229]

Zum anderen käme einem solchen Ansatz eine gewisse Plausibilität nur dann zu, wenn der Gesetzgeber einen, vom jeweiligen Anbieter unabhängigen Höchstpreis vorgeschrieben hätte. Nur in diesem Fall käme ein solcher Höchstpreis als objektiver, für den Wirtschaftsverkehr einheitlicher Wertmesser in Betracht. Die Höchstpreisvorschriften der Baupreisverordnung bewirken nun aber, daß anstelle des manipulierten Wettbewerbspreises der Selbstkostenfestpreis tritt. Dieser ist aber kein für alle Anbieter identischer Wert, sondern dessen Berechnung orientiert sich an den betrieblichen Verhältnissen des jeweiligen Unternehmers.[230] Demnach existieren unterschiedliche, unternehmerspezifische Selbstkostenfestpreise und damit kein einheitlicher gesetzlicher Höchstpreis für jeden einzelnen Anbieter. Da somit der Gesetzgeber nicht einen Höchstpreis für die angebotene Leistung schlechthin eingeführt, sondern nur eine Begrenzung des Angebotsspielraums des einzelnen Anbieters bewirkt hat, läßt sich auch aus der Baupreisverordnung kein allgemeiner Wertmesser für die angebotene Leistung entnehmen.

Einzige Möglichkeit zur Ermittlung des Wertes der Gegenleistung ist also der ungestörte Wettbewerb. Da dieser aber ausgeschaltet wurde, muß hypothetisch, also auf der Grundlage, daß es zu Absprachen nicht gekommen wäre, der Wettbewerbsprozeß zu Ende gedacht werden und ein „hypothetischer Wettbewerbspreis" als einzig tauglicher Vergleichsmaßstab zur Schadensermittlung herangezogen werden.[231] Die Lösung über den „angemessenen Preis" steht somit im Widerspruch zur Preisermittlung im Wettbewerb.

Am Problem vorbei geht demnach die von Seiten der personalen Vermögenslehre erhobene Kritik, daß das Abstellen auf den hypothetischen Wettbewerbspreis allein den Prämissen der personalen Vermögenslehre entspreche

---

[229] *Eichler*, Bauwirtschaft 1973, 1040.

[230] Vgl. nur Nr. 4 (2) LSP: „In Preisermittlungen auf Grund von Selbstkosten im Sinne dieser Leitsätze sind nach Art und Höhe nur die angemessenen Kosten *des Auftragnehmers* bei wirtschaftlicher Betriebsführung zu berücksichtigen" (eigene Hervorhebung) und die relevanten Rechnungsposten bei der Kalkulation des Selbstkostenfestpreises in Nr. 8 LSP, z.B. Einzellohn- und Gehaltskosten.

[231] So auch die wohl h.M.; vgl. BGH NJW 1992, 921, 922; OLG Stuttgart NJW 1990, 1057, 1058; *Möschel*, Kriminalisierung, S. 27 ff.; *Eichler*, BB 1972, 1349 f.; *Hassemer*, JuS 1992, 616; *Neye*, S. 66; *Baumann*, Bauwirtschaft 1973, 1517; *Tiedemann*, Wettbewerb und Strafrecht, S. 17; *ders.*, in: *I/M*, vor § 38 Rn. 59; *R. Schmid*, Ausschreibungsbetrug, S. 89 ff.; *Kramm*, JZ 1993, 423; *Niederleithinger*, EWiR § 263 StGB 1/92, 295 f.; *Broß/Thode*, NStZ 1993, 370; zum Konzept des hypothetischen Wettbewerbspreises z.B. *Knöpfle*, DB 1984, 1130 ff.; *D. Geerds*, Wirtschaftsstrafrecht, S. 144 ff.

und mit einem objektiven Schadensbegriff nicht in Einklang gebracht werden könne.[232] Ergebnis der vorstehenden Ausführungen war es gerade, daß nur der hypothetische Wettbewerbspreis dem objektiven Wert der ausgeschriebenen Leistung entspricht. Es ist daher nur konsequent, wenn auf Grundlage des herrschenden (objektiven) Schadensbegriffs der objektive Wert in Gestalt des hypothetischen Wettbewerbspreises als Vergleichsmaßstab zur Schadensermittlung herangezogen wird. Eine Unvereinbarkeit mit der Schadensberechnung der wirtschaftlichen Vermögenslehren kann hierin also nicht gesehen werden.

Bevor aber untersucht wird, inwieweit der Wertvergleich mit dem hypothetischen Wettbewerbspreis praktikabel ist und ob auf diesem Wege dem Strafbedürfnis entsprochen werden kann, sollen zunächst weitere Vorschläge untersucht werden, die – auf Grundlage des herrschenden objektiv-individuellen Schadensbegriffs, gleichwohl aber unter Verzicht auf die Heranziehung des hypothetischen Wettbewerbspreises – die Bejahung eines Schadens ermöglichen sollen.

e) Schadensbegründung durch Normativierung des Schadens

Einen solchen Lösungsvorschlag, der zur Annahme eines Vermögensschadens führen, jedoch schwierige Ermittlungen zur Feststellung eines „hypothetischen" Vergleichsmaßstabs vermeiden soll, liefert Tiedemann.[233]

(1) Der Vorschlag Tiedemanns

In einer Parallele zur Ermittlung des Vermögensschadens bei der Erschleichung von Subventionen möchte Tiedemann den Eintritt eines echten Vermögensschadens vom „Vorliegen oder Nichtvorliegen normativer Voraussetzungen" abhängig machen. Der Vermögensschaden bei der Erschleichung von Subventionen werde, wie insbesondere die VW-Aktien-Judikate des Ersten und des Großen Strafsenats[234] ausgesprochen hätten, dadurch konstituiert, daß vermögenswerte Leistungen an den Empfänger ausgereicht würden, welche die tatbestandlichen Voraussetzungen für die Subventionierung nicht erfüllten. Somit werde die Frage nach einem „wirtschaftlichen" Vermögensschaden vom Vorliegen normativer Voraussetzungen abhängig gemacht.[235]

---

[232] *Otto*, JZ 1993, 656; *D. Geerds*, DWiR 1992, 122.

[233] Wettbewerb und Strafrecht, S. 18.

[234] BGHSt 19, 37, 45; 19, 206, 214.

[235] Vgl. hierzu *Tiedemann*, Subventionskriminalität, S. 309; dies gelte aber nur

Ähnlich entspreche bei den manipulierten Ausschreibungen nur eine auf der Grundlage der Ungewißheit, nämlich des Wettbewerbs kalkulierte Leistung einer Gegenleistung, wenn das Austauschverhältnis wesensmäßig und erklärtermaßen, ja meist sogar nach öffentlich-rechtlichen Vorschriften einen Wettbewerbsprozeß voraussetze.[236]

Damit schlägt Tiedemann vor, die Feststellung eines Vermögensschadens in den Submissionsfällen allein davon abhängig zu machen, ob das Angebot des (späteren) Vertragspartners ein echtes Wettbewerbsangebot darstellt. Da dies im Falle einer Absprache im Vorfeld einer Ausschreibung nie der Fall ist, kann nach Ansicht Tiedemanns ein Schaden des Ausschreibenden bereits aus „normativen Gründen" bejaht werden. Auf eine Saldierung der Werte von Leistung und Gegenleistung käme es hiernach also nicht an, so daß die Schwierigkeiten bei der Ermittlung des Wertes der ausgeschriebenen Leistung entfielen.

Zu untersuchen ist im folgenden, ob diese auf Anhieb bestechende Lösung hält, was sie verspricht.

(2) Normativierung als Ausfluß des Zweckverfehlungsgesichtspunkts

Den Gedanken der Normativierung des Schadens entnimmt Tiedemann also insbesondere der Rechtsprechung des BGH zur Erschleichung von VW-Aktien.[237] Dort ging es um den Verkauf von VW-Aktien durch den Bund aufgrund eines Privatisierungsgesetzes an einen gesetzlich bestimmten privilegierten Personenkreis unter Wert. Durch Täuschung über die Kaufberechtigung erlangte der Täter Aktien, die er bei ordnungsgemäßem Verhalten nicht erhalten hätte, weil er nicht zu der im Gesetz vorgesehenen begünstigten Bevölkerungsgruppe gehörte. Der BGH bejahte – entsprechend der ständigen Rechtsprechung – in der bewußten Vermögensminderung des Staates durch Verkauf unter Wert (= Subventionierung) einen Vermögensschaden. In Zusammenhang mit der Einwendung, der Staat hätte diese Vermögensminderung auch bei (hypothetischem) Verkauf der Aktie an einen Berechtigten erlitten, bringt der BGH zusätzlich den Gedanken der Zweckverfehlung ins Spiel: Die Vermögensbeschädigung sei nicht dadurch ausgeschlossen, daß der Bund die Aktien zum selben Preis veräußert hätte und nach dem Gesetz sogar hätte veräußern müssen. Der Staat sei geschädigt, weil die zweckge-

---

insoweit, als Subventionen vergeben würden, auf die kein Rechtsanspruch bestehe; ansonsten erklärten sich die Ausführungen der Rechtsprechung als solche zum Tatbestandsmerkmal der „Rechtswidrigkeit".

[236] *Tiedemann*, Wettbewerb und Strafrecht, S. 18.

[237] BGHSt 19, 37, 45; 19, 206, 214 f.

bundenen Mittel verringert worden seien, ohne hierdurch den erstrebten Zweck erreichen zu können.[238]

Hieraus ist bereits ersichtlich, daß die von Tiedemann hervorgehobene „Normativierung des Schadens" aufs engste mit der Lehre von der Zweckverfehlung verknüpft ist: Mit der Subventionierung verfolgt die öffentliche Hand bestimmte Zwecke. So sollte im Fall der Emission von VW-Aktien diese Wertpapiere aus sozialpolitischen Gründen (z.B. Weckung des Sparsinns, Heranziehung solcher Schichten, die dem Aktiengeschäft sonst fern stehen) vorzugsweise an Empfänger mit kleineren Einkommen ausgegeben werden.[239] Zur Erreichung dieses Zweckes wurden gesetzlich die genauen Voraussetzungen dafür festgelegt, wer in den Genuß der Privilegierung kommen konnte (z.B. Einkommensgrenzen, Familienstand). Hieran wird deutlich: Die Normierung der Subventionsvoraussetzungen erfolgt im Hinblick auf die Erreichung des mit der Subventionierung verfolgten Zweckes oder anders ausgedrückt: Erfolgt die Subventionierung zugunsten einer Person, die die normativen Voraussetzungen erfüllt, wird der (formale) Zweck der Subventionsvergabe erreicht.[240] Die Normativierung des Schadens ist somit nur Ausfluß der Schadensermittlung aufgrund Zweckverfehlung in den Fällen, in denen der Zweck einer freiwilligen Vermögensminderung normiert ist. Soll es also der Normativierungs- bzw. Zweckverfehlungsgedanke erlauben, in den Submissionsfällen einen Schaden selbst bei wirtschaftlicher Ausgeglichenheit des Vertrags anzunehmen, so müßte der Zweckverfehlung eine Funktion beigemessen werden können, die es erlaubt, über die objektiv-wirtschaftliche Schadensermittlung hinaus bei Verfehlung normierter Zwecke einen Schaden anzunehmen.

Dabei soll zunächst anhand des Hauptanwendungsbereichs der „Zweckverfehlungslehre", den ganz oder teilweise unentgeltlichen Leistungen, untersucht werden, welche Funktion dem Aspekt der Zweckverfehlung hier zukommt und sodann beurteilt werden, ob auch bei wirtschaftlich ausgeglichenen Geschäften bzw. unabhängig von der Beantwortung der Frage nach der wirtschaftlichen Ausgeglichenheit des Geschäfts Raum für die Bestimmung eines Schadens aufgrund Zweckverfehlung ist.

---

[238] BGHSt 19, 37, 45.

[239] Vgl. bei *Maurach*, NJW 1961, 628.

[240] Vgl. auch *Tiedemann*, ZStW 86 (1974), 913: „Da allerdings die verwaltungsmäßigen Vergabevoraussetzungen den Subventionszweck ... konkretisieren ..."

(3) Zweckverfehlung und Schaden bei ganz oder teilweise unentgeltlichen Geschäften

Zumeist wird über die Rolle, die die Zweckverfehlung bei der Schadensermittlung spielen kann, im Zusammenhang mit Fällen diskutiert, in denen der Getäuschte – ohne rechtlich dazu verpflichtet zu sein – einen Vermögenswert ganz oder teilweise unentgeltlich weggibt, in dem Bewußtsein, sein Vermögen hierdurch zu mindern. Insbesondere der Spenden- und Bettelbetrug sowie die Erschleichung zweckgebundener Gelder werden hiervon erfaßt. Der Streitstand läßt sich wie folgt kurz zusammenfassen.

(a) Meinungsstand

In der Lehre vorherrschend ist die Auffassung, daß § 263 StGB allein die *unbewußte Selbstschädigung* erfasse, da ansonsten das Tatbestandsmerkmal des Vermögensschadens seine Funktion in diesem Bereich völlig verlöre, würde doch bereits jedes freiwillige Vermögensopfer einen Schaden mit sich bringen, wenn es nur auf einem – wie auch immer gearteten – Irrtum beruhe.[241] Dementsprechend solle ein Betrug grundsätzlich nicht vorliegen, wenn der Getäuschte sich der Tatsache bewußt sei, daß er sein Vermögen ganz oder teilweise unentgeltlich vermindere.[242] Um jedoch allzugroße Strafbarkeitslücken zu vermeiden und der Verkehrsanschauung gerecht zu werden, nach der sich derjenige durch ein freiwilliges Vermögensopfer nicht selbst schädige, der den verfolgten Zweck mit seinem Vermögensopfer erreiche, füge sich auch derjenige *unbewußt* selbst einen Schaden zu, der *unbewußt* um die Erreichung des verfolgten Zwecks gebracht werde, dem also die Verfehlung seines Zwecks durch das täuschende Verhalten des Täters verborgen bleibe.[243]

Die Rechtsprechung und eine Mindermeinung in der Literatur wollen hingegen auch bewußte Selbstschädigungen in den Betrugstatbestand einbe-

---

[241] LK-*Lackner*, § 263 Rn. 171; *Tiedemann*, ZStW 86 (1974), 908.

[242] V.a. im älteren Schrifttum wurde dieser Grundsatz generell angewandt, so daß der Spenden- und Bettelbetrug als straflos erachtet wurde: z.B. *Frank*, § 263 Anm. VI 1a; *Gerland*, S. 507 Anm. 3. Heute vertritt i.w. nur noch *Arzt*, in: *Arzt/Weber*, LH 3, Rn. 439 f. diese These.

[243] H.L.: LK-*Lackner*, § 263 Rn. 172; SK-*Samson*, § 263 Rn. 51, 163; *S/S-Cramer*, § 263 Rn. 41, 101 ff.; *ders.*, Vermögensbegriff, S. 206 ff.; *ders.*, JuS 1966, 477; *ders.*, JZ 1971, 415; *Krey*, BT 2, Rn. 468 ff.; *Hoppenz*, Struktur S. 83, 109 f.; *Schröder*, NJW 1962, 722; *ders.*, JR 1962, 432; *Gallas*, Eb. Schmidt-FS, S. 435; *Blei*, Strafrecht II, § 61 IV 1; *Sonnen*, JA 1982, 594.

ziehen.[244] Die Rechtsprechung steht auf dem Standpunkt, daß – unter Zugrundelegung des rein objektiv-wirtschaftlichen Maßstabs – in jeder durch Täuschung bedingten Weggabe von Vermögenswerten bereits eine Vermögensbeschädigung liege. Unter Hinweis darauf, daß § 263 StGB ausschließlich das Vermögen schütze, die Ansicht dieser Rechtsprechung aber zur Konsequenz habe, daß auch die Dispositionsfreiheit in diesen Schutz miteinbezogen werde, wenn bereits jeder Motivirrtum genüge, um ein freiwilliges einseitiges Vermögensopfer in einen Vermögensschaden zu verwandeln,[245] will die Mindermeinung im Falle einer bewußten Selbstschädigung den Schaden allerdings nur dann bejahen, wenn die bewußte Vermögensminderung ihren Zweck verfehlt und zu einer wirtschaftlich sinnlosen Ausgabe wird. Damit stimmt diese Mindermeinung im Ergebnis wieder mit der h.L. überein.

(b) Funktion der Verfehlung von Zwecken

Vor dem Hintergrund des eben dargestellten Streitstands läßt sich nun ermitteln, welche Funktion die Vertreter der einzelnen Meinungen dem Zweckverfehlungsgedanken beimessen.

- Für die Rechtsprechung ist die Frage der Zweckverfehlung zur Begründung eines Schadens irrelevant. Sie ermittelt allein anhand objektiv-wirtschaftlicher Kriterien, ob ein Schaden eingetreten ist. Wenn einige Urteile dennoch den Hinweis darauf enthalten, daß auch der Zweck der Ausgabe des Getäuschten verfehlt worden sei,[246] so ist dies nach dem von der Rechtsprechung gewählten Ausgangspunkt wenig verständlich und überflüssig, da bereits die irrtumsbedingte Vermögensminderung ohne gleichwertige Kompensation eine Vermögensbeschädigung darstellt.
- Sowohl die h.L. als auch die Mindermeinung, die nur den Ausgangspunkt der Rechtsprechung teilt, auch bewußte Selbstschädigungen in den Tatbestand des § 263 StGB einzubeziehen, benutzen die Zweckverfehlung als Einschränkung gegenüber der rein objektiv-wirtschaftlichen Schadensbestimmung. Damit soll verhindert werden, daß der Betrugstatbestand über den reinen Vermögensschutz hinaus auf den Schutz der bloßen Dispositionsfreiheit ausgedehnt wird.

---

[244] RGSt 44, 230, 244; 52, 134, 136; 70, 33, 35 f.; 70, 255, 256; BGHSt 19, 37, 44 f.; BayObLG NJW 1952, 798; *Wessels*, BT 2, § 13 II 3 c, 4b.3; *Welzel*, S. 376; *Dreher/Tröndle*, § 263 Rn. 25; *Bockelmann*, BT 1, § 11 II 2 d; *Ellscheid*, GA 1971, 166 ff.

[245] Z.B. Geldspende aufgrund der Täuschung, daß auch andere Personen hohe Beträge gespendet haben, vgl. BayObLG NJW 1952, 798.

[246] RG JW 1936, 262 Nr. 25; RGSt 70, 33, 36; BGHSt 19, 37, 44 f.; 31, 93, 95 f.

Damit läßt sich festhalten: Bei den ganz oder teilweise unentgeltlichen Geschäften kommt der Zweckverfehlung allenfalls eine den objektiv-wirtschaftlichen Schadensbegriff *einschränkende Wirkung* zu.

(4) Die Zweckverfehlung bei wirtschaftlich ausgeglichenen Geschäften

Soll bei den Submissionsfällen allein aus Gründen der Normativierung des Schadens und unabhängig von einer objektiv-wirtschaftlichen Vermögenseinbuße des Ausschreibenden eine Vermögensbeschädigung feststellbar sein, so setzt dies die Richtigkeit der These voraus, daß die Zweckverfehlung selbst dann zu einem Schaden führen kann, wenn das Geschäft insgesamt wirtschaftlich ausgeglichen ist. Nur dann ist ein Wertvergleich zwischen den vertraglich vereinbarten Leistungen und damit eine Ermittlung des Werts der ausgeschriebenen Leistung entbehrlich.

Wendet man den rein objektiv-wirtschaftlichen Maßstab an, so erleidet der Getäuschte keinen Schaden, wenn er für seine Vermögensminderung ein gleichwertiges Äquivalent erhält. Ist ein Geschäft also wirtschaftlich ausgeglichen, erleidet keiner der Geschäftspartner eine Vermögensbeschädigung. Eine Korrektur dieses Ergebnisses über die Verfehlung subjektiver Zwecke, die von der überwiegenden Literatur bei den ganz oder teilweise unentgeltlichen Geschäften herangezogen wird, ist hier nicht ohne weiteres möglich. In den Fällen wirtschaftlich ausgeglichener Geschäfte kommt dem Gesichtspunkt der Zweckverfehlung nämlich nicht die Funktion zu, eine Überdehnung des Betrugstatbestands bei Anwendung objektiv-wirtschaftlicher Maßstäbe zu verhindern. Wer durch Berücksichtigung subjektiver Zwecke hier einen Schaden begründen will, muß vielmehr über den objektiv-wirtschaftlichen Schadensbegriff hinausgehen, den Betrugstatbestand also nicht einschränken, sondern *ausdehnen*. Wir haben es also mit einer völlig anderen, nicht vergleichbaren Sachlage zu tun. Unrichtig ist daher der teilweise erhobene Einwand, es wäre inkonsequent, bei einseitigen Leistungen subjektive Zwekke zu berücksichtigen, diese aber bei ausgeglichenen Geschäften außer Betracht zu lassen.[247] Ein Schluß von der einen Fallgestaltung auf die andere ist angesichts der konträren Funktion, die der Gesichtspunkt der Zweckverfehlung jeweils erfüllen soll, nicht möglich.

Vielmehr bedeutet hier die schadensrechtliche Berücksichtigung subjektiver Zwecke, die vom Getäuschten mit dem wirtschaftlich ausgeglichenen Geschäft verfolgt werden, daß nicht ausschließlich das Vermögen, sondern die Dispositionsfreiheit zum Schutzgut des § 263 StGB erhoben würde. Steht der Vermögensminderung des Getäuschten nämlich eine wirtschaftlich gleich-

[247] So SK-*Samson*, § 263 Rn. 159, der i.E. aber doch der h.M. folgt.

wertige Kompensation gegenüber, kann von einer Schädigung des Getäuschten nicht gesprochen werden, da sich der Gesamtwert seines Vermögens nicht verringert. Erreicht der Getäuschte gleichwohl seine mit dem Abschluß des Geschäfts verfolgten Zwecke nicht, so werden zwar die Erwartungen, die er mit dem Geschäft verbindet, enttäuscht. Dies wirkt sich aber auf sein Vermögen i.S.d. wirtschaftlichen Vermögenstheorien nicht negativ aus, so daß die verfehlten Zwecke zur Schadensbegründung ungeeignet sind. Die Zwecke und Erwartungen, die der Getäuschte mit dem Geschäft verbindet, sind nur insofern bedeutsam, als er hierdurch veranlaßt wird, die Verfügung so und zu diesem Zeitpunkt vorzunehmen. Würde man dies aber bereits genügen lassen, um einen Betrug zu bejahen, so würde das Tatbestandsmerkmal des Vermögensschadens, das sicherstellt, daß nur das Vermögen von § 263 StGB geschützt wird, jeder Bedeutung beraubt, da dann bereits jede irrtumsbedingte Verfügung, die den mit ihr vom Verfügenden verfolgten Zweck verfehlt, einen Schaden bedeuten würde.[248] Damit wäre der Schritt getan, durch den die allgemeine Dispositionsfreiheit in den Schutz des Betrugstatbestands einbezogen würde.

Überdies hätte eine Berücksichtigung subjektiver Zwecksetzungen und Erwartungen zur Folge, daß der objektive Schadensbegriff aufgeweicht und versubjektiviert würde. Eine Berücksichtigung individueller Besonderheiten ist jedoch grundsätzlich nur in den engen Grenzen des persönlichen Schadenseinschlags anzuerkennen.[249] Zu Recht lehnt daher die ganz h.M. die Relevanz von Zweckverfehlungen bei wirtschaftlich ausgeglichenen Geschäften ab,[250] unabhängig davon, welche Bedeutung der Zweckverfehlung jeweils bei den ganz oder teilweise unentgeltlichen Geschäften beigemessen wird.[251]

Dementsprechend ist auch der Lösungsvorschlag Tiedemanns zum Scheitern verurteilt: Wenn seine Lösung mittels Normativierung des Schadens einerseits nur Ausfluß der Zweckverfehlungslehre ist, für eine Schadensbegründung über die Zweckverfehlung aber andererseits dann kein Raum mehr sein kann, wenn das Geschäft wirtschaftlich ausgeglichen ist, kommt man bei

---

[248] So auch *Gerhold*, S. 70.

[249] Dazu unten C.II.5.f.(1).

[250] RGSt 73, 382, 383 f.; OLG Köln NJW 1979, 1419 f.; *Gerhold*, S. 70 ff.; LK-*Lackner*, § 263 Rn. 177; S/S-*Cramer*, § 263 Rn. 105; *ders.*, Vermögensbegriff, S. 219; *Sonnen*, JA 1982, 594; *Wessels*, BT 2, § 13 II 4b.3; *Welzel*, S. 375; i.E. ebenso SK-*Samson*, § 263 Rn. 163.

[251] A.A. *Mohrbotter*, Stoffgleichheit, S. 88 ff.; *ders.*, GA 1969, 225 ff.; *Steinke*, Kriminalistik 1979, 568 f.; zweifelnd SK-*Samson*, § 263 Rn. 159; einschränkend auf Leistungen aus zweckgebundenen Vermögen *Gallas*, Eb. Schmidt-FS, S. 435; wohl nur in der Begründung unzutreffend KG JR 1962, 26 f.; OLG Hamm GA 1962, 219 f.; OLG Düsseldorf JMBlNRW 1958, 249 f., da jeweils bereits die Bejahung eines wirtschaftlichen Wertverlusts nahe lag, vgl. hierzu *Gerhold*, S. 71 f.

den Submissionsfällen nicht umhin festzustellen, ob der Vertrag zwischen dem Ausschreibenden und dem Herausgestellten für beide Seiten gleichwertige Verpflichtungen enthält, soll nicht der Charakter des Betruges als Vermögensdelikt verletzt werden. Nur wenn sich ergibt, daß der Wert der versprochenen Leistung unter dem vereinbarten Preis liegt, wäre Raum für die Anwendung des Normativierungsgedankens. Ansonsten wird die Lösung über eine Normativierung dem Charakter des Betrugs als Vermögensdelikt nicht gerecht. Es bestätigen sich damit die Bedenken, die Tiedemann selbst gegen seine Lösung hat, nämlich, daß sie „die Abgrenzung zu der von § 263 StGB grundsätzlich nicht geschützten Dispositionsfreiheit fließend werden läßt"[252]. Eine Wertermittlung bezüglich der versprochenen Leistung ist also auch nach dem Vorschlag Tiedemanns nicht entbehrlich.[253]

f) Persönlicher Schadenseinschlag und Beschränkung der wirtschaftlichen Bewegungsfreiheit

Trotz des objektiv-wirtschaftlichen Ausgangspunkts des herrschenden Schadensbegriffs besteht weitgehend Einigkeit, daß auch die wirtschaftlichen Bedürfnisse und Verhältnisse des einzelnen Berücksichtigung bei der Schadensermittlung finden müssen und so auch dann ein Schaden begründet werden kann, wenn zwar bei objektiv-wirtschaftlicher Betrachtung ein ausgeglichenes Austauschgeschäft vorliegt bzw. eine Unausgeglichenheit nicht nachgewiesen werden kann, allerdings aufgrund eines persönlichen Schadenseinschlags die gleichwertige Gegenleistung für den Betroffenen nicht (in vollem) Maße brauchbar ist oder seine wirtschaftliche Bewegungsfreiheit schwerwiegend beeinträchtigt wird.

(1) Persönlicher Schadenseinschlag

Durch Berücksichtigung des persönlichen Schadenseinschlags wird der Ausgangspunkt der rein objektiv-wirtschaftlichen Schadensberechnung in den

[252] Wettbewerb und Strafrecht, S. 19.

[253] Etwas anderes ließe sich in bezug auf die öffentliche Hand als Auftraggeber allenfalls dann vertreten, wenn man dem „gespaltenen Vermögensbegriff" *Tiedemanns* (z.B. ZStW 86 [1974], 910 ff.) folgen und bereits die Dispositionsfreiheit der öffentlichen Hand als durch § 263 StGB geschützt ansehen wollte. Dieser Vermögensbegriff konnte sich aber zu Recht schon deshalb nicht durchsetzen, da es nicht angeht, innerhalb des gleichen Tatbestands zwei unterschiedliche Vermögensbegriffe zu verwenden, zumal sich privates und staatliches Vermögen nicht derart unterscheiden, daß eine solche Differenzierung gerechtfertigt wäre. Eingehende Kritik bei *Gerhold*, S. 27 ff.; *Hack*, Subventionsbetrug, S. 30 f.

Fällen abgemildert, in denen trotz wirtschaftlicher Kompensation die Gegenleistung für den Betroffenen nicht oder nicht in vollem Umfang zu dem vertraglich vorausgesetzten Zweck brauchbar ist und er sie auch nicht in anderer zumutbarer Weise verwenden kann, insbesondere durch Weiterverkauf.[254] Dadurch wird eine Individualisierung, allerdings anhand eines objektiven Maßstabs erreicht, so daß es darauf ankommt, ob „nach Auffassung eines sachlichen Beurteilers"[255] die Leistung des Täuschenden gemessen an den Verhältnissen des Verletzten gleichwertig erscheint.[256]

Damit soll der Tatsache Rechnung getragen werden, daß die meisten Gegenstände und Leistungen nicht für alle Menschen den gleichen Vermögenswert haben, weil sie nicht für alle gleich brauchbar sind.[257] Der einzelne wird also nicht nur als „homo oeconomicus" betrachtet, dessen individuellen Bedürfnisse maßgeblich von materiellen Erwägungen bestimmt werden.[258] Andererseits wird durch Abstellen auf den „sachlichen Betrachter" eine Subjektivierung des Schadensbegriffs verhindert und rein subjektive, nicht objektiv nachvollziehbare Wertschätzungen ausgeklammert.

Ohne im einzelnen auf die Voraussetzungen dieser im Grundsatz weitgehend anerkannten Individualisierung der Schadensbetrachtung einzugehen, läßt sich eine Schadensbegründung hierüber für die Submissionsabsprachen verneinen: In Fällen des persönlichen Schadenseinschlags wird allein nach der Brauchbarkeit der vom Täuschenden zu erbringenden Leistung für den Getäuschten gefragt. Die vom täuschenden Unternehmer *zu erbringende Leistung* entspricht aber den Vorstellungen und Bedürfnissen des Ausschreibenden, wie er sie durch die Leistungsbeschreibung zum Ausdruck gebracht hat. In bezug auf die Vorstellung des Vergebenden über die Höhe der *eigenen Gegenleistung* bietet die Berücksichtigung des persönlichen Schadenseinschlags bei individueller Brauchbarkeit der Leistung keine Möglichkeit zur Schadensbegründung.

---

254 Ständige Rechtsprechung, RGSt 16, 6 ff.; 23, 430, 434; 49, 21, 23; 68, 212, 214; 73, 382, 383; 76, 49, 51; BGHSt 16, 220, 222; 16, 321, 325 ff.; 22, 88, 89; BGH NJW 1953, 836; *Blei*, Strafrecht II, § 61 V 1; *Bockelmann*, BT 1, § 11 II 3c, bb; S/S-*Cramer*, § 263 Rn. 81, 121; *ders.*, Vermögensbegriff, S. 103 f.; LK-*Lackner*, § 263 Rn. 159; *Arzt/Weber*, LH 3, Rn. 439 ff.; SK-*Samson*, § 263 Rn. 142 ff., 160 ff.; *Dreher/Tröndle*, § 263 Rn. 35; *Krey*, BT 2, Rn. 459; *Lackner*, StGB, § 263 Rn. 48 ff.

255 BGHSt 16, 321, 326; ähnlich BayObLG NJW 1987, 24, 52.

256 *Krey*, BT 2, Rn. 459; *Cramer*, Vermögensbegriff, S. 103.

257 RGSt 16, 1, 6 ff.

258 *Gallas*, Eb. Schmidt-FS, S. 434.

(2) Schwerwiegende Beeinträchtigung der wirtschaftlichen Bewegungsfreiheit

Die eigene Gegenleistung des Getäuschten steht bei der zweiten Ausnahme der herrschenden Meinung vom objektiven Saldierungsgrundsatz im Vordergrund. Ein Schaden soll – bei Gleichwertigkeit der auszutauschenden Leistungen – insbesondere dann vorliegen, wenn der Empfänger der Leistung durch die aufgrund der Täuschung eingegangene Verpflichtung zu vermögensschädigenden Maßnahmen genötigt wird oder infolge der Verpflichtung nicht mehr über die Mittel verfügen kann, die zur ordnungsgemäßen Erfüllung seiner Verbindlichkeiten oder sonst für eine seinen persönlichen Verhältnissen angemessene Wirtschafts- oder Lebensführung unerläßlich sind.[259]

Damit soll also die Beeinträchtigung der wirtschaftlichen Bewegungsfreiheit nicht allgemein, sondern nur in gravierenden Fällen einen Vermögensschaden darstellen.[260] Begründen läßt sich dies damit, daß jeder einzelne eine gewisse Rangfolge seiner Bedürfnisse aufstellt und seine Mittel dementsprechend sinnvoll und planmäßig einsetzt.[261] Wird durch die erschlichene Festlegung eines nicht unerheblichen Teils des Vermögens die sonstige Einhaltung dieser Reihenfolge verhindert, so daß der Rest des Vermögens nur noch für die Mindestanforderungen des täglichen Lebens benutzt werden kann bzw. wenn wirtschaftlich unvernünftige, vermögensschädigende Maßnahmen zu diesem Zwecke getroffen werden müssen, hat sich auch bei objektiver Betrachtung der Wert des Gesamtvermögens verringert, es sei denn, diese negativen Folgen werden durch einen besonderen wirtschaftlichen Vorteil ausgeglichen.[262]

---

[259] BGHSt 16, 321, 326; BGH BB 1962, 198; GA 1966, 51, 52; NJW 1968, 261; KG JR 1966, 292; OLG Köln MDR 157; NJW 1979, 1419 f.; ähnlich auch schon RG HRR 1935, 1351; 1938, 352; 1941, 169; RG DR 1939, 1509; RGSt 76, 49, 51 f.; BGHSt 3, 99, 103; BGH MDR 1952, 408; ebenso die h.L.: *Arzt/Weber*, LH 3, Rn. 439 ff.; *Bockelmann*, BT 1, § 11 II 3c, bb; *Krey*, BT 2, Rn. 460 ff.; LK-*Lackner*, § 263 Rn. 160; SK-*Samson*, § 263 Rn. 145, 160 ff.; *Blei*, Strafrecht II, § 61 V 1; zweifelnd *Wessels*, BT 2, § 13 II 4b.2; a.A. *Weidemann*, S. 257.

[260] BGHSt 16, 321 (Leitsatz).

[261] *Schröder*, NJW 1962, 721.

[262] Vgl. BGHSt 16, 328 f.; LK-*Lackner*, § 263 Rn. 160; nur z.T. zustimmend *Schröder*, NJW 1962, 721; *Mohrbotter*, GA 1975, 45, der sich insbesondere gegen die Einbeziehung von verursachten Zahlungsschwierigkeiten und Einschränkungen der angemessenen Wirtschafts- und Lebensführung wendet: Zum einen werde durch eine ausgeglichene Gegenleistung die Haftungssumme des Opfers nicht verringert, zum anderen habe er die Unannehmlichkeiten für seine weitere Lebensgestaltung freiwillig auf sich genommen, gerade um einen Schaden zu vermeiden; insgesamt ablehnend *Eser*, GA 1962, 292, für den das Kriterium der Unmittelbarkeit mißachtet ist, da

In den Submissionsfällen geht nun aber die Initiative zum Abschluß des Vertrages gerade vom Ausschreibenden aus. *Er* möchte eine Leistung entgeltlich erhalten und ist damit von Anfang an bereit, eine Geldsumme in einer für ihn zumindest der ungefähren Größenordnung nach abschätzbaren Höhe auszugeben. Eine subjektiv planwidrige Bindung von wirtschaftlichen Mitteln könnte allenfalls dann angenommen werden, wenn diese vorgestellte Größenordnung nicht nur unerheblich überschritten würde. Unangemessen hohe Angebote werden vom Ausschreibenden jedoch nicht berücksichtigt;[263] des weiteren wird der Ausschreibende durch die Täuschung nicht zu einem Handeln entgegen seinem Plan bewegt, da die Vorspiegelung, der Nullpreis sei der reguläre Wettbewerbspreis, nicht auch die Aussage beinhaltet, der Vergebende werde ein nicht aufschiebbares Geschäft von besonderem wirtschaftlichen Vorteil machen, sondern nur, daß der Nullpreis den derzeit vom Wettbewerb erbrachten Preis darstellt. Es kommt daher gar nicht zu einer Überrumpelung des Vergebenden unter Mißachtung dessen individuellen Bedürfnisplans.

Auch nach diesen Kriterien läßt sich ein Schaden hier also nicht bejahen.

(3) Umfassender Schutz der wirtschaftlichen Bewegungsfreiheit

Ein anderes Ergebnis könnte sich allenfalls dadurch erreichen lassen, daß man den Schutz des § 263 StGB über die h.M. hinaus auf die gesamte wirtschaftliche Bewegungsfreiheit erstreckt. Dies ist der Ausgangspunkt der oben bereits erwähnten, von Eser vertretenen Spielart des wirtschaftlichen Vermögensbegriffs, des sogenannten „dynamischen" Vermögensbegriffs.[264]

Nach Eser dürfe das Vermögen nicht nur statisch, begrenzt auf den bereits vorhandenen Vermögensbestand, verstanden werden, sondern müsse – entsprechend dem veränderten wirtschaftlichen Leben und Wirken, in dem alles in Bewegung geraten sei, so daß Stillstand Rückschritt und Rückschritt Vermögenseinbuße bedeute – dynamisch verstanden werden. So bildeten auch das „Haben-Können" und damit alle vermögensbildenden Faktoren Teile des Vermögens. Auf diese Weise zählt Eser die gesamte *wirtschaftliche* Bewegungsfreiheit zum durch § 263 StGB geschützten Vermögen.[265]

---

diese Konsequenzen für das Opfer nur mittelbare Folgen der Vermögensverfügung seien; gegen diese Argumentation LK-*Lackner*, § 263 Rn. 160.

[263] Vgl. § 25 Nr. 3 Abs. 1 VOB / A bzw. § 25 Nr. 2 Abs. 2 VOL / A.

[264] GA 1962, 289 ff.; *ders.*, Strafrecht IV, 10 A 7.

[265] GA 1962, 95 f.; ähnlich auch LK[8]-*Jagusch*, Vorbem. zu § 249 Anm. III 2 d cc; kritisch z.B. LK-*Lackner*, § 263 Rn. 160; *Gallas*, Eb. Schmidt-FS, S. 431 f.

Ein Schaden liegt demnach nicht erst dann vor, wenn – wie von der h.M. vorausgesetzt – die Verfügung bestimmte vermögensgefährdende Konsequenzen hat, sondern bereits in jeder Beeinträchtigung der wirtschaftlichen Freiheit selbst.[266]

Wegen der Nähe zur nicht durch diesen Tatbestand geschützten allgemeinen Dispositionsfreiheit erlangt die Abgrenzung beider Freiheiten voneinander erhebliche Bedeutung: Die *Dispositionsfreiheit* ist bereits dann beeinträchtigt, wenn der Getäuschte bei Kenntnis der Wahrheit anders gehandelt hätte;[267] für eine Beeinträchtigung der *wirtschaftlichen Bewegungsfreiheit* muß aber nach Eser zusätzlich gegeben sein, daß der Verfügende aufgrund der Irreführung seine finanziellen Mittel *objektiv wirtschaftlich sinnwidrig und unzweckmäßig* einsetzt.[268] Auffällig ist, daß der dynamische Vermögensbegriff durch Ausweitung des wirtschaftlichen Vermögensbegriffs auf Grundlage eines objektiven Schadensbegriffs zu einem ganz ähnlichen Schadenskriterium wie die personale Vermögens- und Schadenslehre gelangt.

Damit eröffnet sich – folgt man der Ansicht Esers – die Möglichkeit, insbesondere die Fälle als Betrug zu erfassen, in denen dem Getäuschten vorgespiegelt wird, er könne einen objektiven Vermögenszuwachs durch Kauf unter Preis erzielen, dieser Vermögenszuwachs aber ausbleibt.[269] Versucht man nun, diese Grundsätze auf die Submissionsfälle zu übertragen, so ist zunächst zu beachten, daß der Ausschreibende nicht eine bestimmte Summe einsparen, also den Marktwert unterschreiten will, sondern daß er genau zu dem – ihm unbekannten – Wettbewerbspreis einen Vertrag abschließen möchte. Wüßte er von der Absprache, würde er – wegen der Möglichkeit eines gegenüber dem Wettbewerbspreis überhöhten Preises – den Vertrag so regelmäßig nicht abschließen. Insoweit ist aber nach obiger Definition nur die Dispositionsfreiheit beeinträchtigt.

Um auf Grundlage der Meinung Esers eine Beeinträchtigung der wirtschaftlichen Bewegungsfreiheit feststellen zu können, müßte die vertragliche Verpflichtung des Ausschreibenden zusätzlich objektiv sinnwidrig und unzweckmäßig sein. Da der Vergebende die Leistung des Täuschenden zwar durchaus erlangen will, allerdings nur zum Wettbewerbspreis, kann allenfalls für den Teil der finanziellen Verpflichtung von einer objektiv sinnwidrigen und unzweckmäßigen Vermögensminderung die Rede sein, der den Wettbewerbspreis übersteigt. Entsprechen sich also Leistung und Gegenleistung dem

---

[266] GA 1962, 97; *ders*., Strafrecht IV, 13 A 15.

[267] Vgl. bei RGSt 16, 1, 2.

[268] GA 1962, 96 f.; *ders*., Strafrecht IV, 13 A 16; ähnlich auch *Krey*, BT 2, Rn. 464.

[269] GA 1962, 97.

Wert nach, so ist auch nach dem dynamischen Vermögensbegriff eine Bejahung eines Schadens des Ausschreibenden nicht möglich. Daher ist es auch bei Zugrundelegung dieses Vermögensbegriffs nicht entbehrlich, eine Wertdifferenz zwischen Leistung und Gegenleistung zu ermitteln. Der Unterschied zu den Fällen enttäuschter Gewinnerwartung liegt eben gerade darin, daß durch die Täuschung im Submissionsfall nicht die subjektiveVorstellung des Ausschreibenden über die konkrete Höhe des objektiven Wertes beeinflußt wird, sondern nur die Vorstellung, *daß* das niedrigste Angebot den Wettbewerbspreis beinhaltet. Eine vorgestellte Wert-Preis-Differenz als Voraussetzung für eine enttäuschte, vermögensrelevante Erwartung des „Reicherwerdens" kann beim Ausschreibenden also nicht vorliegen.

Dieses Ergebnis ist in Übereinstimmung mit dem bei der personalen Vermögenslehre gefundenen,[270] was nicht überrascht, wenn man bedenkt, daß beide Vermögenslehren letztlich dasselbe Abgrenzungskriterium, die wirtschaftliche Zweckverfehlung, gebrauchen. Wenn sich eine Wertdifferenz zwischen Leistung und Gegenleistung also nicht feststellen läßt, kann ebenso wie bei Anwendung des personalen Vermögensbegriffs das Verhalten der Absprachteilnehmer vom Standpunkt des dynamischen Vermögensbegriffs aus nur die allgemeine, von § 263 StGB nicht geschützte Dispositionsfreiheit des Ausschreibenden betreffen.

Als Ergebnis läßt sich festhalten, daß weder die anerkannten Ausweitungen des objektiv-wirtschaftlichen Schadensbegriffs zur Berücksichtigung der wirtschaftlichen Bedürfnisse und Verhältnisse des einzelnen, noch der Ansatz des dynamischen Vermögensbegriffs eine Möglichkeit bieten, einen Schaden des Vergebenden festzustellen, ohne den Wert der ausgeschriebenen Leistung ermitteln zu müssen.

g) Verlust einer vermögenswerten Exspektanz des Ausschreibenden

Hatte der Ausschreibende zu irgendeinem Zeitpunkt des Submissionsverfahrens eine tatsächliche Aussicht auf Abschluß eines Vertrags zu einem gegenüber dem Nullpreis günstigeren Preis und konnte diese Exspektanz bereits als Objekt seines Vermögens betrachtet werden, so könnte ihm ein Schaden dadurch entstanden sein, daß er aufgrund der Täuschung über diese vermögenswerte Exspektanz verfügt und dadurch einen Vermögensschaden in Höhe des Wertes dieser Exspektanz erlitten hat.

[270] Siehe oben C.II.5.c.(3).

(1) Ansätze in der Literatur

Während die Rechtsprechung eine Lösung über eine vermögenswerte Exspektanz des Vergebenden zwar erwogen,[271] nicht aber angewandt hat, wird eine solche Argumentation in der Literatur vereinzelt vorgeschlagen. Nicht für den hier zu untersuchenden Fall der horizontalen Einflußnahme auf das Verfahren, sondern in bezug auf vertikale Manipulationen, bei denen ein Bieter durch Absprache mit einer Person aus der Vergabestelle erreicht, daß die von Mitkonkurrenten bereits eingereichten Angebote so weit nach oben „korrigiert" werden, daß sein eigenes Angebot als das günstigste erscheint,[272] hat Beulke[273] eine Exspektanzen-Lösung entwickelt, die möglicherweise auch bei Submissionsabsprachen herangezogen werden kann. Ausgangspunkt seiner Argumentation ist, daß dem günstigsten Bieter nach ganz h.M. eine vermögenswerte Exspektanz auf Zuschlag zustehe. Gehe man aber den ersten Schritt und bejahe man bei dem günstigsten Mitbieter einen Vermögensschaden, wenn er durch Täuschung um seine Anwartschaft gebracht werde, so müsse man konsequenterweise auch dem Ausschreibenden eine Exspektanz auf den Zuschlag zugunsten dieses günstigsten Angebots zuerkennen.[274] Der Vertragsabschluß sei für beide Teile, den Vergebenden wie den günstigsten Bieter so konkretisiert, daß beide Teile am Wirtschaftsgut partizipierten[275]. Zur Begründung behandelt er das Verhältnis des Ausschreibenden zum günstigsten Bieter für die Schadensermittlung wie eine bereits bestehende günstigere quasi-vertragliche Beziehung, die der Ausschreibende infolge Täuschung und Zuschlags wieder aufgebe.

An dieser Argumentation über den bereits stark konkretisierten Vertragsabschluß und die „quasi-vertragliche Beziehung" wird bereits deutlich, daß eine solche Schadenskonstruktion voraussetzt, daß ein günstigeres Angebot schon beim Ausschreibenden eingegangen ist und nur noch von diesem angenommen zu werden braucht. Bei den Submissionsabsprachen hingegen läßt sich gerade nicht mit hinreichender Sicherheit aussagen, ob und von wem ein günstigeres Angebot abgegeben worden wäre, hätte eine Absprache nicht stattgefunden. Zu Recht hat Beulke seinen Lösungsweg daher auf diejenigen Fälle beschränkt, bei denen sich nachweisen lasse, daß ein anderer Bewerber ohne Manipulation zu einem Preis angeboten hätte, der unter dem Zuschlagspreis liegt.[276]

---

[271] OLG Frankfurt a.M. NJW 1990, 1057, 1058.

[272] Dazu ausführlich unten D.II.1.

[273] JuS 1977, 38 f.; ähnlich, wenngleich enger, *Gutmann*, MDR 1963, 5 f.

[274] *Beulke*, JuS 1977, 39.

[275] *Beulke*, JuS 1977, 38.

[276] JuS 1977, 38 Fn. 44; näher zur Exspektanzenlösung bei vertikalen Manipulationen unten D.II.1.a.(3).

Eine Exspektanzen-Lösung auch für Fälle von Submissionsabsprachen schlägt Eichler[277] vor, und zwar bedient er sich folgender Argumentation: Bei einer regelrecht durchgeführten Submission habe der Ausschreibende zwar nicht die letzte Sicherheit, aber eine reale Chance, zu einem unter dem Kartellpreis liegenden Vertragsabschluß zu kommen, da die Ungewißheit der Konkurrenten über das jeweilige Angebot zu einem Zwang führe, möglichst scharf zu kalkulieren, um ihre Zuschlagschancen zu erhöhen. Das Ausschreibungsverfahren soll ihm die Möglichkeit einer „echten Wahl" und „sachgerechten Entscheidung" verschaffen.[278] Diese Chance des Ausschreibenden stelle einen echten Vermögenswert dar, der entscheidend gemindert, wenn nicht zunichte gemacht werde, sobald sich die Unternehmer über ihre Preise abstimmten.[279] Den Vermögenswert der Chance leitet Eichler zum einen aus einem Vergleich mit dem von der Rechtsprechung anerkannten Vermögenswert der Gewinnchance eines Lotterieloses ab, da die Wahrscheinlichkeit, daß bei Fehlen einer Submissionsabsprache ein niedrigerer Preis als der Kartellpreis erzielt werde, mit Sicherheit höher sei als die Wahrscheinlichkeit, in der Lotterie ein Gewinnlos zu ziehen. Zum zweiten sieht er – trotz der Tatsache, daß solche Chancen nicht Gegenstand des Geschäftsverkehrs seien – einen Hinweis für die Bewertung dieser Chance im Geschäftsverkehr in der Absprache selbst. Die Erhöhung der Chance des herausgestellten Unternehmers, die der Verringerung der Chance des Ausschreibenden auf ein Angebot zum Wettbewerbspreis entspreche, würde nämlich nicht ohne Gegenleistung erfolgen: Entweder müsse der Herausgestellte bei anderen Gelegenheiten zurückstehen, oder es flössen direkte Geldleistungen zwischen den Kartellteilnehmern. Aus dieser Gegenleistung folgert Eichler die Bewertung der Chance des Ausschreibenden als Vermögenswert durch den Geschäftsverkehr.[280]

Im folgenden gilt es die Schlüssigkeit dieses Ansatzes zu untersuchen, und zwar zunächst, unter welchen Voraussetzungen allgemein von einer vermö genswerten Exspektanz gesprochen werden kann und in einem zweiten Schritt, ob der Ausschreibende in den Fällen horizontaler Einflußnahme eine solche innehat.

---

277 BB 1972, 1350; *ders.*, Bauwirtschaft 1973, 1040. Dieser Ansatz wurde von OLG Frankfurt a.M. NJW 1990, 1057 in einem obiter dictum als „naheliegend" bezeichnet.

278 *Eichler*, Bauwirtschaft 1973, 1040.

279 *Eichler*, BB 1972, 1350.

280 BB 1972, 1351.

(2) Tatsächliche Exspektanz als Bestandteil des Vermögens

Voraussetzung für eine Lösung unter Zuhilfenahme der Exspektanzenkonstruktion ist, daß der rein auf tatsächlichem Gebiet angesiedelten Aussicht auf eine Vermögensmehrung bzw. – wie hier – auf eine möglichst geringe Vermögensminderung, Vermögenswert zukommen kann, so daß der kompensationslose Verlust dieser Exspektanz einen Vermögensschaden bedeutet.

Wer – wie die alte juristische Vermögenslehre – eine rein rechtliche Betrachtung des Vermögens zugrundelegt, also dieses als Summe aller subjektiven Vermögensrechte einer Person ansieht, kann eine nur tatsächliche Position nie dem Vermögen zuordnen. Anders dagegen zum Recht erstarkte Aussichten, wie z. B. das zivilrechtliche Anwartschaftsrecht,[281] da diese als subjektive Rechte Summanden des Vermögens in diesem Sinne darstellen.

Die wesentlichsten Gegenargumente gegen diesen überholten Vermögensbegriff sind bereits oben[282] dargestellt worden. Wegen dieser Mängel kam es zu einer Neuorientierung beim Vermögensbegriff, wobei allen modernen Vermögenslehren gemein ist, daß der wirtschaftliche Wert und nicht die formale Einordnung als subjektives Recht über die Zugehörigkeit zum Vermögen entscheidet. Diese Gemeinsamkeit führt dazu, daß im Ergebnis weitgehend anerkannt ist, daß auch diesseits der Verdichtung zum Recht Anwartschaften Vermögensbestandteile sein können.

(a) Ansicht von Gallas

Auf den ersten Blick scheint dem zu widersprechen, daß Gallas[283] – nach eigener Einschätzung ein Vertreter des juristisch-ökonomischen Vermögensbegriffs – den tatsächlichen Exspektanzen die vermögensrechtliche Anerkennung generell verweigert. Dieser scheinbare Widerspruch zum wirtschaftlichen Ausgangspunkt löst sich bei näherer Analyse seiner Lehre aber auf: Gallas unterscheidet nämlich streng zwischen der Frage nach der Natur der Bestandteile des Vermögens einerseits und der Ermittlung eines Vermögensschadens andererseits. Solle der Schaden als Verringerung des Gesamtgeldwerts des Vermögens und damit wirtschaftlich aufgefaßt werden,[284] so ist für ihn ein Vermögens*bestandteil* nur „im Rahmen des Rechts“ vorstellbar. Nur die „Zuteilungsordnungen“ Zivilrecht und auch öffentliches Recht entschie-

---

[281] Ein solches Anwartschaftsrecht entsteht z.B. beim Kauf unter Eigentumsvorbehalt auf seiten des Vorbehaltskäufers.

[282] Vgl. C.II.5.a.(1).

[283] Eb. Schmidt-FS, S. 401 ff.

[284] Eb. Schmidt-FS, S. 432.

den darüber, unter welchen Voraussetzungen jemandem eine Vermögensposition zustehe. Diese Zuteilung erfolge ausschließlich anhand subjektiver Rechte; das Strafrecht sei nicht in der Lage, dem weitere Bestandteile hinzuzufügen.[285]

Daran wird deutlich, daß Gallas für die Frage nach der Natur der Vermögensbestandteile einen juristischen Ansatz wählt und wirtschaftliche Erwägungen nur eine ganz untergeordnete Rolle spielen. Gallas' Wahl des Attributs „wirtschaftlich" dient nur zur Abgrenzung gegenüber denjenigen Vertretern der juristischen Vermögenslehre, die für die Anerkennung einer Position als Vermögensrecht keinen Geldwert voraussetzen. Cramer[286] ist daher zuzustimmen, wenn er die Ansicht Gallas' insoweit dem juristischen Vermögensbegriff zuordnet. Somit müssen seiner Argumentation in diesem Punkt dieselben Einwendungen entgegengesetzt werden, die gegen die juristische Vermögenstheorie insgesamt sprechen.[287]

(b) Vermögenswert der Exspektanz auf Grundlage der wirtschaftlichen Vermögenslehren

Kehren wir aber zurück zum wirtschaftlichen Ansatz der modernen Vermögenstheorien, demzufolge eine Position nur dann zum Vermögen einer Person zu zählen ist, wenn ihr wirtschaftlicher Wert innewohnt, also der Wirtschaftsverkehr einer solchen Position einen Vermögenswert zuweist. An diesem Kriterium sind auch die tatsächlichen Aussichten zu messen.

Exspektanzen sind ihrer Natur nach auf die Zukunft gerichtet, weil sie erst in der Zukunft zu Gewinn führen. Ihr gegenwärtiger Wert ist nur „Spiegel" des zukünftigen Gewinns. Demnach hängt die Höhe dieses Wertes zum einen von der Höhe des erwarteten Gewinns, zum anderen aber auch von der Einschatzung der weiteren Entwicklung, der Realisierungschance durch den Wirtschaftsverkehr ab. Je eindeutiger sich Aussagen über den weiteren Konkretisierungsverlauf der Exspektanzen treffen lassen, desto eher wird man einer solchen Aussicht bereits jetzt Vermögenswert beimessen.

- Eindeutig ist demnach, daß eine Aussicht, die mit Sicherheit zu einem Wertzuwachs führt, bereits jetzt den Wert der Vermögensposition hat, zu der sie sich durch bloßen Zeitablauf konkretisieren wird, da die Frage des „Ob" der Konkretisierung mit keinen Unsicherheiten belastet ist, die den Wirtschaftsverkehr zu einer geringeren Werteinschätzung veranlassen

[285] Eb. Schmidt-FS, S. 408 f.

[286] Vermögensbegriff, S. 81 Fn. 75.

[287] Siehe oben C.II.5.a.(1).

könnten.[288] Mit diesen Aussagen ist aber kaum etwas gewonnen, da derart sichere Exspektanzen kaum vorkommen werden oder aber bereits als subjektive Rechte ausgestaltet sind, wie z.B. das zivilrechtliche Anwartschaftsrecht des Vorbehaltskäufers, wobei selbst dieses noch durch gutgläubigen Erwerb eines Dritten beseitigt werden kann.[289] Auch würde man der grundsätzlich wirtschaftlichen Betrachtung nicht gerecht, wenn der Exspektanz ab einem ganz bestimmten Konkretisierungsgrad der volle Wert zukäme, die zunehmende Konkretisierung im Vorfeld sich aber in keinerlei Wertzuwachs widerspiegeln würde. Richtigerweise muß man Wesen und Entwicklung einer Exspektanz daher so erklären, daß sie sich von einem wirtschaftlichen Nullum zum vollen Vermögenswert der schließlich konkretisierten Vermögensposition kontinuierlich fortentwickelt.[290] Damit ist aber noch nicht gesagt, wo die untere Schwelle liegt, ab der eine Aussicht die Phase des wirtschaftlichen Nullums verläßt. Diese muß irgendwo zwischen der „Sicherheit des Vermögenszuwachses" und der bloßen „Möglichkeit des Gewinneintritts" liegen. Wie eine Abgrenzung genau vorzunehmen ist, ist umstritten.

- Diese Schwelle läßt sich zum einen sehr weit unten ansetzen, wenn man nämlich bereits jedem „Haben-Werden" einen gewissen gegenwärtigen Wert zuerkennt.[291] Dies führt aber dazu, daß auch ganz unsichere und ferne Aussichten bereits jetzt einen – wenn auch sehr geringen – Wert verkörpern. Auch der Möglichkeit, in zwei Jahren ein Lotterielos zu kaufen und damit zwei Millionen DM zu gewinnen, müßte danach bereits jetzt ein (zugegebenermaßen geringer) Vermögenswert zukommen. Dieses Beispiel verdeutlicht aber, worauf diese Auffassung letztlich hinausläuft: auf eine Kommerzialisierung der Freiheit des einzelnen, das zu tun, was sein Vermögen letztlich vermehrt. Damit aber entfernt man sich vom eigentlichen Gegenstand unserer Betrachtung, der selbständigen Exspektanz *in der Hand einer Person* hin zur wirtschaftlichen Entfaltungsfreiheit *der Person selbst.* Folgt man dieser Argumentation, so verändert man die Schutzrichtung des § 263 StGB gegenüber der herkömmlichen Ansicht dahingehend, daß auch ein Eingriff in die wirtschaftliche Bewegungsfreiheit einen Betrug darstellen kann, was angesichts der weitreichenden Kommerzialisierung im heutigen Stadium des Wirtschaftslebens letztlich

---

[288] Die anfängliche Rechtsprechung des RG begrenzte die vermögenswerte Anwartschaft genau auf diese enge Fallgruppe; vgl. RGSt 6, 75; 13, 8; 16,1, 5; 23, 55, 57; 25, 182, 185; 26, 239, 241; 27, 39, 43.

[289] Vgl. § 161 III BGB.

[290] So richtig *Hoppenz*, S. 26 ff.

[291] Dies ist die wesentliche Aussage des dynamischen Vermögensbegriffs *Esers*, der diesen von den anderen wirtschaftlichen Vermögenstheorien unterscheidet; vgl. dazu bereits ausführlich oben C.II.5.f.(3).

auf einen Schutz der persönlichen Dispositionsfreiheit allgemein hinausläuft.[292] Daß dies nicht richtig sein kann, zeigt ein Vergleich mit § 240 StGB, der genau diese Freiheit schützt, aber einen Eingriff durch bloße Täuschung nicht unter Strafe stellt.[293]

- Um eine solche Ausuferung des Vermögensschutzes zu vermeiden, vertritt Otto[294] – vom Standpunkt der personalen Vermögenslehre aus – eine sehr restriktive Anerkennung von Exspektanzen als selbständige Vermögenswerte. Zwischen Vermögensobjekt und Vermögenssubjekt müsse eine reale und nicht nur potentielle Herrschaftsbeziehung bestehen, so daß Erwerbschancen nur dann als selbständige Vermögensobjekte gelten könnten, wenn sie soweit konkretisiert und individualisiert seien, daß sie als selbständiges Objekt des Wirtschaftsverkehrs angesehen würden. Sonstige Aussichten blieben aber nicht ungeschützt; sie erhöhten vielmehr häufig den Wert eines anderen Vermögensobjekts, z.B. die Stammkundschaft den Wert des Unternehmens, und hätten so Anteil am strafrechtlichen Vermögensschutz. Ein Schutz als selbständiges Vermögensobjekt würde daher zu einer durch nichts zu rechtfertigenden Verdopplung dieses Schutzes führen. Ganz ähnlich verlangt D. Geerds[295], daß eine vermögenswerte Aussicht selbständig verkehrsfähig sein und der Inhaber Verfügungsmacht hierüber haben müsse. Dieser Ansatz führt im wesentlichen zu den Ergebnissen, die auch die juristische Vermögenstheorie erzielte, nämlich den selbständigen Schutz ausschließlich verrechtlichter Aussichten.[296] Wenn D. Geerds als Beispiel für eine auf faktischer Herrschaftsbeziehung beruhende aktuelle Herrschaftsmacht die Stellung des günstigsten Bewerbers bei der Ausschreibung der öffentlichen Hand anführt, weil der Bewerber durch Dienstaufsichtsbeschwerde den Zuschlag tatsächlich erreichen könne, so wird hieran zumindest deutlich, daß die Voraussetzungen einer tatsächlichen Herrschaftsmacht nicht klar gefaßt werden können, da im angeführten Beispiel nur die Möglichkeit besteht, daß der Zuschlag auch tatsächlich auf den formlosen Rechtsbehelf hin erteilt wird, dieser aber letztlich nicht erzwungen werden kann. Das Problem verlagert sich also nun auf die Frage, wann bereits von einer hinreichenden tatsächlichen Herrschaftsmacht gesprochen werden kann. Darüber hinaus ist bei grundsätzlich wirtschaftlicher Bestimmung der relevanten Vermögensobjekte nicht ein-

---

[292] Zur Problematik der Begrenzung des dynamischen Vermögensbegriffs auf den Schutz der wirtschaftlichen Bewegungsfreiheit im Gegensatz zur allgemeinen Dispositionsfreiheit vgl. oben C.II.5.f.(3).

[293] I.E. genauso die ganz h.M.; vgl. nur *Wessels*, BT 2, § 13 II 4b.1 m.w.N.

[294] Struktur, S. 46.

[295] Wirtschaftsstrafrecht, S. 133.

[296] Vgl. auch *D. Geerds*, Wirtschaftsstrafrecht, S. 135.

zusehen, warum eine Aussicht nur dann vermögenswert sein soll, wenn sie selbständig verkehrsfähig ist.[297] Die Eigenschaft, selbständiger Gegenstand des Wirtschaftsverkehrs sein zu können, ist nur eine Form, in der sich die Wertschätzung durch diesen ausdrückt. Es ist aber nicht so, daß sich die Wertschätzung durch den Geschäftsverkehr an der selbständigen Verkehrsfähigkeit orientieren würde, sondern eine solche Teilnahme am Geschäftsverkehr die Wertschätzung gerade voraussetzt.

- Einen anderen Ansatz, um taugliche Abgrenzungskriterien zu entwickeln, wählt Hoppenz[298]: Ihm zufolge stellt die Exspektanz das Gegenstück zur schadensgleichen Vermögensgefährdung dar. Vermögenswert komme einer Exspektanz demnach immer dann zu, wenn dieser bei einem anderen eine schadensgleiche Vermögensgefährdung gegenüberstehe. Diese Auffassung erlaube, die deutlicher von der Rechtsprechung herausgearbeiteten Kriterien zur Vermögensgefährdung auch für die Abgrenzung der wirtschaftlich relevanten Aussichten heranzuziehen. Unter Zugrundelegung eines gegenüber der h.M. engeren Vermögensgefährdungsbegriffs kommt er zur Anerkennung vermögenswerter Exspektanzen nur in den Fällen, in denen die durch eine Handlung des Vermögensinhabers herbeigeführte Aussicht des Anwärters zu ihrer Umwandlung in einen Vermögensvorteil nur noch eines einverständlichen Handelns oder einer mit unmittelbarer Rechtswirkung ausgestatteten Mitwirkung des Anwärters bedarf.[299] Abgesehen davon, daß die so verstandene Exspektanz letztlich wohl nur Anwartschafts*rechte* zu erfassen vermag und somit zu eng ist, erscheint auch der methodische Ansatz zweifelhaft. Hoppenz' Argumentation führt lediglich dazu, das Problem auf die Schadensseite zu verlagern. So beruht Hoppenz' restriktives Ergebnis bezüglich der Exspektanzen nur auf seinem engen Verständnis der schadensgleichen Vermögensgefährdung. Eine solche Problemverlagerung kann methodisch nicht überzeugen.

Daher ist nach anderen Kriterien zu suchen, um trotz Anerkennung tatsächlicher Aussichten als Vermögenswert eine Ausuferung des § 263 StGB zu verhindern. Ruft man sich noch einmal den Ausgangspunkt unserer Überlegungen ins Gedächtnis zurück, nämlich die vermögensrechtliche Anerkennung tatsächlicher Exspektanzen von der Wertschätzung des Wirtschaftsverkehrs abhängig zu machen, so erstaunt es nicht, daß die Suche nach überzeugenden, mit dem wirtschaftlichen Ausgangspunkt zu vereinbarenden sowie rechtlich eindeutig faßbaren Abgrenzungskriterien nicht von Erfolg gekrönt ist. Denn wenn man den wirtschaftlichen Ansatz akzeptiert, so muß die Frage nach der Vermögensrelevanz rein tatsächlicher Aussichten eine Wertungs-

---

[297] So auch LK-*Lackner*, § 263 Rn. 137.

[298] *Hoppenz*, S. 28 ff.

[299] *Hoppenz*, S. 55.

frage im Einzelfall anhand wirtschaftlicher und gesellschaftlicher Faktoren sein, die zudem zeitlichen Änderungen unterworfen sind.[300] Rechtlich eindeutig bestimmte Kriterien können aus diesem Grund nicht aufgestellt werden, sie könnten auch nicht allen Formen der vielschichtigen Erscheinungsformen der tatsächlichen Exspektanzen gerecht werden.

Mir erscheint daher das flexible und einzelfallbezogene Abgrenzungskriterium der h.M., die nur solche Aussichten als Vermögensbestandteile anerkennt, denen der Geschäftsverkehr deswegen bereits wirtschaftlichen Wert beimißt, weil sie so weit konkretisiert sind, daß sie mit Wahrscheinlichkeit einen Vermögenszuwachs erwarten lassen,[301] zumindest im Grundsatz zustimmungswürdig.

Zur Begründung dieses Ergebnisses wird allerdings oft § 252 BGB herangezogen, wonach entgangener Gewinn zu ersetzen ist, wenn er „mit Wahrscheinlichkeit erwartet werden konnte“[302]. Dem kann deswegen nicht gefolgt werden, weil § 252 S. 2 BGB nur eine Beweiserleichterung darstellt[303] und etwas gänzlich anderes regelt, nämlich den Interessenausgleich zwischen Schädiger und Geschädigtem für Folgeverluste zeitlich nach dem schädigenden Ereignis, während hier in Frage steht, ob die Aussicht auf einen späteren Vermögenszuwachs bereits jetzt vermögenswert ist und ihr Entzug bereits jetzt einen Schaden bedeutet.[304] Dies beweist auch die Rechtsfolge des § 252 BGB, die auf Ersatz des vollen entgangenen Gewinns gerichtet ist, während der wirtschaftliche Wert der bloßen tatsächlichen Aussicht hierauf wegen der damit verbundenen Unsicherheiten niedriger liegen müßte.[305]

Es läßt sich jedoch nicht leugnen, daß die hier grundsätzlich befürwortete Ansicht der h.M. die Gefahr schafft, den Betrugstatbestand aufzuweichen und ihn in ein „konturloses Sammelbecken für die Erfassung von Interessenverlet-

---

[300] Vgl. *Mohrbotter*, GA 1971, 321.

[301] So z.B. RGSt 38, 108; 73, 382; BGHSt 2, 264, 267; 17, 147; 34, 379, 390; *Lackner*, StGB, § 263 Rn. 34; LK-*Lackner*, § 263 Rn. 134; *Mohrbotter*, GA 1971, 321; SK-*Samson*, § 263 Rn. 121 f.; S/S-*Cramer*, § 263 Rn. 87 ff.; *Wessels*, BT 2, § 13 II 4a; ähnlich auch *Schreiber/Beulke*, JuS 1977, 659 f.

[302] So RGSt 38, 108, 109; 41, 373, 375; 51, 205; 60, 421, 422; 63, 186, 191; 64, 181, 182; 71, 333, 334; 73, 382, 384; 74, 316, 317; 75, 62; BGH St 2, 364, 367; 19, 37, 42; 20, 143, 145; *Dreher/Tröndle*, § 263 Rn. 28.

[303] *Gallas*, Eb. Schmidt-FS, S. 415; vgl. auch Palandt-*Heinrichs*, § 252 Rn. 2 m.w.N.

[304] So auch LK-*Lackner*, § 263 Rn. 136; *Gallas*, Eb. Schmidt-FS, S. 414 ff.; *Otto*, Struktur, S. 48; *D. Geerds*, Wirtschaftsstrafrecht, S. 135.

[305] So mit Recht *D. Geerds*, Wirtschaftsstrafrecht, S. 135.

zungen verschiedenster Art“[306] zu verwandeln, anstatt dessen Schutz auf wirklich gegenwärtiges Vermögen zu beschränken.[307] Diese Gefahr ist aber zwingende Folge der wirtschaftlich orientierten Vermögenslehren, die die Bewertung, ob eine Position Vermögenswert besitzt, dem Wirtschaftsverkehr entnehmen.[308]

Allerdings bedeutet dies nicht, daß die berechtigten Bedenken damit einfach übergangen werden dürften. Sie zwingen vielmehr dazu, die Kriterien der h.M. möglichst restriktiv anzuwenden.[309] Nur so läßt sich verhindern, daß der Betrugstatbestand in seiner Auslegung durch die h.M. willkürliche Entscheidungen zuläßt und seine inhaltliche Bestimmtheit[310] fraglich wird.[311] Deshalb darf die Beurteilung des gegenwärtigen Vermögenswertes einer Exspektanz nicht einfach formelhaft auf den Wirtschaftsverkehr abgewälzt und so einer rechtlichen Beurteilung entzogen werden. Auch ist zu kritisieren, daß sich die h.M. mit dem nicht näher beschriebenen und daher nahezu nichtssagenden Kriterium der „Wahrscheinlichkeit“ eines zukünftigen Vermögenszuwachses zufrieden gibt, welches auf die m.E. verfehlte Parallele zu § 252 BGB zurückzuführen ist. Will man willkürliche Ergebnisse und eine Verwässerung des § 263 StGB vermeiden, so ist es unerläßlich, einerseits diesen Wahrscheinlichkeitsbegriff im Zusammenhang mit den Wertungen des Geschäftsverkehrs näher auszuführen, andererseits die Wertungen des Geschäftsverkehrs soweit wie möglich rechtlich einzubinden, so daß zumindest die Grundlagen dieser Wertung in rechtlich nachvollziehbarer und überprüfbarer Weise offenzulegen sind.

Folgende drei Punkte sollten daher beachtet werden:

1. Zum einen ist mit dem Erfordernis der Konkretisierung bereits vorausgesetzt, daß eine konkrete, nicht nur abstrakte Möglichkeit der Vermögensmehrung besteht. Es entspricht daher auch allgemeiner Ansicht, nur vage Aussichten nicht zum Vermögen zu zählen.[312] Daher setzt die Bejahung einer vermögenswerten Exspektanz immer die Untersuchung voraus, ob

[306] LK-*Lackner*, § 263 Rn. 138.

[307] Zur Kritik vgl. *Gallas*, Eb. Schmidt-FS, S. 411 ff.; *Gutmann*, MDR 1963, 5; *Schönfeld*, JZ 1964, 208.

[308] So auch LK-*Lackner*, § 263 Rn. 138.

[309] Ebenso LK-*Lackner*, § 263 Rn. 138; restriktiv auch *Schreiber/Beulke*, JuS 1977, 659 f.

[310] Vgl. Art. 103 GG, § 1 StGB.

[311] Zur inhaltlichen Bestimmtheit von auslegungsbedürftigen Begriffen vgl. nur BVerfGE 4, 352, 357; 11, 234, 237; 14, 245, 251; 26, 41, 42 f.; 28, 175, 183; 37, 201, 207 f.

[312] Vgl. LK-*Lackner*, § 263 Rn. 134 m.w.N.

unter den *konkreten Umständen des Einzelfalls* eine Verbesserung der Vermögenslage auch wirklich eintreten *kann.*

2. Ist eine solch konkrete Realisierungsmöglichkeit festgestellt, so erlangt die Wahrscheinlichkeit der Realisierung der Chance entscheidende Bedeutung. Hier ist zu fordern, daß die die *Wahrscheinlichkeit der Realisierung* positiv wie negativ beeinflussenden Faktoren untersucht werden und daraus eine Bewertung der Wahrscheinlichkeit abgeleitet wird. Dabei sind zwei Faktoren von Bedeutung: zum einen, welche und wieviele Schritte und Ereignisse vonnöten sind, um zur Realisierung zu gelangen und zum anderen, in wessen Macht die Herbeiführung dieser Schritte und Ereignisse liegt. So nimmt die Realisierungswahrscheinlichkeit zu, wenn die weitere Konkretisierung nicht in der Hand eines unwilligen Dritten liegt, sondern nur vom – von niemandem beeinflußbaren – Zufall abhängt. Sie ist noch wesentlich höher zu bewerten, je mehr Einfluß der Vermögensinhaber selbst auf den weiteren Konkretisierungsverlauf nehmen kann.
3. Erst wenn so eine erhebliche Realisierungswahrscheinlichkeit nachgewiesen werden kann, ist Raum für die *wirtschaftliche Bewertung*, ob der Grad der Wahrscheinlichkeit unter den konkreten Umständen des Einzelfalls zu einer Bewertung dieser Position als Vermögenswert berechtigt.

Beachtet man diese Vorgaben, so werden Ergebnisse nachvollziehbarer und in einem gewissen Rahmen auch nachprüfbar, so daß eine (noch) hinreichende Bestimmtheit des Vermögens- und Schadensbegriffs erreicht, einer unkontrollierbaren Ausuferung jedoch vorgebeugt werden kann, ohne die vom wirtschaftlich orientierten Vermögensbegriff vorgegebene wirtschaftliche Flexibilität einzubüßen und unvertretbare Strafbarkeitslücken hinnehmen zu müssen.

(3) Beurteilung der Aussicht des Ausschreibenden

(a) Beschreibung der Position des Ausschreibenden

Die Anwendung obiger, für tatsächliche Aussichten entwickelten Kriterien auf den Fall der durch Preisabsprachen beeinflußten Submission setzt zunächst eine Beschreibung der Position des Ausschreibenden voraus. Mit der Durchführung des Submissionsverfahrens will der Auftraggeber einen Wettbewerb bezüglich des ausgeschriebenen Objekts herbeiführen und so einen Vertrag zu einem möglichst günstigen Preis, dem echten Wettbewerbspreis, schließen. Wird der freie Wettbewerb durch Absprache auf Anbieterseite jedoch behindert, so ist der sich ergebende Kartellpreis zwar nicht notwendigerweise, aber doch „aller Erfahrung“[313] nach höher als der echte Wettbewerbspreis. Die auf ihren Vermögenswert zu untersuchende Aussicht des Vergebenden geht also dahin, einen Preis zu erzielen, der unter dem abgesprochenen Preis liegt. Da dem Ausschreibenden wegen des Grundsatzes der Privatautonomie kein subjektives Recht auf einen Vertragsabschluß zu einem bestimmten Preis zukommt, dies vielmehr davon abhängt, ob er einen Vertragspartner überhaupt und zu diesen Bedingungen findet, stellt seine Aussicht eine rein *tatsächliche* Exspektanz, nicht aber eine *rechtliche* Anwartschaft dar.[314]

Neye ist jedoch der Ansicht, in diesem Fall dürfe von einer Exspektanz nicht gesprochen werden, weil außer Frage stehe, daß das Vermögen des Ausschreibenden gemindert werde und offen nur sei, wie groß oder klein diese Minderung ausfalle.[315] Einer Aussicht auf eine möglichst kleine Vemögensminderung soll also offenbar kein Vermögenswert zukommen.

Dem kann jedoch nicht zugestimmt werden.[316] Stellt man auf den zu schließenden Vertrag als Ganzes ab – und allein dies entspricht einer grundsätzlich wirtschaftlichen Betrachtungsweise – so bedeutet ein Vertragsschluß zum Wettbewerbspreis verglichen mit einer Kontrahierung zu einem höheren Preis eine vorteilhaftere Gestaltung der Vermögenslage des Ausschreibenden insgesamt. Auch wenn er sein Gesamtvermögen durch Eingehung einer vertraglichen Zahlungsverpflichtung mindern muß, um seinerseits die Leistungsverpflichtung des Bewerbers erreichen zu können, so ist sein Vermögen nach Abschluß des Vertrages zum Wettbewerbspreis doch höher als bei Abschluß des Vertrages zu einem darüberliegenden Preis. Eine derartige Aussicht auf eine günstigere Gestaltung der Vermögenslage ist somit mit einer Gewinnaussicht strukturell identisch und daher gleich zu behandeln. Darüber hinaus findet sich eine Parallele an anderer Stelle im Betrugstatbestand, die für eine solche Gleichstellung spricht: Die Bereicherungsabsicht liegt nicht nur dann vor, wenn der Täter die Zuführung von Aktiva in sein Vermögen beabsichtigt, sondern es genügt auch der zielgerichtete Wille, Passiva zu vermeiden.[317] Auch hier wird also eine Vermögensmehrung und die Vermeidung einer Vermögensminderung gleich behandelt.

---

[313] *Eichler*, BB 1972, 1350.

[314] Daran hat sich auch insoweit nichts geändert, als die Verdingungsordnungen Rechtsnormcharakter bekommen haben; zum einen könnte ihnen kein Anspruch auf Vertragsschluß zu einem bestimmten Preis entnommen werden; zum anderen verleihen auch zu Rechtsnormen erstarkte Verdingungsordnungen keine subjektiven Rechte, vgl. oben B.II.2.a.

[315] *Neye*, S. 65.

[316] Ebenso i.E. *Eichler*, BB 1972, 1350; *Beulke*, JuS 1977, 38 f.

[317] RGSt 50, 277, 279; OLG Stuttgart NJW 1962, 502; *Wessels*, BT 2, § 13 III 2.

Es handelt sich bei der Position des Ausschreibenden somit um eine tatsächliche Aussicht auf eine günstigere Gestaltung seiner Vermögenslage, so daß die oben entwickelten Kriterien zur Frage des Vermögenswerts dieser Aussicht herangezogen werden können.

(b) Vermögenswert der Aussicht

Für Eichler hängt die Frage nach dem Vermögenswert der Aussicht des Vergebenden entsprechend der h.M. allein davon ab, ob ihr „die vom Geschäftsverkehr anerkannte (hohe) Wahrscheinlichkeit der Realisierung“[318] innewohnt. Ohne sich um eine Restriktion dieser allgemeinen Formel zu bemühen, bejaht Eichler den Vermögenswert dieser Aussicht unter Berufung auf die Bewertung durch den Geschäftsverkehr. Insbesondere folgert er aus den für die Erhöhung der Chance des herausgestellten Unternehmers auf Zuschlag i.d.R. erbrachten Gegenleistungen in Form von Ausgleichszahlungen unter den Kartellmitgliedern oder durch ein Punktesystem,[319] daß auch die Kehrseite dieser Chance, nämlich die Aussicht des Ausschreibenden auf Zuschlag zu einem günstigeren (Wettbewerbs-)Preis, durch den Geschäftsverkehr als Vermögenswert bewertet werden müsse.

Die Unstimmigkeit dieser Argumentation wird jedoch bereits ersichtlich, wenn man danach fragt, ob wirklich eine konkrete Möglichkeit der Realisierung der Aussicht auf Vertragsabschluß zu einem günstigeren Preis bestand.[320] Abstrakt, also losgelöst vom Einzelfall, läßt sich sicher nicht ausschließen, daß der Ausschreibende eine (mehr oder minder sichere) Aussicht darauf hat, einen Vertrag zu einem Preis abzuschließen, der unter einem auf Absprache beruhenden Nullpreis liegt. Erforderlich ist aber eine konkrete, d.h. nach den Umständen des Einzelfalls und insbesondere zu einem Zeitpunkt noch bestehende Realisierungsmöglichkeit der Exspektanz, in dem ein Verhalten des Vergebenden als betrugsrelevante Verfügung über diese Aussicht aufgefaßt werden kann. Durch die Struktur des Betrugstatbestandes ist ein zeitlicher Rahmen vorgegeben, innerhalb dessen diese Realisierungsmöglichkeit bestanden haben muß: Dieser Zeitraum beginnt – wegen des Kausalitätserfordernisses zwischen Täuschung und Verfügung – mit der Täuschungshandlung und endet mit der letztmöglichen, als Vermögensverfügung in Betracht kommenden Handlung des Getäuschten. Auf unseren Fall übertragen bedeutet dies, daß zwischen Abgabe des (abgesprochenen) Angebots und dem Zeitpunkt des Zuschlags eine Realisierung der Aussicht des Vergebenden auf

318 BB 1972, 1351.

319 Allgemein dazu siehe oben C.I.2.

320 Vgl. das 1. Kriterium oben C.II.5.g.(2).(b).

Vertragsabschluß zu einem günstigeren Wettbewerbspreis noch möglich gewesen sein müßte. Wie Eichler[321] aber selbst richtig erkennt, wird die Chance des Ausschreibenden schon zu dem Zeitpunkt vernichtet, in dem sich die Unternehmer absprechen und den Wettbewerb unter sich ausschalten.[322] Ab diesem Zeitpunkt hat der Ausschreibende es nämlich nicht mehr mit Unternehmern zu tun, die bereit sind, zum Wettbewerbspreis einen Vertrag abzuschließen.[323] In dem im konkreten Fall relevanten Zeitraum besteht damit keine – auch noch so entfernte – Möglichkeit, daß sich die ursprünglich abstrakt gegebene Aussicht des Ausschreibenden konkretisiert.[324]

Daß dem Ausschreibenden in diesem Fall keine vermögenswerte Exspektanz zustehen kann, wird besonders deutlich, wenn man diese Sachlage mit der Situation bei der – bereits erwähnten – Form der vertikalen Einflußnahme vergleicht, bei der durch Abänderung von bereits bei der Vergabestelle eingegangenen Angeboten der Mitkonkurrenten nach oben hin das Angebot des Täters als das günstigste erscheinen soll.[325] Hier sind die ordnungsgemäß kalkulierten Angebote der Bewerber dem Auftraggeber i.S.d. § 130 I 1, III BGB zugegangen und damit zivilrechtlich wirksam. Zwar besteht bei einer Ausschreibung gemäß den Verdingungsordnungen wegen § 18 Nr. 3 VOB / A bzw. § 18 Nr. 3 VOL / A bis zum Ablauf der Angebotsfrist eine jederzeitige Rücknahmemöglichkeit.[326] Die Abänderung durch einen unbefugten Dritten ist dem Anbieter jedoch nicht zurechenbar, so daß darin kein wirksamer Widerruf des Angebots gesehen werden kann. Somit liegen im Zeitpunkt des Eröffnungstermins mehrere, auf der Grundlage des freien, unverfälschten Wettbewerbs kalkulierte Angebote vor, so daß das günstigste dieser Gebote in seiner unmanipulierten Form den echten Wettbewerbspreis konstituiert. Die unlautere Einflußnahme der Täter hindert hier also nicht die Herausbildung eines echten Wettbewerbspreises als Wertmaßstab. Die Manipulation vereitelt lediglich, daß dieser Maßstab zur Kenntnis des Vergebenden ge-

[321] BB 1972, 1350.

[322] Auch die Vorverlagerung der Vermögensverfügung auf ein Unterlassen der Aufhebung der Ausschreibung, wie *Eichler* (BB 1972, 1351) vorschlägt, kann hieran nichts ändern, da in jedem Fall die Realisierbarkeit der Exspektanz vor dem Täuschungszeitpunkt endete.

[323] *D. Geerds*, Wirtschaftsstrafrecht, S. 140; *Mohrbotter*, GA 1971, 330 Fn. 31.

[324] In die gleiche Richtung weist auch das Argument von *Ranft*, Jura 1992, 73, wonach nicht die Absprache selbst, sondern nur ihre Verschleierung tatbestandsrelevant sei und eine Täuschungshandlung darstelle. Wäre die Absprache aber offengelegt worden, so wäre es wohl nicht zu einem Zuschlag gekommen. Daraus könne aber doch nicht auf einen Zuschlag hinsichtlich eines gar nicht abgegebenen günstigeren Angebots geschlossen werden. Ähnlich auch LG Frankfurt a.M. NStZ 1991, 88.

[325] Dazu ausführlich unten D.II.1.

[326] Vgl. auch *Vygen*, Rn. 76; *Schelle / Erkelenz*, S. 195.

langt, so daß bei diesem der falsche Eindruck entsteht, der unlautere Bieter habe das günstigste Angebot unterbreitet und damit zum Wettbewerbspreis angeboten. Im Gegensatz zur Lage bei den Submissionsabsprachen hat es der Ausschreibende also prinzipiell in der Hand, das wirklich günstigste Angebot anzunehmen, da auch die Anbieter spätestens mit Beginn des Eröffnungstermins an ihre (wahren) Angebote gebunden waren.[327] Indem er das – so getäuscht – nicht tut, begibt er sich selbst dieser Chance. Seine Aussicht auf den Zuschlag zum Wettbewerbspreis hat sich damit so weit verdichtet, daß die Realisierung ausschließlich von seinem eigenen Verhalten abhängt. Es besteht hier also nicht nur konkret die Möglichkeit der Realisierung, diese liegt auch allein in der Hand des Ausschreibenden, da keine weiteren Akte der Bieter erforderlich sind. Diese hohe Realisierungswahrscheinlichkeit rechtfertigt es, auch eine Bewertung dieser Position als Vermögenswert durch den Geschäftsverkehr anzunehmen.[328]

Im Gegensatz hierzu hat der Ausschreibende bei Manipulationen durch Submissionsabsprachen zu keinem Zeitpunkt die Möglichkeit, den Vertrag tatsächlich zu einem gegenüber dem Nullpreis günstigeren Preis abzuschließen. Ob sich seine anfangs gegebene abstrakte Aussicht konkretisiert, hängt ganz allein davon ab, was die Bewerber tun. Sprechen sie sich ab und bieten sie zu dementsprechenden Preisen an, so steht der Auftraggeber Unternehmern gegenüber, die nicht bereit sind, zu einem im freien Wettbewerb zustandegekommenen Preis anzubieten. Wollte man trotzdem eine vermögenswerte Exspektanz des Vergebenden auf einen günstigeren Vertragsabschluß bejahen, so würde man entgegen den wirklichen Verhältnissen eine solche Bereitschaft der (unlauteren) Bieter unterstellen. Die Annahme einer konkreten Möglichkeit der Realisierung einer Chance setzt aber das Zugrundelegen der Realität, nicht bloß unterstellter Tatsachen voraus. Ist in Wirklichkeit aber kein Bewerber bereit, zu einem günstigeren Preis abzuschließen, kann auch keine Wahrscheinlichkeit des Abschlusses zu diesem Preis bejaht werden.

Nach all dem steht dem Vergebenden keine vermögenswerte Exspektanz zu, über die er täuschungsbedingt verfügt haben könnte.[329]

---

[327] Siehe oben B.III.

[328] I.E. daher richtig *Beulke*, JuS 1977, 39.

[329] I.E. ebenso die h.M., vgl. z.B. BGHSt 16, 367 ff.; BGH NJW 1992, 921 ff.; *R. Schmid*, Ausschreibungsbetrug, S. 98; *Stein*, Bauwirtschaft 1973, 434 ff.; *D. Geerds*, Wirtschaftsstrafrecht, S. 140; *Mohrbotter*, GA 1971, 330 Fn. 31; *Ranft*, Jura 1992, 73; LK-*Lackner*, § 263 Rn. 195; *Hefendehl*, JuS 1993, 812.

h) Schadensgleiche Gefährdung des Vermögens des Ausschreibenden

Als letzter Lösungsversuch, einen Schaden des Ausschreibenden durch Submissionsabsprachen unabhängig von einer Aussage über den Wert der zu vergebenden Leistung zu konstruieren, bleibt der vereinzelt vorgeschlagene Weg über die Figur der „schadensgleichen Vermögensgefährdung".

(1) Ansätze in der Rechtsprechung

In den wenigen Entscheidungen zur Submissionsproblematik haben die Gerichte der Figur der „Vermögensgefährdung" sehr unterschiedliches Gewicht beigemessen. Das Reichsgericht hatte in einem Fall, in dem ein Beamter entgegen seiner Verpflichtung aufgrund Bestechung (mit einer „Provision" in Höhe von 10% des Kaufpreises) von der Durchführung einer Ausschreibung absah und nur ein einziges Angebot, und zwar vom Bestechenden, einholte und diesem den Zuschlag erteilte, eine derart starke und naheliegende Gefahr einer Vermögensbeschädigung des Fiskus gesehen, daß bereits diese selbst eine Vermögensbeschädigung darstellen sollte.[330] Begründet wurde dies damit, daß der Fiskus nicht aus einer Anzahl von Angeboten wählen konnte und dabei eine Wahrscheinlichkeit bestand, daß unter diesen ein günstigeres gewesen wäre.

In der Rechtsprechung zu den Submissionsabsprachen wurde dieser Gedanke zunächst nicht mehr aufgegriffen[331] bzw. ausdrücklich abgelehnt[332]. In jüngster Zeit hat das OLG Frankfurt a.M. eine Lösung über die konkrete Vermögensgefährdung, die „in der gezielten Ausschaltung des Wettbewerbs als Preisbildungsfaktor" gesehen werden könne, als naheliegend erachtet. Allerdings ließ das Gericht dies letztlich dahinstehen, weil es sich jedenfalls an einer Verurteilung durch § 17 StGB angesichts der BGH-Rechtsprechung zu diesem Punkt gehindert sah.[333] Das LG Frankfurt a.M.[334] hat sich geweigert, die Möglichkeit günstigerer Angebote in seine Betrachtungen einzubeziehen, da man sonst auch zu einer Betrugsstrafbarkeit kommen müsse, wenn bei der Vereinbarung eines Kaufpreises der Verkäufer den Käufer darüber täusche, daß er bereit sei, den Kaufgegenstand gegebenenfalls auch zu einem

---

[330] RGSt 63, 187, 188. Natürlich handelt es sich hierbei nur um einen Fall der vertikalen Einflußnahme.

[331] OLG Hamm NJW 1958, 1151 f.

[332] BGHSt 16, 367, 373.

[333] OLG Frankfurt a.M. NJW 1990, 1057, 1058.

[334] NStZ 1991, 86, 87, als Vorinstanz zu BGH NJW 1992, 921.

günstigeren Preis zu veräußern. In der Revisionsentscheidung ging der BGH auf diese Konstruktion erstaunlicherweise mit keinem Wort ein.[335]

(2) Stellungnahmen im Schrifttum

Einige Autoren sehen in der schadensgleichen Vermögensgefährdung die Lösung für die Fälle der Submissionsabsprachen. Nicht ganz einheitlich wird aber ausgedrückt, worin die Gefährdung des Vermögens des Ausschreibenden liegt.

Kohlmann / Brauns[336] sehen – wie das RG – eine Vermögensgefährdung in dem Verlust der Möglichkeit des Ausschreibenden, unter mehreren Angeboten wählen zu können. Vor allem Baumann meint, diese läge in der Ausschaltung der Preisbildung durch den freien Wettbewerb, wodurch der Ausschreibende um die Chance eines marktgerechten Preises geschädigt werde.[337] Arzt hält eine Vermögensgefährdung mit der Begründung für möglich, die scharfe Kalkulation eines jeden Bewerbers werde aufgrund der Absprache nicht mehr durch konkurrierende Angebote gewährleistet, so daß dies nur durch Prüfung der Interna eines Unternehmens festgestellt werden könne, was aber praktisch unmöglich sei.[338]

Eine ähnliche Argumentation liefern Locher / Blind, allerdings nicht in bezug auf Submissionsabsprachen, sondern für die insoweit parallel gelagerte Problematik der Manipulation von öffentlichen Versteigerungen durch Scheinangebote: Hier geht die Manipulation jedoch nicht von den Bietern, sondern vom Auktionator aus: Dieser veranlaßt, daß Scheinangebote abgegeben werden oder spiegelt selbst – als angeblicher Vertreter nicht anwesender Bieter – schriftlich eingegangene Angebote vor. Er verfolgt damit das Ziel, die Gebote der echten Bieter „hochzuschaukeln" und so den Zuschlagspreis künstlich in die Höhe zu treiben. Auch bei dieser Sachlage soll das Vermögen desjenigen Bieters, dem letztlich der Zuschlag erteilt wird, nachdem er ein Scheinangebot überboten hat, schadensgleich gefährdet und damit geschädigt sein, da die Gefahr bestehe, daß der von ihm bezahlte Betrag über dem nachhaltig, also ohne Scheingebote erzielbaren Preis liege und daß er

[335] NJW 1992, 921 ff.

[336] S. 83 f.

[337] *Baumann*, Oehler-FS, S. 302; *Baumann/Arzt*, ZHR 1970, 50 ff.; *Baumann*, Bauwirtschaft, 1973, 1517 f.; *Baumann*, NJW 1992, 1665 Fn. 42; zustimmend *Ingenstau/Korbion*, VOB / A § 25 Rn. 35.

[338] *Arzt*, Die Strafrechtsklausur, S. 46 will dadurch aber anscheinend von der Begründung des RG nicht abweichen; zustimmend auch *Beulke*, JuS 1977, 38 Fn. 44.

deshalb das ersteigerte Objekt bei einem etwaigen Wiederverkauf nur zu einem geringeren Preis absetzen könne.[339]

Alle diese Autoren gehen also davon aus, daß ein Fall der „schadensgleichen Vermögensgefährdung" vorliegt und über diese Figur ein Schaden des Ausschreibenden begründbar ist. Ob dem gefolgt werden kann, ist im folgenden zu untersuchen, und zwar zunächst, welche Anforderungen allgemein an eine Vermögensgefährdung zu stellen sind, um einen Schaden zu begründen, und sodann, ob diese Voraussetzungen in den Fällen der Submissionsabsprachen erfüllt sind.

(3) Allgemeines zur „schadensgleichen Vermögensgefährdung"

Nach der juristischen Vermögenstheorie war eine Vermögensgefährdung nicht als Schaden erfaßbar, da durch eine solche der Bestand der Vermögens*rechte* nicht verändert wird.[340] Die Rechtsprechung und die modernen Vermögenstheorien, deren Vermögens- und Schadensbegriff wirtschaftlich geprägt ist, erkennen die Schadenskonstruktion mittels der Figur der schadensgleichen Vermögensgefährdung allgemein an. Das gilt sowohl für die Vertreter des rein wirtschaftlichen Vermögensbegriffs[341] wie auch für die juristisch-ökonomische Vermögenslehre[342]. Selbst die personale Vermögenslehre weicht hiervon nicht wesentlich ab:[343] Otto lehnt zwar unter Berufung auf Art. 103 II GG die Konstruktion der Vermögensgefährdung ab, da begriffsnotwendig eine Gefährdung kein Schaden sein könne.[344] Allerdings ist dies weniger eine inhaltliche, als vielmehr eine terminologische Kritik an der h.M., da auch er einen Schaden bejaht, wenn die Gefährdung eines bestimm-

[339] *Locher/Blind*, NJW 1971, 2291.

[340] Vgl. *Binding*, S. 360; *Merkel*, S. 124 ff.; auch *Naucke*, Zur Lehre vom strafbaren Betrug, S. 215; *ders.*, StV 1985, 187 lehnt die Vermögensgefährdung als Schaden generell aus verfassungsrechtlichen Gründen (Art. 103 II GG) ab. Zur umfassenden Kritik an *Nauckes* subjektiv-historischer Auslegung s. *Cramer*, Vermögensbegriff, S. 28 ff.

[341] So z.B. die ständige Rechtsprechung, vgl. BGHSt 21, 112, 113; 23, 300, 303; BGH GA 1962, 213; BGH MDR 1979, 636 (*Holtz*); BayObLG NJW 1988, 2550; *Krey*, BT 2, Rn. 448; *Eser*, Strafrecht IV, 13 A 26 ff.

[342] Z.B. LK-*Lackner*, § 263 Rn. 151 ff.; S/S-*Cramer*, § 263 Rn. 143; *ders.*, Vermögensbegriff, S. 130 ff.; SK-*Samson*, § 263 Rn. 167.

[343] Zum Verhältnis der personalen Vermögenslehre zur Vermögensgefährdung allgemein *Riemann*, S. 16 f.

[344] BT § 51 III 4d; *ders.*, Struktur, S. 275 f.; *ders.*, Jura 1983, 18; *ders.*, JZ 1985, 71 f.

ten Vermögensobjekts die wirtschaftliche Potenz des Vermögensinhabers vermindert.[345]

Einen Vermögensschaden stellt demnach nicht nur die rechnerisch nachweisbare, sog. *effektive Vermögensminderung* dar, sondern schon die Gefährdung von Vermögenswerten, wenn diese bei wirtschaftlicher Betrachtung bereits gegenwärtig die Vermögenslage verschlechtert. Wenn ein Schaden immer dann vorliegt, sobald das Gesamtvermögen des Betroffenen insgesamt an wirtschaftlichem Wert verliert, so ist es nur konsequent, nicht nur das vollständige Ausscheiden eines Vermögensbestandteils aus dem Vermögen als wirtschaftlichen Wertverlust zu erfassen. Vielmehr kann auch die teilweise Entwertung einzelner Vermögensposten durch Gefährdung wertmäßig berücksichtigt werden. Führt also eine Gefährdungslage dazu, daß einem Vermögensposten – trotz seines gegenständlichen bzw. rechtlichen Verbleibs im Vermögensverband des Opfers – vom Wirtschaftsverkehr gerade aufgrund der gefährdungsbedingten Ungewißheit ein geringerer Wert beigemessen wird, so hat sich auch auf diesem Weg das Gesamtvermögen vermindert. Dies ist insbesondere dann der Fall, wenn die Geltendmachung oder Verteidigung einzelner Vermögensbestandteile, wie Forderungsrechte, in erheblicher Weise erschwert wird,[346] also beispielsweise bei Verschlechterung der Beweislage oder Gefährdung der Realisierung einer Forderung mangels Liquidität des Schuldners.

Diese Konstellationen werden üblicherweise unter den Begriff der „schadensgleichen Vermögensgefährdung" gefaßt. Nach dem eben Gesagten ist diese Begrifflichkeit aber mißverständlich: Die schadensgleiche Vermögensgefährdung ist in keiner Weise nur „schadensgleich"; sie ist selbst echter, effektiver Vermögensschaden, da bei wirtschaftlicher Betrachtung der Wert des Gesamtvermögens nicht nur gefährdet, sondern wirklich gemindert wird. Die Gefährdung ist nicht nur die Vorstufe zu einem Schaden, dem sie gleichgestellt werden müßte. Sie bezeichnet nur einen gegenüber dem Verlust eines Objekts anderen Weg der Vermögensminderung. Deshalb ist die Vermögensgefährdung auch kein „aliud" gegenüber dem effektiven Schaden, sondern lediglich ein „minus".[347] Da sich der Begriff „schadensgleiche Vermögensgefährdung" aber allgemein durchgesetzt hat, soll er auch im folgenden – trotz der terminologischen Bedenken – verwendet werden.

---

[345] Vgl. *Otto*, JZ 1985, 72: „Die Gefährdung begründet demgemäß bei einer wirtschaftlichen Betrachtungsweise eine Verringerung des Wertes der Forderung und damit einen realen Vermögensschaden."

[346] Vgl. z.B. *Cramer*, Vermögensbegriff, S. 118.

[347] Dies ist allgemeine Ansicht; vgl. nur *Cramer*, Vermögensbegriff, S. 125; *Lenckner*, JZ 1971, 321; LK-*Lackner*, § 263 Rn. 152; *Riemann*, S. 7 spricht daher von „schadensdarstellender Vermögensgefährdung".

Wollte man die Vermögensgefährdung nun aber allein unter einem wirtschaftlichen Blickwinkel betrachten, so müßte man zu dem Ergebnis kommen, daß bereits jede irgendwie wirtschaftlich wahrnehmbare Gefahr für eine Vermögensposition zu einer Wertminderung des Vermögens insgesamt und damit zu einem Vermögensschaden führen muß. Denn eine wirtschaftliche Betrachtungsweise hat alle tatsächlichen Umstände in die Schadensberechnung einzubeziehen; es besteht keine Möglichkeit, ganz entfernte oder nur abstrakte Gefährdungsfaktoren auszusondern.[348] Demnach müßte bereits jeder bestrittene Vermögensgegenstand im Wert gemindert sein, unabhängig davon, ob er zu Recht oder zu Unrecht bestritten wird, da allein die Gefahr, um diesen Vermögensposten einen Rechtsstreit führen zu müssen, negative Auswirkungen auf die Wertschätzung dieser Position zeitigt. Denn bei jedem auch noch so aussichtsreichen Prozeß verbleibt ein Restrisiko, z.B. das Risiko eines uneinsichtigen Richters.[349]

Ohne Korrekturen des rein wirtschaftlichen Ansatzes müßte die Vollendungsstrafbarkeit daher ins Uferlose führen.[350] Die Abgrenzung zwischen versuchtem und vollendetem Delikt verschwömme, da auch die nach allgemeinen Regeln versuchstypische Gefährdung eines Rechtsguts in bezug auf das Vermögen regelmäßig bereits einen Schaden darstellte. Eine weitgehende Gleichstellung von Versuch und Vollendung wäre vorprogrammiert[351] und die Vermögensdelikte würden so den Gefährdungsdelikten, bei denen der objektive Tatbestand sowohl durch Gefährdung als auch Verletzung des geschützten Rechtsguts erfüllt wird, angenähert.[352] Kriminalpolitisch bedenklich wäre die Konsequenz, daß den Tätern bei bloßer Schaffung einer Gefahr jede Rücktrittsmöglichkeit abgeschnitten wäre, da man nach den allgemeinen Regeln von einem vollendeten Delikt nicht mehr zurücktreten kann.[353] Schließlich müßte eine so weitgezogene Vollendungsstrafbarkeit auch zu einer derartig unübersehbaren Aufweichung der Tatbestände der Vermögensdelikte führen, daß die notwendige tatbestandliche Bestimmtheit von Strafgesetzen nicht mehr gewährleistet wäre.[354]

Um diesen Konsequenzen vorzubeugen und überdies zu verhindern, daß „nicht jede Vermögensbelästigung das Arsenal der ultima ratio des Rechts-

---

[348] Vgl. *Cramer*, Vermögensbegriff, S. 130.

[349] *Cramer*, Vermögensbegriff, S. 131.

[350] *Lenckner*, JZ 1971, 321; *Cramer*, Vermögensbegriff, S. 126; *Seelmann*, JR 1986, 346; SK-*Samson*, § 263 Rn. 167.

[351] S / S-*Cramer*, § 263 Rn. 143.

[352] Vgl. *Cramer*, Vermögensbegriff, S. 125.

[353] *Lenckner*, JZ 1971, 322.

[354] *Cramer*, Vermögensbegriff, S. 131.

güterschutzes auf den Plan" ruft, bedarf es *normativer Begrenzungen des Schadensbegriffs*.[355] Wenngleich dies im Grundsatz anerkannt ist, sind doch die normativen Abgrenzungskriterien höchst umstritten.

- Dabei nehmen die Rechtsprechung und die h.L. die geringsten normativen Beschränkungen vor, indem sie sich mit der Forderung nach einer *konkreten* Vermögensgefährdung begnügen.[356] Unter Berücksichtigung der persönlichen Verhältnisse und der besonderen Umstände des Falles müsse mit wirtschaftlichen Nachteilen ernstlich zu rechnen sein;[357] nur eine nach den Umständen des Einzelfalles naheliegende Möglichkeit des endgültigen Verlusts könne genügen.[358]
- Etwas weiter gehen einige Autoren[359], die auch eine konkrete Gefahr dann nicht ausreichen lassen wollen, wenn der Getäuschte durch die Vermögensverfügung nur in die Lage gebracht wird, selbst eine Handlung vorzunehmen, die erst eine spürbare wirtschaftliche Schlechterstellung bewirkt. Diese Einschränkung folgt aus der Überlegung, daß das Irrtumselement, aus dem hier allein auf die Vermögensgefährdung geschlossen werden kann, in die Schadensberechnung einbezogen würde und somit allein die Gefahr, den Irrtum nicht zu entdecken, für eine Schadensfeststellung ausreichend wäre. Dies würde aber letztlich dazu führen, daß bereits die Tathandlung zur Begründung des Taterfolges genügen könnte.[360]
- Eine noch weitergehende Beschränkung der schadensgleichen Vermögensgefährdung wollen v.a. Lenckner, Cramer und Schröder erreichen.[361] Lenckner[362] verlangt, allerdings auf die Fallgruppe des Eingehungsbetrugs bezogen, daß der Täter den fraglichen Vermögenswert unmittelbar und ohne große Schwierigkeiten realisieren können müsse, so daß die Position schon jetzt nach objektivem Urteil endgültig „abgeschrieben" werden

355 *Seelmann*, JR 1986, 346.

356 Ständige Rechtsprechung, z.B. RGSt 73, 61, 64; BGHSt 3, 370, 372; 15, 83, 87; 21, 112, 113; *Arzt/Weber*, LH 3, Rn. 452; *Bockelmann*, BT 1, § 11 II 3 b dd b; *Haft*, BT, S. 217; *Krey*, BT 2, Rn. 448; *Wessels*, BT 2, § 13 II 4 b.6.

357 BGHSt 21, 112, 113.

358 Vgl. LK-*Lackner*, § 263 Rn. 153.

359 *Dreher/Tröndle*, § 263 Rn. 31; LK-*Lackner*, § 263 Rn. 153; *Puppe*, MDR 1973, 13; SK-*Samson*, § 263 Rn. 167; *Triffterer*, NJW 1975, 616.

360 LK-*Lackner*, § 263 Rn. 153; *Cramer*, Vermögensbegriff, S. 148; *Riemann*, S. 44 f.; vgl. auch *Puppe*, MDR 1973, 13.

361 Auch *Riemann*, S. 56 ff., 75 ff. spricht sich für eine starke Einschränkung der Figur der schadensgleichen Vermögensgefährdung aus, differenziert dabei aber bezüglich der einzelnen Fallgruppen.

362 JZ 1971, 320, 322; *ders.*, JR 1974, 337, 338; ähnlich auch *Eser*, Strafrecht IV, 13 A 39.

müsse. Nach Schröder[363] setzt eine schadensrelevante Gefährdung voraus, daß der Getäuschte durch die Verfügung eine Situation geschaffen habe, in der der endgültige Verlust des fraglichen Vermögenswerts nicht mehr wesentlich von seinem Zutun abhänge. Bedürfe es aber noch weiterer Handlungen im Herrschaftsbereich des Getäuschten, so könne ein Schaden noch nicht vorliegen. Cramer[364] verlangt schließlich – als Ausfluß seines materialen Vermögensbegriffs – daß eine Gefährdung nur dann schadensgleich sein könne, wenn auch das Zivilrecht einen Ausgleich für die Gefährdung, insbesondere einen Beseitigungsanspruch, vorsehe.

Es würde den Umfang dieser Arbeit sprengen, für alle Fallgestaltungen gültige Beschränkungskriterien entwickeln zu wollen, sollte dies überhaupt möglich sein. Zusammenfassend läßt sich aber sagen, daß der kleinste gemeinsame Nenner aller vertretenen Ansichten in der Forderung nach einer konkreten, nicht nur abstrakten Vermögensgefährdung besteht. Ein eben solches Konkretheitserfordernis hatten wir bereits bei der Untersuchung des Vermögenswerts einer Exspektanz vorausgesetzt.[365] Überhaupt weisen Exspektanzen und Vermögensgefährdungen einige bedeutsame Parallelen auf. Beide können als Spiegel zukünftiger Ereignisse betrachtet werden: Ein zukünftig möglicherweise eintretender effektiver Schaden bewirkt bereits jetzt, daß eine Vermögensposition geringer bewertet wird; ein zukünftiger Gewinn hat die gegenwärtige Folge, daß der bloßen Aussicht hierauf Vermögenswert zugemessen wird. Jeweils ist die Frage, ob ein Schaden eingetreten ist, an die Anschauungen des Wirtschaftsverkehrs gekoppelt und in beiden Fällen sind normative Beschränkungen unabdingbar: Bei der Exspektanz besteht die Gefahr, daß eine zu großzügige Anerkennung vermögenswerter Aussichten die Dispositionsfreiheit zum geschützten Rechtsgut des Betrugstatbestands erhebt; bei der Vermögensgefährdung hat eine zu große Ausdehnung die Folge, daß der Bereich des Versuchs weitestgehend zurückgedrängt und so der Tatbestand überdehnt wird. Schließlich umfassen beide Problembereiche so mannigfaltige Sachverhaltsgestaltungen, daß allgemeingültige, abstrakte Regeln kaum zu finden sein werden.

Angesichts dieser Übereinstimmungen bietet es sich m.E. an, die oben[366] für Exspektanzen herausgearbeiteten drei Punkte, die für eine größere Durchsichtigkeit der Argumentation hinsichtlich des Vermögenswertes einer Exspektanz sorgen sollen, auch hier entsprechend heranzuziehen: Demnach muß erstens eine konkrete, nicht nur abstrakte Möglichkeit der Minderung des

[363] JZ 1965, 516; S/S-*Cramer*, § 263 Rn. 100.

[364] Vermögensbegriff, S. 131 ff.; S/S-*Cramer*, § 263 Rn. 143.

[365] Vgl. oben C.II.5.g.(2).(b), Punkt 1.

[366] Siehe oben C.II.5.g.(2).(b).

Vermögens bestehen. Zweitens muß die Wahrscheinlichkeit des Vermögensverlusts genau analysiert und bewertet werden und schließlich muß nach den Anschauungen des Wirtschaftsverkehrs die Wertung vorgenommen werden, ob nach dem festgestellten Grad der Gefährdung und den sonstigen Umständen des konkreten Einzelfalls die Gefährdung des Vermögensobjekts bereits selbst zu einem Vermögensverlust führt. Zumindest die h.M. zur Frage der schadensgleichen Vermögensgefährdung könnte auf diese Weise ihre Ergebnisse eindeutiger und berechenbarer gestalten und begründen.

Zusammenfassend läßt sich damit zur Vermögensverfügung die Aussage treffen, daß die Annahme eines Schadens durch Vermögensgefährdung zumindest voraussetzt, daß die Gefährdung hinreichend konkret ist.

(4) Vermögensgefährdung beim Ausschreibenden durch Submissionsabsprachen

Nachdem sich also gezeigt hat, daß auch eine Gefährdung des Vermögens einen relevanten Schadensposten darstellen kann, soll nun untersucht werden, ob das Vermögen des Ausschreibenden durch die Praktiken von Submissionskartellen derart konkret gefährdet ist.

Kaum anzweifeln läßt sich, daß Preisabsprachen im Vorfeld von Ausschreibungen typischerweise die Gefahr schaffen, daß günstigere Angebote unterbleiben und der Getäuschte daher nicht zwischen mehreren echten Wettbewerbsangeboten wählen kann, so daß das abgesprochene Angebot, das letztlich den Zuschlag erhält, möglicherweise überhöht ist. Dem kann auch nicht – wie das LG Frankfurt a.M.[367] meint – entgegengehalten werden, die Möglichkeit günstigerer Angebote dürfe von vornherein nicht in Betracht gezogen werden, da ansonsten auch derjenige Verkäufer einen Betrug begehe, der darüber täuscht, bereit zu sein, ein Kaufobjekt u.U. zu einem noch günstigeren Preis zu verkaufen. Baumann[368] hat zu Recht darauf verwiesen, daß „hier… Äpfel mit Birnen verglichen" würden, denn im Fall des täuschenden Verkäufers gehe es nicht um die Entstehung eines Wettbewerbspreises. „Wenn dann angeschlossen wird, daß ‚damit wesentliche Elemente der freien (sic!) Preisgestaltung im Handel kriminalisiert` würden, so ist das eine skandalöse Dreistigkeit."[369]

Trotzdem reicht die nur typische und damit abstrakte Gefahr für das Vermögen des Ausschreibenden nach dem oben Gesagten nicht aus, um

---

[367] NStZ 1991, 86, 87.

[368] NJW 1992, 1665.

[369] *Baumann*, NJW 1992, 1665.

einen Vermögensschaden zu begründen. Sein Vermögen müßte durch die Submissionsabsprache darüber hinaus nach den Umständen des jeweiligen Einzelfalls *konkret* gefährdet sein, ein endgültiger Verlust einer Vermögensposition daher naheliegen. Mit dem täuschungsbedingten Zuschlag wird nun das Vermögen des Ausschreibenden mit der entsprechenden Verbindlichkeit belastet, also im Wert verringert, und gleichzeitig um den Wert des Anspruchs auf Erbringung der ausgeschriebenen Leistung vermehrt. Dies bedeutet aber, daß bereits im Zeitpunkt des Zuschlags theoretisch festgestellt werden kann, ob ein effektiver Schaden entstanden ist: nämlich nur dann, wenn bei ordnungsgemäßer Durchführung des Verfahrens ein preisgünstigeres Angebot abgegeben worden wäre.[370] Eine erfolgreiche Aufklärung des Sachverhalts würde also *entweder* mit dem Nachweis eines Schadens enden oder das Ausbleiben eines Schadens konstatieren.[371] Die vielfach angenommene Gefährdungssituation erschöpft sich damit in einer bloßen *Unsicherheit* über das *derzeitige* Vorliegen eines Schadens.[372]

Daß darin keine „schadensgleiche Vermögensgefährdung" gesehen werden kann, wird ersichtlich, wenn man sich deren Wesen als gegenwärtigen Spiegel eines zukünftigen, unter den Umständen des Einzelfalls konkret möglichen, effektiven Wertverlusts veranschaulicht. Wichtig für die Gefährdung ist danach ein zeitliches Element: Die Gefährdung ist – wie eine Exspektanz – auf die Zukunft gerichtet, beide sind ein gegenwärtiger Spiegel zukünftiger Vorgänge.

Im Fall der Submissionsabsprachen ist aber *für die Zukunft* keinerlei effektiver Schadenseintritt mehr zu erwarten. Dieser liegt entweder *bereits jetzt* vor, wenn bei ordnungsgemäßem Ausschreibungsverfahren ein billigeres Angebot abgegeben worden wäre oder tritt *überhaupt nicht mehr* ein, wenn der Nullpreis dem hypothetischen Wettbewerbspreis entspricht. Nur die Möglichkeit – wie konkret sie auch immer sein möge – daß *gegenwärtig* bereits ein effektiver Schaden eingetreten ist, kann deshalb nicht als schadensgleiche Vermögensgefährdung angesehen werden. Dabei macht es auch keinen Unterschied, ob man bei der Beschreibung der Gefährdungslage auf die vereitelte Möglichkeit eines günstigeren Angebots, die verhinderte Wahlmöglichkeit des Ausschreibenden zwischen verschiedenen echten Wettbewerbsangeboten oder auf eine erschwerte Überprüfbarkeit der scharfen Kalkulation durch die Bieter abstellt. Jede dieser Konstruktionen einer scha-

---

[370] So auch *Riemann*, S. 115 f.

[371] Ebenso *Riemann*, S. 115 f.

[372] Anders ist die Lage bei der vertikalen Einflußnahme, wenn das Angebot des günstigeren Mitbewerbers hochkorrigiert wird (siehe unten D.I.1.), da sich hier nachweisen läßt, daß ein günstigeres Angebot abgegeben worden ist, so daß keine „Entweder / Oder"-Situation existiert.

densgleichen Vermögensgefährdung muß daran scheitern, daß keine Ungewißheit über die zukünftige Entwicklung, sondern die eben beschriebene „Entweder/Oder"-Situation besteht. Die entgegengesetzte Ansicht müßte indes auch zu teilweise unsinnigen Ergebnissen kommen. So wäre wegen vollendeten Betrugs zu bestrafen, selbst wenn – wie in BGHSt 16, 367 – der hypothetische Wettbewerbspreis dem Nullpreis entspricht (oder dies zumindest zugunsten des Angeklagten nicht ausgeschlossen werden kann), nur weil die – abstrakte – Möglichkeit bestanden hat, daß der hypothetische Wettbewerbspreis niedriger lag.[373] Darüber hinaus würde über eine durch nichts gerechtfertigte Schadensvorverlagerung der Grundsatz „in dubio pro reo" umgekehrt, die Beweisschwierigkeiten gingen allein zu Lasten des Beschuldigten und dieser müßte letztlich beweisen, daß auch bei ordnungsgemäßem Verlauf kein günstigeres Angebot eingegangen wäre.[374]

Nicht anders argumentiert auch Riemann, wenn er auf ein allgemeines Stufenverhältnis zwischen Vermögensgefährdung und effektivem Schaden hinweist.[375] Die bloße Möglichkeit eines Schadens bilde jedoch nicht die Vorstufe zum Schaden, es fehle damit bei den durch Submissionsabsprachen beeinflußten Fallgestaltungen an dem typischen Stufenverhältnis.[376]

Über die Figur der „schadensgleichen Vermögensgefährdung" kann somit in den Fällen von Submissionsabsprachen kein Schaden des Ausschreibenden begründet werden.

i) Indizienlösung

(1) Der hypothetische Wettbewerbspreis als Vergleichsmaßstab für die Schadensberechnung

Die bisher untersuchten Versuche, einen Schaden zu begründen, ohne auf den hypothetischen Wettbewerbspreis abstellen zu müssen, konnten allesamt nicht befriedigen. Damit steht fest, daß eine Lösung der hier in Frage stehenden Fallgestaltungen nicht ohne Aussagen über den hypothetischen Wettbewerbspreis auskommt. Ein Schaden kann nur dann bejaht werden, wenn sich im konkreten Einzelfall nachweisen läßt, daß der hypothetische Wettbewerbspreis noch unter dem Zuschlagspreis gelegen hätte.[377] Naturgemäß gerät man

---

[373] *Riemann*, S. 116.

[374] So auch *D. Geerds*, Wirtschaftsstrafrecht, S. 148, für den Fall durch Scheinangebote beeinflußter öffentlicher Versteigerungen.

[375] S. 109, 112, 116.

[376] S. 116.

[377] Dazu, daß dies – und kein irgendwie „angemessener" Preis – der richtige Vergleichsmaßstab ist, siehe oben C.II.5.d.

sehr schnell in Beweisschwierigkeiten, wenn es darum geht, einen Nachweis hinsichtlich eines hypothetischen Wettbewerbspreises zu führen. Ist doch der hypothetische Wettbewerbspreis derjenige Preis, der bei ordnungsgemäßem Ausschreibungsverfahren, d.h. ohne wettbewerbsverzerrende Abreden zustandegekommen *wäre*, also das billigste Angebot, das der Ausschreibende erhalten hätte, *hätten* sich die potentiellen Bieter nicht abgesprochen. Eine Aussage über diesen Vergleichsmaßstab setzt also ein Weiterdenken des komplexen Preisbildungsvorgangs in der Vergangenheit auf veränderter Tatsachengrundlage voraus.

Daß dies kein leichtes Unterfangen ist, wird offensichtlich, wenn man berücksichtigt, daß auch für die hypothetische Untersuchung der Preisbildung uneingeschränkt der Grundsatz „in dubio pro reo“ Anwendung findet. Es müßte daher ein Weg gefunden werden, wie trotz Beachtung dieses Grundsatzes der Beweis des Schadenseintritts anhand eines hypothetischen Vergleichsmaßstabs geführt werden kann.

(2) Die neuere Rechtsprechung

Blockiert durch die Entscheidung des BGH in BGHSt 16, 367, in der das Gericht den Schaden nur bei Überschreitung eines „angemessenen“ Angebots angenommen hatte,[378] finden sich zum Schadensnachweis unter Rückgriff auf den hypothetischen Wettbewerbspreis erst in jüngster Zeit gerichtliche Stellungnahmen.

(a) Beschluß des OLG Frankfurt a.M., NJW 1990, 1057

Zum ersten Mal behandelt wird dieses Problem in einem Beschluß des OLG Frankfurt a.M. vom 24.7.1989, in dem das Gericht über die sofortige Beschwerde der Staatsanwaltschaft (§ 210 II Alt. 1 StPO) gegen den Beschluß der Strafkammer nach § 204 I StPO, ein Hauptverfahren wegen fortgesetzten Betruges mangels hinreichendem Tatverdacht nicht zu eröffnen, zu entscheiden hatte. Dabei ging es also nicht um eine abschließende Bewertung der Tat, sondern nur darum, ob die Verurteilung der Angeschuldigten mit überwiegender Wahrscheinlichkeit zu erwarten war.[379] Dies hat zur Folge, daß insbesondere der Grundsatz „in dubio pro reo“ bei diesem Wahrschein-

---

[378] Siehe oben C.II.5.d.

[379] Vgl. *Beulke*, Strafprozeßrecht, Rn. 363; zu den Verdachtsgraden siehe auch Rn. 114; *Roxin*, Strafverfahrensrecht, § 40 C II 1.

lichkeitsurteil nicht zu berücksichtigen[380] und die Schadensproblematik deswegen entschärft war.

Der Entscheidung lag folgender (verkürzter) Sachverhalt zugrunde: Neun Baufirmen, deren Mitarbeiter die Angeschuldigten waren, hatten eine schriftliche Absprache getroffen, mit dem Ziel, den beteiligten Firmen je 1/9 der durch Ausschreibung zu vergebenden Baggerarbeiten an Main und Saar zukommen zu lassen. Dabei wurde aufgrund von Vorkalkulationen für jeden ausgeschriebenen Auftrag ein Nullpreis festgelegt und die Firma bestimmt, die den Auftrag zum Nullpreis erhalten sollte. Darüber hinaus gaben die anderen Firmen gestaffelte, ebenfalls vorher festgelegte Scheinangebote ab und erhielten dafür jeweils eine von Fall zu Fall festzulegende Referenzvergütung von mindestens 2,5% des niedrigsten Angebots. Bei den einzelnen Bauvorhaben erhielt der jeweils vorab bestimmte günstigste Bieter den Zuschlag durch den Auftraggeber, die Bundesrepublik Deutschland.

Die Strafkammer hatte – unter Berufung auf BGHSt 16, 367 – den hinreichenden Tatverdacht mit der Begründung verneint, es lasse sich nicht mit hinreichender Wahrscheinlichkeit der Nachweis führen, daß die beteiligten Unternehmen mit den absprachegemäß festgesetzten Angebotspreisen eine unangemessene Gegenleistung hätten verlangen wollen. Das OLG hingegen wählte den zutreffenden Weg über den Vergleich des Nullpreises mit dem hypothetischen Wettbewerbspreis. Die Wahrscheinlichkeit des erfolgreichen Schadensnachweises begründete das Gericht mit folgenden Indizien, die bei BGHSt 16, 367 nicht vorgelegen hätten:

- „Dem Angebot des ‚Herausgestellten' ging eine interne ‚Ausschreibung' der Kartellmitglieder voraus. Gemäß der ausdrücklichen Zielsetzung des Kartells, die als unbefriedigend empfundene Preissituation zu verbessern, lag der ‚Null-Preis' des ‚Herausgestellten' jeweils deutlich über dem Angebot der internen ‚Ausschreibung'. Nach den Umständen des Falles spricht viel dafür, daß das Ergebnis der internen ‚Ausschreibung' in etwa die Situation wiederspiegelt, die sich aufgrund nicht manipulierter Angebote ergeben hätte.
- Weitere Anhaltspunkte für die Ermittlung des ‚hypothetischen Marktpreises' könnten sich aus der Preissituation bei Absprache ergeben, welche die Beteiligten als unbefriedigend empfanden.
- Ein wichtiges Indiz dafür, daß der ‚Null-Preis' über dem (hypothetischen) Marktpreis lag, ist auch der Umstand, daß Ausgleichszahlungen vereinbart und geleistet wurden ..., insbesondere wenn sie ... auf den nach interner Ausschreibung ermittelten ‚Null-Preis' aufgeschlagen wurden. Daß sich Ausgleichszahlungen in der Branche eingebürgert haben, vermag den

[380] *Hassemer*, JuS 1990, 670; vgl. *Kleinknecht/Meyer*, § 203 Rn. 2.

hinreichenden Verdacht eines Vermögensschadens ebensowenig auszuräumen wie der Umstand, daß sich Ausgleichszahlungen – absichtsgemäß – im Verlaufe eines Jahres in etwa ausgeglichen haben.

– Verschiedene Hinweise im Schrifttum belegen, daß in der Baubranche seit langem – auch zur Tatzeit – durch Absprachen der hier vorliegenden Art Schäden in Höhe von Hunderten von Millionen DM jährlich entstehen bzw. entstanden sind ... Dies wirft Licht auf den Einzelfall. Vor allem folgt daraus, daß es ungeachtet der häufig beklagten Beweisschwierigkeiten doch möglich sein muß, einen (hypothetischen) Marktpreis zu ermitteln, der als Grundlage einer Schadensberechnung auch im Einzelfall dienen kann."

Somit sind die Beweisschwierigkeiten nach Ansicht des OLG mit Hilfe des Indizienbeweises überwindbar.

(b) Urteil des BGH, NJW 1992, 921

Den gleichen Weg zur Überwindung der Beweisschwierigkeiten wählte der BGH in seinem Urteil vom 8.1.1992, eigenartigerweise ohne auf den Beschluß des OLG Frankfurt a.M. einzugehen. Dem Urteil kommt aber gegenüber dem OLG-Beschluß allein schon deswegen gesteigerte Bedeutung zu, weil es sich hier um ein Revisionsverfahren handelte, das Gericht sich also nicht mit der Wahrscheinlichkeit der Verurteilung zu befassen hatte, sondern mit dem vollen Beweis der Tatbestandsvoraussetzungen.

Auch der zugrundeliegende Sachverhalt war ähnlich: Drei Arbeits- und Bietergemeinschaften (I, RR, RA) hatten sich hinsichtlich vom Wasser- und Schiffahrtsamt B. öffentlich ausgeschriebener Arbeiten zum Ausbau eines Teilstücks der Schiffahrtsrinne des Rheins abgesprochen und dabei festgelegt, daß die Bietergemeinschaft „I" den Zuschlag erhalten sollte. Das von „I" abzugebende günstigste Gebot wurde wie folgt festgelegt: Zunächst wurde auf Grundlage der von den einzelnen Firmen intern genannten Preise eine „Nullbasis" errechnet, indem das arithmetische Mittel der genannten Preise – jeweils unter Vernachlässigung des höchsten und des niedrigsten Gebots – gebildet wurde. Diese „Nullbasis" wurde nun um die Beträge erhöht, die als „Präferenzzahlungen" absprachegemäß an andere Kartellmitglieder, die nur Scheinangebote abgaben, und als Abstandszahlungen an Außenseiter gezahlt werden sollten. Die angeklagten Vertreter der beteiligten Firmen versicherten in ihren Angeboten, daß keine Preisabsprachen mit anderen Firmen getroffen worden seien und vereinbarten eine Vertragsstrafe für den Fall wettbewerbswidriger Absprachen. Da das ausschreibende Amt anders als die Bieter rechnete, bekam die Bietergemeinschaft „RA", und nicht „I" den Zuschlag. „RA" beteiligte daraufhin die Bietergemeinschaft „RR" massiv an den Bauarbeiten.

„I“ forderte von „RA“ wegen Unterlaufens der Abrede eine erhöhte Präferenzforderung. Nach Aufdeckung der Absprache verklagte die Bundesrepublik Deutschland „RA“ auf Schadensersatz, wobei der Rechtsstreit mit einem Vergleich endete. Die anderen beteiligten Firmen zahlten die vereinbarte Vertragsstrafe.

Die Strafkammer hatte einen Schaden der Bundesrepublik mit der Begründung verneint, daß das Angebot der „RA“ dem „hypothetischen Marktpreis“ entsprach, wobei hierunter (terminologisch ungenau) nicht der hypothetische Wettbewerbspreis verstanden wurde, sondern – in Anklang an BGHSt 16, 367 – der angemessene und auskömmliche Preis, wie er im nachhinein durch Sachverständige ermittelt wurde.[381] Folgerichtig sah das LG keine Möglichkeit, Indizien für einen niedrigeren hypothetischen Angebotspreis zu berücksichtigen.

Demgegenüber war für den BGH allein der hypothetischen Wettbewerbspreis ein brauchbarer Vergleichsmaßstab zur Schadensbestimmung und deshalb sahen die Richter – ähnlich dem obigen OLG-Beschluß – die Schadensfeststellung als Sache der tatrichterlichen Beweiswürdigung des Einzelfalls an. Dabei sollte es für die Überzeugung des Tatrichters genügen, wenn sich auf der Grundlage von Indizien mit hoher Wahrscheinlichkeit ergebe, daß der Auftraggeber ohne die Absprache und die Täuschung des Auftragnehmers ein nur geringeres Entgelt hätte versprechen und zahlen müssen. Komme der Tatrichter zu der Überzeugung, daß ein Schaden entstanden sei, so dürfe er dessen Höhe unter Beachtung des Zweifelssatzes schätzen, wenn seine genaue Ermittlung nicht möglich sei.

Als Indizien für einen so verstandenen Schaden im konkreten Fall zählt der BGH auf:

- „Zum einen spricht eine hohe Wahrscheinlichkeit ... dafür, daß Submissionskartelle nicht gebildet und am Leben erhalten werden, wenn sie ihren Kartellmitgliedern bei Submissionen keine höheren als die sonst erzielbaren Marktpreise (Wettbewerbspreise) bringen.
- Bereits die Bekanntgabe der Unternehmen, die sich an der Ausschreibung eines Bauvorhabens beteiligen wollen, an andere Unternehmen, die auch eine Beteiligungsabsicht äußern, vermag den Markt spürbar zu beeinflussen ... Es liegt nahe, daß unter dem Druck des Wettbewerbs und in Unkenntnis der Angebote anderer die am Auftrag interessierten Unternehmen schärfer kalkulieren und ihre Leistungen zu niedrigeren Preisen anbieten als Unternehmen, die mit keinen Konkurrenzangeboten zu rechnen haben.
- ... Die Tatsache, daß Zahlungen in Millionenhöhe an andere Kartellmitglieder und sogenannte Außenseiter vorgesehen waren und auch geleistet

[381] NStZ 1991, 86 f.

wurden, ist ein sehr gewichtiges Indiz dafür, daß die Kartellmitglieder dieses Ziel (= durch die Absprache einen den Marktpreis übersteigenden Preis zu erlangen) weiterverfolgten und im vorliegenden Falle auch erreichten."

3) Indizienbeweis und allgemeine strafprozessuale Beweisgrundsätze

Bevor nun untersucht werden soll, inwieweit solche Indizien eine Verurteilung wegen Betrugs im Einzelfall ermöglichen, soll zunächst ein kurzer Überblick über die Stellung und Voraussetzungen des Indizienbeweises im strafprozessualen Beweisrecht gegeben werden.

(a) Definition des Indizienbeweises

Von einem Indizienbeweis spricht man gemeinhin dann, wenn das Vorliegen eines Tatbestandsmerkmals – die sog. *Haupttatsache* – nicht auf direktem Wege zur Überzeugung des Gerichts gebracht werden kann,[382] sondern die Haupttatsache erst aus anderen Tatsachen, den *Indiztatsachen*, durch Anwendung eines Erfahrungssatzes geschlossen wird.[383] Diese Definition zeigt, daß beinahe jeder Beweis ein Indizienbeweis ist, letztlich auch der „klassische" Zeugenbeweis, da das Gericht seine Überzeugung von der Schuld des Angeklagten nur vermittelt durch die Aussage des Zeugen erlangen kann.[384]

Allerdings stellen direkter Beweis und Indizienbeweis nicht zwei unterschiedliche Beweisarten dar.[385] Vielmehr gilt für beide der Grundsatz der freien richterlichen Beweiswürdigung (§ 261 StPO),[386] so daß auch bei einem Beweis mittels Indizien das Gericht „nach seiner freien, aus dem Inbegriff der Verhandlung geschöpften Überzeugung" entscheiden muß. Das Ziel des Indizienbeweises ist daher identisch mit dem des direkten Beweises: Immer muß der Richter vom Vorliegen der Haupttatsache *überzeugt* sein.

---

[382] So beim direkten oder unmittelbareren Beweis.

[383] Vgl. z.B. *Nack*, MDR 1986, 366; *Larenz*, Methodenlehre, S. 292.

[384] *Alsberg/Nüse/Meyer*, S. 578; *Zippelius*, Juristische Methodenlehre, § 15 II b.

[385] L/R-*Gollwitzer*, § 261 Rn. 60.

[386] Vgl. RGSt 48, 246 f.; BGHSt 25, 364, 367; BGH NStZ 1983, 133, 134; JR 1983, 84; L/R-*Gollwitzer*, § 261 Rn. 60.

(b) Anforderungen an die richterliche Überzeugung i.S.d. § 261 StPO

Nach dem grundlegenden Urteil BGHSt 10, 208 ff. verlangt die richterliche Überzeugung die „persönliche Gewißheit" des Richters als „notwendig, aber auch genügend" für eine Verurteilung.[387] Eine bloß objektiv bestehende Wahrscheinlichkeit kann diese Gewißheit nicht ersetzen.[388] Allerdings bedeutet Gewißheit nicht eine absolute, das Gegenteil denknotwendigerweise ausschließende und damit von niemandem anzweifelbare Gewißheit.[389] Es genügt ein „für die Verurteilung nach der Lebenserfahrung ausreichendes Maß an Sicherheit".[390] Daraus folgt, daß nicht jeder verbleibende Zweifel zur Anwendung des „in dubio pro reo"- Grundsatzes führen muß. Nur „vernünftige" Zweifel, also nicht nur im Hinblick auf die Unvollkommenheit menschlicher Erkenntnis an sich denkbare theoretische Zweifel, sondern reale, auf konkrete Tatsachen gestützte eigene Zweifel des Richters stehen einer Verurteilung entgegen.[391]

Die persönliche Gewißheit des Richters kann aber dann nicht als hinreichend für eine Verurteilung erachtet werden, wenn „das objektive Ergebnis der Beweisaufnahme einen rational einleuchtenden Schluß auf die Täterschaft" nicht zuläßt.[392] Der Richter ist nach allgemeiner Meinung an Denkgesetze, wissenschaftliche Erkenntnisse und Erfahrungssätze gebunden,[393] seine Beweiswürdigung darf nicht unklar, widersprüchlich oder lückenhaft sein.[394] Um den Angeklagten vor richterlichen Fehleinschätzungen zu schützen, ist eine logische, verstandesmäßig einsichtige und nachvollziehbare Beweiswürdigung auf Grundlage einer rational argumentativ tragfähigen Tatsachengrundlage vorauszusetzen.[395]

---

[387] BGHSt 10, 208, 209.

[388] BGHSt 10, 208, 210; 29, 18; BGH NStZ 1984, 180; anders z.B. noch RGSt 61, 202, 206; weitere Nachweise finden sich bei SK-StPO-*Schlüchter*, 261 Rn. 53.

[389] BGHR StPO § 261 Beweiswürdigung 5.

[390] BGHR StPO § 261 Überzeugungsbildung 7.

[391] BGHSt 5, 34, 37; BGH NStZ 1982, 478, 479; 1983, 277 f.; 1988, 373; 1990, 603; BGH VRS 24, 207, 210; 39, 103, 104; 63, 39 ff.; *Beulke*, Strafprozeßrecht, Rn. 490; SK-StPO-*Schlüchter*, § 261 Rn. 55; L/R-*Gollwitzer*, § 263 Rn. 8.

[392] *Roxin*, Strafverfahrensrecht, § 15 C II 1a.

[393] BGHSt 6, 70, 72; 10, 208, 211; 17, 382, 385; 29, 18, 20; BGH JR 1983, 83; BGH NStZ 1982, 478 f.; *Beulke*, Strafprozeßrecht, Rn. 491 f.; SK-StPO-*Schlüchter*, § 261 Rn. 55.

[394] BGH NStZ 1982, 478, 479.

[395] BayObLGE 1971, 128, 129 f.; BGH NStZ 1982, 478 f.; *Roxin*, Strafverfahrensrecht, § 15 C II 1a; L/R-*Gollwitzer*, § 261 Rn. 13, *Herdegen*, NStZ 1987, 193, 198 m.w.N.

(c) Anforderungen an die Überzeugungskraft von Indizien

Beim Indizienbeweis muß nun das Gericht seine volle Überzeugung bezüglich der Haupttatsache durch eine Gesamtwürdigung aller Indizien gewinnen. Verbleiben vernünftige Zweifel, muß eine Verurteilung wegen des „in dubio pro reo"-Grundsatzes unterbleiben.

Genauso hat „in dubio pro reo" bei der Feststellung der Indiztatsachen Gültigkeit: Nur solche Tatsachen dürfen als Grundlage für die die Haupttatsache betreffenden Schlußfolgerungen herangezogen werden, welche zur Überzeugung des Gerichts feststehen.[396] Für die Schlußfolgerungen aus einer bewiesenen Indiztatsache mittels Erfahrungssatz gilt der Zweifelssatz hingegen nicht, da sie nur vorgelagerte, unselbständige Bestandteile der einheitlichen richterlichen Beweiswürdigung darstellen.[397] Deshalb dürfen nicht nur zwingende Schlußfolgerungen aus den Indiztatsachen in die Gesamtwürdigung einbezogen werden, sondern alle denkgesetzlich möglichen, auch wenn sie nur eine Wahrscheinlichkeit für das Vorliegen der Haupttatsache begründen und sich vernünftige Zweifel insoweit nicht ausräumen lassen.[398] Bestehen nun mehrere Indizien, die unabhängig voneinander auf das Vorliegen der Haupttatsache schließen lassen, so verstärkt sich die Beweiskraft u.U. derart, daß sich eine dementsprechende richterliche Überzeugung bilden kann.[399] Ein Indizienbeweis aufgrund einer einzigen Indiztatsache wird nur ganz selten, nämlich bei zwingenden Schlüssen möglich sein.[400] Es kann auch sein, daß mehrere Zwischenschlüsse erforderlich sind, um von der Indiztatsache auf die Haupttatsache schließen zu können. Bei solchen „Beweisketten" nimmt die Sicherheit des Beweises jedoch mit der Anzahl der Glieder ab.[401]

---

[396] OGHSt 1, 165, 166; BGH StV 1985, 48; L/R-*Gollwitzer*, § 261 Rn. 114; a.A. *Nack*, MDR 1986, 366, 370, der keinen Unterschied machen möchte zwischen einem sicher festsehenden Indiz, das den Schluß auf die Haupttatsache hochwahrscheinlich macht, und einem hochwahrscheinlich feststehenden Indiz, welches einen zwingenden Schluß auf die Haupttatsache ermöglicht.

[397] L/R-*Gollwitzer*, § 261 Rn. 114; *Löffeler*, JA 1987, 77, 79.

[398] BGHSt 25, 365, 367; BGH MDR 1970, 198 (*Dallinger*); DAR 1983, 206 (*Spiegel*); L/R-*Gollwitzer*, § 261 Rn. 62, 114.

[399] Man kann insoweit in Anschluß an Nack, MDR 1986, 369 von einem „Beweisring" sprechen.

[400] L/R-*Gollwitzer*, § 261 Rn. 62; *Nack*, MDR 1986, 368.

[401] L/R-*Gollwitzer*, § 261 Rn. 62; *Nack*, MDR 1986, 369.

(4) Das Beweisthema und die Tauglichkeit des Indizienbeweises

Wie aussagekräftig bestimmte Indizien in einem konkreten Fall sind, hängt ganz davon ab, welche Haupttatsache damit bewiesen werden soll, welches also das Beweisthema ist. Bevor also einzelne typische Indizien auf ihren Beweiswert hin untersucht werden können, ist das geeignete Beweisthema zu bestimmen.

(a) Beweisbarkeit des hypothetischen Wettbewerbspreises

Wenn der durch Submissionsabsprachen beim Vergebenden verursachte Schaden nur durch einen Vergleich des Nullpreises mit dem hypothetischen Wettbewerbspreis festzustellen ist, so liegt das Beweisthema: „exakte Höhe des hypothetischen Wettbewerbspreises" nahe. Läßt sich ein bestimmter Wert nachweisen, kann die Differenz zum Nullpreis und damit die Überhöhung des Angebots genau ermittelt werden.

Dabei muß man sich allerdings zunächst mit denjenigen Stimmen in der Literatur auseinandersetzen, die davon ausgehen, ein Schaden lasse sich mit Hilfe des Vergleichsmaßstabs „hypothetischer Wettbewerbspreis" nie nachweisen.[402] Dieser hypothetische Wert könne deshalb nicht festgestellt werden, weil die durch die Submissionsabsprache bewirkte Wettbewerbsbeschränkung nicht nur dem Nachweis eines Marktpreises entgegenstehe, sondern schon jede Marktpreis*bildung* verhindere. Je länger Absprachen betrieben würden, um so sicherer könnten die Teilnehmer sein, daß jede Vergleichsbasis für eine Schadensfeststellung fehle. Es handele sich nicht einmal nur um ein Beweisproblem, da auch noch so gründliche Ermittlungen und Nachkalkulationen einen hypothetischen Wettbewerbspreis nicht auffindbar machten.[403]

Darüber hinaus wird auf die parallele Problematik im Preis- und Kartellrecht (§ 4 WiStG, § 22 GWB) verwiesen, wo sich gezeigt habe, daß der erforderliche Nachweis eines hypothetischen Wettbewerbspreises nicht praktikabel sei, da die Verfahren zur Ermittlung eines hypothetischen Marktpreises

---

[402] *Bruns*, NStZ 1983, 387; *Jaath*, Schäfer-FS, S. 110; *D. Geerds*, Wirtschaftsstrafrecht, S. 142 ff.; *R. Schmid*, Ausschreibungsbetrug, S. 92. Auch *Joecks*, wistra 1992, 251 ist der Ansicht, daß sich ein hinreichend sicherer Schluß auf einen Schaden des Ausschreibenden schon deswegen nicht ziehen lasse, da der Wert der Leistung nicht feststellbar sei. Dies beruht allerdings auf *Joecks'* unrichtiger Annahme, der im Wettbewerb erzielbare Preis bestimme nicht den Wert der Leistung; dazu schon oben C.II.5.d.(1). Daher geht auch sein Einwand fehl, der BGH umgehe mit dem Hinweis auf den Indizienbeweis die Prüfung, ob die Aussicht auf ein günstigeres Angebot bereits Vermögenswert habe.

[403] *Jaath*, Schäfer-FS, S. 110; *Bruns*, NStZ 1983, 387.

wegen der vielen zu berücksichtigenden variablen Faktoren nicht funktionierten.[404] Die kartellrechtliche Preismißbrauchsaufsicht über marktbeherrschende Unternehmen nach § 22 IV Nr. 2 GWB sei deshalb sogar weitgehend zum Erliegen gekommen.[405] Selbst die dort gesetzlich vorgesehene Berücksichtigung zeitlicher oder regionaler Vergleichsmärkte habe wegen der hohen Anforderungen der Rechtsprechung an die Vergleichbarkeit keine positiven Auswirkungen auf die Preismißbrauchsaufsicht gehabt.[406]

Auch ein weiterer Fall, in dem der hypothetische Wettbewerbspreis von Bedeutung ist und zu erheblichen Schwierigkeiten geführt hat, läßt sich hinzufügen: nämlich die Festsetzung eines Bußgeldes aufgrund bestimmter GWB-Verstöße auf das Dreifache des Mehrerlöses (§ 38 IV 1 GWB).[407] Die problematische Mehrerlösermittlung, die einen Vergleich des tatsächlichen mit dem hypothetischen Erlös erfordert, hat den Gesetzgeber dazu veranlaßt, die Schätzung der Höhe des Mehrerlöses zuzulassen (§ 38 IV 2 GWB).[408] Diese Beispiele verdeutlichen zumindest so viel: Selbst wenn ein Indizienbeweis hinsichtlich der genauen Höhe des hypothetischen Wettbewerbspreises möglich sein sollte, so wäre er jedenfalls mit erheblichen Nachweisschwierigkeiten behaftet. Will man das Risiko nicht eingehen, daß der Betrugstatbestand wegen dieser Beweisproblematik weitgehend leerläuft, soll versucht werden, durch Wahl eines anderen Beweisthemas diese Schwierigkeiten zu umgehen oder zumindest abzumildern.

(b) Beweisbarkeit der Überhöhung des Nullpreises gegenüber dem hypothetischen Wettbewerbspreis

Die Nachweisprobleme sind insbesondere durch das enge Beweisthema: „exakte Höhe des hypothetischen Wettbewerbspreises“ bedingt. Aussagekräftige Indizien werden sich umso leichter finden, je umfassender das gewählte Beweisthema ist. Dies wohl erkennend, hat die jüngste Rechtsprechung[409] sich damit begnügt, Indizien für die Tatsache zu benennen, daß der Nullpreis über dem hypothetischen Wettbewerbspreis liegt. Beweisthema ist dann also nicht die exakte Höhe des hypothetischen Wettbewerbspreises, sondern die *Überhöhung des Nullpreises gegenüber dem hypothetischen Wettbewerbspreis*. Hierbei spielt es nun keine Rolle, inwieweit der Nullpreis überhöht und

---

[404] *Jaath*, Schäfer-FS, S. 110.

[405] *D. Geerds*, Wirtschaftsstrafrecht, S. 143 m.w.N.

[406] *D. Geerds*, Wirtschaftsstrafrecht, S. 144.

[407] Vgl. I/M-*Tiedemann*, § 38 Rn. 275; *Erlinghagen/Zippel*, DB 1974, 957.

[408] Diese Vorschrift wurde durch die 4. Novelle 1980 in das GWB eingefügt.

[409] OLG Frankfurt a.M. NJW 1990, 1057; BGH NJW 1992, 921.

wo genau der hypothetische Wettbewerbspreis wertmäßig anzusiedeln ist. Es müssen daher nur Indizien gefunden werden, die dafür sprechen, daß sich der Preis ohne Absprache überhaupt anders, nämlich zugunsten des Ausschreibenden entwickelt hätte.[410]

Damit stellt sich die Beweissituation anders dar als bei den oben angesprochenen Parallelfällen. Ganz deutlich wird der Unterschied zu § 38 IV GWB, wo sich die Bußgeldobergrenze exakt nach dem Betrag des Mehrerlöses und damit in Relation zum fiktiven Preis bestimmt. Hier verbleibt also gar keine andere Möglichkeit, als die exakte Höhe des fiktiven Preises zum Beweisthema zu erheben. Ebenso ist es letztlich auch bei den Preismißbrauchsfällen. Zwär wäre hier im Prinzip auch nur der Nachweis irgendeiner Überhöhung gegenüber dem fiktiven Wettbewerbspreis vonnöten. Da aber die Rechtsprechung einen Preismißbrauch nur dann annimmt, wenn der fiktive Preis erheblich überschritten ist, wird vorausgesetzt, daß zumindest die ungefähre Größenordnung dieses Preises bewiesen wird. Aus diesem Grund ist bei den Preismißbrauchsfällen ein engeres Beweisthema angezeigt.[411]

(c) Geeignetheit des Beweisthemas „Überhöhung des Nullpreises gegenüber dem hypothetischen Wettbewerbspreis"

Bisher haben wir nur herausgefunden, daß die Wahl des weiten Beweisthemas – Überhöhung des abgesprochenen Preises – eine Vereinfachung des Indizienbeweises bewirkt. Es bleibt aber zu klären, ob es zur Bejahung der Betrugsstrafbarkeit genügt, *irgendeine* Überhöhung und damit nur irgendeinen, *der Höhe nach unbestimmten* Schaden festzustellen. Immerhin wäre eine Argumentation dahingehend denkbar, daß man, läßt sich ein Schaden der Höhe X nicht nachweisen, „in dubio pro reo" auf einen geringeren Mindestschaden der Höhe „X – 1" ausweichen muß. Ist auch ein Schaden dieser Höhe nicht beweisbar, so dürfte wiederum zugunsten des Beschuldigten allenfalls von einer niedrigeren Schadenshöhe „X – 2" ausgegangen werden etc. Läßt sich also jeweils die genaue Höhe des Schadens nicht zur Überzeugung des Gerichts nachweisen, wird man schließlich beim Schaden der Höhe Null (X – X) angelangen, so daß von einem Schaden nicht mehr gesprochen und damit ein objektives Tatbestandsmerkmal nicht nachgewiesen werden könnte.

---

[410] Auch *Baumann*, NJW 1992, 1664 sieht mit der Suche nach Indizien für das „Ob" des Schadens „... die Barriere gedanklich übersprungen, die darin besteht, bei fehlendem Wettbewerb keinen hypothetischen Wettbewerbspreis bestimmen zu können".

[411] Vgl. auch BGHZ 68, 23, 33; 76, 142, 150 f.

Dies rechtfertigt die Frage, ob es denn für den Nachweis der Strafbarkeit wegen Betruges genügen kann, daß der Richter vom Eintritt eines Schadens überzeugt ist, ohne sich über die Höhe desselben Gewißheit verschafft zu haben. Sichtet man Rechtsprechung und Schrifttum zu diesem Problem, stößt man auf die unterschiedlichsten Formulierungen. Diese reichen von der Feststellung, daß die Differenz beim Vermögensschaden exakt zu beziffern sei,[412] bis zur Ansicht, die ziffernmäßige Bestimmung sei unerheblich, solange sich ein Vermögensschaden überhaupt feststellen lasse.[413] Auch der BGH hat in dem oben zitierten Urteil zwar Indizien nur für das „Ob" des Schadens aufgestellt, er führt aber aus, daß der Tatrichter, wenn er zu der Überzeugung komme, ein Schaden sei entstanden, dessen Höhe unter Beachtung des Zweifelssatzes schätzen dürfe, wenn eine genaue Ermittlung nicht möglich sei.[414] Kommt es also für die Strafbarkeit nach § 263 StGB überhaupt auf den Beweis der Schadenshöhe an? Sollte dies der Fall sein, so dürfte allein das eingangs erörterte enge Beweisthema, das die Ermittlung des exakten hypothetischen Wettbewerbspreises voraussetzt, zum Nachweis der Strafbarkeit herangezogen werden.

Meines Erachtens muß streng getrennt werden zwischen der ersten Frage, ob sich jemand des Betrugs strafbar gemacht hat, und der weiteren Frage, wie groß das Unrecht und die Schuld des Täters ist, welche nicht zuletzt durch die verursachte Schadenshöhe beeinflußt werden. Während letztere Frage die Feststellung eines „Mehr-oder-Weniger" verlangt, kann die Antwort auf die erste Frage nur entweder ja oder nein lauten, so daß es auch bei der Subsumtion unter die Tatbestandsmerkmale jeweils nur darauf ankommt, ob das jeweilige Tatbestandsmerkmal verwirklicht ist oder nicht. Dies erklärt, warum eine solche Trennung zwischen dem „Ob" der Strafbarkeit und der Schadenshöhe vorgezeichnet ist. Bedenken gegen eine strikt getrennte Betrachtung könnte man aber wegen der Möglichkeit haben, eine Vermögensminderung durch unmittelbaren Vermögenszuwachs wirtschaftlich zu kompensieren und so einen Schaden auszuschließen. In diesem Fall muß also eine Aussage darüber getroffen werden, inwieweit sich Vermögensminderung und -mehrung ausgleichen. Aber auch das zwingt nicht dazu, die genaue Schadenshöhe zu ermitteln. Vielmehr kommt es letztlich nur darauf an, daß das Gesamtvermögen trotz zugeflossenem Vermögensvorteil *insgesamt* gemindert wird. Um dies feststellen zu können, muß also nur bewiesen werden, daß die Minderung die Mehrung dem Betrag nach übersteigt. Welche genaue Differenz sich ergibt, wie hoch der Schaden also konkret ist, spielt auch unter diesem Gesichtspunkt keine Rolle für die Frage nach der Strafbarkeit.

---

[412] *R. Schmid*, Ausschreibungsbetrug, S. 92.

[413] RGSt 51, 204, 210.

[414] BGH NJW 1992, 923.

Auch aus der Struktur des Betrugstatbestandes, wonach zwischen dem verursachten Schaden und dem beabsichtigten Vermögensvorteil „Stoffgleichheit" bestehen muß,[415] ergibt sich nichts anderes. Selbst wenn man eine sehr enge Auffassung von Stoffgleichheit vertreten und inhaltliche Identität zwischen Vermögensvorteil und Nachteil fordern wollte,[416] könnte man doch immer auch über unbestimmte Größen von Schaden und Vorteil die Aussage treffen, daß „Stoffgleichheit" (wenn auch nur zu einem unbestimmten Anteil) vorliegt. Dies gilt umso mehr, wenn man mit der h.M. nur noch einen Unmittelbarkeitszusammenhang zwischen Vorteil und Schaden verlangt, bei dem es auf die jeweilige Höhe von Vermögensvor- und Vermögensnachteil gar nicht mehr maßgeblich ankommt.[417]

Entscheidend ist aber die Überlegung, daß die Unmöglichkeit einer ziffernmäßigen Bestimmung der Schadenshöhe durch die Anwendung eines objektiv-*individuellen* Schadensbegriffs geradezu vorgezeichnet ist.[418] Läßt man eine Individualisierung des Schadensbegriffs zu, um der Tatsache gerecht zu werden, daß nicht alle Gegenstände und Leistungen für alle Menschen den gleichen Vermögenswert besitzen, so kann man – auch bei Anwendung eines objektiven Maßstabs – zwar z.B. die Aussage treffen, ein juristisches Fachlexikon habe für einen Analphabeten einen geringeren Wert als den Marktwert, auf Mark und Pfennig kann dieser individuelle Wert aber nicht beziffert werden. In diesen Fällen muß es also genügen, daß überhaupt ein Schaden eingetreten ist, ohne daß eine konkrete Aussage über dessen Höhe gemacht werden könnte. Für die Frage nach der Strafbarkeit kann es deshalb auf die Bezifferbarkeit der Schadenshöhe nicht ankommen.[419]

Als Zwischenergebnis läßt sich somit festhalten: Für die Frage der Strafbarkeit ist es nicht erforderlich, den exakten hypothetischen Wettbewerbspreis festzustellen. Es ist vielmehr zulässig, das weite Beweisthema „Überhöhung des Nullpreises gegenüber dem Wettbewerbspreises" zu wählen und diese Haupttatsache mittels Indizienbeweises zur Überzeugung des Gerichts nachzuweisen. Zu diesem Zweck soll im folgenden untersucht werden, welche Indiztatsachen, die für Fälle von Submissionsabsprachen typisch sind, zu

---

[415] Zu diesem Erfordernis ausführlich unten D.II.1.b.(4).(a).

[416] Eine so enge Auffassung vom Erfordernis der Stoffgleichheit wird heute aber nicht mehr vertreten, dazu siehe unten D.II.1.b.(4).(a).

[417] Siehe unten D.II.1.b.(4).(a).

[418] So auch *Hoppenz*, S. 104 Fn. 352.

[419] Vgl. auch SK-*Horn*, § 46 Rn. 41, 47; LK-*Hirsch*, § 46 Rn. 5, 9, die auch unterscheiden zwischen der Frage, „ob" ein Unrecht verschuldet wurde (Frage nach der Strafbarkeit) und der nach der Schwere dieses Vorwurfs (Frage der Strafzumessung); zur Problematik der Strafzumessung siehe unten C.II.5.i.(7).

einem solchen Beweis herangezogen werden können und welcher Beweiswert ihnen jeweils zukommt.

(5) Die Aussagekraft einzelner Indizien

(a) Vorbemerkung

Wenn nun einzelne Indizien auf ihre Aussagekraft hin untersucht werden sollen, so ist gleich zu Anfang eine Einschränkung vorzunehmen: Ziel der folgenden Betrachtungen kann nicht sein, generell Regeln aufzustellen, nach denen bei Vorliegen bestimmter Indizien ein Schaden immer und allgemein zu bejahen wäre. Wie die obigen Ausführungen zeigen, ist es allein Sache des Tatrichters, sich eine persönliche und individuelle Gewißheit davon zu verschaffen, ob dieses Tatbestandsmerkmals wirklich erfüllt ist. Die konkreten Umstände des Einzelfalls spielen die entscheidende Rolle bei der Beweiswürdigung, so daß eine abstrakte, vom Einzelfall losgelöste Aussage über die Beweiskraft von Indizien immer nur unter starken Vorbehalten getroffen werden kann. Möglich ist es hingegen, den Indizien das „Formelhafte" zu nehmen, die Schlußfolgerungen rational zu hinterfragen und so dazu beizutragen, daß die Schadensermittlung nicht ins Spekulative abgleitet.

Im folgenden sollen daher einzelne Anhaltspunkte, die sich in Sachverhalten mit Submissionsabsprachen häufig finden lassen, untersucht werden, wobei deren Indizwirkung analysiert und ihre jeweilige Bedeutung für eine mögliche Überzeugungsbildung des Tatrichters bewertet werden soll. Voraussetzung jeder Indizwirkung muß nach dem oben Gesagten aber sein, daß sich die jeweiligen Indiztatsachen, die der Schlußfolgerung auf einen Vermögensschaden zugrundeliegen, zur Überzeugung des Gerichts nachweisen lassen.

(b) Erhöhung des bereits kalkulierten Angebots eines Kartellmitglieds nach der Absprache

Nach Kenntnisnahme von einer Ausschreibung und Anforderung der Verdingungsunterlagen kalkuliert der potentielle Bewerber sein Angebot ohne Kenntnis vom Bietwillen und -verhalten anderer. Anschließend kommt es zur Kontaktaufnahme mit Konkurrenten und schließlich zu einer Preisabsprache in bezug auf die konkrete Ausschreibung. Daraufhin ändert er seinen bereits kalkulierten Angebotspreis nach oben ab und reicht das so abgeänderte Angebot ein. Es ist dabei unerheblich, ob er oder ein anderer letztlich den

Zuschlag erhält, vorausgesetzt, der Zuschlagspreis liegt über dem ursprünglich kalkulierten Preis.[420]

Bei einem solchen Sachverhalt liegt der Schluß auf einen Schaden sehr nahe.[421] Die ursprüngliche Kalkulation zeigt, welcher Preis im echten Wettbewerb in jedem Fall erzielbar war. Zwar kann der hypothetische Wettbewerbspreis noch darunter liegen, wenn ein echtes Wettbewerbsangebot eines anderen Ausschreibungsteilnehmers noch billiger gewesen wäre. Es läßt sich aber jedenfalls die Aussage treffen, daß der Nullpreis über dem hypothetischen Wettbewerbspreis gelegen haben muß und ein Schaden somit eingetreten ist. Dieses Indiz läßt aber sogar nicht nur den Schluß auf das Vorliegen eines Schadens überhaupt zu, sondern erlaubt darüber hinaus auch den Schluß auf eine Mindesthöhe des verursachten Schadens, die der Differenz zwischen ursprünglichem Angebotspreis und (höherem) Zuschlagspreis entspricht.

Gegen diese Schlußfolgerung ließe sich einwenden, daß es noch andere Motive für eine Abänderung des bereits kalkulierten Angebots geben kann, so z.B. kurzfristige Preiserhöhungen, unerwartete wirtschaftliche Schwierigkeiten des Unternehmens oder plötzliche Veränderungen der Auftragslage. Haben sich die für die Kalkulation bedeutsamen Umstände zwischen Erstkalkulation und Abänderung des Angebots jedoch nicht wesentlich verändert, was insbesondere bei kurzer zeitlicher Abfolge der Ereignisse anzunehmen ist, spricht eine sehr hohe Wahrscheinlichkeit dafür, daß die Preisabsprache ursächlich für die Abänderung war, der höhere Preis also durch die Absprache veranlaßt wurde.

Auch wenn von dieser Indiztatsache eine sehr hohe Schadenswahrscheinlichkeit ausgeht und sogar eine Mindestschadenshöhe festgestellt werden kann, so liegen die Schwierigkeiten hierbei in der Vielzahl der zu beweisenden Indiztatsachen, wie die Höhe des ursprünglichen Angebots, die Absprache, die anschließende Abänderung des ursprünglichen Angebots, die zeitliche Abfolge und die im wesentlichen unveränderten wirtschaftlichen und innerbetrieblichen Gesamtumstände zwischen ursprünglichem Angebot und Vornahme der Abänderung. Insbesondere wird es nur sehr selten möglich sein, das ursprüngliche Angebot und dessen Inhalt nachzuweisen.

---

420 Vgl. den Sachverhalt bei OLG Celle WuW/E OLG 559 („Brückenbauwerk").

421 So auch *Kramm*, JZ 1993, 424; *Volhard*, Oppenhoff-FS, S. 511.

(c) Ausgleichszahlungen an Kartellmitglieder und Außenseiter

Als „wichtiges“ bzw. „sehr gewichtiges“ Indiz für eine Überhöhung des Zuschlagspreises gegenüber dem fiktiven Wettbewerbspreis haben das OLG Frankfurt a.M. und der BGH Ausgleichszahlungen an potentielle Konkurrenten aufgrund einer Kartellabrede bezeichnet. Solche Ausgleichszahlungen werden vom herausgestellten Bewerber an diejenigen Kartellmitglieder, die ein Scheinangebot zum Schutz des Nullangebots abgeben, oder an Konkurrenten, die von einer Teilnahme an der Ausschreibung absehen, gezahlt. Diese Form des Ausgleichs findet sich eher bei einmaligen Gelegenheitsvereinbarungen als bei auf Dauer angelegten Kartellen.[422]

Hat der Herausgestellte diese Ausgleichszahlungen zu erbringen, um sich den Zuschlag zu sichern, so erhöht sich also sein finanzieller Gesamtaufwand für das konkrete Projekt. Hierbei handelt es sich häufig um erhebliche Summen, z.B. mehr als 5 Mio. DM bei einem Auftragsvolumen von knapp 20 Mio. DM bei BGH NJW 1992, 921. Angesichts dieser erheblichen Zusatzkosten liegt der Schluß nahe, dieser betriebswirtschaftliche Aufwand würde zumindest teilweise in das Angebot des Herausgestellten einkalkuliert, d.h. dem Nullpreis dieser Betrag aufgeschlagen. Ohne Absprache mit Ausgleichszahlungsverpflichtung hätten diese Kosten bei der Angebotserstellung nicht berücksichtigt werden müssen, so daß davon auszugehen ist, daß der hypothetische Wettbewerbspreis niedriger gelegen hätte.[423]

Der hiergegen vorgebrachte Haupteinwand geht dahin, daß nicht auszuschließen sei, daß die Augleichszahlungen aus den erwarteten Gewinnen des herausgestellten Unternehmers erbracht würden, so daß die finanziellen Mehraufwendungen nicht auf den Ausschreibenden abgewälzt, sondern vielmehr vollständig vom Herausgestellten getragen würden. Ein Schluß auf einen Schaden sei demnach nicht möglich.[424] Dieser nicht unerhebliche Einwand ist zum einen aber dann ausgeschlossen, wenn die Ausgleichszahlungen solche Größenordnungen annehmen, daß sie den zu erwartenden Gewinn übersteigen[425] oder wenn die Wirtschafts- und Auftragslage derart schlecht ist, daß nur geringe oder keine Gewinne zu erwarten sind, und

---

[422] Vgl. auch *Kramm*, JZ 1993, 423.

[423] So auch BGH NJW 1992, 921, 923; OLG Frankfurt a.M. NJW 1990, 1057, 1058; *Diehl*, BauR 1993, 7; *Baumann*, NJW 1992, 1665; *Böhm*, KartellR 1931, 318; *Jaath*, Schäfer-FS, S. 97; *Kramm*, JZ 1993, 423; *Tiedemann*, Wettbewerb und Strafrecht, S. 12 f.; *Volhard*, Oppenhoff-FS, S. 516; *Franzen*, S. 24 f.; *Broß/Thode*, NStZ 1993, 370 f.

[424] So z.B. die Argumentation der Verteidigung in BGH NJW 1992, 921; vgl. *Tiedemann*, ZRP 1992, 150.

[425] So bei BGH NJW 1992, 921.

deshalb eine Abwälzung auf den Ausschreibenden unabwendbar ist. Auch im übrigen ist aber davon auszugehen, daß der wirtschaftliche Zweck eines Verdingungskartells darin liegt, nach Abzug aller Kosten noch einen möglichst hohen Gewinn zu machen. Es müssen sinnvollerweise auch alle absprachebedingten Kosten, somit auch die Ausgleichszahlungen, wieder „erwirtschaftet" werden.[426] Dieser Zweck würde durch Zahlung der Ausgleichsbeträge „aus eigener Tasche" gefährdet, wenn nicht sogar vereitelt.[427]

Weiterhin wird gegen dieses Indiz vorgebracht, die Ausgleichszahlungen würden auf den Nullpreis nicht aufgeschlagen, sondern seien Teil des Marktpreises, da insbesondere die Baubranche nur noch über diese Zahlungen am Leben erhalten werden könne.[428] Der Preisaufschlag sei daher nicht weniger gerechtfertigt als das Entgelt für andere volkswirtschaftlich wesentliche Leistungen.[429] Wie Baumann[430] hiergegen zu Recht einwendet, setzt eine solche Argumentation die Behauptung voraus, alle Baufirmen würden sich dieser Praxis bedienen. Diese Annahme ist aber irreal und wird durch die gängigen Schätzungen keinesfalls belegt, wonach „nur" etwa 40% der öffentlichen Aufträge durch Absprachen beeinflußt sind.[431] Auch hieße das, einen rechtswidrigen Zustand als Normalzustand anzusehen und damit zu akzeptieren. Darüber hinaus sind die Kosten für Ausgleichszahlungen kostenwirtschaftlich unbegründet; ihnen steht keine wirtschaftliche Gegenleistung zugunsten des Bauherrn gegenüber. Selbst wenn also diese Ausgaben zum Überleben der Baubranche notwendig wären und insoweit einen volkswirtschaftlichen Vorteil brächten, könnte dem Ausschreibenden nicht zugemutet werden, einen gegen seinen Willen und seine Interessen zustandegebrachten Zusammenschluß auf der Marktgegenseite auch noch zu finanzieren.[432]

Schließlich kann auch nicht eingewandt werden, bei einer Mehrzahl abgesprochener Aufträge würden sich die gezahlten Ausgleichssummen letztlich ausgleichen, da dies aus Sicht des durch § 263 StGB geschützten Vermögensinhabers gleichgültig ist.[433]

Da damit dem Schluß von Ausgleichszahlungen auf eine Preisüberhöhung keine wesentlichen Einwände entgegenstehen, kann darin ein sehr taugliches Indiz zum Nachweis eines Schadens erblickt werden, und zwar umso mehr,

---

[426] *Kramm*, JZ 1993, 423.

[427] *Böhm*, KartellR 1931, 318; so auch *Kramm*, JZ 1993, 423.

[428] Vgl. bei *Baumann*, NJW 1992, 1663.

[429] *Callmann*, Das Deutsche Kartellrecht, S. 109.

[430] NJW 1992, 1663; ihm zustimmend *Broß/Thode*, NStZ 1993, 370.

[431] Siehe schon oben C.I.2. und unten C.II.5.i.(5).(i).

[432] *Böhm*, KartellR, 1931, 330.

[433] Vgl. auch OLG Frankfurt a.M. NJW 1990, 1057.

je höher sie im Verhältnis zum Auftragsgesamtvolumen sind; denn je höher die Zahlungen sind, desto unwahrscheinlicher ist es, daß sie voll aus eigener Tasche bezahlt werden. Wie die Praxis zeigt, gelingt es auch immer wieder, solche Zahlungen nachzuweisen. Die Aufgabe des Tatrichters wird darüber hinaus noch insoweit erleichtert, als die Indiztatsache „Ausgleichszahlungen" selbst wieder einem Indizienbeweis zugänglich ist. Steht nämlich fest, daß eine Preisabsprache stattgefunden hat, so folgt daraus nahezu zwangsläufig, daß der zum Schein Bietende nur gegen eine – wie auch immer geartete – Vergütung auf seine Zuschlagschance verzichtet hat. Insbesondere bei Gelegenheitsabsprachen geschieht dies nahezu ausschließlich durch Ausgleichszahlungen. Bei dieser Beweiskette[434] – Schluß von Kartell auf Ausgleichszahlungen und von diesen wiederum auf einen Schaden – muß aber beachtet werden, daß die Beweiskraft des Schlusses auf die Haupttatsache „Schaden" mit der Anzahl der Glieder, hier also zwei, erheblich abnimmt, da sich die Unsicherheiten der einzelnen Schlußfolgerungen multiplizieren.[435]

Zusammenfassend läßt sich daher sagen, daß Ausgleichszahlungen bei der Überzeugungsbildung der Tatrichter eine wichtige Rolle spielen sollten und es ihnen häufig ermöglichen werden, konkrete Zweifel am Schadenseintritt auszuschließen.

(d) Ausgleichsleistungen an Kartellmitglieder im Rahmen von Punkte-, Gutschein- oder Kontokorrentsystemen

Werden Submissionskartelle längerfristig betrieben, so werden i.d.R. nicht bei jedem abgesprochenen Auftrag Ausgleichsbeträge gezahlt, sondern es werden Punkte-, Gutschein- oder Kontokorrentsysteme errichtet.[436]

Beim Punktesystem erhält jeder Scheinbieter, der den Nullpreis überbietet, Pluspunkte, deren Anzahl sich nach der Höhe der Überbietung richtet. Wer genügend Punkte gesammelt hat, wird bei einem der nächsten ausgeschriebenen Aufträge herausgestellt und durch Scheinangebote der anderen geschützt, verliert allerdings dadurch seinerseits Pluspunkte. Es findet sozusagen eine Versteigerung der Aufträge unter den Kartellmitgliedern statt.[437]

Gerade dieser Vergleich mit einer Versteigerung macht deutlich, welche Bedeutung den Punkten zukommt. Sie sind „Zahlungsmittel" innerhalb des Kartells. Mit Punkten kann eine Herausstellung und damit die gesicherte

---

[434] Zum Begriff siehe oben C.II.5.i.(1).

[435] Dazu ausführlich *Nack*, MDR 1986, 368.

[436] Siehe dazu schon oben C.I.2.

[437] *Herbst*, S. 71.

Zuschlagschance „gekauft" werden und einen Punkt erhält nur, wer auf seine mehr oder minder große Zuschlagsaussicht verzichtet. Damit stellen die Punkte nichts anderes als einen Geldersatz dar; ihnen kommt daher Vermögenswert zu. Im Falle der Herausstellung muß der geschützte Bieter also einen Vermögenswert in Form von Punkten abgeben, während den Konkurrenten ein Vermögenswert in Form von Punkten zufließt. Daraus folgt, daß die Punkte letztlich nur Ausgleichszahlungen ersetzen. Genau wie bei Ausgleichszahlungen auch, muß der Herausgestellte schon bei Erstellung des Nullpreises mit einkalkulieren, daß er diesen Zuschlag durch Verzicht auf zukünftige Zuschlagschancen erkauft, so daß der Gewinn, den er bei diesem konkreten Geschäft macht, so hoch sein muß, daß er zumindest die fixen Kosten während der zukünftigen „Flaute" bis zu dem Zeitpunkt, in dem er die für einen erneuten Zuschlag ausreichende Punktezahl wieder erreicht hat, deckt. Damit sind Punktesysteme genauso zu beurteilen wie mehrfach hintereinandergeschaltete Ausgleichszahlungen. Auch die Punkteverteilung hat daher einen hohen Indizwert in bezug auf den Nachweis eines Vermögensschadens.

Nur eine Variante der Ausgleichszahlungen stellen Gutschein- und Kontokorrentsysteme dar.[438] Hier werden die Mitkonkurrenten zwar nicht über Geldzahlungen beteiligt, sondern erhalten Gutscheine anstelle einer Geldzahlung bzw. stellen ihre gegenseitigen Forderungen in ein Kontokorrent ein, so daß diese schließlich miteinander verrechnet werden. Diese Verfahren dienen bei längerfristigen Kartellen nur der Vereinfachung der internen Zahlungen, haben somit also auch die gleiche Indizwirkung wie Ausgleichszahlungen.

(e) Interne Vorausschreibung

Wird die Festsetzung des Nullpreises nicht ganz dem herausgestellten Unternehmer überlassen, finden interne Vorausschreibungen statt, d.h. die Kartellmitglieder reichen ihre Vorkalkulationen ein, die dann die Grundlage für die Festsetzung des Nullpreises bilden. Dieser kann dann z.B. dem arithmetischen Mittel der einzelnen Kalkulationsergebnisse entsprechen.[439] Dadurch soll die Gefahr abgewendet werden, daß wegen übertriebener Preisforderungen die Ausschreibung aufgehoben wird und eine neue Ausschreibung erfolgt.

---

[438] Vgl. hierzu v.a. *Herbst*, S. 71; *Crome*, BB 1959, 832.

[439] Vgl. *R. Schmid*, Ausschreibungsbetrug, S. 53.

Nun könnte man annehmen, daß die billigste dieser Vorkalkulationen dem hypothetischen Wettbewerbspreis entspricht.[440] Dabei würde aber übersehen, daß die Kalkulation nur zu internen Zwecken erfolgt und dabei nicht der gleiche Kalkulationsdruck auf den Kartellmitgliedern lastet wie beim unabhängig kalkulierenden Bieter. Letzterer errechnet seinen Preis nämlich im Bewußtsein, daß mit steigender Preisforderung seine Zuschlagschance sinkt,[441] während der Kartellteilnehmer bei einer rein internen Vorausschreibung nur einen „Rechnungsposten" erstellt und ein Überbieten nicht befürchten muß.[442] Es kann daher mit an Sicherheit grenzender Wahrscheinlichkeit davon ausgegangen werden, daß der hypothetische Wettbewerbspreis *noch unter* dem Ergebnis der internen Ausschreibung liegt. Da der Nullpreis in jedem Fall höher sein wird als das niedrigste Vorkalkulationsergebnis, bietet sich der Schluß auf eine Überhöhung des Nullpreises und damit auf einen Schaden des Ausschreibenden an.[443] Voraussetzung für eine solche Schlußfolgerung ist aber der volle Nachweis des internen Ausschreibungsergebnisses. Dies wird dann schwierig sein, wenn die Kartellmitglieder alle diesbezüglichen Spuren und Unterlagen beseitigen.[444]

(f) Zusammenschluß zu einem Submissionskartell

Das wohl größte Problem im Bereich der Schadensindizien stellt die Frage dar, ob schon die Existenz eines Submissionskartells als solche ein Indiz für einen Vermögensschaden des Ausschreibenden darstellt. Wäre dies zu bejahen, hätten die Gerichte in jedem dieser Fälle ein relativ leicht nachweisbares Indiz zur Hand, das ihnen die Überzeugungsbildung hinsichtlich eines Schadenseintritts erheblich erleichtern würde, da nur die Kartellbildung als Tatsachengrundlage für diese Schlußfolgerung bewiesen werden müßte.

Die Beantwortung dieser Frage ist schon deshalb nicht ganz einfach, weil sie leicht mit der grundsätzlichen Bewertung von Submissionskartellen verknüpft wird. Je nachdem, ob man Submissionskartelle als „Kinder der Not"

---

[440] So wohl OLG Frankfurt a.M. NJW 1992, 1057, das davon ausgeht, das interne Ausschreibungsergebnis spiegele in etwa die Situation wider, die sich ohne Manipulation ergeben hätte.

[441] Vgl. das oben zur Preisbildung bei der Submission Gesagte, insbesondere unter C.I.3.

[442] *Baumann*, NJW 1992, 1665; vgl. auch *Diehl*, BauR 1993, 7; dies beachtet auch *Kramm*, JZ 1993, 424 nicht hinreichend.

[443] I.E. ebenso OLG Frankfurt a.M. NJW 1992, 1057; *Baumann*, NJW 1992, 1665; *Diehl*, BauR 1993, 6; *Kramm*, JZ 1993, 424; *Volhard*, Oppenhoff-FS, S. 519.

[444] Zur Indizwirkung dieses Verhaltens der Kartellmitglieder siehe unten C.II.5.i.(5).(l).

und volkswirtschaftlich vorteilhaft ansieht oder ob man ihnen die Schuld an den hohen geschätzten Verlusten zuschreibt, wird auch die Ansicht zur Existenz eines Erfahrungssatzes hinsichtlich der Verursachung eines Schadens beim Ausschreibenden ausfallen.

Hatte der BGH in seinem Submissionsabsprachen betreffenden Urteil aus dem Jahre 1961[445] – freilich unter Zugrundelegung eines ganz anderen Vergleichsmaßstabs zur Schadensberechnung[446] – noch ausgeführt, daß die Tatsache, daß der Handelnde andere dazu bestimmt, günstigere Angebote zu unterlassen oder Scheinangebote abzugeben, um seinen Vertragsgegner zu täuschen, für den Tatbestand des Betrugs gleichgültig sei, so vertritt das Gericht in seiner neuesten Entscheidung zu den Submissionsabsprachen geradezu den entgegengesetzten Standpunkt:[447] Es spreche sogar eine hohe Wahrscheinlichkeit dafür, daß Submissionskartelle nicht gebildet und am Leben erhalten würden, wenn dadurch keine höheren als die sonst erzielbaren Wettbewerbspreise durchgesetzt werden könnten, wobei in dieser Preisdifferenz gerade der Schaden des Ausschreibenden liege.

Auch in der Literatur finden sich Hinweise auf einen Erfahrungssatz des Inhalts, daß der abgesprochene Preis über demjenigen Preis liege, der ohne Absprache zustandegekommen wäre.[448] Begründet wird das u.a. damit, daß durch das Kartell der Preiswettbewerb ausgeschaltet und daher das Preisniveau angehoben wird;[449] der abgesprochene Preis müsse direkt oder über Ausgleichszahlungen noch die Kosten des am unrentabelsten arbeitenden Kartellmitgliedes decken.[450] Stimmt der Satz von Franzen[451], daß die Preishöhe bei der Ausschreibung von der Nachfrage und damit von der Anzahl der Bewerber abhänge und damit gelte: je höher deren Anzahl, desto niedriger der Preis, so müßte auch die Verringerung der Anzahl echter Bieter durch ein Kartell, welches aufgrund seiner internen Absprache über die Auftragsverteilung den Außenseitern gegenüber als nur ein Wettbewerber auftritt, zu einer Preissteigerung führen und damit für die Indizwirkung sprechen. Hiergegen läßt sich zunächst einwenden, daß Zweck eines Submissionskartellbil-

---

445 BGHSt 16, 367, 373.

446 Zur Heranziehung eines „angemessenen Preises" als Vergleichsmaßstab siehe oben C.II.5.d.

447 BGH NJW 1992, 921, 923.

448 *Baumann*, NJW 1992, 1665; I/M-*Immenga*, § 1 Rn. 263; *R. Schmid*, Ausschreibungsbetrug, S. 56; *Tiedemann*, Wettbewerb und Strafrecht, S. 12 f.; *Volhard*, Oppenhoff-FS, S. 518; *Fikentscher*, BB 1956, 798; kritisch aber *Diehl*, BauR 1993, 6, und *Kromik/Schwager/Noss*, Rn. 306.

449 I/M-*Immenga*, § 1 Rn. 263.

450 *Tiedemann*, Wettbewerb und Strafrecht, S. 12 f.

451 S. 5 f.

dung nicht die Durchsetzung sonst nicht realisierbarer Preisvorstellungen sein müsse. Vielmehr könnten sich die Mitglieder darauf beschränken, den Zuschlag einem bestimmten Kartellmitglied zuzuspielen, ohne auf den Preis Einfluß zu nehmen. Dadurch würde eine Berücksichtigung rentabilitätsmäßiger Gesichtspunkte sowie insbesondere der Beschäftigungslage der einzelnen Unternehmer möglich, was schließlich eine gleichmäßigere Auslastung der einzelnen Betriebe zuließe. Demzufolgen regelten die Kartelle also nur die Auftragsverteilung zwischen den Mitgliedern.[452]

Wäre dieser Einwand zutreffend, so müßten Kartelle eigentlich dann überflüssig sein, wenn alle Betriebe ausreichend ausgelastet sind, wenn also Aufträge in hinreichender Anzahl vergeben werden. Indes sind Preisabreden in der Vergangenheit aber gerade bei guter Konjunkturlage aufgetreten.[453] Deshalb kann in der unterschiedlichen Betriebsauslastung keine wesentliche Ursache der Kartellbildung gesehen werden.[454] Beide Aspekte – Auftragsverteilung und Preisbestimmung – sind voneinander nicht zu trennen. Auch wenn die Kartellmitglieder nur die Aufträge unter sich aufteilen wollen, so umgehen sie mit ihrer Absprache doch den Wettbewerbsmechanismus der Ausschreibung, nach dem derjenige, der einen Auftrag erhalten möchte, zu einem so günstigen Preis anbieten muß, daß er von keinem Konkurrenten unterboten wird. Der Preiswettbewerb ist daher das Mittel zur Auftragsverteilung. Wer Absprachen über die Verteilung vornimmt, schaltet diesen Preismechanismus aus. Der vom Kartell Herausgestellte muß sich den Auftrag nicht durch geringe Preiskalkulation „erwirtschaften“, so daß dem Ausschreibenden der Vorteil des gegenseitigen Unterbietens entgeht; er muß daher mehr als nur den fiktiven Wettbewerbspreis bezahlen.

Ein weiterer Einwand geht dahin, Submissionskartelle seien nur eine Maßnahme des Selbstschutzes gegen die Übermacht des Ausschreibenden, der seine Machtposition in vielfältiger Art und Weise mißbrauche, so z.B. durch alleiniges Abstellen auf den Preis, die kurzen Ausschreibungsfristen und die ungenauen Leistungsbeschreibungen,[455] was zu einer ruinösen Konkurrenz unter den Anbietern führe.[456] Auch neuere wirtschaftswissenschaftliche Unter-

---

[452] Vgl. *Callmann*, Das Deutsche Kartellrecht, S. 108; ähnlich – zumindest für Zeiten der Hochkonjunktur – auch *Franzen*, S. 128. Dieser Ansicht entspricht die Einordnung der Submissionskartelle als „besodere Art Kundenschutzkartelle“; zum Streit um die Zuordnung zu einer Kartellform siehe schon oben C.I.1.

[453] Dies belegen sowohl Stellungnahmen für das öffentliche Bauwesen zuständiger Referenten (Handelsblatt Nr. 156 v. 16.8.1983, S. 1) als auch Aussagen von Vertretern der Bauindustrie (Handelsblatt Nr. 157 v. 17.8.1983, S. 1).

[454] Ebenso *Crome*, BB 1959, 834.

[455] Zu den Gründen für die Kartellbildung siehe schon oben C.I.3.

[456] *Klages*, S. 45; *Böhm*, Kartellrecht, 1931, 326: Vereinbarungen zum Zweck, an-

suchungen kommen zu dem Ergebnis, daß das Submissionsverfahren allein schon wegen seiner Verfahrensregeln, insbesondere wegen der Intransparenz auf seiten der Anbieter, zu einem Preisverfall führe.[457]

Solange man einen Schaden durch Vergleich mit dem „angemessenen" Preis festzustellen versuchte, war es möglich, solche Selbstschutzerwägungen in die Wertung einzubeziehen, ob ein Preis angemessen ist. Stellt man aber – wie hier – allein auf den hypothetischen Wettbewerbspreis ab, kann dieser Einwand keinen Einfluß auf die Schadensfeststellung mehr haben, da bereits jede durch das Kartell verursachte Andersentwicklung des Preises zum Nachteil des Ausschreibenden einen Schaden darstellt. Dies ist auch richtig; denn, ob ein Mißstand bei der Durchführung des Ausschreibungsverfahrens oder dieses Verfahren selbst bei ordnungsgemäßem Verhalten zu einem Preisverfall und ruinöser Konkurrenz führt, kann für das Strafrecht solange nicht von Bedeutung sein, wie das Ausschreibungsverfahren eine erlaubte bzw. sogar die für die öffentliche Hand gesetzlich vorgeschriebene Form der Auftragsvergabe ist. Der objektive Schadensbegriff läßt eben – sieht man einmal von den anerkannten Ausnahmen wie dem persönlichen Schadenseinschlag ab – keinen Raum für individuelle Wertungen. Damit liegt ein Schaden des Ausschreibenden auch dann vor, wenn die Wettbewerbslage so angespannt ist, daß der echte Wettbewerbspreis unter dem Selbstkostenpreis liegt, die Konkurrenten aber aufgrund einer Absprache den Selbstkostenpreis als Nullpreis festsetzen. Aufgrund dieser wertungsfreien Schadensermittlung kann das Selbstschutzargument der Indizwirkung nicht entgegenstehen.

Schließlich läßt sich gegen einen Indizienschluß der Sachverhalt, der BGHSt 16, 367 zugrunde lag, ins Feld führen.[458] Die Besonderheit dieses Falles war die Tatsache, daß die Mitbewerber sich keine Chance auf den Zuschlag einräumten und daher einem aussichtsreichen Konkurrenten Blankoangebotsformulare übergaben, die dieser ausfüllen und zusammen mit seinem eigenen Angebot bei der Vergabestelle einreichen sollte, damit sie bei dieser im Gespräch blieben und bei den nächsten (beschränkten) Ausschreibungen wieder berücksichtigt würden. Der aussichtsreiche Konkurrent ließ sich in seiner Angebotsberechnung aber nicht von dieser Tatsache beeinflussen, wahrscheinlich deshalb (genau ist das dem Sachverhalt nicht zu entnehmen), weil er wußte, daß auch andere leistungsstarke Unternehmer an der Ausschreibung beteiligt wurden. Letzlich erhielt auch tatsächlich ein anderer, günstigerer Anbieter den Auftrag.

---

gemessene Preise aufrechtzuerhalten, sind grundsätzlich zulässig; *Bergemann-Gorsky*, Das Verdingungskartell, S. 9 ff.; vgl. auch *Jaath*, Schäfer-FS, S. 96.

[457] *Leitzinger*, S. 143 f., 196.

[458] Siehe oben C.II.5.d.(1).

Dieser Sachverhalt zeigt nun, daß Grund einer Absprache nicht nur die Durchsetzung überhöhter Preise sein kann, sondern auch andere Motive im Spiel sind, wie hier das „im-Gespräch-Bleiben" bei der Vergabestelle. Spricht dies nun gegen eine Schlußfolgerung von der Kartellbildung auf den Schaden des Ausschreibenden? Es ließe sich einwenden, bei BGHSt 16, 367 habe es sich um einen atypischen Fall gehandelt. Ein auf Indizien beruhender Schluß müsse aber nicht zwingend, sondern nur denkgesetzlich möglich und wahrscheinlich sein, so daß es durchaus auch atypische Fälle geben könne, deren Existenz der grundsätzlichen Eignung der Kartellbildung als Indiz nicht entgegenstehe. Damit wären die Schwierigkeiten aber noch nicht überwunden; insbesondere wäre nach wie vor offen, wann ein Fall als atypisch eingestuft werden müßte. Der wesentliche Unterschied zwischen BGHSt 16, 367 und den sonstigen Fällen von Submissionsabsprachen liegt darin, daß mit der Absprache kein *wesentlicher* Wettbewerb ausgeschaltet wurde. Lediglich einige Konkurrenten, die sowieso kein Interesse an dem Auftrag hatten bzw. sich keine Zuschlagschancen ausrechneten, verzichteten auf ein echtes Wettbewerbsangebot. Außerhalb dieses Kartells verblieben aber – mit Wissen des aussichstsreichen Kartellmitglieds – leistungsstarke Konkurrenten, so daß durch die Absprache nur solche Konkurrenten für den Wettbewerb ausfielen, die mit der Bestimmung des Wettbewerbspreises sowieso nichts zu tun hatten. Bei der Bewertung dieses Indizes läßt sich also feststellen, daß die Kartellbildung nicht in jedem Fall in gleichem Maße für einen Schaden indiziell sein kann. Ein hinreichend sicherer Schluß läßt sich nur ziehen, wenn an einer Absprache alle für den konkreten Auftrag wesentlichen und grundsätzlich auch teilnahmebereiten Unternehmer beteiligt sind – sei es als Kartellteilnehmer, sei es als Außenseiter, auf den durch das Kartell Druck ausgeübt wird.

Zusammenfassend läßt sich also sagen, daß bei Vorliegen eines Kartells ein Schluß auf einen Vermögensschaden beim Ausschreibenden durchaus möglich und zulässig ist. Das Gericht hat allerdings zu beachten, daß die Wahrscheinlichkeit eines Schadens in dem Maße abnimmt, wie leistungsfähige Konkurrenten von der Absprache nicht erfaßt sind und daher in echtem Wettbewerb zum Kartell stehen. Gerade bei langfristigen Kartellen, deren Ziel es ist, jeden Kartellteilnehmer an Aufträgen zu beteiligen, wird sich jedoch häufig nachweisen lassen, daß außerhalb des Kartells kein wesentlicher Wettbewerber steht, da ansonsten die Funktionsfähigkeit des Kartells insgesamt in Frage gestellt wäre. Auch bei beschränkten Ausschreibungen läßt sich aufgrund der überschaubaren Anzahl potentieller Bewerber leichter untersuchen, ob sich außerhalb des Kartells noch leistungsbereite und -fähige Konkurrenten unter den von der Vergabestelle einbezogenen Unternehmen befinden.

(g) Aufhebung der Intransparenz des Marktes auf Anbieterseite

Unabhängig vom Zweck eines Kartells hat der BGH ein Element jeder Kartellbildung als Indiz für einen Schaden herausgegriffen: die Aufhebung der Intransparenz auf Anbieterseite. Entsprechend dem oben[459] beschriebenen Preisbildungsprozeß bei Ausschreibungen ist richtig, daß die Unkenntnis über die Konkurrenzangebote und damit das Risiko, von Mitbewerbern unterboten zu werden, dazu führt, den eigenen Angebotspreis möglichst knapp zu kalkulieren. Dieser Preisgestaltungsdruck entfiele, wenn ein Bieter davon ausgehen könnte, einziger ernsthafter Bieter zu sein, so daß die einzige Obergrenze für seine Preisgestaltung die Gefahr wäre, daß es wegen eines „unangemessen hohen Preises" zu keinem Zuschlag kommt.[460]

Der Preisdruck ist nicht nur vorteilhaft für den Ausschreibenden, er ist auch unabdingbarer Bestandteil des Ausschreibungsverfahrens, so daß dieser „Geheimwettbewerb" auch rechtlich geschützt wird, indem schon die Bekanntgabe der an einer Ausschreibung interessierten Unternehmen an andere Interessenten gegen § 1 GWB verstoßen und deshalb gemäß § 37a GWB untersagt werden kann.[461] Wenngleich der Intransparenz daher wesentliche Bedeutung für die Preisbildung zukommt, muß doch – entsprechend dem zur Kartellbildung allgemein Gesagten – eine Einschränkung gemacht werden: Nicht jede Bekanntgabe von Bietungsabsichten an Konkurrenten kann als Indiz für eine Preisüberhöhung herangezogen werden.[462] Dies gilt vielmehr nur dann, wenn die Intransparenz *zu einem wesentlichen Teil* aufgehoben ist. Weiß ein Anbieter nur um die Beteiligungsabsicht einiger Konkurrenten, verbleibt aber das Verhalten anderer leistungsfähiger Unternehmer im Ungewissen, so ist der Preisdruck nicht völlig aufgehoben. Er ist nicht einmal vermindert, wenn zwar das Verhalten leistungsschwächerer Anbieter bekannt, das der leistungs- und konkurrenzfähigsten Anbieter aber unbekannt ist, da er bei der Preisgestaltung im wesentlichen nur mit einem Überbieten dieser

[459] C.I.3.

[460] Vgl. § 25 Nr. 3 (1) VOB / A; ähnlich auch § 25 Nr. 2 (2) VOL / A: „Angebote, deren Preise in offenbarem Mißverhältnis zur Leistung stehen, werden ausgeschieden."

[461] BGHR GWB § 1 I Marktbeeinflussung 1: Der BGH verweist auf § 17 Nr. 6 VOB / A, der vorsieht, daß die Namen der Bewerber vom Ausschreibenden geheimzuhalten sind, woraus gefolgert werden könne, daß – um einen echten Wettbewerb zu erzeugen – von den Auftraggebern alles getan oder unterlassen werden müsse, um die Intransparenz auf Anbieterseite zu erhalten. Dies gelte unabhängig von § 17 VOB / A auch für private Auftragsvergaben, da generell kein erkennbares (anerkennenswertes) Interesse der Bieter bestehe, Mitbewerber zu unterrichten und dadurch der Wettbewerb verändert werde und dies geeignet sei, die Marktverhältnisse spürbar zu beeinträchtigen.

[462] Vgl. auch die kritische Stellungnahme von *Diehl*, BauR 1993, 6.

letzteren Konkurrenten rechnen muß. Damit ist das Indiz der Aufhebung der Marktintransparenz grundsätzlich nur dann brauchbar, wenn alle wesentlichen Konkurrenten an einem Kartell teilnehmen.

(h) Von den Kartellmitgliedern als unbefriedigend empfundene Preissituation

Das OLG Frankfurt a.M. sah in der Preissituation zum Zeitpunkt der Absprache, die die Kartellmitglieder als unbefriedigend erachteten, ein Indiz für eine Überhöhung des Preises. In Ergänzung zum Indiz „Kartellbildung" kann die Motivation der Unternehmer hinsichtlich der Beteiligung an einer Submissionsabsprache wertvolle Hinweise auf das Ziel des Kartells selbst geben. Läßt sich nachweisen, daß die Unzufriedenheit über die aktuelle Preissituation Anstoß zur Bildung eines Kartells war, liegt es nahe, daß die Kartellmitglieder mit ihrem Zusammenschluß „Abhilfe" schaffen wollten. Daher kann mit großer Wahrscheinlichkeit davon ausgegangen werden, daß die Motivation der Unternehmer Einfluß auf die Preisbildung hatte und der vor diesem Hintergrund ermittelte Nullpreis überhöht ist. Die Schwierigkeit bei dieser inneren Indiztatsache liegt aber darin, daß es häufig schwer sein wird, den Kartellteilnehmern eine bestimmte Motivation nachzuweisen.

(i) Geschätzter Gesamtschaden

Auf den ersten Blick naheliegend ist ein Schluß vom geschätzten Gesamtschaden, den die Submissionsabsprachen jährlich angeblich anrichten, auf den Schaden im Einzelfall. Wie bereits oben dargestellt wurde,[463] weisen die bisher veröffentlichten Schätzungen allein für den Baumarkt einen Schaden der öffentlichen Hand von wenigstens 4 Mrd. DM jährlich aus, teilweise wird sogar ein Schaden von über 10 Mrd. DM angenommen. Bestätigt werden diese Schadensschätzungen durch die enormen Mehrerlösnachweise des BKartA in Verfahren nach dem GWB.[464] Angesichts dieser Zahlen glaubt z.B. auch das OLG Frankfurt a.M.[465] auf einen Schaden im konkreten Fall schließen zu dürfen: Der Gesamtschaden „werfe Licht auf den Einzelfall".

Die Zulässigkeit eines solchen Schlusses erscheint hingegen eher zweifelhaft. Die Schätzungen des Gesamtschadens stellen keine statistischen Werte dar; vielmehr läßt sich aus den bisherigen empirischen Untersuchungen kein

---

[463] Siehe oben C.I.3.

[464] Siehe oben C.I.3.

[465] NJW 1990, 1057.

einheitlicher, für alle Fälle gleichermaßen gültiger Erfahrungssatz für eine Überhöhung entnehmen.[466] Selbst die Feststellungen des BKartA über einen Mehrerlös durch eine konkrete Absprache sind für das Strafgericht nicht bindend; darüber hinaus läßt sich in vielen kartellrechtlichen Verfahren ein Mehrerlös aufgrund von Beweisschwierigkeiten gerade nicht nachweisen. Soll man vor diesem Hintergrund wirklich im Einzelfall auf einen Schaden des Ausschreibenden schließen können?

Dem Indiz „geschätzter Gesamtschaden" steht aber mehr noch als die ungesicherte Zahlenbasis die Methode der Argumentation entgegen. Selbst wenn feststünde, welchen Schaden Submissionsabsprachen insgesamt verursachen, so könnte daraus nicht gefolgert werden, daß auch wirklich jede Submissionsabsprache zu dem Gesamtschaden beiträgt. Auch wenn auf unseren Straßen durch den Betrieb von Kraftfahrzeugen jährlich Tausende von Menschen ums Leben kommen, läßt das nicht den Schluß zu, daß bei jeder Autofahrt ein Mensch getötet oder dessen Leben auch nur konkret gefährdet würde. Vielmehr ist der Schluß vom Gesamtschaden auf den konkreten Schaden ein Zirkelschluß: Bestehen in jedem Einzelfall von Submissionsabsprachen Beweisschwierigkeiten hinsichtlich des Schadenseintritts, so läßt sich über einen Gesamtschaden gerade keine gesicherte Aussage treffen. Greift man aber auf empirisch und statistisch nicht hinreichend gesicherte Schätzungen zurück, so kommt das einer bloßen Schätzung des Schadens im Einzelfall ohne nähere Berücksichtigung der konkreten Umstände gleich. Dies würde den Anforderungen an die Beweisführung und -würdigung im Strafprozeß jedoch nicht gerecht. Der geschätzte Gesamtschaden ist daher als Schadensindiz ungeeignet.

(j) Kostenermittlung

Indizielle Bedeutung könnte auch einem Vergleich des Nullpreises mit den Selbstkosten des Anbieters inklusive angemessenem Gewinn zukommen. Ließe sich also feststellen, daß der vom Herausgestellten geforderte Preis erheblich über dem Preis liegt, den eine an den Selbstkosten orientierte, nachträgliche oder bereits im Vorfeld des Verfahrens seitens des Vergebenden durchgeführte Berechnung erbringt, könnte dies einen Anhaltspunkt für einen Schaden des Vergebenden bieten.[467]

---

[466] *Volhard*, Oppenhoff-FS, S. 516; vgl. zu den bisherigen Untersuchungen *Diehl*, BauR 1993, 5.

[467] *Volhard*, Oppenhoff-FS, S. 516. Durch die Berechnung der voraussichtlichen Kosten versuchen ausschreibende Stellen im Bausektor, insbesondere die öffentliche Hand, Submissionskartellen bereits präventiv zu begegnen, vgl. *D. Geerds*, Wirtschaftsstrafrecht, S. 146 m.w.N.

Diese Methode liefe letztlich aber darauf hinaus, doch wieder auf einen „angemessenen Preis" als Vergleichsmaßstab für die Schadensberechnung zurückzugreifen. Dies wurde jedoch bereits oben[468] generell abgelehnt, weil diese Betrachtungsweise aufgrund ihrer Statik nicht in eine dynamische Wettbewerbsordnung paßt, in der der jeweilige Preis von einer Vielzahl von Faktoren, insbesondere von Angebot und Nachfrage zu einer bestimmten Zeit an einem bestimmten Ort abhängt und nicht objektiv – losgelöst von der konkreten Wettbewerbssituation – berechnet werden kann. Ein losgelöst vom Submissionsverfahren ermittelter Preis hat damit keinen Aussagewert bezüglich des Wertes einer ausgeschriebenen Leistung.

Selbst wenn man versuchen wollte, zumindest bei einzelnen Posten des Angebots, für die ein selbständiger Marktpreis existiert, z.B. bei dem für Zement in der Gesamtkalkulation ausgewiesenen Preis, eine überhöhte Preisforderung festzustellen, so kann damit regelmäßig noch keine Aussage hinsichtlich einer Überhöhung des Gesamtgebots getroffen werden. Es ist durchaus möglich, daß eine höhere Preisforderung bei der einen Position durch einen günstigeren Preis bei einer anderen Teilleistung ausgeglichen wird. Eine eindeutige Aussage hinsichtlich einer Überhöhung des Gesamtgebots läßt sich auf diese Weise also nicht treffen. Eine losgelöst von der Submission durchgeführte Berechnung eines „objektiven" Preises kann somit nicht Grundlage eines Indizschlusses auf einen Schaden des Ausschreibenden sein.[469]

(k) Vergleichsmarktkonzept

Bei der kartellrechtlichen Preismißbrauchsaufsicht (§ 22 GWB) und bei der zivilrechtlichen Ermittlung eines Schadens zum Zwecke eines Schadensersatzanspruches aufgrund der Aktivitäten eines Submissionskartells (insbesondere § 35 I 1 GWB) wird zum Nachweis einer Preisüberhöhung das Vergleichsmarktkonzept erwogen.[470] Anhaltspunkte für einen überhöhten Preis werden dadurch ermittelt, daß der durch die Kartellabrede beeinflußte Markt mit einem anderen zeitlichen bzw. regionalen Markt oder einem Markt für ähnliche Leistungen verglichen wird. Ergibt sich dann ein Abweichen des Preises auf dem durch Wettbewerbsbeschränkungen beeinflußten Markt gegenüber dem Vergleichsmarkt, spricht dies für eine Überhöhung des Preises durch die Kartellabrede. Allerdings setzt diese Methode voraus, daß sich

---

[468] C.II.5.d.

[469] Ebenso *Mailänder*, S. 193.

[470] Vgl. z.B. § 22 IV Nr. 2, 2.HS GWB; *Möschel*, NJW 1975, 755 ff.; *ders.*, Oligopolmißbrauch, S. 159 f.; *Mailänder*, S. 193; *Volhard*, Oppenhoff-FS, S. 515.

ein vergleichbarer Markt finden läßt, auf dem unverfälschte oder zumindest weniger verfälschte Wettbewerbsbedingungen herrschen als auf dem zu untersuchenden Markt.

Wählt man einen *zeitlichen Vergleichsmarkt*, so bietet sich als Vergleichsmaßstab der vor oder nach Kartellbildung herrschende Preis an.[471] Die regelmäßige Besonderheit bei Ausschreibungen ist es nun aber gerade, daß die ausgeschriebenen Leistungen individuell bei jeder Ausschreibung neu und anders angefordert werden, so daß ein Vergleich der Preise bei mehreren Ausschreibungsverfahren regelmäßig scheitern wird. Darüber hinaus müßten – bestünde einmal ein vergleichbarer ausgeschriebener Auftrag – normale Preiserhöhungen sowie Kostenänderungen, Rationalisierungsmaßnahmen und Fortschritte der Technik während der Zwischenzeit beachtet werden, so daß sich wohl nie brauchbare Aussagen über eine Preisüberhöhung durch das Kartell treffen ließen, zumal gerade im wichtigsten Bereich, der Bauindustrie, häufig längerfristige Kartellbildungen festzustellen sind.[472]

Weiter kann auf einen *regionalen Vergleichsmarkt* abgestellt werden, also der Wettbewerbspreis bei vergleichbaren Leistungen in anderen Regionen mit dem Zuschlagspreis bei der abgesprochenen Ausschreibung verglichen werden. Auch diese Methode dürfte in der Regel mangels Vergleichbarkeit der ausgeschriebenen Leistungen scheitern. Zusätzlich besteht die Schwierigkeit, daß Submissionskartelle oft weit verbreitet sind und sich regionale Märkte aufgrund der jeweiligen Besonderheiten kaum vergleichen lassen.[473] Auch der Vergleich mit dem Wettbewerbspreis eines *anderen Substitutionsguts* scheidet wegen der Individualität der ausgeschriebenen Leistung regelmäßig aus.[474]

Einem Indizschluß aufgrund der Verhältnisse auf Vergleichsmärkten stehen daher kaum überwindbare Nachweisschwierigkeiten entgegen, so daß Vergleichsmärkte keine brauchbaren Indizien zu liefern in der Lage sind.

(l) Ausschaltung des Vergleichsmaßstabs durch die Kartellmitglieder

Im Zivilprozeßrecht kann die Tatsache, daß eine Partei schuldhaft vor oder während des Prozesses Beweismittel vernichtet, vorenthält oder ihre Benutzung erschwert, bei der Beweiswürdigung berücksichtigt werden.[475] Eine

---

[471] Vgl. *Volhard*, Oppenhoff-FS, S. 514 f.

[472] So auch *Mailänder*, S. 193; *Volhard*, Oppenhoff-FS, S. 514 f.

[473] *Mailänder*, S. 193; *Volhard*, Oppenhoff-FS, S. 515.

[474] *Mailänder*, S. 193; *Volhard*, Oppenhoff-FS, S. 515.

[475] Vgl. *Thomas/Putzo*, § 286 Rn. 17 ff.; *Rosenberg/Schwab*, § 118 II 4 a m.w.N.

solche Beweisvereitelung kann als Indiz für die zu beweisende Tatsache dienen oder gar zu einer Beweislastumkehr führen.[476]

Wenngleich diese Beweisregeln auf den Strafprozeß aufgrund der unterschiedlichen Ausgestaltung der Verfahren nicht unmittelbar übertragen werden dürfen, ist es doch eine Überlegung wert, ob man nicht die Tatsache, daß die Kartellmitglieder durch ihr Verhalten bewußt den Schadensnachweis erschweren, indem sie den Vergleichsmaßstab des echten Wettbewerbspreises ausschalten bzw. Unterlagen über eventuell geleistete Ausgleichszahlungen oder über das Ergebnis durchgeführter Vorsubmissionen vernichten, als Indiz für einen Schadenseintritt beim Ausschreibenden verwenden kann. Zwar läßt sich nur schwerlich bestreiten, daß in derartigen Fällen nach dem gesunden Menschenverstand darauf zu schließen ist, daß die Kartellmitglieder etwas ihnen Ungünstiges zu verheimlichen suchen. Ein solcher Indizienschluß würde aber eine Besonderheit des Strafverfahrens gegenüber dem Zivilprozeß übersehen: In letzterem gilt grundsätzlich die Verhandlungsmaxime, so daß es allein den Parteien obliegt, Tatsachen beizubringen, und sie sind es auch, die bestimmen, welche dieser Tatsache des Beweises durch die Partei, die die Beweislast trägt, bedürfen. Im Gegensatz hierzu gibt es im Strafprozeß keine Parteien und daher auch keine Beweislast im zivilprozessualen Sinn. Es gilt vielmehr der Untersuchungsgrundsatz, d.h. es obliegt allein dem Gericht, alle relevanten Tatsachen zu ermitteln.[477] Der Beschuldigte ist in keinem Fall verpflichtet, an seiner eigenen Überführung aktiv mitzuwirken (nemo-tenetur-Grundsatz).[478] Dieses Verbot eines Selbstbelastungszwangs ist Ausfluß des Art. 1 i.V.m. 2 I GG.[479] Er ist daher nicht verpflichtet, ihn belastende Dokumente und Unterlagen herauszugeben.[480] Würde man nun zulässigerweise von der Weigerung, bestimmte potentielle Beweismittel herauszugeben, auf die Schuld des Täters schließen können, so würde dem Beschuldigten über diesen Umweg eine Pflicht, sich durch aktive Unterstützung der Strafverfolgungsorgane zu entlasten, auferlegt und so der nemo-tenetur-Grundsatz ausgehöhlt.[481] Um dies zu verhindern, darf die Tatsache, daß der Beschuldigte Unterlagen nicht herausgibt oder vernichtet, die seiner Überführung dienen können, oder sonstige Möglichkeiten, seine Überführung zu erleichtern,

---

[476] Vgl. z.B. BGH NJW 1987, 1482, 1483 f.

[477] Vgl. nur *Beulke*, Strafprozeßrecht, Rn. 21.

[478] Ausführlich hierzu *Rogall*, Der Beschuldigte als Beweismittel gegen sich selbst, S. 58 ff.; ferner *Beulke*, Strafprozeßrecht, Rn. 125; *Fezer*, Strafprozeßrecht I, 3 Rn. 8.

[479] *Beulke*, Strafprozeßrecht, Rn. 125.

[480] Vgl. *Kleinknecht/Meyer*, § 95 Rn. 5; SK-StPO-*Rudolphi*, § 95 Rn. 5: Der Wortlaut des § 94 I StPO ist insoweit verfassungskonform auszulegen.

[481] Vgl. für das zulässige Schweigen z.B. *Dingeldey*, JA 1984, 413; L/R-*Hanack*, § 136 Rn. 28.

ausschaltet, nicht zu seinem Nachteil verwertet werden. Im übrigen ließe sich auch kein Erfahrungssatz des Inhalts finden, daß nur der wirklich Schuldige sich weigert, möglicherweise belastendes Material herauszugeben. Jeder Beschuldigte, dem das Recht eingeräumt wird, nicht bei seiner Überführung mithelfen zu müssen, wird versuchen, seine prozessuale Lage möglichst günstig zu gestalten, auch wenn er unschuldig ist, so daß auch der zu Unrecht Beschuldigte häufig nicht den Strafverfolgungsorganen zuarbeiten wird. Daher darf eine „Beweisvereitelung“ nicht als Indiz für das Vorliegen eines Schadens als Tatbestandsmerkmal des einschlägigen Straftatbestandes zum Nachteil des Beschuldigten herangezogen werden.

(6) Zusammenfassung

Die vorstehende Untersuchung hat gezeigt, daß die Indizienlösung der neueren Rechtsprechung grundsätzlich in die richtige Richtung weist und daher zu begrüßen ist. Denn der Sachverhalt bei einer Submissionsabsprache kann durchaus Anhaltspunkte für einen Schluß auf einen Schaden des Ausschreibenden enthalten, wenn als Beweisthema die „Überhöhung des Nullpreises gegenüber dem hypothetischen Wettbewerbspreises“ gewählt wird. Deshalb sollte die Möglichkeit eines Indizienbeweises vom Tatrichter jeweils in Betracht gezogen werden. Selten wird allerdings eine einzelne Indiztatsache allein geeignet sein, die richterliche Überzeugung vom Eintritt eines Schadens beim Ausschreibenden herbeizuführen. Es wird daher regelmäßig erforderlich sein, diese Schlußfolgerung auf mehrere Indiztatsachen gleichzeitig zu stützen.

Als *grundsätzlich geeignet* für einen solchen Schluß haben sich die nachträgliche Erhöhung des bereits kalkulierten Angebots eines Bieters vor Angebotsabgabe, Ausgleichszahlungen an Kartellmitglieder und Außenseiter, die sie substituierenden Punkte-, Gutschein- und Kontokorrentsysteme sowie ein unter dem Zuschlagspreis liegendes Ergebnis einer internen Vorausschreibung gezeigt. Ebenso kann „eine von den Kartellmitgliedern als unbefriedigend empfundene Preissituation“ als Indiz für einen Schaden herangezogen werden, wenn sich diese innere Tatsache nachweisen läßt. Nur unter der Voraussetzung, daß der Wettbewerb zwischen den *wesentlichen* Anbietern durch die Absprache ausgeschaltet wurde, kann als Indiz auch die Kartellbildung als solche oder die Aufhebung der Intransparenz auf Anbieterseite herangezogen werden.

Für die Beweisführung *grundsätzlich ungeeignet* sind der geschätzte, durch Submissionsabsprachen verursachte Gesamtschaden, das Vergleichsmarktkonzept und die Berücksichtigung der „Beweisvereitelung“ durch das Verhalten der Abspracheteilnehmer.

(7) Exkurs: Die Strafzumessung

Konnte der Richter aufgrund der oben genannten Indizien die Überzeugung gewinnen, *daß* der Vergebende durch die Absprache einen Schaden erlitten hat, so ist dies zur Bejahung des objektiven Tatbestands zwar ausreichend. Trotzdem kommt man nicht umhin, sich mit dem Nachweis der Schadenshöhe und damit der Bezifferung des hypothetischen Wettbewerbspreises auseinanderzusetzen. Für die Strafzumessung bestimmt nämlich § 46 II 2 StGB auch die „verschuldeten Auswirkungen der Tat" als für die Strafbemessung wesentlich. Als tatbestandsmäßige Rechtsgutsverletzung ist der Schaden, insbesondere die Höhe desselben, eine relevante Strafzumessungstatsache, die beim Erfolgsdelikt Betrug sogar zentrale Bedeutung für die Strafbemessung erlangt, kommt darin doch das Ausmaß der Beeinträchtigung des geschützten Vermögens zum Ausdruck.[482]

Die Problematik besteht nun darin, daß sich auf Strafzumessungstatsachen genauso wie auf die für die Schuldfrage bedeutsamen Tatsachen die Amtsaufklärungspflicht des Gerichts erstreckt[483] und sie ebenfalls im Strengbeweisverfahren zur Überzeugung des Gerichts gebracht werden müssen. Damit kommt bei verbleibenden Zweifeln des Gerichts auch der „in-dubio-pro-reo-Grundsatz" voll zur Anwendung.[484] Es ergibt sich daher im Rahmen der Strafzumessungserwägungen dieselbe Nachweisproblematik in bezug auf die Höhe des hypothetischen Wettbewerbspreises wie beim Nachweis der Strafbarkeit. Das Problem des Schadensnachweises wurde durch die Wahl eines weiten Beweisthemas also eigentlich nur in die Strafzumessung verlagert, was allerdings zur Folge hat, daß eine Aussage über die Tatbestandsmäßigkeit (und damit letztlich auch über die Strafbarkeit) des Verhaltens bereits getroffen werden konnte. Problematisch ist somit nur noch das Auffinden einer angemessenen Strafe. Dabei stellt die Schadenshöhe nur einen, wenngleich sehr gewichtigen Faktor dar. Sollte der Nachweis eines der Höhe nach bestimmten Schadens nicht gelingen, so hieße das konsequenterweise nur, daß bei der Strafbemessung die Schadenshöhe nicht zu Lasten des Beschuldigten berücksichtigt werden dürfte, jedoch könnte dies nicht mehr dazu führen, die Strafbarkeit insgesamt zu verneinen, da das Gericht die Überzeugung davon, *daß* ein Schaden entstanden ist, durch den Indizienbeweis bereits gewonnen hat.

---

[482] Vgl. *Streng*, S. 176; *Schäfer*, Strafzumessung, Rn. 234: „Angel- und Ausgangspunkt"; *Baumann/Weber*, AT, § 40 I 4b: „bei weitem wichtigste Strafzumessungsgesichtspunkt".

[483] *Bruns*, Strafzumessungsrecht, S. 151.

[484] *Bruns*, Strafzumessungsrecht, S. 172.

Der BGH verweist in seiner neuesten Submissionsabsprachen-Entscheidung bei Unmöglichkeit der genauen Schadensermittlung auf eine Schätzung der Schadenshöhe „unter Beachtung des Zweifelssatzes".[485] Mit Hilfe einer solchen „Schätzung" ließe sich das eben beschriebene Dilemma umgehen, wenn dieses Verfahren zur Folge hätte, daß der Beweis der Schadenshöhe erleichtert würde.

Zu klären ist daher im folgenden, ob eine Schätzung der Schadenshöhe wirklich zulässig sein kann. Insbesondere ist von Bedeutung, was unter einer Schätzung in diesem Zusammenhang zu verstehen ist und wie sich diese zu den allgemeinen strafprozessualen Beweisgrundsätzen verhält.

Im allgemeinen versteht man unter „schätzen" nur „ungefähres berechnen, vermuten, annehmen, für wahrscheinlich halten".[486] Einer so verstandenen Schätzung ist es jedoch eigen, daß am Ende des Schätzvorgangs gerade keine *Überzeugung* von der vollständigen Richtigkeit des gefundenen Ergebnisses steht, sondern nur eine *Wahrscheinlichkeit*, daß der geschätzte Wert dem tatsächlichen sehr nahe kommt. Auf den ersten Blick scheint damit eine Schätzung angesichts der strafprozessualen Aufklärungspflicht und des Grundsatzes der freien Beweiswürdigung unter Beachtung von „in dubio pro reo" ausgeschlossen.

Allerdings spielt die Schätzung an anderen Stellen im Straf- und Ordnungswidrigkeitenrecht eine große Rolle und wird dort allgemein als zulässig angesehen.

- Zum einen existieren gesetzliche Vorschriften, die ausdrücklich eine Schätzung zulassen. Hierzu zählen insbesondere §§ 40 III, 73b, 74c III StGB, 38 IV 2 GWB. Bei diesen Vorschriften gilt der Zweifelssatz zwar für die Ermittlung der Schätzungsgrundlage, „naturgemäß" aber nicht für die Schätzung als solche.[487] In all diesen Fällen sind also die Tatsachen, auf denen die Schätzung beruht, zur Überzeugung des Gerichts festzustellen, die Festsetzung der Höhe steht dann aber im pflichtgemäßen Ermessen des Richters. Durch die gesetzlich angeordnete Schätzung werden also die Beweisanforderungen hinsichtlich der Höhe zurückgenommen, diesbezügliche Zweifel gehen nicht automatisch zugunsten des Angeklagten. Könnte nun die vom BGH in den Submissionsfällen vorgeschlagene Schät-

---

[485] BGH NJW 1992, 921, 923, der allerdings nicht deutlich zwischen Tatbestandsmäßigkeit und Strafzumessung unterscheidet.

[486] Vgl. *Wahrig*, Deutsches Wörterbuch, und *Duden*, Deutsches Universalwörterbuch.

[487] Vgl. zu 40 III StGB LK-*Tröndle*, § 40 Rn. 62; *Tröndle*, JR 1977, 251; zu §§ 73b, 74c III StGB BGH NStZ 1989, 361 m.w.N.; zu § 38 IV 2 GWB GK-*Fischötter*, § 38 IV Rn. 164.

zung in demselben Sinn verstanden werden, würde dies dazu führen, daß der Richter von der Höhe des Schadens keine volle Überzeugung gewinnen müßte, solange nur die Grundlagen für die Schätzung bewiesen sind. Damit wäre das Beweisproblem im Rahmen der Strafzumessung einfach zu überwinden.

Fraglich ist nun aber, ob die Rechtsprechung überhaupt in der Lage ist, auch ohne Tätigwerden des Gesetzgebers ein solches Schätzverfahren einzuführen, um Beweisprobleme zu umgehen. Die Schätzung stellt grundsätzlich einen Fremdkörper im strafprozessualen Beweisrecht dar.[488] Sie bewirkt eine Einschränkung des § 244 II StPO[489] und auch des „in-dubio-pro-reo"-Grundsatzes, da die mit einer Schätzung notwendig verbundene Unsicherheit hinsichtlich der genauen Höhe zu Lasten des Beschuldigten geht. Deshalb erscheint eine Schätzung ohne ausdrückliche gesetzliche Grundlage bedenklich. Auch zeigt gerade das Tätigwerden des Gesetzgebers in den oben genannten Bereichen, daß auch dieser es nicht als Aufgabe der Rechtsprechung angesehen hat, von den Grundsätzen des Strafprozesses in derartiger Weise selbständig abzuweichen.

- Andererseits wird in anderem Zusammenhang eine gesetzlich nicht ausdrücklich zugelassenen Schätzmöglichkeit, die nur von der Rechtsprechung eingeführt wurde, allgemein anerkannt und kann damit als Vergleichsfall herangezogen werden. Im Steuerstrafrecht muß für den Tatbestand der Steuerhinterziehung (§ 370 AO) eine Steuerverkürzung nachgewiesen werden, es ist also zu beweisen, daß Steuern nicht, nicht in voller Höhe oder nicht rechtzeitig festgesetzt wurden.[490] Im Steuerstrafrecht herrscht nun die Ansicht, daß zur richterlichen Beweiswürdigung auch die Befugnis und die Pflicht gehöre, die Höhe der hinterzogenen Beträge zu schätzen, wenn sie auf andere Weise nicht festgestellt werden könne.[491] Es würde „der Gerechtigkeit widersprechen, wenn der Täter einer Steuerstraftat deshalb Straffreiheit beanspruchen könnte, weil die Strafgerichte zu einer genauen Ermittlung der Besteuerungsgrundlage außerstande sind, obwohl der Täter diesen Mangel z.B. durch pflichtwidriges Unterlassen oder Vernichten von Aufzeichnungen selbst herbeigeführt hat."[492]

[488] *Roxin/Zipf/Stree/Jung*, Einführung in das neue Strafrecht, S. 71; *Grebing*, ZStW 100 (1988), 1101.

[489] OLG Celle, JR 1981, 203, 204; *Grebing*, ZStW 100 (1988), 1101.

[490] Vgl. § 370 IV AO.

[491] *Mittelbach/Lohmeyer/Kühr*, § 370 Anm. 9.

[492] BGH vom 16.6.1954 – 3 StR 222/53, BGH NJW 1954, 1819 (nur Leitsatz) = LM Nr. 2 zu § 468 RAbgO (insoweit aber nicht abgedruckt); zitiert nach *Lohmeyer*, NJW 1959, 374, und *Mittelbach/Lohmeyer/Kühr*, § 370 Anm. 9; vgl. auch *Stypmann*, wistra 1983, 97.

Dies bedeutet aber noch nicht, daß eine solche Schätzung dieselben beweisrechtlichen Konsequenzen wie die gesetzlich vorgesehenen Schätzungen haben kann. Würde man versuchen, mit dem Argument, der Täter habe es selbst in der Hand, die Ermittlung genauer Beträge zu ermöglichen, die Beweisanforderungen herunterzuschrauben, verstieße man gegen den „nemotenetur-Grundsatz“, da der Täter faktisch dazu gezwungen wäre, die Unterlagen etc., die über den Umfang der Steuerverkürzung Auskunft geben, herauszugeben, um eine evtl. zu hohe Schätzung zu vermeiden. Dementsprechend wird auch im Steuerstrafrecht allgemein vertreten, daß der hinterzogene Betrag zur vollen Überzeugung des Gerichts nachgewiesen werden muß.[493] Damit kommt der Schätzung also allein Bedeutung als Mittel zur Überzeugungsbildung für das Gericht zu. Der Vorteil liegt somit darin, daß die Besteuerungsgrundlagen nicht im einzelnen ermittelt zu werden brauchen, sondern der Richter anhand konkreter Anhaltspunkte[494] selbst den Umfang der verkürzten Steuern schätzt, wobei die Anhaltspunkte und die Schätzmethoden so beschaffen sein müssen, daß sie die Überzeugung des Gerichts tragen. Deshalb kommt hier – im Gegensatz zu den gesetzlich vorgesehenen Schätzmöglichkeiten – der „in-dubio-Grundsatz“ voll zur Anwendung. Aus diesem Grunde dürfen auch die Schätzungen der Finanzbehörde nach § 162 AO nicht einfach vom Strafrichter übernommen werden.[495] Der Richter kann Schätzungen zuungunsten des Angeklagten nur hinnehmen, wenn er von ihrer Richtigkeit voll überzeugt ist.[496] Schätzungen dieser Art sind daher keine Schätzungen in dem Sinn, wie sie etwa bei § 40 III StGB verstanden werden. Am Ende des Schätzvorgangs muß die Überzeugung des Richters stehen, so daß ein Bewußtsein von der Wahrscheinlichkeit der Annäherung an das

---

[493] BGH wistra 1986, 65; BGH StV 1992, 260; *Dörn*, wistra 1993, 50; *Blumers/Göggerle*, Rn. 535; vgl. auch BGHR § 370 I Nr. 2 AO Steuerschätzung 2.

[494] OLG Celle BB 1957, 24; *Blumers/Göggerle*, Rn. 536.

[495] Vgl. BGH BStBl. 1956 I, 441; GA 1978, 278; wistra 1986, 65; *Blumers/Göggerle*, Rn. 535; *Mittelbach/Lohmeyer/Kühr*, § 370 Anm. 9.

[496] BGH BStBl. 1956 I 441; GA 1978, 278; wistra 1986, 65; *Dumke/Marx*, Steuerstrafrecht, S. 244 f. – Nur mißverständlich ist daher die Entscheidung des BGH, NJW 1958, 1244, 1245, in der er in bezug auf die „Nämlichkeit der Sache“ bei der Hehlerei eine Schätzung dann erlaubt, wenn eine genaue Ermittlung nicht möglich ist; diese Schätzung sei aber „Sache des Tatrichters“ und aus Rechtsgründen nur angreifbar, wenn dieser bei ihr von unzutreffenden Erwägungen ausgegangen sei. Dies kann aber nicht als Abweichung vom Grundsatz in dubio pro reo durch Schätzung verstanden werden. Unzutreffend hingegen BGHSt 36, 320, 328, wo die Ansicht geäußert wird, bei Bestimmung des Schuldumfangs – welche keine Bedeutung für die Grenzen der Rechtskraft, sondern „allein“ für die Rechtsfolgenbemessung habe – würden Wahrscheinlichkeitsaussagen, die begrifflich die völlige Gewißheit des Tatrichters ausschlössen, genügen. Zur Begründung verweist der BGH fälschlicherweise gleichermaßen auf gesetzlich angeordnete Schätzmöglichkeiten und die Schätzung im Steuerstrafrecht.

richtige Ergebnis nicht genügt, eine Beweiserleichterung daher letztlich nicht bewirkt wird.[497] Vielmehr kann „Schätzung“ in diesem Zusammenhang nur bedeuten, daß die Schadenshöhe mittels eines Indizienbeweises nachgewiesen werden kann.[498] Die Schätzung aufgrund konkreter Anhaltspunkte bedeutet daher nichts anderes als die Überzeugungsgewinnung aufgrund feststehender Indiztatsachen unter Anwendung von Erfahrungssätzen.

Damit hat sich gezeigt, daß eine Schätzung, die gesetzlich nicht angeordnet ist, keinen Einfluß auf die Anforderung an die Beweisführung und -würdigung haben kann, so daß auch für die Fälle der Submissionskartelle keine andere Möglichkeit bleibt, als über bewiesene Indiztatsachen die Schadenshöhe zu ermitteln.[499] Damit kann auch die „Schätzung“ die Probleme nicht überwinden, die wir bereits oben im Zusammenhang mit dem Beweisthema „exakte Höhe des hypothetischen Wettbewerbspreis“ angesprochen hatten. Indizien für eine bestimmte Höhe des hypothetischen Wettbewerbspreises lassen sich eben nur schwerlich finden. Andererseits wird der Tatrichter zumindest in einzelnen, besonders eindeutigen Fällen die notwendige Überzeugung von einem Mindestschaden gewinnen können. Als geeignete Indizien seien Ausgleichszahlungen, die Ergebnisse einer Vorsubmission[500] und die Abänderung des eigenen Angebots eines Kartellmitglieds nach erfolgter Absprache genannt.[501]

Zusammenfassend gilt für die Strafzumessung damit folgendes: Die Mindestschadenshöhe kann nur im Wege des Indizienbeweises – ohne Beweiserleichterungen – nachgewiesen werden. Nur wenn besondere Tatsachen gegeben sind, die auf einen bestimmten Mindestschaden hindeuten, wird ein solcher Beweis gelingen. Für alle anderen Fälle, in denen das Gericht zwar vom Vorliegen eines Schadens überzeugt ist, sich eine Überzeugung von der (Mindest-)Schadenshöhe aber nicht bilden kann, muß wegen Betrugs verurteilt werden, die Schadenshöhe darf dann aber nicht zu Lasten des Täters berücksichtigt werden.

Diese Lösung muß aber unbefriedigend bleiben, wenn sie nicht ermöglicht, daß wirklich abschreckende Strafen verhängt werden. Ein unangemessen mildes Strafurteil brächte für die Täter nämlich einen beachtlichen Vorteil mit sich: Aufgrund der Subsidiarität des Ordnungswidrigkeitenrechts gegen-

---

[497] Ebenso *Dörn*, wistra 1993, 50.

[498] So auch *Pelchen*, MDR 1982, 10, 11; *Blumers/Göggerle*, Rn. 535.

[499] Die vom BGH NJW 1992, 923 zitierte Entscheidung BGH NJW 1990, 1549, 1551 ist daher auch insoweit unrichtig, als sie gesetzlich vorgesehene Schätzungen und Schätzungen in Form des Indizienbeweises auf eine Stufe stellt.

[500] Dazu auch *Diehl*, BauR 1993, 7.

[501] Dazu ausführlich oben C.II.5.i.(5).(b).

über dem Strafrecht (§ 21 OWiG) wäre eine Abschöpfung der Kartellgewinne über Bußgelder nach dem GWB neben einer strafrechtlichen Ahndung nicht mehr möglich.[502] Somit ist die Indizienlösung nicht für alle Fälle eine adäquate Möglichkeit, Submissionsabsprachen strafrechtlich zu bekämpfen.

6. Subjektiver Tatbestand und Versuchslösung

Der Prüfung des subjektiven Tatbestands des § 263 StGB kommt bei der folgenden Untersuchung eine doppelte Bedeutung zu: Einerseits muß in den Fällen, in denen ein Schadenseintritt beim Ausschreibenden anhand o.g. Indizien festgestellt werden konnte, zusätzlich der subjektive Tatbestand erfüllt sein, damit eine Bestrafung wegen Betrugs möglich ist. Andererseits ist in Fällen, in denen objektiv kein Schaden nachzuweisen ist, immer noch eine Strafbarkeit wegen Betrugsversuches (§ 263 II StGB) in Betracht zu ziehen, deren erste Voraussetzung der Tatentschluß, also das Vorliegen des subjektiven Tatbestands darstellt. Subjektiv setzt der § 263 StGB zumindest bedingten Vorsatz hinsichtlich aller objektiven Tatbestandselemente unter Einschluß der sie verbindenden Kausalbeziehung sowie die sog. Bereicherungsabsicht, d.h. die Absicht, sich oder einem Dritten einen objektiv rechtswidrigen und mit dem Vermögensschaden stoffgleichen Vermögensvorteil zu verschaffen, voraus.[503] Bezüglich des Rechtswidrigkeitserfordernisses genügt Eventualvorsatz. Der relevante Zeitpunkt, zu dem der subjektive Tatbestand erfüllt sein muß, ist der Moment der Täuschungshandlung.

a) Versuchslösung

Das OLG Hamm hatte in einer Entscheidung aus dem Jahre 1957[504] im Falle eines Submissionskartells einen Schaden nicht feststellen können. Trotzdem billigte das OLG die Verurteilung wegen versuchten Betrugs, da das Berufungsgericht „frei von Rechtsirrtum den bedingten Vorsatz und die Absicht des vollendeten Betruges" bejaht hatte. Einzelheiten zu den Feststellungen zum subjektiven Tatbestand sind aus den veröffentlichten Urteilsgründen leider nicht zu entnehmen.

Eine Strafbarkeit wegen versuchten Betrugs vertritt Eichler sogar für alle Fälle von Submissionsabsprachen, bei denen die Vollendung nicht festgestellt

---

[502] Vgl. auch *Rudolf Gerhardt*, Die Zeit Nr. 11 vom 6.3.1992, S. 35.

[503] Vgl. nur *Haft*, BT, § 27 II e; *Krey*, BT 2, Rn. 491 f.; *Wessels*, BT 2, § 13 III.

[504] NJW 1958, 1151.

werden kann.[505] Den *Schädigungsvorsatz* bejaht er, da der Täter, „indem er eine ‚objektive' Marktpreisbildung verhinderte und den Bauherrn hierüber täuschte, ... mindestens billigend in Kauf [nahm], daß sein Preis über dem ‚objektiven' Wert (dies ist die Bezeichnung Eichlers für den hypothetischen Wettbewerbspreis) der geforderten Bauleistung liegen würde und daß der Bauherr aufgrund der irrtümlichen Annahme ungestörter Marktpreisbildung seinen Angebotspreis akzeptieren würde". Dies gelte auch für Fälle, in denen ein Schaden nicht festgestellt werden könne, da sich „ja lediglich die vom Täter durch Ausschaltung des objektivierenden Preisbildungsprozesses herbeigeführte Vermögensgefährdung nicht zu einem konkreten Schaden verdichtet" habe. Die *Bereicherungsabsicht* begründet er damit, daß der Täter damit rechne, es sogar für wahrscheinlich halte und den Vertragsschluß mit dem Ausschreibenden auch für den Fall wünsche, daß der geforderte Preis über dem „objektiven" Wert liege, da sich ansonsten die Täuschung und der Verstoß gegen das Kartellrecht erübrigt hätten.

b) Stellungnahme

Die Versuchslösung kann nicht für alle Fälle der Submissionskartelle die Strafbarkeit begründen. Entgegen der Meinung Eichlers setzt die Bejahung eines (bedingten) Schädigungsvorsatzes zumindest voraus, daß auch nach der Vorstellung des Täters von der Tat hinreichend aussagekräftige Schadensindizien vorliegen, so daß der Schluß berechtigt ist, der Täter habe die Gefahr eines Schadenseintritts beim Ausschreibenden erkannt.

Diese Einschränkung folgt m.E. daraus, daß das Wissenselement des Schädigungsvorsatzes[506] nicht pauschal bejaht werden kann, da die Einflußnahme auf den Preisbildungsprozeß nicht in jedem Fall aus Sicht des Täuschenden die Gefahr schafft, daß der geforderte Preis über dem hypothetischen Wettbewerbspreis liegt. Richtig ist zwar, daß wegen der Bedeutung des freien Wettbewerbs für die Preisbildung bei Manipulationen stets die *abstrakte* Gefahr einer Verfälschung des Ausschreibungsergebnisses besteht. Diese kann aber noch nicht für die Feststellung genügen, der Täter habe auch im *konkreten* Fall die Gefahr eines Schadenseintritts beim Ausschreibenden erkannt, ernstgenommen und diesen „billigend in Kauf genommen".[507] Eine Schadensgefahr besteht im Einzelfall aus seiner Sicht eben dann nicht, wenn

---

[505] BB 1972, 1350 f.; auch I/M-*Tiedemann* (vor § 38 Rn. 59) bezeichnet diese Lösung für unbeschränkte Ausschreibungen als „erwägenswert".

[506] Zur Unterscheidung von Wissens- und Willenselement beim Vorsatz vgl. z.B. *Jescheck*, AT, § 29 II 2.

[507] So die Anforderungen der h.M. an den bedingten Vorsatz; vgl. *Wessels*, AT, § 7 II 3; *Roxin*, AT 1, § 12 Rn. 27.

er davon ausgehen kann, daß die durch die Absprache verhinderten Gebote nicht unter dem Nullpreis gelegen hätten. Zugegebenermaßen wird dies nur selten der Fall sein. Aber diese Möglichkeit ist nicht von vornherein auszuschließen. Deshalb ist entsprechend dem Grundsatz „in dubio pro reo“ nachzuweisen, daß der Täter konkret mit einer Überhöhung gegenüber dem hypothetischen Nullpreis rechnete. Ein Beispiel mangelnden Schädigungsvorsatzes ist m.E. daher der in BGHSt 16, 367 entschiedene Fall,[508] da die Kartellteilnehmer davon ausgingen, daß von ihnen nur der letztlich „Herausgestellte“ eine reale Zuschlagschance hatte, die anderen aber von vornherein nicht glaubten, billiger als jener zu sein.[509] Nach der Vorstellung der Absprache-teilnehmer war also für die Ermittlung des Wettbewerbspreises ausschließlich das Angebot des Herausgestellten von Bedeutung. Wollte man mit Eichler hier aus der bloß abstrakten Möglichkeit, daß ein kartellierter Bieter ohne Absprache ein billigeres Angebot abgegeben haben könnte, einen Schädigungsvorsatz herleiten, hieße dies m.E. den Vorsatz unterstellen, indem man die konkreten Umstände des Falles einfach ignoriert.

Allgemein wird man wohl sagen können, daß die Indizien, die für den Schadensnachweis im objektiven Tatbestand herangezogen werden, auch im subjektiven Tatbestand von Relevanz sein müssen. Wenn sich ein Schadenseintritt anhand von Indizien objektiv nachweisen läßt, muß der Täter zumindest die Indiztatsachen kennen, die einen solchen Schluß tragen. Für die Versuchsstrafbarkeit heißt das, daß zumindest nach der Vorstellung des Täters von der Tat hinreichende Schadensindizien vorliegen müssen, die den Schluß zulassen, er habe die drohende Schädigung des Ausschreibenden erkannt, sich mit deren Realisierung aber gleichwohl abgefunden, sie somit billigend in Kauf genommen. Kannte der Täter also z.B. das Ergebnis der internen Vorsubmission und lag dieses unter dem Nullpreis, wird man annehmen dürfen, der Täter habe mit einer Schädigung des Ausschreibenden gerechnet.

Umgekehrt darf ein Schädigungsvorsatz nicht bejaht werden, wenn sich nicht nachweisen läßt, daß nach der Vorstellung des Täters hinreichende Schadensindiztatsachen gegeben waren, die ihn die Möglichkeit einer Schädigung des Ausschreibenden haben erkennen lassen. Eine umfassende Versuchslösung ist daher abzulehnen.

---

[508] Siehe oben C.II.5.d.(1).

[509] A.A. *Eichler*, BB 1972, 1350.

c) Anforderungen des subjektiven Tatbestandes bei vollendetem Betrug

(1) Schädigungsvorsatz

Nach dem eben Gesagten liegt das *kognitive Element* des (bedingten) Vorsatzes hinsichtlich einer Schädigung des Ausschreibenden bei Kenntnis der im konreten Fall relevanten Schadensindizien vor. Das *Willenselement*, nämlich die billigende in-Kauf-Nahme des Schadens, kann trotz der diffizilen Schadensbegründung im objektiven Tatbestand zumeist problemlos nachgewiesen werden. Erforderlich ist nur der Nachweis, daß sich der Täter mit der erkannten Gefahr abfindet,[510] nicht aber, daß der Schaden erwünschte Folge seines Handelns ist. Wer aber durch ein ausgeklügeltes System von Scheinangeboten und Nullpreisbestimmung den Preisbildungsprozeß bei der Ausschreibung in Kenntnis der naheliegenden Gefahr einer Schadensverursachung, deren Realisierung i.w. nur ein „Auffliegen" der Absprache oder ein Unterbieten durch Außenseiter im Wege stehen kann, verfälscht und damit dem Ausschreibenden jede Überprüfungsgrundlage entzieht, kann nicht darauf vertrauen, ein Schaden werde schon nicht eintreten.[511] Das ganze Absprachesystem ist (unter den o.g. Voraussetzungen) vielmehr darauf angelegt, daß bei erfolgreicher Realisierung ein Schaden verursacht wird, auch wenn dies nicht unbedingt Motiv und primärer Zweck der Absprache gewesen sein muß.[512]

(2) Rechtswidriger, stoffgleicher Vermögensvorteil

Unter einem Vermögensvorteil versteht man jede günstigere Gestaltung der Vermögenslage.[513] Es handelt sich hierbei um das Gegenstück zum Vermögensschaden.[514] Liegt der Schaden des Auftraggebers in einer gegenüber dem hypothetischen Wettbewerbspreis überhöhten vertraglichen Zahlungsverpflichtung, stellt die dementsprechend überhöhte vertragliche Forderung des Herausgestellten den Vermögensvorteil dar. Die „Überhöhung" geht

---

[510] Vgl. *Wessels*, AT, § 7 II 3 m.w.N.

[511] In diesem Fall könnte nur bewußte Fahrlässigkeit angenommen werden.

[512] Mit der sehr anschaulichen Formulierung *Roxins* (AT 1, § 12 Rn. 6), das Wesen des Vorsatzes sei „Planverwirklichung", d.h. alles, was der Täter in seinen Plan – möglicherweise auch als unliebiges Element – aufgenommen hat, sei Bestandteil des Vorsatzes, wird der Schädigungsvorsatz in Submissionsfällen deutlich.

[513] RGSt 50, 277, 279; OLG Stuttgart NJW 1962, 502; *Wessels*, BT 2, § 13 III 2.

[514] S / S-*Cramer*, § 263 Rn. 167.

unmittelbar zu Lasten des Vermögens des Geschädigten, so daß dieser Vorteil auch *stoffgleich* mit dem Schaden des Ausschreibenden ist.[515]

Nicht stoffgleich und damit kein relevanter Vermögensvorteil sind aber diejenigen Zahlungen und vermögenswerten Vorteile, die aufgrund der Absprache den anderen Kartellmitgliedern zukommen sollen. Diese Vorteile setzen eine weitere Verfügung des Herausgestellten voraus, bevor sie in das Vermögen der Scheinbieter gelangen. Für die sonstigen Kartellmitglieder kommt daher nur ein fremdnütziger Betrug zugunsten des Herausgestellten in Frage.

Schließlich muß der Vorteil auch *objektiv rechtswidrig* sein. Dem Täter darf daher kein rechtlich begründeter Anspruch auf den Vorteil zustehen.[516] Zwar könnte der herausgestellte Unternehmer einwenden, ihm als günstigsten Bieter habe der Zuschlag zugestanden. Ein subjektives Recht auf den Zuschlag kommt einem Bieter jedoch in keinem Fall zu. Dies gilt unabhängig davon, ob es sich um die Ausschreibung von Großaufträgen handelt, bei denen die Verdingungsordnungen Rechtsnormcharakter haben, ob eine sonstige Ausschreibung nach VOB / A oder VOL / A vorliegt oder ob der Auftrag überhaupt nicht durch ein formalisiertes Verfahren vergeben wird. Der Vorteil ist daher in jedem Fall rechtswidrig.

(3) Absicht der Bereicherung

Schließlich ist noch die Feststellung der Absicht, sich oder einen Dritten zu bereichern, erforderlich. Unter Absicht versteht man gemeinhin einen zielgerichteten Erfolgswillen. Wie jede Form des Vorsatzes enthält auch der Absichtsbegriff ein Wissens- und ein Wollenselement. Verlangte man nun als *kognitives Element*, daß der Vorteil sichere Folge des Täterhandelns sein müsse,[517] wären Schutzbehauptungen hier Tür und Tor geöffnet. Der Täter könnte einwenden, er habe die tatsächliche Erzielung des Mehrerlöses nicht als sicher vorhersehen können, weil die Möglichkeit bestanden habe, daß die abgesprochenen Angebote ausgeschlossen würden, ein Außenseiter ein günstigeres Gebot abgeben oder der Ausschreibende von einem Zuschlag gänzlich absehen würde. Diese restriktive Ansicht zum Wissenselement der Absicht ist aber zu Recht vereinzelt geblieben. Wesentlich für die Absicht ist, daß der Vorteil erstrebt wird. Ob der Täter mit dem Erfolg sicher oder nur möglicherweise rechnet, tritt demgegenüber zurück. Bei der Absicht domi-

---

[515] Vgl. BGHSt 6, 115; 21, 348; *Wessels*, BT 2, § 13 III 4; S / S-*Cramer*, § 263 Rn. 168 m.w.N.

[516] BGHSt 3, 160; 19, 206; 20, 136; BayObLG StV 1990, 165; *Wessels*, § 13 III 3.

[517] So BGHSt 16, 1, 7.

niert der Willensfaktor[518] und dieser kann einen geringeren Grad des „Wissens" ausgleichen.[519] Es genügt daher nach völlig herrschender Auffassung bereits, daß der Täter sich die Erzielung eines Vermögensvorteils zumindest als möglich vorstellt.[520] Dies kann in allen Fällen von Submissionsabsprachen aber nicht geleugnet werden.

Ob der Vermögensvorteil auch immer erstrebt wird (*voluntatives Element*), kann zweifelhaft erscheinen, wenn man berücksichtigt, welche Motive Unternehmer dazu veranlassen, sich an Submissionsabsprachen zu beteiligen. Neben Gewinnstreben werden die gleichmäßige Auftragsverteilung, eine Reaktion auf unfaire Methoden der Vergabestelle, die Vermeidung ruinösen Wettbewerbs oder auch nur das Motiv, bei der Vergabestelle in Erinnerung zu bleiben, genannt.[521] Der Vermögensvorteil braucht allerdings weder der einzige noch überwiegende Zweck noch das Motiv zum Handeln zu sein;[522] es genügt, wenn der Täter ihn neben anderen wichtigeren Zielen oder nur als Mittel für einen anderweitigen Zweck anstrebt.[523] Abgesehen von dem Motiv, bei der Vergabestelle in Erinnerung zu bleiben, das, wenn es einmal einziger und ausschließlicher Grund für eine Absprache sein sollte, regelmäßig schon eine Bejahung des objektiven Tatbestandes verhindert,[524] lassen sich alle Zwecksetzungen nur über eine effektive Manipulation des Preisbildungsprozesses erreichen. So kann z.B. ein ruinöser Wettbewerb nur verhindert werden, wenn der Preis dem normalen Gang der Wettbewerbswirtschaft zuwider hochgehalten und damit überhöht wird. Ebenso ist eine gleichmäßige Auftragsverteilung sinnvollerweise nur dann längerfristig durchführbar, wenn auch leistungsschwächere Konkurrenten auf ihre Kosten kommen und daher zu einem gegenüber dem echten Wettbewerbspreis überhöhten Preis den Auftrag erhalten können. Aber auch ein besonders leistungsstarkes Kartellmitglied muß bereits bei einem abgesprochenen Auftrag so viel „herausholen", daß es für ihn wirtschaftlich vertretbar ist, bei anderen für ihn interessanten Aufträgen – der Absprache entsprechend – auf seine Zuschlagschance und damit auch auf seinen potentiellen Gewinn zu verzichten.

---

518 *Jescheck*, AT, § 29 III 1.

519 Zur gegenseitigen Abhängigkeit von Wissens- und Willenselement *Haft*, AT, § 2, 2 und 3.

520 BGHSt 21, 283, 284; 18, 246, 248; *Welzel*, NJW 1962, 20; LK-*Lackner*, § 263 Rn. 260; *Jescheck*, AT, § 29 III 1a; *Roxin*, AT 1, § 12 Rn. 4.

521 Siehe oben C.I.3.

522 A.A. RGSt 55, 257, 260.

523 RGSt 27, 217, 220; BGHSt 16, 1; LK-*Lackner*, § 263 Rn. 261; S/S-*Cramer*, § 263 Rn. 176.

524 So lag der Sachverhalt nach den Feststellungen des Tatgerichts bei BGHSt 16, 367.

Hieran wird deutlich, daß in der Regel selbst dann, wenn sich das Gewinnstreben als Endzweck der Kartellbildung nicht nachweisen läßt, die Überhöhung des Preises als notwendiges Mittel zu einem sonstigen Zweck beabsichtigt wird.

7. Zusammenfassung

Die bisherige Untersuchung hat gezeigt, daß unter dem Gesichtspunkt eines Eingehungsbetrugs zu Lasten des Ausschreibenden nur partiell dem bestehenden Strafbedürfnis entsprochen werden kann.

Die Hauptproblematik der Submissionsfälle liegt im Schadensnachweis. Ein Schaden des Ausschreibenden ist erst dann festgestellt, wenn zur Überzeugung des Gerichts nachgewiesen werden kann, daß der hypothetische Wettbewerbspreis noch unter dem Zuschlagspreis gelegen hätte, sofern es zu einer Preisabsprache nicht gekommen wäre.

Eine andere Schadenskonstruktion, die den Vergleich mit diesem nur hypothetischen Wert entbehrlich machte oder überhaupt einen anderen Vergleichsmaßstab zur Schadensermittlung einführte, ist bisher nicht überzeugend dargelegt worden. Deshalb können die Nachweisprobleme nicht umgangen, sondern allenfalls abgemildert werden. Taugliches Mittel kann der Indizienbeweis sein, allerdings mit der Einschränkung, daß nur bestimmte Indiztatsachen wirklich geeignet sind, einen Schluß auf einen Schaden beim Ausschreibenden zu tragen. Selbst in diesen Fällen kann nicht immer eine adäquate Strafe verhängt werden, da die Höhe des verursachten (Mindest-)Schadens, die einen wesentlichen Strafzumessungsfaktor darstellt, nur dann bei der Strafzumessung berücksichtigt werden darf, wenn diese auch mittels Indizien zur Überzeugung des Gerichts feststeht. Geeignete Indizien für die exakte Höhe des verursachten Schadens werden sich aber nur selten finden lassen. Eine Schätzung der Schadenshöhe in dem Sinn, daß Abstriche vom Grundsatz „in dubio pro reo“ gemacht werden könnten, ist – mangels Rechtsgrundlage – nicht zulässig.

Kann mittels Indizienbeweises der objektive Tatbestand im Einzelfall bejaht werden, so wird regelmäßig auch der Nachweis der subjektiven Tatbestandsvoraussetzungen keine unüberwindbaren Schwierigkeiten bereiten, wenn der Täter von den relevanten Indiztatsachen Kenntnis hatte.

III. Erfüllungsbetrug zu Lasten des Ausschreibenden

Mit der Untersuchung der Submissionsfälle auf ihre Strafbarkeit als Eingehungsbetrug zu Lasten des Ausschreibenden sind die Möglichkeiten des § 263 StGB allerdings noch nicht ausgeschöpft. Der erfolgreiche „Herausgestellte“, der den Zuschlag erhalten und den Auftrag ausgeführt hat, kann sich also nicht schon dann in Sicherheit wiegen, wenn sich hinreichende Schadensindizien nicht nachweisen lassen und die Indizienlösung so scheitern muß. Denn nicht nur derjenige kann Opfer eines Betruges sein, der für seine Leistung kein ausreichendes Äquivalent erhält, sondern auch derjenige, der eine Leistung erbringt, die zu erbringen er aber nicht oder nicht in vollem Umfang zu erbringen verpflichtet ist. Es ist also auch ein Erfüllungsbetrug in Betracht zu ziehen, worauf auch der BGH in seiner neuesten Entscheidung – hilfsweise – aufmerksam gemacht hat.[525]

Im folgenden sollen drei Versuche, einen Betrug im Rahmen der Vertragserfüllung zu begründen, dargestellt und diskutiert werden. Zunächst soll das Baupreisrecht zur Begründung der Betrugsstrafbarkeit nutzbar gemacht werden, anschließend wird eine Lösung vorgestellt, in deren Mittelpunkt ein Schadensersatzanspruch des Ausschreibenden gegen den Herausgestellten aus culpa in contrahendo steht und schließlich werden die Möglichkeiten untersucht, die der Ausschreibende hat, um durch entsprechende Vertragsgestaltung eine Bestrafung seines unlauteren Vertragspartners zu ermöglichen.

1. Baupreisrechtliche Konstruktion

Derjenige Kartellteilnehmer, der den Zuschlag erhalten hat, könnte dadurch einen Erfüllungsbetrug zu Lasten des Ausschreibenden begehen, daß er von letzterem für die Erbringung der vertraglichen Leistung einen höheren Preis verlangt, als ihm aufgrund des Vertrags i.V.m. den Vorschriften des Baupreisrechts zusteht.[526] Dazu ist zunächst auf die Bedeutung und Auswirkungen des Baupreisrechts für die hier in Frage stehenden Fälle einzugehen.

---

[525] BGH NJW 1992, 921, 923.

[526] Die Strafbarkeit der anderen Kartellteilnehmer beurteilt sich nach den allgemeinen Regeln zu Mittäterschaft (25 II StGB) und Teilnahme (§§ 26 f. StGB).

a) Bedeutung der VO PR 1/72 und ihre Regelung in bezug auf Submissionsabsprachen

Grundsätzlich gilt in unserer freien Marktwirtschaft das Prinzip der freien Preisbildung.[527] Nur ausnahmsweise existieren zwingende Rechtsvorschriften, die die Preise und insbesondere die Preishöhe regeln. Für den Submissionsbereich von Relevanz ist die Baupreisverordnung VO PR Nr. 1/72 über die Preise für Bauleistungen bei öffentlichen oder mit öffentlichen Mitteln finanzierten Aufträgen vom 6. März 1972[528] i.d.F. der VO PR Nr. 1/89 vom 13. Juni 1989.[529] Die Verordnung stellt eine Höchstpreisvorschrift dar, d.h. sie legt für ihren Anwendungsbereich eine Preisobergrenze fest, so daß höhere Preise nicht gefordert, versprochen, angenommen oder gewährt werden dürfen (§ 1 VO PR 1/72).

(1) Anwendungsbereich des Baupreisrechts

Die Regelungen der VO PR 1/72 gelten nur in dem durch § 1 VO PR 1/72 vorgesehenen Anwendungsbereich. Demnach werden nur Bauleistungen aufgrund öffentlicher oder mit öffentlichen Mitteln finanzierter Aufträge erfaßt.[530] Unter Bauleistungen sind alle Bauarbeiten zu verstehen, soweit sie mit oder ohne Lieferung von Stoffen und Bauteilen der Herstellung, Instandsetzung, Instandhaltung, Änderung oder Beseitigung baulicher Anlagen dienen (§ 1 III VO PR 1/72). Als *öffentliche Aufträge* werden die Aufträge des Bundes, der Länder, der Gemeinden und Gemeindeverbände sowie der sonstigen juristischen Personen des öffentlichen Rechts bezeichnet (§ 2 I VO PR 1/72). *Mit öffentlichen Mitteln finanziert* sind diejenigen Aufträge nichtöffentlicher Auftraggeber, bei denen der Bund, die Länder, die Gemeinden und Gemeindeverbände sowie sonstige juristische Personen des öffentlichen Rechts mehr als 50% der Mittel zur Durchführung des Bauvorhabens zur Verfügung stellen oder die Finanzierung durch Übernahme von Bürgschaften zu insgesamt mehr als 50% fördern, wobei zusätzlich erforderlich ist, daß der Auftragnehmer bis zum Vertragsabschluß von der Anwendbarkeit der VO PR 1/72 Kenntnis erhält oder ihrer Anwendbarkeit später zustimmt (§ 2 II VO PR 1/72).

---

527 *Kleine-Möller/Merl/Oelmaier*, § 8 Rn. 1.

528 BGBl. 1972 I S. 293.

529 Dazu siehe schon oben bei den Sanktionsmöglichkeiten C.I.4.b.

530 Zwar existiert auch eine Preisrechtsverordnung für sonstige Leistungen (VO PR 30/53 v. 21.11.1953, BAnz. Nr. 244), diese enthält aber keine der VO PR 1/72 entsprechenden Höchstpreisvorschriften, die im Falle von Submissionsabsprachen für den Betrugstatbestand nutzbar gemacht werden könnten.

(2) Anwendbarkeit des Baupreisrechts auf abgesprochene Preise

Die Preise, die sich bei einer Ausschreibung bilden sind grundsätzlich Wettbewerbspreise i.S.v. § 5 VO PR 1/72 und als solche unterliegen sie grundsätzlich keiner preisrechtlichen Obergrenze (§ 5 II VO PR 1/72). Eine Ausnahme hiervon macht jedoch § 7 VO PR 1/72 dann, wenn der Wettbewerb auf Anbieterseite beschränkt ist und hierdurch die Preisbildung beeinflußt wird. Eine Beschränkung des Wettbewerbs im Sinne dieser Vorschrift liegt insbesondere bei Submissionskartellen vor, wobei es nach der Rechtsprechung des BGH[531] bereits ausreicht, daß der Vorgang der Preisbildung insofern beeinflußt wird, als mindestens ein Bewerber den von ihm ursprünglich beabsichtigten Angebotspreis ändert. Es genügt daher, daß die Grundlage der Preisbildung verändert wird, ein Nachweis, daß der Vertragspreis hierdurch letztlich beeinflußt wurde, ist nicht erforderlich.

(3) Vertragsrechtliche Folgen

Gemäß § 7 I VO PR 1/72 ist der zulässige Preis in diesen Fällen der nach § 9 VO PR 1/72 zu errechnende *Selbstkostenfestpreis.* Soweit der Vertragspreis diesen übersteigt, ist die Zahlungsverpflichtung zwar nicht insgesamt nach § 134 BGB nichtig, sondern aus Sinn und Zweck des Baupreisrechts ergibt sich eine Beschränkung der Nichtigkeit auf den Teil des Preises, der den zulässigen Höchstpreis überschreitet. Der Selbstkostenfestpreis tritt damit automatisch an die Stelle des Zuschlagspreises.[532]

Die Ermittlung des Selbstkostenfestpreises i.S.v. § 9 VO PR 1/72 richtet sich nach den Leitsätzen für die Ermittlung von Preisen für Bauleistungen auf Grund von Selbstkosten.[533] Demnach deckt der Selbstkostenfestpreis im wesentlichen die Kosten des jeweiligen Unternehmens und den kalkulatorischen Gewinn (aufgrund Vorkalkulation). Letzterer ist nach Nr. 43 (1) LSP-Bau auf 6% der Selbstkosten begrenzt, so daß der zulässige Preis regelmäßig erheblich unter dem Zuschlagspreis liegen wird.[534]

---

[531] BGHZ 53, 17, 21.

[532] BGHZ 53, 24, 27; OLG Hamm BB 1993, 124; *Kleine-Möller/Merl/Oelmaier*, § 8 Rn. 12; *Hereth/Crome*, S. 138; I/M-*Tiedemann*, vor § 38 Rn. 60; *Ebisch/Gottschalk*, § 7 Rn. 18.

[533] „LSP-Bau"; § 14 Nr. 4 VO PR 1/72.

[534] I/M-*Tiedemann*, vor § 38 Rn. 60.

Verlangt nun der Kartellteilnehmer, der den Auftrag erhalten hatte, bei der Abrechnung den vollen Zuschlagspreis, könnte darin ein Erfüllungsbetrug zu Lasten des Ausschreibenden liegen.[535]

b) Objektiver Tatbestand

Da der Betrugstatbestand nun im Hinbick auf diesen Erfüllungsschaden geprüft werden soll, bietet es sich an, der Empfehlung Arzts zu folgen und die Betrugsprüfung gedanklich von hinten, also vom Schaden aus aufzuzäumen.[536] Dann ergibt sich folgendes.

(1) Vermögensschaden

Bei Ermittlung des Erfüllungsschadens kommt es nicht darauf an, ob die vertraglich vereinbarten beiderseitigen Leistungen ausgeglichen sind. Vielmehr ist darauf abzustellen, ob die erbrachten oder empfangenen Leistungen jeweils den schuldrechtlichen Verpflichtungen gleichwertig sind.[537] Konkret bedeutet das, daß ein Erfüllungsschaden beim getäuschten Vergebenden dann eintritt, wenn er mehr bezahlt, als er von Rechts wegen müßte.[538] Wenn also

---

[535] Auf diese Möglichkeit verweist BGH NJW 1992, 921, 923 (insoweit in BGHSt 38, 186 nicht abgedruckt).

[536] *Arzt*, Strafrechtsklausur, S. 46.

[537] BGHSt 32, 211, 213; *Lackner*, StGB, § 263 Rn. 53.

[538] Vgl. OLG Stuttgart, JR 1982, 471; *Wessels*, BT 2, § 13 II 4 b; *Eser*, Strafrecht IV, 10 A 34; LK-*Lackner*, § 263 Rn. 227 m.w.N. Auch wenn diese Formel ein rechtliches Element enthält – „von Rechts wegen“ –, so ist sie doch sowohl aus Sicht der juristisch-ökonomischen wie auch der rein wirtschaftlichen Vermögenslehre zutreffend. Daß sich der wirtschaftliche Wert der vertraglichen Verpflichtung des Getäuschten nach der objektiven Rechtslage richten muß, liegt daran, daß bei einem (teil-) nichtigen Vertrag dem vertraglichen „Anspruch“ gegen den Getäuschten selbst nach der wirtschaftlichen Theorie kein Wert bzw. – bei Teilnichtigkeit – nicht der volle Nominalbetrag beigemessen werden kann. Zwar kann bei rein wirtschaftlicher Betrachtung auch einer nichtigen Forderung Vermögenswert zukommen, wenn der Schuldner zur Erfüllung bereit und imstande ist; vgl. OGHSt 2, 193; BGHSt 2, 364; *Lenckner*, JZ 1967, 109; *Bockelmann*, BT 1, § 11 II 3 a bb. Allein mit der Begründung, der Getäuschte wisse nicht um die Nichtigkeit und sei daher zur Zahlung bereit, läßt sich ein Vermögenswert eines nichtigen Vertragsanspruchs aber nicht begründen. Die Notwendigkeit einer Täuschung seitens des Täters, um eine Erfüllung durch den Vertragsgegner zu bewirken, zeigt vielmehr gerade, daß der Getäuschte nicht zur Erfüllung der nichtigen Forderung bereit ist (so *Cramer*, Vermögensbegriff, S. 98). Der BGH wollte deshalb den Vermögenswert solcher Forderungen auch nur „in gewissen Fällen“ anerkennen, wenn der Getäuschte „namentlich beim Bestehen anderweitiger Bindungen zwischen den Parteien“ (BGHSt 2, 369) trotz Nichtigkeit zur Leistung bereit ist.

aufgrund des Vertrags i.V.m. dem Baupreisrecht im Falle einer Submissionsabsprache allein der regelmäßig unter dem Zuschlagspreis liegende Selbstkostenfestpreis von Rechts wegen geschuldet ist, so erleidet der Auftraggeber einen Vermögensschaden, wenn er den vollen Zuschlagspreis erbringt. Der Erfüllungsschaden liegt also in der Differenz zwischen dem Zuschlags- und dem Selbstkostenfestpreis.[539]

(2) Vermögensverfügung aufgrund Irrtums

In der Zahlung des vereinbarten Preises liegt dementsprechend die *Vermögensverfügung*. Diese beruht auf der *irrigen positiven Vorstellung* des Verfügenden über die Tatsache, daß der Zuschlagspreis der tatsächlich geschuldete Preis sei. Ob er an eine Verminderung seiner Zahlungspflicht aufgrund baupreisrechtlicher Vorschriften überhaupt denkt und nur darüber irrt, daß deren Voraussetzungen nicht vorliegen, oder ob ihm diese Möglichkeit gar nicht in den Sinn kommt, ist dabei unerheblich.

(3) Ursächliche Täuschung

Nicht für alle Fälle einheitlich läßt sich die Frage beantworten, worin die irrtumserregende Täuschung des Täters zu sehen ist. Mehrere Anknüpfungspunkte gilt es zu untersuchen.

(a) In der Erfüllungsphase fortwirkende Täuschung vor Vertragsschluß

Zunächst naheliegend ist es, bei derjenigen (konkludenten) Täuschungshandlung anzusetzen, die dazu führte, daß der Vertrag mit diesem Vertragspartner und Inhalt überhaupt erst zustandekam, also die Täuschung im Zeitpunkt der Angebotsabgabe darüber, daß eine Absprache unter den Bewerbern nicht stattgefunden habe.[540]

Wichtig ist die Feststellung, daß dieser Täuschungshandlung eigen ist, in zwei Richtungen zu wirken: Einmal ermöglicht sie, daß das manipulierte Angebot überhaupt angenommen wird; diese Täuschungsrichtung ist entscheidend für die Frage des Eingehungsbetrugs. Zum anderen bewirkt sie, daß

---

[539] A.A. wohl *Joecks*, wistra 1992, 252; ablehnend auch *Hefendehl*, JuS 1993, 809 mit der Behauptung, die Reduktion auf den Selbstkostenfestpreis gehöre nicht zu dem durch § 263 StGB geschützten Vermögen.

[540] Dazu siehe oben C.II.2.

dem Vertragspartner der nach der objektiven Rechtslage bindende Inhalt des Vertrages unbekannt bleibt, weiß der Auftraggeber aufgrund der Täuschung doch nichts vom Eingreifen des baupreisrechtlichen Verbots und damit von der automatischen Reduktion des geschuldeten Preises auf den Selbstkostenfestpreis. Allein diese Richtung der Täuschung hat Bedeutung für den Erfüllungsbetrug; für den Eingehungsbetrug bleibt sie außer Betracht, da ihre Auswirkungen erst in der Erfüllungsphase zutage treten können.

Aus diesem Grund stehen die hier zu besprechenden Submissionsfälle nicht auf einer Stufe mit den viel diskutierten Problemfällen, bei denen die Frage aufgeworfen wird, ob einer Täuschung vor Vertragsschluß für den Erfüllungsbetrug Relevanz beigemessen werden kann, oder ob notwendigerweise ein neuer Täuschungsentschluß nach Vertragsschluß erfolgen muß. Die Diskussion dreht sich dabei v.a. um den Fall, daß der Verkäufer dem Käufer bei Abschluß des Vertrages vorspiegelt, die Kaufsache besitze wertsteigernde Eigenschaften, welche in Wirklichkeit jedoch fehlen; dennoch ist die Sache den vereinbarten Preis aber wert, so daß nach allgemeiner Meinung kein Eingehungsbetrug angenommen werden kann. Diesbezüglich vertreten Rechtsprechung und h.L. die Ansicht, daß die Täuschung vor Vertragsschluß keinen Erfüllungsbetrug begründen könne, sondern dafür eine erneute Täuschung nach Vertragsschluß erforderlich sei.[541] Hintergrund der herrschenden Ansicht ist das Bestreben, eine Ausweitung des Betrugstatbestandes in bezug auf den Schutz vertraglicher Gewinnerwartungen zu verhindern. Dabei wird maßgeblich darauf abgestellt, daß das Opfer zwar einen günstigen Vertrag abschließe und daher grundsätzlich bereits mit Vertragsschluß eine Vermögensmehrung erreiche, diese aber durch die von Anfang an als in der Erfüllungsphase fortwirkend bezweckte Täuschung wieder genommen werden solle. Da zwischen Eingehung und Erfüllung zwar rechtlich zu differenzieren sei, wirtschaftlich betrachtet es sich aber um einen einheitlichen Lebensvorgang handele, ginge es dem Täter in Wahrheit nicht darum, das Opfer ärmer zu machen, sondern ihm nur ein ausgewogenes, wenn auch nicht recht willkommenes Geschäft schmackhafter zu machen.[542]

---

[541] BGHSt 16, 220, 223; *Dreher/Tröndle*, § 263 Rn. 33; SK-*Samson*, § 263 Rn. 175 f., *ders.*, Strafrecht II, S. 184; LK-*Lackner*, § 263 Rn. 232; *Gutmann*, MDR 1963, 93; *Schönfeld*, JZ 1964, 209; *Roxin/Schünemann/Haffke*, S. 294 f.; ablehnend *Cramer*, Vermögensbegriff, S. 190 f.; *ders.*, in S/S § 263 Rn. 137; *Lenckner*, MDR 1961, 654; *Otto*, JZ 1993, 657, die auch hier eine Täuschung vor Vertragsschluß zur Begründung eines Erfüllungsbetrugs heranziehen wollen, indem sie das Geschehen aufspalten und so davon ausgehen, daß der Käufer allein schon durch den Vertragsschluß „reicher" geworden sei; die vertragswidrige Erfüllung führe so zu einem wirtschaftlich negativen Saldo.

[542] So LK-*Lackner*, § 263 Rn. 32; eine etwas andere Begründung wählt v.a. SK-*Samson*, § 263 Rn. 175 f., der auf die Gewährleistungsrechte des Käufers bei Fehlen der wertsteigernden Eigenschaften als möglichen, durch den Vertrag herbeigeführten

Entgegen der Meinung von Cramer[543] steht diese h.M. der Annahme nicht entgegen, bei den Submissionsfällen könne die Täuschung des Herausgestellten vor Vertragsschluß einen Erfüllungsbetrug bewirken. Die Besonderheit der o.g. Kauffälle besteht nämlich darin, daß die Täuschung vor Vertragsschluß – insoweit noch parallel zu den Submissionsfällen – zwei Effekte hat: Eingehung eines scheinbar günstigen Vertrages und Annahme der von der Zusicherung abweichenden Kaufsache als Erfüllung. Allerdings besteht – und darin liegt der Unterschied zu den Submissionsfällen – ein besonderes Verhältnis zwischen diesen Effekten: Sie heben sich gegenseitig auf; dem Käufer wird mit der „Erfüllung" genommen, was er durch Vertragsschluß an „Gewinn" erzielt hat.[544] Dieser Zusammenhang fehlt nun aber bei den Submissionsfällen. Die bei Erfüllung noch wirksame Täuschung bewirkt nicht, daß dem Auftraggeber etwas genommen wird, was er als „Mehr" beim Vertragsschluß erzielt hat. Vielmehr greift das gesetzliche Verbot unabhängig vom Vertragsinhalt ein und bewirkt eine Bevorzugung des Ausschreibenden, indem der Preis auf den Selbstkostenfestpreis reduziert wird. Die beiden Täuschungseffekte heben sich also nicht gegenseitig auf. Es besteht daher auch kein Grund, warum die Täuschung vor Vertragsschluß nicht für einen Erfüllungsbetrug herangezogen werden könnte, da hier keine Gefahr der Ausuferung des Betrugstabestandes in Richtung auf den Schutz von Gewinnerwartungen besteht.[545]

Wenngleich also die Täuschung bei Vertragsschluß Relevanz für die Erfüllungsphase besitzen kann, bedeutet dies noch nicht automatisch, daß sich mit dieser Täuschung in allen Fällen auch wirklich eine Strafbarkeit wegen Erfüllungsbetrugs begründen läßt. Oftmals wird – insbesondere solange die baupreisrechtlichen Vorschriften noch nicht fest im Bewußtsein der Unternehmer verankert sind – der Herausgestellte darauf verweisen können, er habe mit der Täuschung nur den Vertragsabschluß erreichen wollen,[546] die baupreisrechtlichen Konsequenzen seien ihm zu diesem Zeitpunkt nicht bewußt gewesen. Dann kann mangels Tatbestandsvorsatz (§ 16 I 1 StGB) eine Verurteilung wegen Erfüllungsbetrugs nicht erfolgen, es sei denn, es

Vermögenszuwachs des Käufers abstellt, diesen aber i.E. verneint, da diesen Rechten wegen des Entschlusses des Täters zur fortwirkenden Täuschung kein wirtschaftlicher Wert zukomme.

[543] NStZ 1993, 42.

[544] *Samson*, Strafrecht II, S. 184.

[545] A.A. *Hefendehl*, JuS 1993, 810; ähnlich jedoch der BGH in BGHSt 32, 211, wo die Täter – Fassadenbauer – vertraglich einen günstigen Preis der Platten festlegten, in Wirklichkeit aber mehr Platten als ursprünglich vereinbart verarbeiteten. Der BGH sah darin einen Erfüllungsbetrug – zu Recht – da sich auch hier die beiden Täuschungseffekte nicht gegenseitig aufhoben.

[546] Vgl. auch *Jaath*, Schäfer-FS, S. 102.

ließe sich eine *vorsätzliche* Täuschungshandlung *nach* Vertragsschluß nachweisen.

(b) Täuschung nach Vertragsschluß durch Einfordern des vollen Zuschlagspreises

Nach Vertragsschluß kann der Auftragnehmer eine (weitere) Täuschungshandlung begehen, wenn er nach Leistung und (eventueller) Abnahme den vollen Zuschlagspreis einfordert und sich auszahlen läßt, obwohl objektiv nur der Selbstkostenfestpreis geschuldet war.

Zwar kommt der bloßen Entgegennahme einer Leistung nach ganz h.M. noch nicht der objektive Erklärungswert zu, diese sei auch geschuldet.[547] In einem solchen Fall soll ohne „besondere Umstände“ nur eine straflose Ausnutzung eines bereits bestehenden Irrtums vorliegen.[548] Von einem bloßen Ausnutzen kann aber dann nicht mehr die Rede sein, wenn der Täter den vollen Betrag mit Rechnungsstellung einfordert, obwohl dieser nur zum Teil geschuldet ist.[549] Im Wirtschaftsverkehr muß wenigstens ein „Minimum an Redlichkeit“ vorausgesetzt werden dürfen, damit der Geschäftsverkehr nicht zusammenbricht.[550] Nach der Verkehrsanschauung muß der Einforderung eines Betrages daher der objektive Erklärungswert beigemessen werden, dieser Betrag sei auch in voller Höhe geschuldet. Eine schlüssige Täuschung ist insofern zu bejahen.[551]

Weil damit eine Täuschung durch positives Tun des Täters vorliegt, kann auch nicht argumentiert werden, es sei für den Herausgestellten unzumutbar, durch Inrechnungstellung des Selbstkostenfestpreises die Beteiligung an einer Preisabsprache offenzulegen und so seine Schuld einzugestehen.[552] Für Zumutbarkeitserwägungen ist bei vorsätzlichen Begehungsdelikten kein Raum.[553]

---

[547] RGSt 25, 95, 96; 46, 414, 416; *Dreher/Tröndle*, § 263 Rn. 7; LK-*Lackner*, § 263 Rn. 48; S/S-*Cramer*, § 263 Rn. 17a.

[548] RGSt 25, 95, 96; OLG Köln NJW 1961, 1735; OLG Stuttgart NJW 1979, 2321, 2322; OLG Köln NJW 1980, 2366; vgl. auch RGSt 25, 29.

[549] Vgl. auch *Diehl*, BauR 1993, 8.

[550] LK-*Lackner*, § 263 Rn. 29; *Müller*, JR 1979, 473.

[551] I.E. ebenso *Diehl*, BauR 1993, 8.

[552] So auch *Diehl*, BauR 1993, 8.

[553] Vgl. nur *Wessels*, AT, § 10 VII 5.

(c) Bloße Entgegennahme der Zahlung des vollen Zuschlagspreises

Schwieriger ist eine Täuschung dann zu begründen, wenn der Auftragnehmer bei Abrechnung einmal nicht durch Erstellung einer Rechnung die Initiative ergreifen sollte, sondern nur den vollen Betrag in Empfang nimmt, was in der Praxis aber wohl eher die Ausnahme darstellen dürfte.

Nach dem oben Gesagten nutzt er in dieser Fallgestaltung nur den bereits bestehenden Irrtum des Ausschreibenden aus, so daß er auf die Vorstellung des Getäuschten nicht positiv einwirkt. Wir haben es daher allenfalls mit einer Täuschung durch Unterlassen zu tun. Dies setzt zum einen eine Garantenpflicht, zum anderen ein dem Tun entsprechendes Unterlassen voraus (§ 13 I StGB).

Eine Garantenstellung könnte sich aus pflichtwidrigem, das Vermögen des Ausschreibenden gefährdendem Vorverhalten (Ingerenz) ergeben. Derjenige Submissionskartellteilnehmer, der herausgestellt wird und den Zuschlag durch (konkludente) Täuschung erhält, verstößt gegen das Baupreisrecht, indem er zu einem Preis kontrahiert, der den gesetzlichen Höchstpreis übersteigt. Das Baupreisrecht dient zumindest auch dem Schutz des Auftraggebers,[554] so daß das Verhalten des Täters auch ihm gegenüber als pflichtwidrig bezeichnet werden kann. Demnach kommt dem Auftragnehmer als Garanten die Pflicht zu, die von ihm geschaffene Gefahr der Zuvielzahlung durch den Auftraggeber zu verhindern. Indem er dies unterläßt und die Zahlung des vollen Zuschlagspreises entgegennimmt, ohne den anderen Vertragsteil über die objektive Rechtslage aufzuklären, verletzt er diese Garantenpflicht.[555]

Darüber hinaus müßte auch die Entsprechensklausel des § 13 I StGB erfüllt sein, also Modalitätenäquivalenz bestehen. Dieser kommt beim Betrug besondere Bedeutung zu, weil es sich hierbei um ein verhaltensgebundenes Delikt handelt, bei dem nicht durch jede Vermögensbeschädigung der Tatbestand verwirklicht wird, sondern nur durch eine mittels Täuschung herbeigeführte.[556] Wenn also nicht jede Schädigungshandlung zur Tatbestandsverwirklichung ausreicht, kann auch nicht jede Unterlassung einem tatbestandsmäßigen Tun „entsprechen". Demgemäß ist der Auffassung zuzustimmen, die beim Betrug nicht jedwede Verletzung einer Garantenpflicht ausreichen läßt, um ein strafbares Unterlassen zu konstatieren. Modalitätenäquivalenz besteht nur dann, wenn das Unterlassen einen Täuschungsunwert aufweist, was immer dann gegeben sein wird, wenn das Vorverhalten selbst eine Täuschung beinhaltete, der Täter also durch das Unterlassen eine selbst geschaffene

---

[554] *Hereth/Crome*, S. 15 m.w.N.

[555] So auch *Diehl*, BauR 1993, 8.

[556] Vgl. hierzu *Maaß*, S. 33.

Fehlvorstellung benutzt.[557] Genau so stellt sich die Sachlage in den Submissionsfällen aber dar: Der Täter hatte vor Vertragsschluß darüber getäuscht, an keiner Absprache beteiligt gewesen zu sein; die Beeinflussung des Wettbewerbs durch eine Absprache ist zugleich Voraussetzung für das Eingreifen der baupreisrechtlichen Höchstpreisregelung. Indem der Unternehmer also die Zahlung des vollen, baupreisrechtlich überhöhten Preises in Empfang nimmt, nutzt er die selbstverursachte Fehlvorstellung aus. Dies entspricht einer Täuschung durch positives Tun, so daß der objektive Tatbestand des § 263 StGB dadurch erfüllt wird.

c) Subjektiver Tatbestand

Beim subjektiven Tatbestand kommt der Kenntnis des Täters von den baupreisrechtlichen Vorschriften die zentrale Bedeutung zu. Deswegen lassen sich Aussagen zu Vorsatz und Bereicherungsabsicht des Täters nicht allgemein treffen, sondern es muß differenziert werden: Kennt er die baupreisrechtlichen Vorschriften und ihre Konsequenzen im Zeitpunkt der relevanten Täuschungshandlung, wird der Nachweis des subjektiven Tatbestandes[558] in der Regel unschwer zu erbringen sein. Derjenige Teil der Zahlung, der den Selbstkostenfestpreis übersteigt, ist auch *rechtswidrig*, da der Täter wegen des gesetzlichen Verbots hierauf keinen Anspruch hatte, was der Täter auch weiß, wenn er die baupreisrechtliche Regelung kennt.

Anders jedoch, wenn nicht auszuschließen ist, daß der Täter diese Regelung nicht kannte bzw. sich ihrer bei Abrechnung der Leistung nicht bewußt war. Dann steht seiner Verurteilung ein Tatbestandsirrtum i.S.v. § 16 I StGB entgegen.[559] Er kann dann nämlich nichts von einem – vom ursprünglichen Eingehungsschaden und dessen Fortentwicklung abweichenden – Erfüllungsschaden wissen, da der Vertrag aus seiner Sicht – vorbehaltlich einer Anfechtung nach § 123 BGB – trotz Täuschung wirksam ist und ihm nach seiner Vorstellung deshalb eine Forderung in Höhe des vereinbarten Preises zusteht. Er kann sich daher mangels Wissen um die Höchstpreisbegrenzung auch keiner Täuschungshandlung bzw. Garantenstellung aufgrund Zuwiderhandlung gegen das Baupreisrecht bewußt sein. Schließlich ist es ihm auch nicht möglich zu erkennen, daß die Zahlung an ihn insoweit einen rechtswidrigen Vermögensvorteil darstellt, als sie den baupreisrechtlichen Höchstpreis übersteigt.

---

[557] So auch schon oben C.II.2.d.; zum ganzen *Maaß*, S. 35 ff; ebenso LK-*Lackner*, § 263 Rn. 70; S / S-*Cramer*, § 263 Rn. 20.

[558] Zu den allgemeinen Voraussetzungen siehe oben C.II.6.

[559] Darauf verweist auch *Tiedemann*, ZRP 1992, 150.

Mit der nicht nachweislich falschen Behauptung, sich der baupreisrechtlichen Vorschriften nicht bewußt gewesen zu sein, kann also diese Betrugskonstruktion zu Fall gebracht werden. Inwieweit die Aussage Tiedemanns[560], daß sich das BGH-Urteil in der gesamten Branche herumsprechen werde und deshalb für die Zukunft diesbezügliche Irrtümer kaum mehr glaubhaft sein würden, läßt sich noch nicht absehen. Sollte sich dies in der gerichtlichen Praxis aber nicht bestätigen, hätte dies eine absurde Differenzierung zur Folge, nämlich dahingehend, ob der Täter gut über die Rechtslage informiert war – dann Strafbarkeit – oder ob er sich um die Rechtslage nicht gekümmert hat – dann, mangels Strafbarkeit eines fahrlässigen Betruges,[561] Straflosigkeit.

Im Hinblick hierauf ist zu kritisieren, daß derjenige Teil des BGH-Urteils aus dem Jahre 1992, der sich mit dem Erfüllungsbetrug befaßt, bei den Veröffentlichungen und Anmerkungen zum Teil „stiefmütterlich" behandelt wurde. So hat der diesbezügliche Abschnitt des Urteils z.B. keinen Eingang in die amtliche Sammlung[562] gefunden, auch die NStZ[563] verzichtete auf den Abdruck der entsprechenden Passage, in der NJW-Veröffentlichung[564] erfolgte der Hinweis lediglich in Kleindruck, Kramm erwähnt in seiner Urteilsanmerkung[565] den Erfüllungsbetrug mit keinem Wort und andere Anmerkungen enthalten nur sehr knappe Ausführungen in dieser Hinsicht.[566] Dies trägt nicht gerade dazu bei, das Bewußtsein der Bauunternehmer in bezug auf das Baupreisrecht und dessen strafrechtliche Bedeutung zu schärfen.

2. Betrug durch Verheimlichung von Ersatzansprüchen, insbesondere solcher aus c.i.c.

Bisher nahezu unbeachtet geblieben ist in der Diskussion um die Betrugsstrafbarkeit von Submissionsabsprachen die Möglichkeit einer Schädigung des Ausschreibenden durch Verheimlichung ihm zustehender zivilrechtlicher Ersatzansprüche gegen den Herausgestellten. Der BGH hat eine solche Konstruktion eines Erfüllungsbetrugs angedeutet.[567]

---

[560] ZRP 1992, 150.

[561] Vgl. § 16 I 2 i.V.m. § 15 StGB.

[562] BGHSt 38, 186 ff.

[563] NStZ 1993, 40 ff.

[564] NJW 1992, 921 ff.

[565] JZ 1993, 422 ff.

[566] Vgl. z.B. *Baumann*, NJW 1992, 1665.

[567] BGH NJW 1992, 921, 923.

a) Lösungsvorschlag Cramers: Betrug durch Verheimlichung eines Anfechtungsrechts nach § 123 BGB

Einzig der Vorschlag Cramers[568] weist in eine ähnliche Richtung, indem er einen Erfüllungsbetrug für alle Fälle von Submissionskartellen deshalb annehmen will, weil dem Auftraggeber aufgrund der Täuschung ein Anfechtungsrecht nach § 123 BGB zustehe, das ihm aber verheimlicht werde. Infolge der Anfechtung habe er Bereicherungsansprüche gegen den Täuschenden nach §§ 951, 812 I 1. Alt. BGB für die eingebauten Materialien bzw. unmittelbar nach § 812 I 1 1. Alt. BGB wegen der Arbeitsleistung. Diese Kondiktionsansprüche seien der Höhe nach immer geringer als der vereinbarte Werklohn, so daß der Unternehmer aufgrund des unangefochtenen Vertrages immer mehr bekomme, als ihm nach Anfechtung aufgrund Bereicherungsrecht zustünde. In dieser angeblichen Differenz sieht Cramer einen Erfüllungsschaden.

Diese Argumentation kann jedoch nicht überzeugen. Der Umfang eines Bereicherungsanspruchs bestimmt sich nach § 818 BGB, d.h. es ist in diesen Fällen regelmäßig der *Wert* der Materialien und der Arbeitsleistung zu ersetzen. Diese Wertbestimmung ist es aber gerade, die die oben beschriebenen Schwierigkeiten verursacht, so daß sich die allgemeine Aussage, die Bereicherungsansprüche seien in ihrer Höhe geringer als die vertragliche Werklohnforderung, keinesfalls ohne nähere Begründung halten läßt. Es treten vielmehr auch bei dieser Lösung dieselben Probleme zutage, die auch sonst die Schadensfeststellung bei Submissionsfällen kennzeichnen.

b) Betrugsschaden durch schadensgleiche Gefährdung etwaiger zivilrechtlicher Schadensersatzansprüche

Erfüllt ein unlauterer Bieter die Voraussetzungen eines zivilrechtlichen Schadensersatztatbestandes, so kann in seinem Verhalten mit folgender Begründung ein Betrug gesehen werden: Indem der Täter durch Abgabe eines Angebots über seine Beteiligung an einer Submissionsabsprache *täuscht*, verheimlicht er dem Auftraggeber, daß die Voraussetzungen des Schadensersatzanspruchs erfüllt sind. Der Getäuschte unterliegt daher einem *Irrtum*, wenn er zumindest in Form eines sachgedanklichen Mitbewußtseins davon ausgeht, keinen solchen Anspruch gegen den Täter zu haben. Eine *Vermögensverfügung* könnte darin gesehen werden, daß der Ausschreibende es aufgrund seines Irrtums unterläßt, sein Recht einzufordern. Führt die unterlassene Geltendmachung des Anspruchs schließlich dazu, daß diese Vermögensposition des Ausschreibenden konkret und damit schadensgleich

---

[568] NStZ 1993, 43.

gefährdet wird (z.B. wegen der Gefahr der Zahlungsunfähigkeit des Schuldners, des Verlustes von Beweismitteln oder der Verjährung), so verringert sich auch der wirtschaftliche Gesamtwert seines Vermögens, so daß er einen *Vermögensschaden* erleidet.

Diese Betrugskonstruktion knüpft also an einem zivilrechtlichen Schadensersatzanspruch und damit an einem Schaden im Sinne des Zivilrechts an. Dieser wird grundsätzlich nach der sog. Differenzhypothese ermittelt, d.h. durch Vergleich zweier Güterlagen, der tatsächlichen, durch das Schadensereignis geschaffenen, und der unter Ausschaltung dieses Ereignisses gedachten.[569] Die Schadensermittlung erfolgt damit grundsätzlich ebenso wie nach dem im Strafrecht herrschenden objektiven Schadensbegriff. Die Konsequenz ist, daß ein Schadensersatzanspruch regelmäßig dann nicht existieren wird, wenn auch im Strafrecht kein Schaden festgestellt werden kann. Dies erklärt auch, warum eine Betrugskonstruktion über eine Gefährdung verheimlichter zivilrechtlicher Ersatzansprüche in diesen (und anderen) Fällen kaum Beachtung gefunden hat. Allerdings wird diese Parallele zwischen straf- und zivilrechtlichem Schaden dann durchbrochen, wenn sich der Schadensnachweis nach zivilrechtlichen Grundsätzen ausnahmsweise leichter führen läßt als im Strafrecht, wie z.B. aufgrund einer Beweislastumkehr.

Die Tatsache, daß ein Anspruch so zivilgerichtlich relativ leicht durchsetzbar ist, kann dann nicht ohne Auswirkungen auf die wirtschaftliche Wertschätzung dieser Position durch den Geschäftsverkehr bleiben. Dies führt wiederum dazu, daß ein solcher Anspruch mit den herrschenden wirtschaftlichen Vermögenslehren zum strafrechtlich geschützten Vermögen gezählt werden muß, so daß dessen schadensgleiche Gefährdung einen Vermögensschaden i.S.d. § 263 StGB bewirkt.

Im folgenden ist daher zu untersuchen, ob in den Submissionsfällen im Zusammenhang mit einer auf Schadensersatz gerichteten Anspruchsgrundlage geringere Anforderungen an den Nachweis des Schadenseintritts beim Ausschreibenden gestellt werden, so daß dem anspruchsberechtigten Vergebenden eine Position zukommt, die vermögenswert ist und daher Ansatzpunkt für die Konstruktion eines strafrechtlichen Schadens sein kann.

---

[569] Palandt-*Heinrichs*, Vorb. vor § 249 Rn. 8 m.w.N.

c) Zivilrechtliche Schadensersatzansprüche des Ausschreibenden aus c.i.c. als von § 263 StGB geschützter Vermögensposten

Von den möglichen, auf einen Schadensersatz zielenden Anspruchsgrundlagen[570] verdient in diesem Zusammenhang das Institut der culpa in contrahendo (c.i.c.), das Verschulden bei Vertragsschluß, eingehende Erörterung, denn nach der Rechtspraxis gelten hier in bezug auf den Schadensnachweis einige Besonderheiten, die für die Begründung der Strafbarkeit von Submissionsabsprachen nutzbar gemacht werden können.

(1) Anspruchsvoraussetzungen der c.i.c.

Eine Haftung aus c.i.c. setzt voraus, daß eine vorvertragliche, aus einer vertragsähnlichen Sonderbeziehung folgende Verhaltens-, insbesondere Aufklärungspflicht schuldhaft verletzt und dadurch ein Schaden verursacht wurde.[571]

Anerkannt ist, daß durch eine Ausschreibung ein *vertragsähnliches Vertrauensverhältnis* zwischen den Beteiligten entsteht, das zu gegenseitiger Rücksichtnahme verpflichtet sowie Sorgfaltspflichten auf beiden Seiten erzeugt.[572] Weiterhin anerkannt ist, daß ein Zuwiderhandeln gegen ein ausdrückliches Verbot von Preisabsprachen in den Ausschreibungsbedingungen eine *Pflichtverletzung* beim Vertragsschluß darstellt.[573] Nach richtiger Ansicht wird aber eine Preisabsprache auch dann eine Pflichtverletzung beinhalten, wenn sich kein ausdrückliches Verbot in den Ausschreibungsbedingungen findet.[574] Dies folgt schon daraus, daß es gerade erkennbarer Sinn einer Ausschreibung ist, den Wert einer Leistung im freien, unbeeinflußten Wettbewerb zu ermitteln und folglich die potentiellen Teilnehmer insoweit Rücksicht auf die durch Veranstaltung einer Ausschreibung deutlich gewordene Zielsetzung nehmen müssen. Da aber Verhandlungen mit Konkurrenten

---

[570] Zu denken wäre hier insbesondere an § 35 I 1 GWB i.V.m. § 1 GWB; §§ 823 I, II, 826 BGB.

[571] Vgl. z.B. *Larenz*, Schuldrecht I, Allgemeiner Teil, § 9 I; *Fikentscher*, Schuldrecht, Rn. 69 f.

[572] BGHZ 49, 77, 79; 60, 221, 223 f.; BGH BauR 1981, 368, 369; 1984, 631; 1985, 75, 76; BGH BB 1993, 27; I/M-*Emmerich*, § 35 Rn. 125; MüKo-*Emmerich*, vor § 275 Rn. 66; Soergel-*Wiedemann*, vor § 275 Rn. 212; *R. Schmid*, ZIP 1983, 645; *Lampe-Helbig/Zeit*, BauR 1988, 661.

[573] OLG Celle WuW/E OLG 559; I/M-*Emmerich*, § 35 Rn. 125; GK-*Benisch*, § 35 Rn. 44.

[574] A.A. GK-*Benisch*, § 35 Rn. 44.

bereits die Bildung eines wettbewerbsgerechten Preises verhindern,[575] muß unabhängig von der Ausgestaltung der Ausschreibungsbedingungen ein Verstoß gegen vorvertragliche Verhaltenspflichten angenommen werden, wenn sich Kartelle bilden und dies bei Angebotsabgabe verheimlicht wird. Darüber hinaus spricht für diese Ansicht auch die Tatsache, daß nicht erst aus den Ausschreibungsbedingungen, sondern schon aus §§ 1 I, 25, 38 I Nr.1 GWB das ausdrückliche Verbot von Preisabsprachen folgt.[576] Ebenso ergibt sich aus den Bestimmungen der VOB/A (§ 25 Nr. 1 (1) c)) bzw. VOL/A (§ 25 Nr. 1 (1) f)), daß Angebote, die abgesprochen wurden, auszuschließen sind, so daß es für die Frage einer Pflichtverletzung nicht entscheidend auf die diesbezügliche Ausgestaltung der Ausschreibungsbedingungen ankommen kann.[577]

Kartellteilnehmer werden die Beteiligung an einer Absprache regelmäßig vorsätzlich verheimlichen, weil eine Kartellabrede nur dann sinnvoll und effektiv sein kann, wenn der Ausschreibende in Unkenntnis hierüber bleibt, so daß auch von einem *Verschulden* i.S.d. § 276 BGB auszugehen ist. Festzuhalten bleibt also, daß mit der vorsätzlichen Beteiligung an einer Ausschreibung trotz Absprache der Tatbestand einer c.i.c. erfüllt wird.

Zu untersuchen ist weiterhin, ob ein ersatzfähiger Schaden nachweisbar ist.

(2) Schadensnachweis nach der Zivilrechtsprechung

Soweit ersichtlich, liegt nur eine veröffentlichte gerichtliche Stellungnahme zum Verschulden bei Vertragsschluß durch Beteiligung an einem Kartell und zur diesbezüglichen Schadensfeststellung vor,[578] wobei sich in dieser Entscheidung ein Schaden des Ausschreibenden sehr leicht nachweisen ließ, da die Beweisaufnahme ergeben hatte, daß der Angebotspreis des Auftragnehmers vor der Absprache niedriger kalkuliert war als der letztendlich verlangte Nullpreis.[579] Es handelte sich also um einen atypischen Fall, der nicht die üblichen, bereits beim strafrechtlichen Schadensbegriff besprochenen Nachweisprobleme aufwies.

Da es also an einschlägigen Gerichtsentscheidungen zur c.i.c. bei Submissionsfällen fehlt, muß auf die allgemeinen Grundsätze zurückgegriffen und untersucht werden, wie nach der bisherigen Rechtspraxis in bezug auf Scha-

---

[575] Vgl. auch OLG Celle WuW/E OLG 559.

[576] So I/M-*Emmerich*, § 35 Rn. 125; vgl. dazu schon oben C.II.2.d.

[577] Ebenso z.B. *Lindacher*, ZIP 1986, 819; *Hereth/Crome*, S. 15.

[578] OLG Celle WuW/E OLG 559, 561.

[579] Ausführlich zu diesem Schadensindiz oben C.II.5.i.(5).(b).

densersatzansprüche aus c.i.c. das zivilrechtliche Schadensproblem bei Submissionskartellen gehandhabt werden müßte.

(a) Rechtsfolgen der c.i.c.

Grundsätzlich ist ein Anspruch aus Verschulden bei Vertragsschluß darauf gerichtet, den Anspruchsinhaber so zu stellen, wie er ohne vorvertragliche Pflichtverletzung stehen würde,[580] wobei die Höhe des Anspruchs nicht durch das Erfüllungsinteresse begrenzt ist. Entscheidend kommt es demnach darauf an, wie der Getäuschte gestanden hätte, wenn ihm gegenüber eine Täuschung nicht begangen worden wäre:

- Dann könnte der Getäuschte den Vertrag zum einen genauso geschlossen haben, wie er es aufgrund der Täuschung getan hat. Mangels Kausalität käme ein Schadensersatzanspruch in diesem Fall nicht in Betracht.
- Andererseits könnte er in Kenntnis der Pflichtverletzung von einem Vertragsschluß abgesehen haben. Entsprechend dem § 249, 1 BGB zielt der Anspruch aus c.i.c. dann auf Rückabwicklung des Vertrages.[581]
- Allerdings ist damit ein dritter Fall noch nicht erfaßt: In Kenntnis der Täuschung wäre der Getäuschte zwar keinen Vertrag eingegangen; jetzt aber will er – z.B. wegen schon weitgehender Erfüllung – am Vertrag festhalten und nur zusätzlich Schadensersatz, gerichtet auf den Betrag, den er im Vertrauen auf die Richtigkeit der Angaben bezahlt oder sich zu zahlen verpflichtet hat, fordern.

Diese letzte Möglichkeit würde *im Ergebnis* zu einer „Vertragsanpassung", zu einer „Minderung" des geschuldeten Preises[582] führen, indem der Getäuschte diesen Schadensersatzanspruch gegen die noch nicht erfüllte Zahlungsverpflichtung aus dem Vertrag aufrechnen kann (§§ 387 ff. BGB), so daß diese zum Teil erlischt, oder aber indem er nach vollständiger Erfüllung der vertraglichen Zahlungsverpflichtung die teilweise Rückzahlung des geleisteten Betrages fordert.

Entsprechend dem Grundsatz des § 249, 1 BGB müßte der Ausschreibende zum Zwecke einer solchen Anpassung eigentlich beweisen, daß – hätte er von der Absprache gewußt – ein Vertrag zu einem geringeren Preis auch

---

[580] § 249, 1 BGB; vgl. auch BGHZ 47, 207, 214; BGH NJW 1962, 1196, 1198; 1969, 1625, 1626; BB 1969, 696; BGH NJW 1974, 849, 851; 1981, 1035, 1036; OLG Hamm MDR 1963, 48, 49; OLG Stuttgart MDR 1971, 216.

[581] BGH NJW 1962, 1196; 1974, 851; Palandt-*Heinrichs*, § 276 Rn. 100.

[582] Vgl. Palandt-*Heinrichs*, § 276 Rn. 102, *Gottwald*, JuS 1982, 884; *Westermann*, ZGR 1982, 59; *Hiddemann*, ZGR 1982, 449.

wirklich zustandegekommen wäre, insbesondere, daß ein Vertragspartner bereit gewesen wäre, zu diesem Preis zu kontrahieren (hypothetischer Kausalverlauf).[583] Davon ist die Rechtsprechung in neuerer Zeit jedoch vielfach abgerückt: Dem Getäuschten stehe *wahlweise* neben der Rückabwicklung die Vertragsanpassung zu.[584] „In einem solchen Fall muß der am Vertrag festhaltende Käufer, soll der Schaden überhaupt sinnvoll erfaßbar sein, so behandelt werden, als wäre es ihm bei Kenntnis der wahren Sachlage gelungen, den Kaufvertrag zu einem günstigeren Kaufpreis abzuschließen ... ohne daß es auf den – hypothetischen und ohnehin kaum zu führenden – Nachweis ankommt, ob auch der Verkäufer sich damals mit einem Vertragsschluß unter diesen Bedingungen einverstanden erklärt hätte."[585] Der Schaden liege dann in dem Betrag, um den der Getäuschte im enttäuschten Vertrauen auf die Richtigkeit der Angaben überhöht gekauft habe,[586] wobei die genaue Schadenshöhe nach § 287 ZPO geschätzt werden dürfe.[587]

Eine solche Überhöhung des Preises liege immer dann vor, wenn der Getäuschte aus seiner Sicht und bei Kenntnis der wahren Umstände nur bereit gewesen wäre, weniger für die Leistung des anderen zu bezahlen. Dabei komme es auch *nicht darauf an, ob die angebotene Leistung objektiv den ursprünglich vereinbarten Preis wert sei.*[588]

Diese dogmatisch nur schwer faßbare Rechtsprechung bewirkt damit ein zweifaches: Zum einen wird die Beweissituation des Getäuschten hinsichtlich des *Kausalverlaufs* verbessert, indem ihm die *Beweislast* hinsichtlich des hypothetischen Vertragsschlusses zu günstigeren Bedingungen abgenommen wird.[589] Zum anderen erkennt die Rechtsprechung einen *Schaden* auch dann an, wenn nach der Differenzhypothese kein Schaden festgestellt werden könnte, wenn nämlich trotz des enttäuschten Vertrauens auf die Richtigkeit der Angaben des Vertragspartners der Leistungsgegenstand objektiv den vertraglich vereinbarten Preis wert ist. Insoweit kommt es zu einer *Normativie-*

---

[583] So auch die ursprüngliche Rechtsprechung, vgl. RGZ 103, 47, 49; 132, 76, 80; BGH BB 1969, 696 f.; BGH NJW 1977, 1538, 1539.

[584] BGH WM 1980, 1006, 1007.

[585] BGHZ 69, 53, 58; ferner BGH WM 1980, 1006, 1007; 1987, 1466; 1988, 1700, 1702; BB 1991, 933, 935; 1991, 935 f.; anders hingegen noch BGH WM 1970, 819, 822; NJW 1977, 1538, 1539.

[586] BGHZ 69, 53, 58; BGH WM 1980, 1006, 1007; 1990, 1032, 1035.

[587] Vgl. BGHZ 69, 53, 58 f., BGH WM 1980, 1006, 1007.

[588] So die Rechtsprechung des V., VII. und VIII. Senats des BGH, vgl. z.B. BGH WM 1990, 1032, 1035; ablehnend der XI. Senat des BGH, BGH WM 1988, 1685, 1688, sowie ein Teil der Lehre, z.B. *Willemsen*, AcP 182 (1982), 535; *Tiedtke*, JZ 1989, 570 f. m.w.N. zur Rechtsprechung.

[589] Kritisch zu dieser Beweiserleichterung z.B. *Canaris*, ZGR 1982, 421.

rung des Schadens;[590] die subjektive Einschätzung des Getäuschten ist Grundlage der Entscheidung über den Schadenseintritt und dessen Höhe, der angewandte Schadensbegriff ist damit *versubjektiviert*.[591]

Den Boden des § 249, 1 BGB hat die Rechtsprechung hiermit verlassen. Es handelt sich um richterliche Rechtsfortbildung[592] aufgrund wertender Betrachtung.[593]

(b) Bedeutung der c.i.c.-Rechtsprechung für die Submissionsfälle

Wäre es möglich, diesen kraft richterlicher Rechtsfortbildung geschaffenen Schadensbegriff auf die Submissionsfälle zu übertragen, so ergäbe sich folgender Vorteil: Für die Schadensermittlung im Rahmen des c.i.c.-Anspruchs käme es nicht mehr auf den objektiven Wert der Leistung und damit auf den hypothetischen Wettbewerbspreis an, dessen Bestimmung sich so problematisch gestaltet. Vielmehr könnte auf den eben dargestellten „subjektiven Schadensbegriff" zurückgegriffen werden, d.h. es käme lediglich darauf an, ob der abgesprochene Nullpreis *aus derSicht des Ausschreibenden* überhöht war.

Legt man aber einen derart subjektivierten Schadensbegriff zugrunde, so wird man in den Submissionsfällen regelmäßig zu einem Schadensersatzanspruch gelangen, da der Ausschreibende, hätte er von der Absprache Kenntnis gehabt, nach aller Lebenserfahrung nur bereit gewesen wäre, einen gegenüber dem Nullpreis günstigeren Preis für die ausgeschriebene Leistung zu zahlen. Dies schon deshalb, weil die *Gefahr einer Überhöhung* gegenüber dem hypothetischen Wettbewerbspreis offensichtlich ist und ein wesentliches Ziel der Submission, nämlich die Erzielung des echten Wettbewerbspreises durch Ausschaltung des Ausschreibungsmechanismus verhindert wurde, so daß aus Sicht des Ausschreibenden der abgesprochene „Nullpreis" regelmäßig überhöht erscheinen muß. Darüber hinaus gehen im Zivilrecht eventuell

---

[590] *Basedow*, NJW 1982, 1030.

[591] Ähnlich verstanden wird die Rechtsprechung auch von *Tiedtke*, JZ 1989, 570; *Tutmann*, S. 75; *Willemsen*, AcP 182 (1982), 553.

[592] *Gernhuber*, Das Schuldverhältnis, § 8 IV 2d; Palandt-*Heinrichs*, § 276 Rn. 102.

[593] Akzeptiert wird diese Rechtspechung i.E. von Palandt-*Heinrichs*, § 276 Rn. 102; *Gernhuber*, Das Schuldverhältnis, § 8 IV 2; *Gottwald*, JuS 1982, 884; *Hiddemann*, ZGR 1982, 449; kritisch *Canaris*, ZGR 1982, 422 f.; *Westermann*, ZGR 1982, 60; ablehnend *Tiedtke*, JZ 1989, 569 ff.; *Tutmann*, S. 59, 71 ff., *Willemsen*, AcP 182 (1982), 553, die einen solchen Anspruch nur dann bejahen wollen, wenn der Getäuschte beweisen kann, daß er sich ohne Täuschung auf einen günstigeren Preis mit seinem Vertragspartner geeinigt hätte. Dasselbe Ergebnis wie die Rechtsprechung will *Stoll* (von Caemmerer-FS, S. 466 f.) über eine Vertragsanpassung nach § 242 BGB erreichen.

verbleibende Unklarheiten zu Lasten desjenigen, der sie verursacht hat, hier also zu Lasten des Täuschenden.[594]

Damit stünde fest, *daß* ein c.i.c.-Anspruch des Auftraggebers gegenüber dem Auftragnehmer besteht; seine *Höhe* wäre schwierig zu beziffern, im Zivilprozeß würde sie geschätzt (§ 287 ZPO). Dadurch, daß das Bestehen eines zivilrechtlichen Schadensersatzanspruchs auf diese Weise bejaht werden könnte, würde sich die Möglichkeit eröffnen, durch die Figur der Vermögensgefährdung im Rahmen des Betrugstatbestandes einen Betrugsschaden zu bejahen: Der Ersatzanspruch aufgrund Verschuldens bei Vertragsschluß stellte den durch § 263 StGB geschützten Vermögenswert dar, welcher durch Vertragsabwicklung verheimlicht und so schadensgleich gefährdet sein könnte. Dies setzt aber voraus, daß die zivilgerichtliche Rechtsprechung zur „Vertragsanpassung" auch auf die Submissionsfälle übertragen läßt.

(3) Übertragbarkeit der Rechtsprechung zur „Vertragsanpassung" auf die Submissionsfälle

Wie bereits festgestellt, fehlt bisher einer gerichtliche Stellungnahme zur Übertragbarkeit der „Vertragsanpassungs"-Rechtsprechung auf die hier zu untersuchenden Fälle. Es kann daher nur anhand der bisher durch die Zivilrechtsprechung aufgestellten Grundsätze ermittelt werden, ob die Fälle horizontaler Einflußnahmen auf Vergabeverfahren in den Anwendungsbereich der „Vertragsanpassung" fallen.

- Das ließe sich bereits dann ausschließen, wenn die Vertragsanpassung Rechtsfolge der c.i.c. nur in bestimmten, von der Rechtsprechung abschließend aufgezählten Fallgruppen sein könnte, und die Submissionen hiervon nicht erfaßt würde. Ursprünglich hat der BGH diese Rechtsfigur auch nur für einen Fall des Kaufs von Unternehmensanteilen bei Täuschung über die Bilanz des Unternehmens entwickelt.[595] Diese Rechtsprechung hat sich im weiteren Verlauf aber gefestigt und verallgemeinert. Dabei wurde klargestellt, daß es sich bei BGHZ 69, 53 nicht um eine auf den Unternehmenskauf, nicht einmal auf Kaufverträge beschränkte Entscheidung gehandelt habe,[596] daß die Rückabwicklung des Vertrages nicht unmöglich sein müsse, sondern dies nur ein mögliches Motiv sei, der Getäuschte viel-

---

[594] BGH BB 1991, 933, 935; BB 1989, 1999, 2000; WM 1990, 1658; es handelt sich hier um eine rein zivilrechtliche Frage, so daß für den „in dubio pro reo"-Grundsatz insoweit kein Raum ist.

[595] BGHZ 69, 53, 56 ff.

[596] Vgl. BGH WM 1989, 416, 418; NJW 1989, 1793, 1794; BB 1991, 933, 935.

mehr die freie Wahl habe, ob er am Vertrag festhalten möchte.[597] Darüber hinaus müsse die Täuschung nicht einmal wert- oder preisbildende Faktoren betreffen.[598]

Dieser kurze Überblick über die Rechtsprechungsentwicklung macht bereits deutlich, daß es sich bei der Vertragsanpassung als Folge der c.i.c. nicht um eine eng begrenzte Ausnahme handelt, sondern der BGH maßgeblich auf die Interessenlage abstellt, d.h. schon immer dann eine „Minderung" zuläßt, wenn der Getäuschte ohne die Pflichtverletzung den Vertrag (so) nicht abgeschlossen hätte, jetzt aber doch am Vertrag, allerdings zu veränderten Bedingungen, festhalten will.[599] In der Literatur finden sich dementsprechend Vorhersagen, daß sich eine Rechtsprechung abzeichne, „die zukünftig unterschiedslos in allen Fällen des Kaufs (auch andere Vertragstypen?) erwartet werden kann".[600] Auch einflußreiche Kommentare zum BGB nennen die Vertragsanpassung *allgemein* als Folge der neueren Rechtsprechung, wenn „der Vertrag infolge der c.i.c. zu ungünstigen Bedingungen zustande gekommen" ist, „der Geschädigte aber gleichwohl am Vertrag" festhält.[601] Deshalb scheint die Annahme gerechtfertigt, diese von der Rechtsprechung entwickelten Grundsätze könnten auch auf die Submissionsfälle ausgedehnt werden, vorausgesetzt die *Interessenlage* wäre *vergleichbar*.

- Identisch ist die Interessenlage zunächst insoweit, als auch der Ausschreibende erst durch die Täuschung einen Vertrag zu den konkreten Bedingungen eingeht. Das Angebot des Herausgestellten wie auch alle anderen abgesprochenen Angebote hätte der Ausschreibende nämlich gemäß § 25 Nr. 1 (1) c) VOB / A bzw. § 25 Nr. 1 (1) f) VOL / A vom Vergabeverfahren ausschließen können und dies bei Kenntnis von der Wettbewerbsbeschränkung nach aller Lebenserfahrung auch getan. Weiterhin entsprechen sich die Interessenlagen in dem Punkt, daß häufig Fälle existieren, in denen es für den Ausschreibenden ungerecht wäre, vor die Alternative Aufrechtrhaltung der Vertrags zu den vereinbarten Bedingungen oder Rück-

[597] BGHZ 69, 53, 57; BGH WM 1980, 1006, 1007.

[598] BGH WM 1990, 1032, 1035.

[599] Vgl. z.B. die Argumentation in BGH WM 1989, 416, 418, mit der die Rechtsprechung auf Werkverträge ausgedehnt wurde.

[600] *Gernhuber*, Das Schuldverhältnis, § 8 IV 2. Der Zusatz in Klammern erklärt sich so, daß *Gernhuber* von der Entscheidung, mit der die Rechtsprechung auf Werkverträge ausgedehnt wurde, bei Niederschrift dieser Stellungnahme noch keine Kenntnis haben konnte. Insoweit ist daran schon ersichtlich, wie Recht *Gernhuber* mit seiner Vorhersage hat.

[601] Palandt-*Heinrichs*, § 276 Rn. 102; ebenso Staudinger-*Wiedemann*, vor § 275 Rn. 196.

abwicklung gestellt zu werden, wenn eine Rückabwicklung nur schwer realisierbar oder unsinnig wäre. Man denke nur an den Hauptanwendungsbereich des Ausschreibungsverfahrens, die Baubranche: Ist ein Objekt bereits zum Teil erstellt, so ist es aus Sicht des Auftraggebers wie aus Sicht des Auftragnehmers wenig sinnvoll, das bereits teilweise erstellte Bauwerk, obwohl es keinerlei Mängel aufweist, wieder abzureißen, um es sodann durch einen anderen Unternehmer erneut wiederherstellen zu lassen. Nach der Interessenlage kann also durchaus ein Bedürfnis nach einer Vertragsanpassung anstatt einer Vertragsrückabwicklung erkennbar sein.

Allerdings könnte der Übertragung dieser Rechtsprechung auf die Submissionsfälle noch ein Einwand entgegengehalten werden, den es auszuräumen gilt: Entspricht die „Minderung" einer Anwendung des § 249, 1 BGB mit der Maßgabe, daß fingiert wird, es wäredem Getäuschten bei Kenntnis der wahren Sachlage gelungen, den Vertrag mit dem Täuschenden zu einem günstigeren Preis abzuschließen, so könnte diese Fiktion nicht ohne weiteres auf das Ausschreibungsverfahren übertragen werden. Ein Nachverhandeln nach Erteilung des Zuschlags wäre dem Ausschreibenden nämlich nicht möglich gewesen.[602] Er hatte nur die Auswahl zwischen den eingereichten Offerten, so daß nicht einfach angenommen werden dürfte, Auftraggeber und Auftragnehmer hätten sich bei Bekanntwerden der Täuschung ohne weiteres auf einen niedrigeren Preis geeinigt. Öffentliche Auftraggeber wären darüber hinaus häufig aufgrund öffentlichrechtlicher Normen verpflichtet, nach Aufhebung der ersten Ausschreibung wegen des Kartells erneut eine Ausschreibung durchzuführen, deren Ausgang sich nicht einfach vorausbestimmen oder fingieren läßt, da auch Dritte beteiligt wären.

Letztlich schlägt dieser Einwand aber nicht durch und wird die Rechtspraxis nicht davon abhalten können, auch bei Submissionsfällen die Vertragsanpassung als Folge der c.i.c. zuzulassen. Dies liegt daran, daß die Rechtsprechung – wie in der Rechtslehre vielfach richtig erkannt – die Grundlagen des § 249 BGB bereits verlassen hat und der Vergleich mit dem fingierten hypothetischen Kausalverlauf ohne die Pflichtverletzung nur noch den Eindruck erwecken soll, man wende § 249 BGB an. In Wirklichkeit handelt es sich um richterliche Rechtsfortbildung.[603] Deshalb kann auch die Tatsache, daß ein Nachverhandlungsverbot bestanden hätte, das der hypothetischen Annahme einer nachträglichen Aushandlung eines geringeren Preises im Wege steht, nicht entscheidend ins Gewicht fallen.

---

[602] Siehe hierzu schon oben B.I.

[603] Siehe oben C.III.2.c.(2).(a).

Damit ist festzuhalten: Nach der bisherigen Entwicklung der Zivilrechtsprechung müßte die Vertragsanpassung als Rechtsfolge der c.i.c. auch dem Ausschreibenden bei Preisabsprachen zugebilligt werden, so daß diesem ein Schadensersatzanspruch aus c.i.c. regelmäßig deshalb zusteht (und er ihn auch vor Gericht durchsetzen können wird), weil er bei Kenntnis der Absprache unter den Bietern nur weniger als den Nullpreis zu zahlen bereit wäre. Auf den Wert der ausgeschriebenen Leistung kommt es dabei nicht an, da sich der Schaden normativ bestimmt.

Können Beweiserleichterungen zugunsten des Ausschreibenden in Verbindung mit einem normativen, subjektivierten Schadensbegriff somit auch im Falle von Submissionsabsprachen erreichen, daß der Ausschreibende einen c.i.c.-Anspruch gegen den Herausgestellten erwirbt, ist damit grundsätzlich der Weg frei für die oben beschriebene Konstruktion eines Schadens i.S.d. § 263 StGB durch konkrete Gefährdung dieses wirtschaftlich wertvollen Anspruchs. Der Vorteil dieser Schadenskonstruktion liegt darin, daß eine Lösung nicht über eine Veränderung des *strafrechtlichen* Schadensbegriffs zu erreichen versucht wird, sondern streng auf Grundlage des herrschenden objektiv-wirtschaftlichen Schadensverständnisses argumentiert wird. Dies hat zur Folge, daß zwar, bedingt durch die Zivilrechtsprechung, *punktuell*eine Subjektivierung des Schadens erreicht wird, eine Ausuferung des Schutzes des § 263 StGB in Richtung auf eine umfassende Einbeziehung der allgemeinen Dispositionsfreiheit nicht befürchtet werden muß.

d) Vereinbarkeit dieses Lösungsansatzes mit § 262 I StPO

Über den bisher verfolgten Lösungsansatz würde das strafrechtliche Schadensproblem aber letztlich nur dadurch entschärft, daß insbesondere eine zivilrechtliche Beweiserleichterung zugunsten des Ausschreibenden (er muß nicht nachweisen, daß er einen günstigeren Preis erzielt hätte; dies wird vielmehr vermutet) über den Umweg eines gefährdeten c.i.c.-Anspruchs nutzbar gemacht und so mittelbar auch in den Strafprozeß eingeführt und zu Lasten des Täters verwendet wird.

Im Strafprozeß gilt nun aber der *Untersuchungsgrundsatz*[604], d.h. auch das Gericht hat den Sachverhalt von Amts wegen zu erforschen und aufzuklären.[605] Wegen der Geltung des *Grundsatzes der freien richterlichen Beweiswürdigung* (§ 261 StPO) muß der Richter einen bestimmten Sachverhalt ohne Zweifel für wahr halten, so daß für Beweisregeln wie Vermutungen, Beweis-

[604] Vgl. insbesondere § 244 II StPO.

[605] Siehe nur *Beulke*, Strafprozeßrecht, Rn. 21.

erleichterungen etc. im Strafverfahren kein Raum ist.[606] Verbleibende Zweifel gehen vielmehr zugunsten des Angeklagten („*in dubio pro reo*"). Dies sicherzustellen ist auch Aufgabe des § 262 I StPO, wonach das Strafgericht, wenn die Strafbarkeit einer Handlung von der Beurteilung eines bürgerlichen Rechtsverhältnisses abhängt, auch über dieses nach den für das Verfahren und den Beweis in Strafsachen geltenden Vorschriften zu entscheiden hat. Ein klassischer Anwendungsfall dieser Vorschrift ist z.B. die Entscheidung über die Eigentümerstellung, wenn davon abhängt, ob der Angeklagte eine *fremde* Sache weggenommen und damit einen Diebstahl begangen hat.

Auch in den Submissionsfällen ließe sich nun entsprechend argumentieren, daß es nicht angehe, sich der Beweiserleichterungen des Zivilrechts zu bedienen, um die Nachweisschwierigkeiten, die in bezug auf den Schaden i.S.d. § 263 StGB bestehen, aus dem Weg zu räumen, daß es sich bei der Frage nach dem Bestehen des c.i.c.-Anspruchs vielmehr um eine von § 262 I StPO erfaßte zivilrechtliche Vorfrage handele, da letztlich die Strafbarkeit des täuschenden Submissionsteilnehmers von deren Beantwortung abhängt. Folglich müßte man dem § 262 I StPO entnehmen, daß die eben dargestellten Grundsätze der Zivilrechtsprechung, die zu einer Verbesserung der Beweissituation des Ausschreibenden vor den Zivilgerichten führen sollen, im Strafprozeß mit dem hier geltenden Untersuchungsgrundsatz sowie dem in-dubio-pro-reo-Satz unvereinbar sein müßten. Das Strafgericht habe sich vielmehr selbst eine Überzeugung vom Eintritt eines zivilrechtlich ersatzfähigen Schadens durch Aufklärung aller relevanten Umstände, insbesondere auch des hypothetischen Kausalverlaufs ohne Täuschung, zu verschaffen.

Ursache dieses Spannungsverhältnisses zwischen strafprozessualen Verfahrensgrundsätzen auf der einen Seite und dem Vermögenswert gerichtlich leicht durchsetzbarer zivilrechtlicher Ansprüche auf der anderen Seite ist der wirtschaftliche Ausgangspunkt der herrschenden Vermögenslehren: Erkennt man an, daß jeder im Geschäftsverkehr als wirtschaftlich wertvoll anerkannten Position auch Vermögenswert i.S.d. Vermögensdelikte zukommt, so kommt man nicht umhin, den Wert eines zivilrechtlichen Anspruchs nicht nur nach z.B. der Bonität des Schuldners zu beurteilen, sondern auch die Chancen, mit diesem Anspruch vor Gericht gegen einen eventuell Zahlungsunwilligen Erfolg zu haben, in die wirtschaftliche Bewertung miteinfließen zu lassen.[607] Dies hat aber zur Folge, daß zumindest jede deutliche Verbesserung der rechtlichen Position des Getäuschten, insbesondere durch Beweiserleich-

---

[606] Vgl. hierzu allgemein *Roxin*, Strafverfahrensrecht, § 15 C I und II; *Beulke*, Strafprozeßrecht, Rn. 22.

[607] Vgl. auch RGSt 76, 170, 178 f., wo für die Frage, ob ein Betrugsschaden durch Verheimlichung eines Ersatzanspruches verursacht wurde, auch auf die Grundsätze des BGB und der ZPO abgestellt wurde.

terungen, auch zu einer Steigerung des Vermögenswerts dieses Anspruch selbst gegen einen zahlungsunwilligen Schuldner führt.

Könnte man § 262 I StPO nun so verstehen, daß Beweiserleichterungen aufgrund Zivilprozeßrechts insgesamt für das Strafverfahren ausgeblendet werden müßten, würde dies der wirtschaftlichen Vermögensbetrachtung widersprechen, wonach gerade diese Beweiserleichterungen für die Zuerkennung von Vermögenswert ausschlaggebend sind. Die Anwendung dieser Norm würde letztlich dazu führen, den Vermögenswert eines Schadensersatzanspruchs auf einer irrealen Grundlage zu beurteilen: Man müßte dann nämlich darauf abstellen, wie die Erfolgschancen vor den Zivilgerichten einzuschätzen wären, wenn diese nach den Vorschriften über „das Verfahren und den Beweis in Strafsachen" urteilen würden. Dies kann aber nicht Sinn und Zweck des § 262 I StPO sein. Diese Vorschrift wiederholt vielmehr nur den § 261 StPO für die strafrechtliche Behandlung solcher Handlungen, in denen in die strafrechtliche Bewertung zivilrechtliche Vorfragen hineinspielen.[608] Oder mit den Worten des RG: § 262 StPO stellt einen „Grundsatz [auf], der den Strafrichter von der Herrschaft aller seine freie Überzeugung einengenden Beweisregeln befreit und ihm die selbständige und unabhängige Prüfung aller Voraussetzungen der Strafbarkeit überträgt, mögen sie auch einem anderen als dem eigentlichen strafrechtlichen Gebiet angehören".[609] Damit soll nur verhindert werden, daß die im Zivilprozeß allein feststellbare formale Wahrheit im Strafprozeß unüberprüft übernommen und nicht nach der materiellen Wahrheit geforscht wird, was der Untersuchungsgrundsatz aber gebietet.[610]

In den hier zu untersuchenden Submissionsfällen führt die Berücksichtigung der zivilrechtlichen c.i.c.-Rechtsprechung aber weder dazu, daß die freie Überzeugungsbildung des Strafrichters eingeengt wird, noch wird bloß formale Wahrheit in den Strafprozeß eingeführt. Für den Strafrichter ist nicht von Bedeutung, ob wirklich (im Sinn von materiell wahrhaftig) ein Schaden im Sinne des Zivilrechts beim Ausschreibenden eingetreten ist. Er muß sich eine Überzeugung allein darüber bilden, ob die Voraussetzungen des § 263 StGB erfüllt sind, also insbesondere, ob der Ausschreibende dadurch einen Schaden erlitten hat, daß ein ihm zustehender vermögenswerter Schadensersatzanspruch schadensgleich gefährdet wurde. Einzige Voraussetzung der Strafbarkeit, die im Zusammenhang mit dem Zivilrecht steht, ist also die Frage, ob der Schadensersatzanspruch dadurch Vermögenswert erhält, daß er zivilgerichtlich leicht durchsetzbar ist. Die Zivilrechtsprechung mit ihren Beweis-

---

[608] *Eb. Schmidt*, Lehrkommentar II, § 262 Rn. 2: „Im Grunde genommen ist also Abs. 1 entbehrlich."

[609] RGSt 43, 373, 377.

[610] Vgl. LR-*Gollwitzer*, § 262 Rn. 3.

regeln ist damit nur eine der strafrechtlichen Schadensfeststellung *vorgelagerte Tatsache*, deren Berücksichtigung der Untersuchungsgrundsatz gerade gebietet, soll die Schadensfrage umfassend und der materiellen Wahrheit entsprechend geklärt werden.

Die Berücksichtigung der Zivilrechtsprechung als Tatsache im Rahmen der Schadensfeststellung ist aber etwas völlig anderes als Bindung des Strafrichters an präjudizielle Entscheidungen der Ziviljustiz, die allein § 262 StPO ausschließen will. Eine ähnliche Differenzierung ist bereits in den Motiven zur StPO angedeutet worden: „Denn von der Frage: inwieweit das civilgerichtliche Urtheil für den Strafrichter beweisend und darum bindend sei? ist ganz verschieden und unabhängig die andere Frage: ob das civilrechtliche Urtheil nicht als eine, Rechte und Pflichten begründende Thatsache in Betracht komme, und ob nicht deshalb schon die Existenz desselben einen Einfluß auf die strafrichterliche Beurtheilung äußern müsse?“[611]

Rechtstechnisch läßt sich diese teleologisch indizierte Unterscheidung bei der Auslegung des Tatbestandsmerkmals „bürgerliches Rechtsverhältnis, von dessen Beurteilung die Strafbarkeit einer Handlung abhängt“ umsetzen. Dieses Tatbestandsmerkmal kann nur dann erfüllt sein, wenn ein Merkmal eines strafrechtlichen Tatbestands *zivilrechtlich geprägt* ist und so *unmittelbar* an das Zivilrecht anknüpft. So fällt beispielsweise die Frage, ob eine Sache „fremd“ i.S.d. § 242 StGB ist, ob sie also nicht im Eigentum (= rein zivilrechtlicher Begriff) des Täters steht, in den Anwendungsbereich der Norm. Wenn eine Voraussetzung des Straftatbestandes, wie der „Schaden“ i.S.d. § 263 StGB, ein *rein strafrechtlich geprägter Begriff* ist, und nur bei dessen Subsumtion *Tatsachen* aus dem zivilrechtlichen Bereich (*mittelbar*) einfließen, hier also die Bejahung der c.i.c.-Anspruchsvoraussetzungen nach der Zivilrechtsprechung, so ist § 262 StPO nicht eröffnet.

Die Frage, ob der Ausschreibende einen Schadensersatzanspruch aus c.i.c. vor den Zivilgerichten aufgrund der dort anwendbaren Beweisregeln durchsetzen kann, ist daher keine zivilrechtliche Vorfrage, die von § 262 StPO umfaßt wird.

d) Objektiver Tatbestand

Die soeben dargestellte Vermögensposition „c.i.c.-Anspruch“ müßte durch ein die Merkmale des objektiven Betrugstatbestand erfüllendes Verhalten des Ausschreibenden konkret gefährdet und dadurch geschädigt werden.

---

[611] *Hahn*, Materialien, S. 201.

(1) Täuschung über Tatsachen

Die täuschungsrelevante Tatsache ist auch hier die Beteiligung an einer Absprache im Vorfeld der Ausschreibung, da dies eine für den c.i.c.-Anspruch des Ausschreibenden wesentliche Voraussetzung darstellt.

Parallel zur baupreisrechtlichen Konstruktion eines Erfüllungsbetrugs kommen drei Ansatzpunkte für eine Täuschung in Frage: Zum einen kann eine Täuschung durch die Abgabe des Angebots des Herausgestellten, also vor Vertragsschluß begangen sein; zum anderen ist in Betracht zu ziehen, ob ein Tun oder aber ein Unterlassen nach der Kontrahierung, also in der Erfüllungsphase des Vertrages, eine Täuschung beinhaltet.

(a) Täuschung vor Vertragsschluß

Mit der Abgabe eines Angebots täuscht das Submissionskartellmitglied – je nach Ausgestaltung der Ausschreibungsbedingungen ausdrücklich oder konkludent – über seine Beteiligung an der Preisabsprache,[612] die ein Verschulden bei Vertragsschluß darstellt. Keine Bedenken bestehen insofern, als hier an ein Täuschungsverhalten vor Vertragsschluß angeknüpft wird. Zwar kann die Annahme eines Erfüllungsbetruges allein aufgrund einer vor Vertragsschluß erfolgten Täuschung in manchen Fallgestaltungen problematisch sein;[613] bei genauerer Betrachtung wird aber deutlich, daß es sich bei der Verheimlichung eines c.i.c.-Anspruches des Ausschreibenden schon nicht um einen Erfüllungsbetrug im engeren Sinn handelt, da der c.i.c.-Anspruch kein Vermögensvorteil des Ausschreibenden ist, der ihm *durch den Vertrag* zuwächst, sondern bereits vor dem Vertragsschluß mit dem verschuldeten Verhalten bei der Vertragsanbahnung entsteht. Deshalb fehlt es auch an dem für die Problemfälle typischen Zusammenhang zwischen Eingehungs- und Erfüllungsphase, wonach das Opfer durch Eingehung des Vertrags eine vermögenswerte Aussicht erhalten hat, deren Realisierung durch die Erfüllung und die fortwirkende Täuschung vor Vertragsschluß vereitelt wird. Eine Gefahr, daß bloße vertragliche Gewinnerwartungen in den Schutzbereich des Betrugstatbestandes einbezogen und dieser dadurch übermäßig ausgeweitet würde, ist daher nicht ersichtlich. Es bestehen somit keine Bedenken, die Täuschung vor Vertragsschluß als tatbestandsmäßige Täuschung i.S.d. § 263 StGB heranzuziehen.

---

[612] Siehe oben C.II.2.

[613] Dazu oben C.III.1.b.(3).(a).

(b) Täuschung nach Vertragsschluß durch Einfordern des vollen Zuschlagspreises

Darüber hinaus könnte eine Täuschung *durch aktives Tun* dann angenommen werden, wenn der Herausgestellte und Vertragspartner des Ausschreibenden den vollen Zuschlagspreis einfordert, ohne auf das Bestehen eines Schadensersatzanspruchs aus c.i.c. hinzuweisen, welcher den Ausschreibenden, wie gesehen, zur Vertragsanpassung, und damit zur Minderung seiner Schuld berechtigt.

Voraussetzung dafür wäre aber, daß derjenige, der einen bestimmten Betrag einfordert, gleichzeitig konkludent erklärt, es bestünden keine Schadensersatzansprüche gegen ihn, die den Schuldner zu einer „Minderung" berechtigen. Damit würde der objektive Erklärungsgehalt dieses Verhaltens aber weit überdehnt. Zwar wurde oben[614] angenommen, dem Einfordern eines Betrages komme nach der Verkehrsanschauung der Erklärungswert zu, dieser Betrag sei auch in voller Höhe geschuldet. Dementsprechend mußte für den Fall eine konkludente Täuschung bejaht werden, in dem sich unmittelbar kraft Gesetzes der geschuldete Betrag reduziert, der Täter aber gleichwohl den vollen Betrag einfordert.

Dies bedeutet aber noch nicht, daß der Einfordernde auch erklärt, dem Schuldner stünden keine rechtlichen Möglichkeiten zu, mit Hilfe derer er erst erreichen kann, daß sich die Schuld verringert. Ob ein Schuldner die Vertragsanpassung wählt, steht in seinem Belieben, d.h. die Minderung des geschuldeten Betrages als Folge des c.i.c.-Anspruches hängt von einer Entscheidung des Schuldners ab; sie tritt nicht automatisch, kraft Gesetzes ein. Dementsprechend steht es in der Verantwortung eines jeden einzelnen, die für ihn günstigste Entscheidung hinsichtlich der Geltendmachung ihm zustehender Rechte zu treffen. Es würde daher zu weit führen, im bloßen Einfordern eines Betrages durch den Gläubiger eine konkludente Erklärung sehen zu wollen, die den ausschließlichen Verantwortungsbereich des Schuldners betrifft.

(c) Täuschung nach Vertragsschluß durch Unterlassen

Trotzdem ist aber Raum für eine Täuschung in der Erfüllungsphase des Vertrages. Denn der Auftragnehmer kann eine Täuschung auch *durch Unterlassen* begehen. Seine Pflicht zur Aufklärung des Ausschreibenden über die Verletzung des vorvertraglichen Vertrauensverhältnisses durch Beteiligung an einer Submissionsabsprache folgt aus einer Garantenstellung aus Ingerenz.

---

[614] Siehe oben C.III.1.b.(3).(b).

Der Auftragnehmer hat bei Abgabe seines Angebots pflichtwidrig eine Fehlvorstellung über die Wettbewerbsverhältnisse zwischen den Teilnehmern am Ausschreibungsverfahren hervorgerufen, die für den getäuschten Ausschreibenden die nahe Gefahr einer „Zuvielzahlung“ schafft, indem er den vollen Zuschlagspreis begleicht, aufgrund seines c.i.c.-Anspruches aber nur einen geringeren Betrag zahlen müßte (Vertragsanpassung). Den Täuschenden trifft deshalb die Pflicht, diese Gefahr durch Aufklärung zu verhindern. Da der Täter hier durch das Unterlassen eine von ihm selbst geschaffene Fehlvorstellung benutzt, ist auch die Entsprechensklausel (§ 13 I, 2. HS StGB) erfüllt.[615]

Bedeutung erlangt die Unterlassensalternative allerdings nur dann, wenn die Täuschung durch aktives Tun bei der Angebotsabgabe unvorsätzlich oder ohne Bereicherungsabsicht erfolgte.

(2) Irrtum

(a) Irrtum bei Angebotsabgabe

In bezug auf die Täuschung im Zeitpunkt der Angebotsabgabe kann, was den Irrtum betrifft, auf oben[616] verwiesen werden. Beim Auftraggeber wird durch die Täuschung also regelmäßig eine Fehlvorstellung über das wettbewerbsgerechte Verhalten des Herausgestellten bei der Ausschreibung verursacht.

(b) Irrtum durch unterlassene Aufklärung

Bei der Abrechnung der Vertragspartner führt eine unterlassene Aufklärung seitens des Auftragnehmers hinsichtlich der Voraussetzungen eines Schadensersatzanspruchs des Getäuschten dazu, daß letzterer nichts von der Möglichkeit der „Vertragsanpassung“ weiß. Ein bloßes Nichtwissen (ignorantia facti) reicht für einen Irrtum i.S.d. § 263 StGB nach h.M.[617] aber nicht aus.[618] Damit überhaupt von einer Überlistung des Opfers die Rede sein kann,

---

[615] Zur Problematik der Modalitätenäquivalenz bei verhaltensgebundenen Delikten siehe oben C.II.2.e. und C.III.1.b.(3).(c).

[616] C.II.3.

[617] RGSt 42, 40; BGHSt 2, 325; *Bockelmann*, Eb.Schmidt-FS, S. 438; *Eser*, Strafrecht IV, 11 A 53, 54; *Otto*, Grundkurs Strafrecht BT, § 51 II 3; *Naucke*, Zur Lehre vom strafbaren Betrug, S. 113, 215; *Blei*, Strafrecht II, § 61 II 1; LK-*Lackner*, § 263 Rn. 75.

[618] A.A. S / S-*Cramer*, § 263 Rn. 36; *Arzt/Weber*, LH 3, M II 4c; *Kühne*, S. 50.

ist vielmehr erforderlich, daß dieses zum Für und Wider seines Verhaltens irgendwie innerlich Stellung nimmt.[619] Deshalb ist zwar nicht ein aktuelles Bewußtsein erforderlich, aber doch ein „sachgedankliches Mitbewußtsein", ein „Begreifen am Rande".[620] Vonnöten ist auch nicht, daß die vorgestellte Tatsache das genaue Gegenteil der wirklich bestehenden Tatsache ist; es reicht aus, wenn sie dieses Gegenteil mit einschließt.[621]

Im Abrechnungszeitpunkt wird sich der Auftraggeber zwar nicht positiv vorstellen, daß die Voraussetzungen eines c.i.c.-Anspruchs gegen den Auftragnehmer nicht bestehen. Im Regelfall wird der Auftraggeber aber zumindest davon ausgehen, daß die vertraglichen Ansprüche gegen ihn ordnungsgemäß entstanden sind und keine rechtlichen Gründe existieren, die einer vollständigen Bezahlung entgegenstehen. Insoweit wird er annehmen, daß „alles in Ordnung ist". Dem steht das Wissen eines Ausschreibenden um die *allgemeine* Verbreitung von Absprachen nicht entgegen, da er ein Interesse daran hat, daß diese *konkrete* Auftragsvergabe frei von Wettbewerbsbeschränkungen stattfinden kann,[622] wie dies auch häufig durch Absprecheverbote in den Ausschreibungsbedingungen zum Ausdruck gebracht wird. Dieses sachgedankliche Mitbewußtsein umfaßt daher auch regelmäßig die Vorstellung, daß die Voraussetzungen eines zur Vertragsanpassung berechtigenden c.i.c.-Anspruches nicht erfüllt sind. Ein Irrtum läßt sich also auch hier i.d.R. unschwer begründen.

(3) Vermögensverfügung

Aufgrund dieses Irrtums macht der Auftraggeber – mangels Kenntnis der vorliegenden Tatbestandsvoraussetzungen – seinen c.i.c.-Anspruch zumindest vorübergehend nicht geltend.

(a) Unbewußtes Unterlassen als Vermögensverfügung

Es handelt sich hierbei also um eine *Vermögensverfügung durch Unterlassen* wie sie von der ganz h.M. anerkannt ist.[623] Problematisch ist allein die Tatsache, daß dem Ausschreibenden, dem infolge der Täuschung die Existenz

---

[619] Vgl. LK-*Lackner*, § 263 Rn. 76.

[620] Vgl. bei LK-*Lackner*, § 263 Rn. 77.

[621] A.A. *Naucke*, Zur Lehre vom strafbaren Betrug, S. 113.

[622] Vgl. auch oben C.II.2.c.

[623] Vgl. für alle LK-*Lackner*, § 263 Rn. 97; a.A. nur *Naucke*, Zur Lehre vom strafbaren Betrug, S. 215.

seines c.i.c.-Anspruchs verborgen bleibt, auch der Verfügungscharakter seines Verhaltens unbekannt ist. Es handelt sich daher um eine *unbewußte Verfügung*, deren rechtliche Behandlung umstritten ist. Teilweise wird ein besonderes Verfügungsbewußtsein verlangt, d.h., der Getäuschte müsse sich bewußt sein, eine vermögensrelevante Handlung oder Unterlassung vorzunehmen[624] oder zumindest in einer „Abrechnungssituation" stehen, in der die bewußt vorgenommene Abrechnung als Entscheidung zu verstehen sei, die eine Vermögensverfügung darstelle.[625] Rechtsprechung[626] und h.L.[627] sehen hingegen in einem Verfügungsbewußtsein kein notwendiges Element der Verfügung.

Dem ist zumindest für die hier in Frage stehenden Fälle beizupflichten, da es beim Forderungsbetrug nicht auf eine deutliche Abgrenzung zwischen Betrug und Diebstahl, also zwischen Vermögensverfügung und Wegnahme wie beim Sachbetrug ankommt. Denn es ist wenig sinnvoll, insbesondere zur Vermeidung von Strafbarkeitslücken anzuerkennen, daß auch in einem Unterlassen eine Vermögensverfügung liegen kann, wenn man gleichzeitig ein Verfügungsbewußtsein verlangt, das bei Verfügungen durch Unterlassen aber nur selten vorzufinden sein wird.[628]

(b) Unmittelbare Vermögensminderung durch konkrete Vermögensgefährdung des c.i.c.-Anspruchs

In der Unterlassung der Geltendmachung des Schadensersatzanspruchs kann allerdings nur dann eine Vermögensverfügung gesehen werden, wenn dadurch unmittelbar eine Vermögensminderung herbeigeführt wird. Eine solche unmittelbare Minderung könnte durch eine konkrete Gefährdung des verheimlichten Schadensersatzanspruchs eintreten. Die Verheimlichung des c.i.c.-Anspruchs bewirkt aber nur dann eine Vermögensminderung, wenn der Anspruch hierdurch so konkret gefährdet wird, daß schon die Gefährdung eine Vermögensminderung bewirkt.[629] Wann die Verheimlichung eines Scha-

---

[624] *Merkel*, S. 199; *Eb. Schmidt*, NdschrStrKomm., Band 8, S. 36; nur für Verfügungen durch positives Handeln *Hardwig*, GA 1956, 6.

[625] So *Hansen*, MDR 1975, 537; *Otto*, Grundkurs Strafrecht BT, § 51 II 4 a.

[626] RGSt 70, 227; BGHSt 14, 170, 172; 19, 45; OLG Köln JMBlNRW 1966, 210.

[627] *Gallas*, Eb. Schmidt-FS, S. 401, 421; *Blei*, Strafrecht II, § 61 IV 1; *Dreher/Tröndle*, § 263 Rn. 24; *Maurach/Schroeder/Maiwald*, BT 1, § 41 Rn. 73; *S/S-Cramer*, § 263 Rn. 60.

[628] Vgl. auch *Gallas*, Eb. Schmidt-FS, S. 421; diesem Ergebnis dürften in den Submissionsfällen auch *Hansen*, MDR 1975, 537, und *Otto*, Grundkurs Strafrecht, § 51 II zustimmen, da es hier zu einer Abrechnungssituation in deren Sinn kommt.

[629] Allgemein zur Vermögensgefährdung oben C.II.5.h.(3).

densersatzanspruches einen derartigen Gefährdungsgrad erzeugt, bedarf näherer Betrachtung. Fraglich ist daher, wann ein Anspruch in Fällen verheimlichter Schadensersatzansprüche konkret gefährdet ist. Erste Voraussetzung dafür, daß die Unterlassung der Geltendmachung überhaupt eine Vermögensminderung hervorrufen kann, ist, daß dem Anspruch wirtschaftlicher Wert zukommt, d.h., daß bei sofortiger Geltendmachung durch den Getäuschten der Schuldner den Anspruch ganz oder mindestens teilweise erfüllt hätte oder daß sich durch die Geltendmachung zumindest die Aussicht des Getäuschten, zu seinem Recht zu kommen, in nennenswertem Umfang vergrößert hätte.[630] Die Submissionsfälle bereiten insoweit keine Probleme, da der Schadensersatzanspruch des Auftraggebers aus c.i.c. (wahlweise) darauf gerichtet ist, den Vertragspreis zu mindern. Diesem Anspruch kommt also schon deswegen wirtschaftlicher Wert zu, weil der Auftraggeber jederzeit die „Minderung“ wählen und durch Verweigerung der Zahlung über die Höhe des geminderten Preises hinaus diesem Schadensersatzanspruch sofort und effektiv Geltung verschaffen kann.

Problematischer ist, welches weitere Erfordernis erfüllt sein muß, damit die Täuschung über die Existenz des bestehenden und wirtschaftlich wertvollen Anspruchs mit der Folge des Nichtgeltendmachens desselben als konkrete Vermögensgefährdung betrachtet werden kann. Hierzu finden sich in Rechtsprechung und Literatur kaum Stellungnahmen. Zwei Stimmen zu dieser Frage können aber näher betrachtet werden:

Nach Samson hat jedes Unterlassen der Geltendmachung eines Anspruchs zur Folge, daß die Chance, diesen gegen Geld einzutauschen, jedenfalls für den konkreten Zeitpunkt verstreicht. In dem Verstreichen der Möglichkeit, jetzt das Geld oder die geschuldete Sache anstelle der bloßen Forderung zu besitzen, liege bereits die Vermögensminderung.[631] Nach dieser Auffassung liegt also schon sehr frühzeitig ein Schaden durch konkrete Vermögensgefährdung vor. Jede Verzögerung bedeutet grundsätzlich schon eine Vermögensminderung. Allerdings kann man selbst bei Zugrundelegung dieser Prämisse in den Submissionsfällen zu einem Schaden erst bei Abrechnung und Bezahlung der Leistung kommen. Der Grund hierfür liegt darin, daß Samson allgemein davon ausgeht, die Chance, eine Forderung gegen Geld eintauschen zu können, sei vermögenswert. In unserem Fall ist der Schadensersatzanspruch aber nicht nur darauf gerichtet, gegen Geld eingetauscht zu werden. Er ist wahlweise auch auf „Minderung“, auf Vertragsanpassung gerichtet, d.h. durch ihn soll lediglich die Verpflichtung des Getäuschten aus

---

[630] Vgl. nur OLG Hamm GA 1958, 250; OLG Köln NJW 1967, 836; *Bockelmann*, BT 1, § 11 A II 4c bb g; S/S-*Cramer*, § 263 Rn. 58; LK-*Lackner*, § 263 Rn. 107 a.E.

[631] Strafrecht II, S. 133.

dem Vertrag verringert werden. Deshalb kann der Auftraggeber auch jederzeit bis zur Abrechnung – Kenntniserlangung vorausgesetzt – seinem Anspruch Geltung verschaffen: Er muß nur die Zahlung über den verminderten Vertragspreis hinaus verweigern. Etwas anderes gilt erst ab dem Zeitpunkt, in dem der Getäuschte in Unkenntnis seines c.i.c.-Anspruchs die volle Vertragszahlung erbracht hat. Dann nämlich bleibt dem Ausschreibenden nur die Möglichkeit, seinen c.i.c.-Anspruch durch teilweise Rückforderung des gezahlten Betrags durchzusetzen. Die Geltendmachung des Schadensersatzanspruchs ist jetzt also wesentlich erschwert, da der Erfolg der Rückforderungsbemühungen vom – regelmäßig fehlenden – Rückzahlungswillen des unlauteren Bieters abhängt und sich der Ausschreibende ggf. erst durch gerichtliche Hilfe eine Chance auf Befriedigung seiner Forderung verschaffen kann. Damit ist ein deutlicher Einschnitt in der Gefährdungssituation bei der Abrechnung erkennbar; erst ab diesem Zeitpunkt könnte man daher auch nach Samsons Ansicht zu einem Schaden gelangen.

Das gleiche Ergebnis erzielt man, wenn man mit der engeren Ansicht Lackners von vornherein verlangt, daß eine konkrete Vermögensgefährdung nicht schon bei bloßer Verzögerung, sondern erst dann vorliegen kann, wenn der Anspruch in irgendeiner Weise wirtschaftlich, wenn auch nur teilweise, entwertet wird, z.B. dadurch, daß mit Wahrscheinlichkeit zusätzliche Aufwendungen zum Zwecke der Durchsetzung des Anspruchs zu erwarten sind.[632] Dies ist in den Submissionsfällen regelmäßig erst dann der Fall, wenn der Getäuschte seine vertragliche Zahlung erbracht hat und zur Durchsetzung des Schadensersatzanspruchs einen Teil dieses Betrages (bis zur Höhe des geminderten Preises) zurückfordern und daher mit Wahrscheinlichkeit diesen Betrag gerichtlich geltend machen muß. Erst diese Erschwerungen entwerten den Schadensersatzanspruch zum Teil, so daß erst in diesem Zeitpunkt eine Vermögensminderung eintreten könnte. Freilich gilt das eben Gesagte nur für den Regelfall. Die Lage vor Abrechnung kann sich aus Sicht des Getäuschten dadurch verschlechtern und bereits früher zu einer konkreten Vermögensgefährdung führen, daß z.B. durch den Zeitablauf der Beweis der Anspruchsvoraussetzungen erschwert wird. Es kommt also auf die konkreten Umstände des Falles an, ob ausnahmsweise bereits vor Abrechnung eine Vermögensminderung eintritt. Im Einzelfall sollte sich die Lösung an den drei für Vermögensgefährdungen allgemein aufgestellten Kriterien orientieren,[633] die eine Hilfestellung für die Argumentation bieten sollen.

Festzuhalten bleibt, daß eine Vermögensminderung spätestens bei Zahlung des Vertragspreises in Unkenntnis des Anspruchs aus c.i.c. eintritt.

---

[632] LK-*Lackner*, § 263 Rn. 246.

[633] Siehe oben C.II.5.h.(3).

(c) Kausalität zwischen Irrtum und Vermögensverfügung

Zwischen dem Irrtum und der Vermögensverfügung muß ein Kausalzusammenhang bestehen, es muß also die Fehlvorstellung und gerade ihr Falschheitsgehalt den Getäuschten zur Vornahme der Verfügung motiviert oder *mit*motiviert haben.[634] Da danach auch genügt, daß der hervorgerufene Irrtum nur mitkausal für die Verfügung wurde und entsprechend der conditio-sine-qua-non-Formel hypothetische Ersatzbedingungen unbeachtlich sind, fehlt der Kausalzusammenhang also nur dann, wenn der Getäuschte dieselbe Verfügung auch ohne Irrtum vorgenommen hätte, der Irrtum also für die Verfügung gar nicht mitbestimmend war.[635] Ohne Irrtum, d.h. in Kenntnis der Manipulation der Ausschreibung müßte der Ausschreibende also – soll die Kausalität verneint werden – die Geltendmachung eines c.i.c.-Anspruchs unterlassen haben. Nach aller Lebenserfahrung ist es aber nahezu außerhalb jeder Wahrscheinlichkeit, daß nach Kenntnis von einer derart massiven Beeinträchtigung der Interessen des Ausschreibenden, dieser nicht alle Schadensersatzmöglichkeiten prüft.

(4) Schaden

Die Vermögensminderung durch konkrete Gefährdung des c.i.c.-Anspruchs im Zeitpunkt der Abrechnung stellt auch einen Vermögensschaden dar, da eine Kompensation nicht in Betracht kommt.

f) Subjektiver Tatbestand (Irrtumsproblematik)

Vom jeweiligen Einzelfall abhängig ist die Bejahung des subjektiven Tatbestands.

- *Weiß der Täter von einem möglichen c.i.c.-Anspruch des Opfers zum Zeitpunkt der Täuschung* – insoweit genügt aber eine Parallelwertung in der Laiensphäre – so wird er in der Regel den Betrugstatbestand auch in subjektiver Hinsicht erfüllen: Abgesehen davon, daß er bezüglich Täuschung und Irrtum Vorsatz haben wird, kann sich in diesem Fall sein Vorsatz auch auf die Vermögensverfügung in Form der unterlassenen Geltendmachung des Anspruchs, sowie dem daraus folgenden Schaden des Auftraggebers beziehen.

---

[634] Vgl. nur LK-*Lackner*, § 263 Rn. 91.

[635] S / S-*Cramer*, § 263 Rn. 77.

Stoffgleiche Kehrseite dieses Schadens ist die wirtschaftliche Verringerung der Passiva des Täters, da sich der wirtschaftliche Wert des Schadensersatzanspruchs des Ausschreibenden gegen den Täter verringert. Der Vermögensvorteil i.S.d. § 263 StGB erfaßt jede günstigere Gestaltung der Vermögenslage, gleichgültig ob dies durch eine Vermehrung der Aktivposten oder durch eine Verringerung der Passivposten erfolgt.[636] Der unlautere Auftragnehmer erlangt so den (vermögenswerten) Vorteil, den gesamten vertraglich festgelegten Zuschlagspreis ungemindert einfordern zu können, so daß eine spätere Geltendmachung des dann nur noch auf Rückzahlung gerichteten c.i.c.-Anspruchs für den Ausschreibenden erschwert wird.

Zwar hat der Täter aufgrund des Vertrages einen Anspruch auf Zahlung des vollen Zuschlagspreises. Bezüglich des allein stoffgleichen Vorteils, der wirtschaftlichen Teilentwertung des gegen den Täter gerichteten Schadensersatzanspruches, verleiht der Vertrag aber keinerlei Anspruch. Dieser Vermögensvorteil ist daher objektiv rechtswidrig. Kennt der Täter den möglichen Schadensersatzanspruch, ist auch die Rechtswidrigkeit vom Vorsatz mitumfaßt.

- *Weiß der Täter aber nichts von einem solchen Anspruch*, erfüllt er den subjektiven Tabestand des § 263 StGB nicht, da insbesondere ein diesbezüglicher Schädigungsvorsatz und eine dementsprechende Bereicherungsabsicht fehlen werden.[637] Angesichts der Tatsache, daß die Lösung über die Verheimlichung eines c.i.c.-Anspruchs hier – soweit ersichtlich – zum ersten Mal vertreten wird, wird zunächst der Vorsatz bei den Tätern regelmäßig zu verneinen sein. Sollte sich diese Lösung aber durchsetzen und allgemein bekannt werden, so könnte auch der subjektive Tatbestand einer Bestrafung nicht mehr im Wege stehen.

3. Betrugskonstruktion durch entsprechende Vertragsgestaltung

Zu untersuchen ist schließlich, ob die ausschreibende Stelle Möglichkeiten hat, durch entsprechende Vertragsgestaltung den Schadensnachweis für das Strafverfahren zu erleichtern.[638]

---

[636] OLG Stuttgart NJW 1962, 502; *Wessels*, BT 2, § 13 III 2.

[637] Vgl. § 16 I 1 StGB.

[638] Eine Lösung in diese Richtung befürworten *Schaupensteiner*, ZRP 1993, 252; *Pickel*, WuW / E OLG 753 f.; sowie *Baumann / Arzt*, ZHR 1970, 51; kritisch hingegen *Jaath*, Schäfer-FS, S. 102; ablehnend *R. Schmid*, Ausschreibungsbetrug, S. 96.

a) „Strafvereinbarungen“ als Ansatzpunkte für die Schadenskonstruktion

Will man sich die Möglichkeiten der Vertragsgestaltung strafrechtlich zunutzen machen und für eine Schadenskonstruktion heranziehen, so bietet sich folgender Ansatzpunkt: Gelänge es dem Ausschreibenden, durch entsprechende Ausgestaltung der Ausschreibungsbedingungen eine Forderung aus einer „Strafvereinbarung“ mit dem Herausgestellten für den Fall zu erlangen, daß dieser sich an einer Preisabsprache in bezug auf das konkrete Ausschreibungsverfahren beteiligt, so könnte die Verheimlichung dieses Anspruchs einen Vermögensschaden des Ausschreibenden i.S.d. § 263 StGB bewirken. Die *Täuschungshandlung* könnte dann darin liegen, daß mit Angebotsabgabe (konkludent) vorgespiegelt wird, es habe ein freier Wettbewerb zwischen den Bewerbern bestanden und keine Absprache stattgefunden,[639] so daß die Voraussetzungen der Strafabrede nicht erfüllt wären. Dadurch müßte ein dementsprechender *Irrtum* des Ausschreibenden erregt werden, woraufhin dieser es unterläßt die vertraglich begründete Forderung geltend zu machen (*Vermögensverfügung* durch Unterlassen). Ein *Schaden* träte spätestens dann ein, wenn die Forderung auf Dauer nicht geltend gemacht und verjähren würde, und eine Erfüllung angesichts der mangelnden Leistungsbereitschaft des unlauteren Vertragspartners auszuschließen wäre. Allerdings besteht grundsätzlich auch die Möglichkeit, daß bereits vorher über die Figur der konkreten Vermögensgefährdung ein Schaden i.S.d. § 263 StGB eintritt, und so bereits frühzeitig ein vollendeter Betrug angenommen werden könnte.

Es ließe sich darin also eine Form des Erfüllungsbetrugs in bezug auf die Strafforderung sehen.[640]

b) Ausgestaltung und zivilrechtliche Zulässigkeit von „Strafabreden“

Die eben skizzierte Betrugskonstruktion knüpft also an eine Forderung des Ausschreibenden gegen den Submissionsteilnehmer aufgrund einer Strafabrede an. Eine effektive Waffe gegenüber Submissionsabsprachen wird dem Ausschreibenden auf diesem Wege aber nur dann an die Hand gegeben, wenn eine solche Forderung durch entsprechende Vertragsgestaltung überhaupt zur Entstehung gelangen kann.

---

[639] So schon oben C.II.2.

[640] Abwegig hingegen *Jaath*, Schäfer-FS, S. 102, der von Eingehungsbetrug spricht.

(1) Anforderungen an die „Strafklausel"

Nach dem eben Gesagten ist also erforderlich, daß die Vertragsklausel bewirkt, daß der Ausschreibende aufgrund der Beteiligung eines Bieters an einer Submissionsabsprache gegen diesen eine Forderung erhält. Auf einen Schadensbeweis darf es dabei nicht ankommen, da nur so gewährleistet ist, daß die Betrugskonstruktion losgelöst wird von den problematischen Beweisfragen um das „Ob" eines Schadens. Daher ist für obige Konstruktion eine Klausel untauglich, die nur dazu dient, die Höhe des zu zahlenden Schadensersatzes zu pauschalieren, aber in keiner Weise den Beweis hinsichtlich des Eintritts eines Schadens überhaupt erleichtert.[641] Anders als bei einer bloßen *Schadenspauschalierung* entsteht bei einer für den Fall der Beteiligung an einer Submissionsabsprache vereinbarten *Vertragsstrafe* oder einem dementsprechenden *Garantieversprechen* eine echte Forderung gegen den Versprechenden, unabhängig davon, ob wirklich ein Schaden eingetreten ist bzw. ob ein solcher bewiesen werden kann.[642] Diese beiden Figuren sind daher grundsätzlich geeignet, um bei einer Betrugskonstruktion herangezogen zu werden.

Dabei unterscheiden sich Garantie und Vertragsstrafe dadurch, daß bei ersterer der Garant verpflichtet wird, für den Eintritt eines bestimmten Erfolgs einzustehen oder das Risiko eines künftigen, noch nicht entstandenen Schadens zu tragen, wohingegen die Vertragsstrafe die Ansprüche des Gläubigers durch Druck auf den Schuldner sichern und den Gläubiger von dem Nachweis eines Schadens überhaupt befreien soll.[643]

(2) Vertragliche Ausgestaltung

Zur Veranschaulichung der diesbezüglichen Praxis seien beispielhaft die ehemaligen Ausschreibungsbedingungen der Deutschen Bundesbahn[644] genannt:

„Die Bewerber sind verpflichtet, sich nicht an Preisabreden aus Anlaß dieser Vergabe zu beteiligen. Die Abgabe eines Angebots gilt als Erklärung des Bieters,

---

[641] Vgl. z.B. *Beuthien*, Larenz-FS, S. 498; als Beispiele für Schadenspauschalierungen im Zusammenhang mit Ausschreibungen vgl. z.B. OLG Bremen WuW/E OLG 2955; OLG Frankfurt a.M. ZIP 1991, 1171.

[642] Vgl. BGH NJW 1958, 1483; RGRK-*Ballhaus*, vor § 339 Rn. 5; Erman-*Westermann*, vor § 339 Rn. 9; *Beuthien*, Larenz-FS, S. 500.

[643] RGRK-*Ballhaus*, vor § 339 Rn. 5; *Ingenstau/Korbion*, VOB/A, § 12 Rn. 12; vgl. auch BGH NJW 1958, 1483.

[644] Diese lagen dem Urteil des OLG Frankfurt a.M. BauR 1987, 324 zugrunde; ähnlich auch die Praxis der Freien Hansestadt Bremen, die vom BGH (BGHZ 105, 24) überprüft wurde.

daß er dieser Verpflichtung nicht zuwider gehandelt hat. Für den Fall daß diese Erklärung unwahr ist oder daß er nach Abgabe der Erklärung sich an einer Preisabrede aus Anlaß dieser Vergabe beteiligt, verspricht der Bieter, an die Bundesbahn eine Strafe in Höhe von 3% seiner Angebotsendsumme zu zahlen,[645] auch wenn er den Auftrag nicht erhält; die Abgabe eines Angebots gilt als ein solches Versprechen. Die Annahme des Versprechens braucht dem Bieter nicht erklärt zu werden."[646]

Bezweckt wird durch diese Vertragsbedingung, daß mit jedem Bieter bereits im Zeitpunkt des Angebotszugangs ein Vertrag zustandekommt, in dem ein Strafversprechen des Bieters zugunsten des Ausschreibenden für den Fall einer Beteiligung an einem Submissionskartell enthalten ist. Gegen denjenigen Bieter, der sich an einem Kartell beteiligt, soll hierdurch also eine Forderung in Höhe der vereinbarten „Strafe" entstehen.

(3) Zivilrechtliche Zulässigkeit

Der BGH[647] sieht in einer solchen Klausel ein Garantieversprechen oder eine diesem ähnliche Erklärung, zumindest insoweit, als damit ein Verhalten in der Vergangenheit abgesichert werden soll. Im Gegensatz dazu hat das OLG Frankfurt a.M.[648] die Ansicht vertreten, es handele sich um eine (unechte) Vertragsstrafe. Dem ist der BGH nicht gefolgt, weil einer Vertragsstrafe neben der Erleichterung der Geltendmachung eines möglichen Schadens auch eine sogenannte „Druckfunktion" zukommen müsse. Wenn aber ein bereits in der Vergangenheit liegendes Wohlverhalten zugesagt werde, so fehle es an dieser Druckfunktion, die sich schon begrifflich nur auf zukünftiges Verhalten beziehen könne.[649]

Unabhängig von der Einordnung der Klausel als Vertragsstrafe oder Garantieversprechen ist aber allgemein anerkannt, daß eine solche Klausel den inhaltlichen Anforderungen des § 9 AGBG[650] genügen muß: Da die von

---

[645] Später wurde die Formulierung „bis zur Höhe von 3% der Angebotsendsumme" verwendet.

[646] Hinweis auf die Regelung des § 151, 1 BGB.

[647] BauR 1987, 324, 329; BGHZ 105, 24, 27; ebenso OLG Celle WuW/E OLG 4222.

[648] BauR 1987, 324, 325.

[649] So auch Erman-*Westermann*, vor § 339 Rn. 9; vgl. allgemein auch Soergel-*Lindacher*, vor § 339 Rn. 42.

[650] Bis zum 31.12.1993 muß die Richtlinie 93/13/EWG über mißbräuchliche Klauseln in Verbraucherverträgen in nationales Recht umgesetzt sein, was eine Reform des AGBG bedingt. Gleichwohl wird dadurch der Maßstab der Inhaltskontrolle des § 9 I AGBG nicht wesentlich verändert werden; *Heinrichs*, NJW 1993, 1819 f.

den Bietern bei Beteiligung an der Ausschreibung abzugebenden Erklärungen vom Ausschreibenden für eine Vielzahl von Verträgen vorformuliert sind, handelt es sich hierbei um AGB i.S.d. § 1 I 1 AGBG, so daß das AGBG anwendbar ist.[651] Dem steht auch nicht entgegen, daß die Bieter regelmäßig Kaufleute sein werden, da nach § 24, 1 AGBG zumindest der § 9 AGBG als Prüfungsmaßstab herangezogen werden muß. Demnach dürfen die Bieter durch die Klausel nicht entgegen Treu und Glauben unangemessen benachteiligt werden.

Die Rechtsprechung hat bei obiger und ähnlichen Klauseln bisher regelmäßig einen Verstoß gegen das AGBG festgestellt und zwar im wesentlichen aufgrund von vier Gesichtspunkten:

- Der BGH hat zunächst Bedenken, ob Garantieklauseln überhaupt formularmäßig vereinbart werden könnten, wie dies bei Vertragsstrafen anerkannt sei, läßt diese Frage aber letztlich dahinstehen.[652] Das OLG Celle verneint hingegen ausdrücklich die „Strafgewalt" eines Ausschreibenden – insbesondere des öffentlichen Auftraggebers – durch eine formularmäßig vereinbarte Klausel. In der Wirkung komme eine solche „Strafklausel" den Geldbußen gleich, die aufgrund des GWB verhängt würden. Da aber viele Bieter von den Aufträgen des (öffentlichen) Auftraggebers abhingen und praktisch gezwungen seien, dessen AGB zu akzeptieren, fehle es, um einen Vergleich mit der Vereinsstrafe zu ziehen, an der freiwilligen Unterwerfung, so daß dem Auftraggeber eine derartige Strafgewalt nicht zugestanden werden könne. Deshalb müsse sich die Strafbestimmung „im Rahmen des Zivilrechts" halten, könne also nur als Vertragsstrafe i.S.d. §§ 339 ff. BGB ein künftiges, vertraglich geschuldetes Verhalten sichern oder aber einen bestehenden Anspruch auf Schadensersatz pauschalieren.
- Weiterhin gab Anlaß zu Kritik, daß die Klausel zu einer Doppelahndung von Kartellrechtsverstößen führe, da neben die GWB-Sanktion noch die privatrechtliche Sanktion trete, so daß mit den Mitteln des Privatrechts die angemessene öffentlich-rechtliche Sanktion verschärft werde und der Ausschreibende hierdurch materielle Vorteile zu erlangen suche.[653]
- Darüber hinaus entspreche es zwar dem legitimen Interesse des Ausschreibenden, einen möglichen Schaden abzudecken; jedoch sieht die Rechtsprechung[654] in einer solchen Klausel dann eine unangemessene Benachteiligung der Bieter, wenn sie nicht nach dem etwaigen Submissionsschaden des Ausschreibenden differenziere und sie daher primär der Schöpfung

---

[651] Vgl. nur OLG Celle WuW/E OLG 4222; *Ingenstau/Korbion*, VOB/A, § 12 Rn. 12.

[652] BGHZ 105, 24, 29.

[653] BGHZ 105, 24, 30.

[654] OLG Frankfurt a.M. BauR 1987, 324, 327; BGHZ 105, 24, 31.

neuer, vom Sachinteresse losgelöster Geldforderungen diene. Dies sei zum einen dann der Fall, wenn die Klausel die Möglichkeit eröffne, den Strafbetrag auch dann einfordern zu können, wenn ein Schaden nicht entstehen könne, insbesondere dann, wenn ein Auftrag letztlich gar nicht vergeben werde.[655] Wenn der Auftraggeber nach der Klausel einen Strafbetrag von jedem an der Absprache beteiligten Bieter verlangen könne, so bestehe auch die Möglichkeit, daß der bei der gebotenen „Gesamtschau"[656] zu berücksichtigende einforderbare Gesamtbetrag, der dem Ausschreibenden von allen kartellierten Bietern insgesamt zufließe, außerhalb jeder Relation zum etwaigen Schaden stehe, auch wenn die Forderung gegen einen einzelnen Bieter als noch angemessen bezeichnet werden müßte.[657] Dies führe zu einem Verstoß gegen § 9 AGBG, auch wenn sich der Ausschreibende in praxi auf die Einforderung eines geringeren Gesamtbetrags beschränke[658] bzw. selbst dann wenn bereits der Wortlaut der Klausel andeute, daß der einforderbare Betrag nur als Höchstbetrag gedacht sei, die genaue Höhe der Strafforderung also gemäß § 315 I BGB vom Ausschreibenden nach „billigem", gerichtlich überprüfbarem[659] Ermessen festzusetzen sei.[660]

- Schließlich ergebe sich die Unangemessenheit der Klausel auch aufgrund einer erheblichen Beeinträchtigung der Interessen des einzelnen Bieters, dessen Entscheidungsfreiheit eingeengt werde, da er – habe er sich an einer Absprache beteiligt – bereits mit der Abgabe des Angebots samt Garantieversprechen die Strafe verwirkt habe, selbst wenn er ein von der Absprache völlig unbeeinflußtes Angebot abgebe. Beteilige er sich deshalb nicht an der Ausschreibung, werde er wegen der Praxis der häufig marktbeherrschenden Auftraggeber auch bei weiteren Auftragsvergaben nicht berücksichtigt oder könne er sich dadurch sogar dem Verdacht ausgesetzt sehen, an einer Absprache beteiligt zu sein. Diese „Zwangslage" sei zwar vom Bieter nicht unverschuldet, sie sei auch vom Allgemeininteresse her nicht ohne weiteres zu beanstanden, dürfe aber nicht Folge einer formularmäßigen Klausel sein, mit der der Vertragspartner letztlich vor allem private Vorteile erstrebe.[661]

---

[655] OLG Frankfurt a.M. BauR 1987, 324, 327; OLG Celle WuW/E OLG 4222.

[656] BGHZ 105, 24, 31.

[657] Vgl. BGHZ 105, 24, 31; OLG Frankfurt a.M. BauR 1987, 324, 327.

[658] OLG Frankfurt a.M. BauR 1987, 324, 327.

[659] Vgl. § 315 III BGB.

[660] BGH BauR 1987, 324, 329: „bis zur Höhe von 3% der Angebotsendsumme".

[661] BGHZ 105, 24, 32.

(4) Angemessene Alternativklausel

Gelänge es nun, diese Einwände gegen die rechtliche Wirksamkeit von Strafklauseln in den Ausschreibungsbedingungen dadurch auszuräumen, daß die Klausel inhaltlich verändert wird, so könnte auch die Betrugskonstruktion über eine entsprechende Vertragsgestaltung große Effektivität erlangen.[662] Im folgenden soll also auf die einzelnen von der Rechtsprechung gegen eine Wirksamkeit vorgebrachten Einwände eingegangen und untersucht werden, ob durch inhaltliche Umgestaltung eine auch nach den Maßstäben der Rechtsprechung formularmäßig wirksam vereinbare Klausel entworfen werden kann.

- Zunächst muß den Bedenken der Rechtsprechung hinsichtlich der *formularmäßigen Vereinbarkeit* einer solchen Klausel nachgegangen werden. Zuzustimmen ist dem OLG Celle und dem BGH insoweit, als daß, wenn die Klausel als Garantieversprechen anzusehen wäre, eine bloße Vereinbarung durch Einbeziehung der AGB des Ausschreibenden problematisch erschiene. Andererseits ist anerkannt, daß Vertragsstrafeversprechen, zumindest von Kaufleuten, auch in AGB wirksam getroffen werden können, soweit die Strafklausel inhaltlich nicht an § 9 AGBG scheitert.[663] Ließe sich also die Klausel als Vereinbarung einer (präventiven) Vertragsstrafe, die der Abwehr eines künftigen Pflichtenverstoßes dient, auffassen oder gestalten, so wäre der erste Einwand der Rechtsprechung ausgeräumt. Lindacher[664] wendet nun ein, daß die Vertragsstrafe zwar obligationskonformes Verhalten sichern solle und geschehenes, unerwünschtes Verhalten durch die Strafdrohung nicht mehr hintangehalten werden könne. In der Vergangenheit liegendes Faktum sei aber in casu nur die Submissionsabsprache als solche, nicht aber die Aufklärung über die Beteiligung an einschlägigen Abreden, die der Bieter in Erfüllung einer vorvertraglichen Schutzpflicht schulde.

  So verstanden fehlt es der Klausel aber nicht an der für die Vertragsstrafe typischen „Druckfunktion“: Bezüglich der bereits erfolgten Beteiligung an der Absprache kann eine „Strafklausel“ natürlich keinen Druck mehr bewirken; die Absprachetеilnehmer, die ein Angebot abgegeben haben und

---

[662] Zwar wäre nach der rein wirtschaftlichen Vermögenslehre theoretisch auch dann eine Betrugskonstruktion denkbar, wenn keine rechtlich wirksame Forderung entsteht, der Position des Ausschreibenden aber gleichwohl wirtschaftlicher Wert beigemessen werden könnte, weil der Schuldner zur Leistung bereit und imstande ist. Dies ist bei den Teilnehmern eines Submissionskartells aber regelmäßig auszuschließen.

[663] Vgl. BGHZ 105, 29; BGH NJW 1976, 1886, 1887 m.w.N.; so wohl auch OLG Frankfurt a.M. BauR 1987, 325 f.; MüKo-*Kötz*, § 11 AGBG Rn. 55; *Horn*, EWiR, § 339 BGB, 1/88, 968; *Lindacher*, ZIP 1986, 819.

[664] EWiR § 9 AGBG 8/87, 422.

damit beim Ausschreibenden einen Irrtum erregen, sind nach zivilrechtlichen Grundsätzen jedoch verpflichtet, über ihre Beteiligung an dem Kartell aufzuklären, wenn sie erkennen oder erkennen müssen, daß der andere Teil gerade unter dem Einfluß dieses Irrtums zum Vertragsschluß schreitet.[665] Die Strafklausel kann also sehr wohl einen Druck auf zukünftiges Verhalten des bietenden Kartellmitglieds bewirken, nämlich dahingehend, daß dieses vor der Zuschlagserteilung seiner zivilrechtlichen Aufklärungspflicht nachkommt. Diese Druckrichtung läßt sich bereits bei Formulierung der Klausel in den Vordergrund stellen, wenn man die bereits aus allgemeinen Erwägungen folgende Aufklärungsverpflichtung bezüglich einer eventuellen Kartellmitgliedschaft der Bieter noch einmal explizit in den Vertragsbedingungen erwähnt und den Verfall der Strafe an die unterlassene Aufklärung knüpft. In dieser Ausgestaltung muß die Klausel als Vertragsstrafe qualifiziert werden, so daß keine grundlegenden Einwände gegen eine Vereinbarkeit in den AGB bestehen.

– Ist die Vereinbarung der Vertragsstrafenklausel durch AGB also zwar grundsätzlich zulässig, so sind durch § 9 AGBG und dessen gerichtliche Interpretation doch hohe *inhaltliche Anforderungen* an eine solche Klausel gestellt: Die Vertragsstrafe muß sich – bei der gebotenen „Gesamtschau", also unter Einbeziehung sämtlicher in Betracht kommender Bieter – am etwaigen Submissionsschaden orientieren und darf nicht primär der Schöpfung neuer, vom Sachinteresse losgelöster Geldforderungen dienen. Daraus folgt, daß der Gesamtbetrag der verwirkten Vertragsstrafen in einem vernünftigen Verhältnis zum drohenden Schaden stehen muß.[666] Mehr als das mögliche Schadensinteresse kann sich der Verwender der AGB billigerweise nicht versprechen lassen.[667] Damit ist zwar für die Vertragsstrafe, auch wenn sie formularmäßig vereinbart wird, der Eintritt eines Submissionsschadens im konkreten Fall nicht vorausgesetzt; ansonsten würde sie auch ihre gegenüber dem pauschalierten Schadensersatz besondere Funktion verlieren. Vielmehr rechtfertigt das Interesse des Ausschreibenden, einen bei ex-ante-Betrachtung aus seiner Sicht *möglichen* Schaden abzudecken, die Verwendung einer Vertragsstrafenklausel in den AGB.[668] Soweit die konkrete Klausel durch dieses Interesse gedeckt ist, kann sie nicht zu einer unangemessenen Bereicherung des Ausschreibenden und damit nicht zu einer unangemessenen Benachteiligung der Bieter führen. Diese Vorgaben zwingen aber zu einer Begrenzung der Vertragsstrafen-

---

[665] I/M-*Emmerich*, § 35 Rn. 124; GK-*Benisch*, § 35 Rn. 44; *Fikentscher*, BB 1956, 797; *Lindacher*, ZIP 1986, 819.

[666] *Lindacher*, ZIP 1986, 820.

[667] *Belke*, DB 1969, 606.

[668] Vgl. *Lindacher*, Phänomenologie, S. 116 f.

klausel in dreierlei Hinsicht: in bezug auf die Situationen, in denen die Vertragsstrafe verwirkt sein darf, in bezug auf den Personenkreis, demgegenüber die Strafforderung zur Entstehung gelangt und schließlich in bezug auf die Höhe des Strafbetrags, der letztlich dem Ausschreibenden zufließt.

Soll sich die Vertragsstrafe an dem möglichen Submissionsschaden orientieren, so darf eine dementsprechende Klausel all diejenigen *Situationen* nicht erfassen, bei denen von vornherein die Möglichkeit eines Schadens, auch aus Sicht des Ausschreibenden, nicht gegeben ist. Dies ist namentlich dann der Fall, wenn der Auftrag überhaupt nicht vergeben wird. Hier wird der Eintritt eines Submissionsschadens ja gerade durch das Verhalten des Ausschreibenden selbst verhindert.[669] Die Vertragsklausel muß demnach mit einer Bedingung versehen werden, wonach die Vertragsstrafe nicht verwirkt ist, wenn der Auftrag nicht vergeben wird.

Die „Gesamtschau“ der Rechtsprechung führt dazu, daß nicht nur die Strafbeträge der einzelnen Bieter, sondern auch deren Gesamthöhe von Relevanz im Rahmen der Angemessenheitsprüfung ist. Eine Begrenzung der Summe aller ggf. verwirkten Strafen ergibt sich aber nicht aus den AGB selbst, sondern allein aus der Anzahl der teilnehmenden Kartellmitglieder; die Strafe kann sich so auf immense Summen belaufen, selbst wenn die Strafe gegenüber einem einzelnen Bieter – isoliert betrachtet – angemessen sein sollte. Will man eine solch unkontrollierte Kumulation der Strafbeträge bereits von vornherein ausschließen, so muß der *Personenkreis*, gegenüber dem die Strafe verhängt wird, bereits anhand der AGB bestimmbar sein. Zweckmäßigerweise wird man daher eine Bedingung einfügen, wonach nur derjenige Absprachteilnehmer, der letztlich den Zuschlag bekommt, die Vertragsstrafe verwirkt.[670] Dies hindert auch die oben beschriebene Betrugskonstruktion nicht, da diese nur die vertragliche Begründung einer Forderung gegen den Herausgestellten voraussetzt.

Aber auch wenn eine Forderung auf diese Weise nur gegen einen einzigen Bieter begründet wird, folgt aus den Vorgaben der Rechtsprechung in Zusammenhang mit § 9 AGBG eine *Begrenzung der Höhe* derselben. Der geforderte Betrag muß durch das Interesse des Ausschreibenden, den aus seiner ex-ante-Sicht möglichen Schaden abzudecken, gerechtfertigt sein. Er muß sich also am möglichen Submissionsschaden orientieren. Freilich

---

[669] Vgl. BGHZ 105, 24, 31; OLG Frankfurt a.M. BauR 1987, 324, 327; OLG Celle WuW / E OLG 4222; *Lindacher*, ZIP 1986, 820; *ders.*, EWiR § 9 AGBG 8 / 87, 422.

[670] Nicht zu übersehen ist dabei die Gefahr, daß die Klausel dann teilweise an Sinn verliert, da insbesondere der Druck der Vertragsstrafe auf alle Bieter eines Submissionskartells entfällt, vgl. OLG Frankfurt a.M. BauR 1987, 324, 328; *Volhard*, Gaedertz-FS, S. 613.

fehlt es an aussagekräftigen Untersuchungen über die Höhe des typischen oder durchschnittlichen Submissionsschadens. Deshalb wird man auch eine genaue *Ober*grenze der noch zulässigen Vertragsstrafe kaum feststellen können. Nichtsdestotrotz sollte es auch ohne umfassendes Zahlenmaterial zumindest möglich sein, einen Wert zu finden, der den (abstrakt) *möglichen* Schaden auf jeden Fall nicht übersteigt. Die bisher von der Rechtsprechung begutachteten Vertragsstrafklauseln wie auch die Klauseln hinsichtlich einer Schadenspauschalierung beschränken sich allesamt auf 3% der Angebotsendsumme des Bieters. Dieser Wert hat von der Rechtsprechung mehrfach im Zusammenhang mit Schadensersatzpauschalierungen Billigung gefunden, da „3% der Auftragssumme ... nach den Erfahrungen in Submissionskartellsachen ... durchaus noch im Rahmen eines nach dem gewöhnlichen Verlauf der Dinge zu erwartenden Schadens liegen“[671] und ist auch in Zusammenhang mit Verfahren bezüglich Vertragsstrafklauseln nie kritisiert, teilweise sogar ausdrücklich als angemessen bezeichnet worden.[672] Auch angesichts der weit über 3% liegenden geschätzten Preisüberhöhungen durch Submissionsabsprachen[673] scheint dieser Wert für eine Vertragsstrafklausel nicht als unangemessen hoch.[674]

– Auszuräumen ist weiterhin der Einwand, eine solche Klausel führe zu einer *Doppelahndung*, durch die der Ausschreibende materielle Vorteile zu erlangen suche. Erfaßt eine Vertragsstrafenklausel alle an einem Kartell beteiligten Bieter, so ahndet der Ausschreibenden letztlich die Nichteinhaltung allgemeiner, nicht im Vertrag selbst bzw. allein wurzelnder Pflichten eines zudem (ursprünglich) unbestimmten Personenkreises. Dies ist aber allein Aufgabe der Kartellbehörden, nicht aber die des Auftraggebers.[675] Ein angemessenes Interesse des Ausschreibenden an der zusätzlich privatrechtlichen Ahndung kann daher nur insoweit anerkannt werden, als er sich gegenüber seinem späteren Vertragspartner zu sichern wünscht. Auch aus diesem Grund ist es also erforderlich, die Klausel mit einer Bedingung zu versehen, wonach die Vertragsstrafe nur von demjenigen Kartellteilnehmer verwirkt ist, der den Zuschlag erhält.

---

[671] OLG Bremen WuW/E OLG 4226; so auch OLG Bremen WuW/E OLG 2955; *Lindacher*, EWiR, § 1 GWB 3/91, 901.

[672] Vgl. die Vorinstanz zu BGHZ 105, 24, die entgegen dem BGH nur auf die Höhe der Vertragsstrafe gegenüber dem einzelnen Bieter abgestellt hatte und 3% der Angebotsendsumme ausdrücklich als nicht unangemessen bewertete.

[673] Siehe oben C.II.5.i.(5).(i).

[674] Freilich wird eine solche Klausel stark an Präventionswirkung verlieren, wenn lediglich 3% der Auftragssumme über die Vertragsklausel an den Ausschreibenden fließen. Dieser relativ geringe Betrag kann leicht zum Kalkulationsfaktor des Kartells werden; vgl. *Volhard*, Gaedertz-FS, S. 613; *Schaupensteiner*, ZRP 1993, 252.

[675] *Heiermann/Riedl/Rusam/Schwaab*, VOB/A, § 2.1 Rn. 34.

Die doppelte Bestrafung darf auch nicht zu einer unangemessenen Bereicherung des Ausschreibenden führen.[676] Orientiert man sich bei der inhaltlichen Ausgestaltung der Klausel aber, wie eben vorgeschlagen, am Schadensabdeckungsinteresse des Auftraggebers, so kann auch die Tatsache, daß es zu einer Doppelahndung kommt, nichts daran ändern, daß der Ausschreibende sich nicht unangemessen bereichern will. Dies wäre vielmehr nur dann in Betracht zu ziehen, wenn die privatrechtliche Strafe den durchschnittlich zu erwartenden Schaden übersteigt. Dieser Mehrbetrag wäre dann nämlich nicht mehr mit dem Schadensinteresse zu begründen, sondern nur aus Präventionsgesichtspunkten zu rechtfertigen.[677] Der Prävention dient aber auch die öffentliche Strafe, so daß eine uneingeschränkte Kumulation beider Präventionswirkungen übermäßig wäre. Die Doppelsanktion müßte also „entschärft" werden,[678] indem der den durchschnittlich möglichen Schaden übersteigende Teil der Vertragsstrafe mit einem eventuell verhängten Bußgeld zu verrechnen wäre. Nach der hier befürworteten Begrenzung der Höhe der Vertragsstrafe durch das Schadensabdeckungsinteresse auf 3% der Angebotsendsumme ist dies aber ohne Relevanz.

– Damit bleibt nur noch der letzte Einwand, nämlich der, daß der Bieter in eine *Zwangslage* gerate, wenn er sich bereits an einer Absprache beteiligt und damit bereits mit Abgabe des Angebots die Strafe verwirkt habe. Nach der oben vorgeschlagenen Ausgestaltung der Klausel, wonach die Verwirkung der Strafe an eine unterlassene Aufklärung über die Beteiligung an einer Absprache anknüpft, entschärft sich die Zwangslage des betreffenden Bieters schon deshalb, weil er nicht schon mit Angebotsabgabe die Vertragsstrafe verwirkt, sondern ihm auch danach – bis zum Vertragsschluß – noch die Möglichkeit verbleibt, durch Aufklärung des Ausschreibenden die Verwirkung der Vertragsstrafe zu vermeiden. Darüber hinaus muß ganz allgemein bei Bewertung des Interesses der unlauteren Bieter an der Vermeidung einer Zwangslage von entscheidender Bedeutung sein, daß nicht die Verwendung der Vertragsstrafklausel, sondern das eigene vorsätzliche Hinwegsetzen über die wettbewerbsrechtlichen Vorschriften dazu führt, daß sich der Kartellteilnehmer in einer mißlichen Situation befindet. Übertritt der Bieter aber das Gesetz und führt eine Vertragsstrafenklausel nur dazu, daß seine Entscheidungsfreiheit beschnitten wird, wenn er nicht den Verdacht eines Gesetzesverstoßes auf sich ziehen will, so hat er sich das allein selbst zuzuschreiben. Es ist nicht einzusehen, warum das legitime Interesse des Ausschreibenden, sich gegen mögliche Submissionsschäden zu sichern, von taktischen Erwägungen

---

[676] Vgl. nur OLG Frankfurt a.M. BauR 1987, 324, 326.

[677] *Lindacher*, ZIP 1986, 821.

[678] So auch *Horn*, EWiR, § 339 BGB 1/88, 968; *Lindacher*, ZIP 1986, 821.

eines Gesetzesbrechers beschränkt werden soll. Das AGBG kann nicht den Zweck verfolgen, Freiräume für Gesetzesbrecher zu schaffen. Die in diese Richtung zielenden Bedenken des BGH gegen die Klausel wiegen daher nicht schwer.[679]

Eine Vertragsstrafenklausel, die m.E. dem Maßstab des § 9 AGBG entspricht, läßt sich daher wie folgt formulieren:

> „Ich verpflichte mich, für den Fall, daß ich mich an einer Absprache in bezug auf diese Ausschreibung beteiligt habe oder in Zukunft beteiligen werde, den Ausschreibenden hierüber aufzuklären. Sollte ich dem nicht nachkommen, verpflichte ich mich weiterhin, eine Vertragsstrafe in Höhe von 3% der Angebotsendsumme an den Ausschreibenden zu zahlen, sofern der Ausschreibende den Auftrag vergibt und ich den Zuschlag erhalte."

c) Betrug durch Verheimlichung der verwirkten Vertragsstrafe

Entsprechend der Betrugskonstruktion durch Verheimlichung eines c.i.c.-Anspruchs des Ausschreibenden lassen sich die übrigen Tatbestandsmerkmale des § 263 StGB begründen.

Die relevante *Täuschung* kann also in der ausdrücklichen oder konkludenten Vorspiegelung eines echten Wettbewerbsangebots oder auch in der unterlassenen Aufklärung hierüber im Zeitpunkt der Abrechnung gesehen werden, was bei dem Ausschreibenden zur *irrigen* Annahme, zumindest in Form eines sachgedanklichen Mitbewußtseins, führen muß, die Vertragsstrafe sei nicht verwirkt, ihm stünde also keine Forderung aus der Vertrgsstrafenabrede zu. Folglich *verfügt* er über die Forderung, indem er es unterläßt, diese geltend zu machen. Genau wie der oben behandelte c.i.c.-Anspruch ist auch die Vertragsstrafenforderung ab dem Zeitpunkt wesentlich schwerer durchsetzbar, in dem der Ausschreibende den vollen Zuschlagspreis entrichtet und sich so der Chance begeben hat, seine Vertragsstrafenforderung durch bloße Aufrechnung zum Erlöschen zu bringen. Ab diesem Zeitpunkt führt das Verhalten des unlauteren Bieters also dazu, daß die Forderung gegen den zahlungsunwilligen Täter schadensgleich gefährdet wird. Der *Schaden* liegt also in einer Teilentwertung der Forderung.

Anders als beim verheimlichten c.i.c.-Anspruch ist dem Täter aufgrund der vertraglichen Strafklausel regelmäßig bewußt, daß sein Verhalten eine Forderung des Ausschreibenden begründet. Er wird somit i.d.R. *Vorsatz* in bezug auf den Schaden des Vergebenden haben.

---

679 I.E. ebenso *Horn*, EWiR, § 339 BGB 1/88, 968.

Der *stoffgleiche Vermögensvorteil* des Täters liegt in der teilweisen Entwertung der gegen ihn gerichteten Forderung. Diese steht dem Ausschreibenden von Rechts wegen zu, so daß die Teilentwertung als *objektiv rechtswidrig* zu beurteilen ist, was dem Täter aufgrund seiner Kenntnis vom Vertragsinhalt auch bewußt sein muß.

Mit Hilfe der oben entworfenen Vertragsstrafklausel läßt sich die Strafbarkeit des unlauteren Vertragspartners des Auftraggebers also begründen. Damit besteht – neben der baupreisrechtlichen und der c.i.c.-Lösung – eine dritte Möglichkeit, den § 263 StGB unabhängig vom Nachweis eines Eingehungsschadens nutzbar zu machen, und so dem eingangs festgestellten Strafbedürfnis zu entsprechen.

IV. Betrug zu Lasten der Mitbieter

Schließlich ist im Zusammenhang mit Submissionskartellen noch zu prüfen, ob die Kartellteilnehmer den Tatbestand des § 263 StGB auch zu Lasten sonstiger, am Kartell nicht beteiligter Bieter (sog. Außenseiter) erfüllen.[680]

Allerdings könnte diese Betrugsrichtung schon aus praktischen Gründen allenfalls geringe Relevanz erlangen. Submissionskartelle müssen, soll hierdurch ein höherer Preis als im freien Wettbewerb durchgesetzt werden, darauf angelegt sein, möglichst alle interessierten Bieter in ihre Absprache miteinzubeziehen. Ansonsten besteht die Gefahr, daß ein Außenseiter den (überhöhten) Nullpreis durch ein echtes und daher unabhängig kalkuliertes Angebot unterbietet. Wird dem günstigeren Außenseiter aber der Zuschlag erteilt, so kann er keinen Schaden erleiden, so daß ein Betrug zu seinen Lasten von vornherein ausscheiden muß. Gelingt es dem Kartell allerdings nicht, alle an dem Auftrag Interessierten in die Absprache einzubeziehen, besteht noch eine weitere Möglichkeit, nämlich die, Druck auf bietwillige Außenseiter auszuüben, so daß diese entweder von einer Teilnahme an der konkreten Ausschreibung bzw. zumindest von einer Unterbietung Abstand

[680] Zur Unmöglichkeit eines Betrugs zu Lasten der am Kartell beteiligten Mitbieter vgl. *Mohrbotter*, GA 1971, 330 f.: „Die Selbstbindung der Partner als Instrument wirtschaftspolitischer Ordnung läßt den Gedanken einer Vermögensschädigung gar nicht aufkommen. Die vertragliche Vereinbarung schließt den Schutz einer möglicherweise bestehenden Anwartschaft durch das Vermögensstrafrecht (§ 263 StGB) von vornherein aus … ‚Ein Gesetz kann schlechterdings nicht den Schutz dessen bezwekken, der sich strafbar macht, wenn er den für ihn nützlichen Wirkungen des Gesetzes entsagt' (BGHZ 22, 146, 150)."

nehmen.[681] Der Tatbestand des § 263 StGB wird durch diese Praktiken aber nicht erfüllt.

Für eine Untersuchung der Betrugsstrafbarkeit im Hinblick auf einen Mitbieter bleiben also lediglich die Fälle, in denen ein Außenseiter bei einer Ausschreibung mit einem Kartell konkurriert, sein Angebot aber höher liegt als der Nullpreis des Kartells. Hiervon erfaßt wird auch der Sonderfall des Vernichtungswettbewerbs, wenn das Kartell also einen mißliebigen Außenseiter durch andauernde abgesprochene Unterbietung ganz vom Markt zu verdrängen versucht.[682]

1. Irrtumserregung durch Täuschung

Bezüglich der Tatbestandsmerkmale Täuschung und Irrtum kann auf oben[683] verwiesen werden, da hier an dieselbe Täuschung durch Angebotsabgabe bzw. durch Unterlassen einer Angebotsabgabe angeknüpft wird.

2. Vermögensverfügung

Auch die Vermögensverfügung könnte – wie beim Eingehungsbetrug – in der Zuschlagserteilung durch den Ausschreibenden liegen. Konstruktiv ist dies möglich, da Verfügender und Geschädigter nicht identisch zu sein brauchen, solange nur Getäuschter und Verfügender – wie hier – identisch sind.[684] Die entscheidende Frage liegt aber darin, ob durch den Zuschlag das Vermögen des außerhalb des Kartells stehenden Bieters unmittelbar vermindert wird. Möglich erscheint dies nur dann, wenn dem Außenseiter eine vermögenswerte Exspektanz auf den Vertragsabschluß zustand, die ihm durch den Zuschlag an den Herausgestellten entzogen worden ist, so daß sein Vermögen vermindert worden wäre.

Nach den oben[685] aufgestellten Grundsätzen setzt eine vermögenswerte Exspektanz voraus, daß:

---

[681] Dieses Verhalten kann selbst wieder strafbar sein, insbesondere als Nötigung, § 240 StGB, aber u.U. auch als Erpressung, § 253 StGB; vgl. *Möschel*, Kriminalisierung, S. 25; *Franzen*, S. 26; *Herbst*, S. 70.

[682] Hierzu vgl. *R. Schmid*, Ausschreibungsbetrug, S. 55 f.

[683] C.II.2. und 3.

[684] Z.B. RGSt 73, 382, 384; BGHSt 18, 221, 223; *Wessels*, BT 2, § 13 I 4.

[685] C.II.5.g.(2).(b).

- unter den konkreten Umständen des Einzelfalls eine Verbesserung der Vermögenslage auch tatsächlich eintreten kann,
- eine (hohe) Wahrscheinlichkeit der Realisierung besteht, wobei insbesondere zu untersuchen ist, welche und wieviele Schritte zur Realisierung vonnöten sind und wer diese beeinflussen kann; und
- der Geschäftsverkehr dieser so beschaffenen Aussicht einen Wert beimißt.

Eine Zuschlagserteilung zugunsten des Außenseiters ist im jeweils konkreten Fall möglich, da bei Anwendung der VOB / A bzw. VOL / A- Regeln die Angebote der Kartellteilnehmer lediglich gemäß § 25 Nr. 1 Abs. 1 c) VOB / A bzw. VOL / A zwingend von der Ausschreibung ausgeschlossen werden, die Ausschreibung ansonsten aber hiervon nicht automatisch berührt wird. Die Chance eines Zuschlags besteht also im konkreten Fall für den Außenseiter.

Bei der Frage der Wahrscheinlichkeit eines solchen Zuschlags an den Außenseiter ist aber zu berücksichtigen, daß ein Ausschluß nach § 25 Nr. 1 Abs. 1 c) VOB / A bzw. VOL / A den effektiven Nachweis voraussetzt, daß ein Kartell wirklich bestanden hat, bloße Vermutungen also nicht genügen.[686] Weiterhin besteht die Gefahr, daß die Ausschreibung insgesamt nach § 26 Nr. 1 c) VOB / A bzw. nach § 26 Nr. 1 c), d) VOL / A aufgehoben wird, da ein „schwerwiegender Grund" darin liegen kann, daß keines der in die engere Wahl kommenden Angebote einen angemessenen Preis aufweist.[687] Für die Frage, welches Angebot „angemessen" ist, hat nun naturgemäß der Ausschreibende einen erheblichen Spielraum. In der Regel wird er die Unangemessenheit aber bejahen müssen, wenn der Preis des Außenseiters noch über dem (aller Wahrscheinlichkeit nach überhöhten) Nullpreis des Kartells liegt. Die Wahrscheinlichkeit eines Zuschlags an den Außenseiter ist somit schon aus diesem Grund gering und der Außenseiter selbst hat keinerlei Einfluß auf das weitere Geschehen, so daß auch der Geschäftsverkehr einer solchen Position keinen Wert zumessen wird.[688] Damit hat der Außenseiter keine vermögenswerte Position, die ihm durch Zuschlag des Ausschreibenden an den Herausgestellten entzogen werden könnte. Es fehlt damit bereits an einer Vermögensverfügung zu Lasten des Außenseiters.

---

[686] *Heiermann / Riedl / Rusam / Schwaab*, VOB / A, § 25.1 Rn. 16.

[687] *Heiermann / Riedl / Rusam / Schwaab*, VOB / A, § 26 Rn. 8; *Ingenstau / Korbion*, VOB / A, § 26 Rn. 9.

[688] Findet die Ausschreibung ausnahmsweise nicht nach den VOB / A bzw. VOL / A statt, so ist das Ergebnis dasselbe: Aufgrund des Grundsatzes der Privatautonomie und der Abschlußfreiheit steht es dem Ausschreibenden zwar frei, mit dem Außenseiter abzuschließen. Allerdings ist dies aufgrund der Tatsache, daß dessen Preis noch über dem Nullpreis des Kartells liegt, derart unwahrscheinlich, daß man nicht davon ausgehen kann, daß der Geschäftsverkehr der vagen Aussicht des Außenseiters einen Wert beimißt.

Etwas anders gestaltet sich die Sachlage im Falle eines Verdrängungswettbewerbs. Dann folgt aus der Überhöhung des Angebotspreises des Außenseiters gegenüber dem Gebot des Herausgestellten noch nicht die „Unangemessenheit" des Angebots, die eine Aufhebung des Verfahrens rechtfertigen könnte. Trotzdem bleibt auch in diesen Fällen die Zuschlagserteilung an den Außenseiter davon abhängig, ob die kartellierten Bieter wirklich gemäß den Ausschreibungsbedingungen ausgeschlossen werden, insbesondere also davon, ob der Ausschreibende rechtzeitig Kenntnis von der Manipulation erhält und sich diese auch effektiv nachweisen läßt. Darüber hinaus kann nicht von vornherein ausgeschlossen werden, daß der Auftraggeber, insoweit entgegen den Vergabevorschriften, auf einen Ausschluß der Kartellmitglieder verzichtet und das – günstigere – Angebot des Herausgestellten annimmt. Ebenso fehlen exakte Kriterien für die Beantwortung der Frage, wann das Gebot des Außenseiters „unangemessen" ist und der Ausschreibende deshalb das Verfahren aufheben darf. Nicht gänzlich auszuschließen ist auch eine Aufhebung unter bewußter oder auch nur unbewußter Überschreitung seines Spielraums hinsichtlich dieser Angemessenheitsbeurteilung. Es verbleibt also auch im Falle eines Verdrängungswettbewerbs eine nicht unbeträchtliche Unsicherheit darüber, ob der Außenseiter wirklich den Zuschlag erhalten wird. Dabei hat er selbst keinen Einfluß auf die Entscheidungen des Ausschreibenden. Seine Möglichkeiten beschränken sich allenfalls darauf, im nachhinein Schadensersatz zu fordern. Angesichts dieser Unsicherheiten über das zukünftige Geschehen kann zumindest im Regelfall nicht davon ausgegangen werden, daß nach den Anschauungen des Geschäftsverkehrs dieser Aussicht des Außenseiters Vermögenswert zuerkannt würde. Auch für den Fall eines Verdrängungswettbewerbs kann also regelmäßig – mangels vermögenswerter Zuschlagsaussicht des Außenseiters – nicht von einer Vermögensverfügung zu Lasten des Außenseiters durch Zuschlag an den Herausgestellten gesprochen werden.

D. Betrug durch vertikale Einflußnahme

Nachdem bisher allein die horizontale Einflußnahme auf Ausschreibungsverfahren und deren Strafbarkeit nach § 263 StGB untersucht worden ist, sollen nun noch diejenigen Manipulationen, die über eine Absprache auf Bieterseite hinausgehen und daher die Mitwirkung einer auf seiten der Vergabestelle stehenden Person bedürfen, näher betrachtet werden. Bei dieser aufgrund zahlreicher jüngst aufgedeckter Korruptionsskandale[1] aktuellen Fallgruppe geht es nicht so sehr darum, daß ein einzelnes Tatbestandsmerkmal besondere Probleme aufwiese, die einer Strafbarkeit wegen § 263 StGB im Wege stünden. Vielmehr existiert eine Vielzahl von Fallgestaltungen, deren strafrechtliche Problematik jeweils etwas anders gelagert ist, und auch hier sind zum Teil grundlegende Fragestellungen des Betrugstatbestands berührt. Insbesondere ist es, wie an anderer Stelle bereits deutlich wurde,[2] nicht ohne weiteres möglich, von der strafrechtlichen Bewertung horizontaler Manipulationen auf die vertikaler Einflußnahme zu schließen und umgekehrt. Allerdings werden sich im Rahmen der folgenden Untersuchungen auch einige Parallelen zur strafrechtlichen Bewertung von Submissionsabsprachen aufzeigen lassen.

I. Allgemeines zur vertikalen Einflußnahme

1. Begriff

In Abgrenzung zu den Submissionsabsprachen als horizontale Manipulationen des Ausschreibungsverfahrens sollen unter der Bezeichnung „vertikale Einflußnahme" diejenigen Fallgestaltungen zusammengefaßt werden, bei denen die Konkurrenten nicht (nur) durch Abstimmung ihres Verhaltens den Wettbewerb zwischen sich ausschließen, sondern bei denen ein potentieller Bieter mit einer Person aus der Sphäre des Ausschreibenden zusammenarbeitet, um sich einen Vorteil gegenüber anderen Bietern zu verschaffen, indem

---

[1] Vgl. nur die Verfahren bezüglich des Münchener Schmiergeldskandals, SZ Nr. 167 v. 23.7.1993, die Korruptionsaffäre im Hochtaunus- und Main-Taunus-Kreis, SZ Nr. 186 v. 14./15.8.1993 sowie die Korruptionsfälle in mehreren Stadtverwaltungen, insbesondere in Frankfurt/Main, dazu *Herbig*, VerwArch. 1989, 381 ff., und *Schaupensteiner*, ZRP 1993, 250 ff.

[2] Siehe oben C.II.5.g.(1).

er sich das Wissens und / oder die Einwirkungsmöglichkeit eines Bediensteten der Vergabestelle zunutze macht.

2. Fallgestaltungen

Entsprechend der Weite dieser Begriffsbestimmung sind die darunter zu fassenden Fallgestaltungen vielzählig. Immer neue Varianten entspringen der Phantasie und Kreativität der Täter, so daß eine abschließende Aufzählung und Untersuchung nicht möglich wäre und daher auch nicht versucht werden soll.[3] Ziel der Untersuchungen in diesem Bereich ist vielmehr, mehrere Konstellationen beispielhaft herauszugreifen und daran einige Probleme allgemeiner Natur zu erörtern, wie sie auch bei anderen Gestaltungen auftreten können.

a) Manipulationen im Vorfeld der Ausschreibung

(1) „Luftnummern" im Leistungsverzeichnis

Bereits bei der Vorbereitung öffentlicher oder beschränkter Ausschreibungen kann die vertikale Manipulation des Verfahrens ansetzen, indem ein interessierter Anbieter mit einem Bediensteten der Vergabestelle[4] zusammenarbeitet, der auf die Erstellung des Leistungsverzeichnisses für den zu vergebenden Auftrag Einfluß nehmen kann. Nach Absprache mit dem unlauteren Bieter nimmt der Bedienstete sogenannte „Luftnummern" oder „Luftpositionen" in das Leistungsverzeichnis auf.[5] Darunter versteht man solche Posten, die in Wirklichkeit entweder überhaupt nicht oder zumindest so nicht erforderlich sind, um den Auftrag auszuführen, also nur zum Schein in das Leistungsverzeichnis eingefügt werden[6] — so z.B. wenn im Leistungsverzeichnis zu errichtende Abstützmauern aufgeführt sind, zur ordnungsgemäßen Ausführung des Auftrags eine derartige Abstützung aber überhaupt nicht angezeigt ist, oder wenn die doppelte Menge des benötigten Kabelmaterials aufgeführt wird. Der Trick besteht dann darin, daß alle übrigen – nicht eingeweihten – Bieter die Kosten für die angegebenen „Luftnummern" ganz normal in ihre Angebotskalkulation einrechnen müssen, während der an der Manipula-

---

[3] Vgl. die beispielhafte Aufzählung bei *Schaupensteiner*, ZRP 1993, 250 f.

[4] Z.B. ein Mitarbeiter eines mit der Ausschreibung beauftragten Ingenieurbüros.

[5] So war die Sachlage beispielsweise im zweiten großen Münchener Schmiergeldprozeß, vgl. SZ Nr. 159 v. 14.7.1993, S. 36.

[6] Vgl. hierzu *Herbig*, VerwArch. 1989, 386.

tion beteiligte Bieter diese zwar pro forma auch in seine Angebotskalkulation mit einem bestimmten Betrag aufnimmt, für seine Gesamtkalkulation aber davon ausgehen kann, daß die Kosten für die „Luftnummern" nicht anfallen werden. Er kann so bei allen anderen Posten des Leistungsverzeichnisses anteilig Abschläge vornehmen, mit der Folge, daß er einen Kostenvorsprung in Höhe der Kosten für die „Luftpositionen" gegenüber den Konkurrenzangeboten hat. Hat er den Zuschlag bekommen, stellt der Auftragnehmer auch die nicht ausgeführten „Luftpositionen" in Rechnung, da ansonsten ein Widerspruch zwischen Kalkulation und Rechnung bestünde, der den Auftraggeber mißtrauisch werden lassen könnte.

Die Manipulation kann aber auch so weit gehen, daß dem unlauteren Bewerber um den Auftrag die Erstellung des Leistungsverzeichnisses ganz oder teilweise überlassen wird und sich dieser auf diese Weise uneinholbare Informationsvorsprünge gegenüber seinen Wettbewerbern verschafft.[7]

(2) Auswahl der Konkurrenten bei beschränkter Ausschreibung

Ebenfalls im Vorfeld des eigentlichen Verfahrens, allerdings nur bei beschränkten Ausschreibungen, spielt sich diese Form der Manipulation ab: Der unlautere Bieter wirkt mit einem Bediensteten der Vergabestelle zusammen, so daß letzterer in den Kreis der zum Angebot aufgeforderten Bieter nur ersteren und die von diesem benannten Anbieter einbezieht. Dies hat zum Vorteil, daß der manipulierende Anbieter nur solche Konkurrenten benennen kann, die keine „echte Konkurrenz" für ihn darstellen, z.B. bekanntermaßen leistungsschwache Anbieter. Darüber hinaus kann diese Form der vertikalen Einflußnahme mit einer Submissionsabsprache kombiniert werden, indem als Konkurrenten nur die kartellierten Scheinbieter benannt werden. In diesem Fall wird die horizontale Manipulation durch die vertikale Einflußnahme abgesichert, so daß ein perfekter Schutz gegen ein Unterbieten des Nullpreises durch Außenseiter erreicht wird.

Schließlich ist es auch möglich, diesen Mechanismus umzudrehen: Dem unlauteren Bieter werden frühzeitig sogenannte Firmenvorschlagslisten, also Listen derjenigen Unternehmen, die dem Ausschreibenden für eine beschränkte Ausschreibung vorgeschlagen werden sollen, bekanntgegeben, so daß dieser die Möglichkeit zu Kontaktaufnahmen und Absprachen mit seinen „Konkurrenten" hat.[8]

---

[7] Vgl. bei KG ZIP 1993, 1109; *Schaupensteiner*, ZRP 1993, 251.

[8] Vgl. die Münchener Schmiergeldprozesse, SZ Nr. 167 v. 23.7.1993, S. 37; KG ZIP 1993, 1109; *Schaupensteiner*, ZRP 1993, 251.

b) Manipulationen nach Eröffnung der Angebote

Primitivere, wenngleich nicht minder effektive Möglichkeiten der vertikalen Einflußnahme bieten sich nach Eröffnung der eingereichten Angebote, indem durch den Mittäter in der Sphäre des Ausschreibenden die eingegangenen Angebotsunterlagen verfälscht werden.[9] Vor dem Eröffnungstermin ist eine solche Manipulation regelmäßig nicht möglich, da die Angebote bis zur Eröffnung verschlossen bleiben oder erst kurz vor Eröffnung eingereicht werden. Die Eröffnung selbst ist – zumindest bei der Vergabe nach VOB / A – öffentlich, so daß auch hierbei eine Manipulation schwierig ist. Trotzdem kommt es vor, daß der bestochene Bedienstete den Eröffnungstermin leitet und so das Angebot des unlauteren Anbieters als letztes und ggf. wahrheitswidrig als niedrigstes verlesen kann. Anschließend muß dann dieses Angebot noch nach unten „korrigiert" werden.[10]

Aber auch wenn erst nach dem Eröffnungstermin Möglichkeit zur Manipulation besteht, ist dies kein Hindernis. Nach der Eröffnung werden alle Angebote u.a. auf Rechenfehler hin überprüft,[11] die korrigiert werden können, ohne daß dies zu einem Ausschluß des betroffenen Angebots führt. Dies ergibt sich aus einem Umkehrschluß aus § 25 Nr. 1 VOB / A bzw. VOL / A, die Rechenfehler nicht als Ausschlußgründe nennen.[12] In diesem Stadium kann nun nachträglich ein Rechenfehler in eine oder mehrere der Kalkulationen eingebaut werden, z.B. durch Ersetzen einer Seite aus den Angebotsunterlagen durch eine andere, mit einem Rechenfehler versehene. Dieser Fehler wird dann „berichtigt" und die Endsumme daraufhin entsprechend „korrigiert". So kann erreicht werden, daß letztlich doch – entgegen dem Ergebnis des Eröffnungstermins – der unlautere Bieter als der günstigste Anbieter erscheint und den Zuschlag erhält.

3. Strafbarkeit vertikaler Manipulationen

Die Strafbarkeit vertikaler Manipulationen kann – sowohl für den unlauteren Bieter als auch für die für die Durchführung des Vergabeverfahrens zuständige Person – aus *§ 12 UWG* folgen. Nach dessen *Abs. 1* macht sich strafbar, wer „im geschäftlichen Verkehr zu Zwecken des Wettbewerbs ei-

---

[9] Vgl. nur das jüngste Verfahren vor dem LG München I, SZ Nr. 159, S. 36, und auch *Schaupensteiner*, ZRP 1993, 251.

[10] Vgl. *Herbig*, VerwArch. 1989, 386 zur Praxis in der Frankfurter Stadtverwaltung.

[11] § 23 Nr. 2 VOB / A bzw. VOL / A.

[12] So *Heiermann / Riedl / Rusam / Schwaab*, VOB / A § 23. 2–4, Rn. 11; *Ingenstau / Korbion*, VOB / A, § 23 Rn. 9; vgl. auch *Klein / Witzel*, VOL / A, § 23 Kz. 2 b).

nem Angestellten oder Beauftragten eines geschäftlichen Betriebes einen Vorteil als Gegenleistung dafür anbietet, verspricht oder gewährt, daß er ihn oder einen Dritten bei dem Bezug von Waren oder gewerblichen Leistungen in unlauterer Weise bevorzuge" (aktive wirtschaftliche Bestechung). Gleichermaßen bestraft wird nach *Abs. 2* derjenige, der solche Schmiergelder fordert, sich versprechen läßt oder annimmt (passive wirtschaftliche Bestechung).

§ 12 UWG ist den *§§ 331 ff. StGB* nachgebildet. Da Angestellter oder Beauftragter i.S.d. § 12 UWG auch ein Amtsträger oder für den öffentlichen Dienst besonders Verpflichteter (§ 11 I Nr. 2 und 4 StGB) sein kann,[13] kommt insbesondere bei der Vergabe öffentlicher Aufträge eine Strafbarkeit nach §§ 331 ff. StGB,[14] und so Tateinheit mit § 12 UWG in Betracht.[15]

Daneben werden von dem Angestellten / Beauftragten des Ausschreibenden häufig weitere Tatbestände des StGB erfüllt werden. Zum einen kann in seinem Verhalten eine Untreue (*§ 266 StGB*) gegenüber seinem Arbeit- bzw. Auftraggeber liegen.[16] Bei Manipulationen an den eingereichten Angebotsunterlagen wird er eine Urkundenfälschung (*§ 267 StGB*) begehen.[17] Darüber hinaus ist hier ein Betrug (*§ 263 StGB*) des mit der Durchführung der Ausschreibung Beauftragten zu Lasten des Ausschreibenden insofern unproblematisch, als es um den *Vermögensvorteil des dafür an den Beauftragten zu zahlenden Honorars* geht. Diese Form des Betrugs soll für die weiteren Untersuchungen außer Betracht bleiben.

Im folgenden soll der Anwendungsbereich des Betrugstatbestandes bei einigen ausgewählten Fallgestaltungen vertikaler Manipulation untersucht werden, und zwar jeweils in bezug auf eine *Schädigung des Ausschreibenden* durch eine Preisüberhöhung sowie hinsichtlich eines *Betrugs zu Lasten der Mitbieter.*

II. Manipulationen nach Eröffnung der Angebote

1. Nachträgliche Erhöhung der Konkurrenzangebote

Beginnen möchte ich mit der nachträglichen, also nach Angebotseröffnung erfolgenden Manipulation, und zwar mit der nachträglichen Erhöhung der

---

[13] *Baumbach / Hefermehl*, § 12 Rn. 1.

[14] Vgl. z.B. BGH wistra 1989, 100.

[15] *Baumbach / Hefermehl*, § 12 Rn. 1.

[16] Vgl. hierzu BGH ZIP 1992, 1109, 1110.

[17] So z.B. im Sachverhalt bei *Beulke*, JuS 1977, 39, und BGH wistra 1989, 100.

Angebote derjenigen Bieter, die ein günstigeres Angebot eingereicht haben als der unlautere Ausschreibungsteilnehmer.[18] Dies nicht etwa deshalb, weil es sich um die praktisch wichtigste Form der Manipulation handeln würde; im Gegenteil: Aus im folgenden aufzuzeigenden Gründen ist diese Technik eher ungeeignet für die „perfekte" Manipulation. Andererseits bietet diese Fallgruppe für unsere Zwecke den Vorteil, daß einige typische Probleme anhand einer einfachen Sachverhaltskonstellation erläutert werden können.

Folgender Fall soll den Ausgangspunkt weiterer Überlegungen bilden: Die Stadt F schreibt auf Grundlage der VOB / A die Erstellung eines Gebäudes öffentlich aus. Es beteiligen sich die Bieter A, B und C. Beim Eröffnungstermin stellt sich heraus, daß das Angebot des A mit 1 Mio. DM das günstigste ist, gefolgt von B (1,05 Mio. DM) und C (1,1 Mio. DM). C hat für diesen Fall vorgesorgt und den für die Prüfung der Angebote zuständigen Stadtbediensteten S bestochen, damit er die Angebote der eventuell günstigeren Bieter durch Einbau von Rechenfehlern bei der rechnerischen Nachprüfung soweit nach oben korrigiert, daß C schließlich als der günstigste Anbieter erscheint. Alles läuft nach Plan, und C erhält den Zuschlag zum Preis von 1,1 Mio. DM.

a) Eingehungsbetrug zu Lasten des Ausschreibenden

(1) Irrtumserregung durch Täuschung

Der Ausschreibende wird hier über die Person des Mindestbietenden und die Höhe dessen Angebots getäuscht. Über diese, für die Zuschlagserteilung entscheidenden Tatsachen irrt der Ausschreibende bzw. dessen Vertreter in der Vergabestelle.

Die Täuschungshandlung wird von dem unlauteren Bewerber (C) und dem Bediensteten der Vergabestelle (S) gemeinsam vorgenommen. Ihr Handeln ist arbeitsteilig – C gibt die Anweisungen hinsichtlich der Durchführung der Erhöhungen, S setzt diese praktisch um – und erfolgt aufgrund eines gemeinsamen Tatplans. Man hat es in diesen Fällen also regelmäßig mit Mittätern (§ 25 II StGB) zu tun.[19]

---

[18] Zu den Einzelheiten siehe oben D.I.2.b.

[19] Denkbar wäre auch einmal eine andere Beteiligungsform des Bediensteten der Vergabestelle; wesentliche Unterschiede in der weiteren Betrugsprüfung ergeben sich deshalb aber nicht.

(2) Vermögensverfügung

Der Zuschlag an den nur scheinbar günstigsten Bieter stellt die Vermögensverfügung des getäuschten Ausschreibenden dar.

(3) Vermögensschaden

In Betracht kommt ein Schaden des Ausschreibenden, der in der Eingehung des Vertrags mit dem nur scheinbar günstigsten Bieter zu dessen Angebotspreis liegt. Parallel zur Schadensproblematik bei den Submissionskartellfällen ist auch in Fällen vertikaler Einflußnahme problematisiert worden, ob ein Schaden des Ausschreibenden vorliegt, wenn das Angebot des Täters „scharf kalkuliert" war.[20]

Auf der Grundlage der Entscheidung BGHSt 16, 367 hat Beulke[21] noch angenommen, bei scharf kalkuliertem Preis seien vertragliche Leistung und Gegenleistung gleichwertig. Zu einem Schaden des Ausschreibenden kommt er aber gleichwohl, indem er dem Ausschreibenden eine Exspektanz auf Zuschlag zu dem Preis des eigentlich günstigsten Bieters einräumt, die sich aufgrund des irrtumsbedingten Vertragsabschlusses mit dem Täter jedoch nicht realisieren könne. Der Schaden liege demnach in der verlorenen vermögenswerten Exspektanz.

Dem ist zwar im Ergebnis zuzustimmen. Dieses läßt sich aber vom hier vertretenen Standpunkt aus, wonach allein anhand des (hypothetischen) Wettbewerbspreises festgestellt werden kann, ob die vertraglichen Verpflichtungen ausgeglichen sind,[22] wesentlich einfacher erzielen. Bereitet bei den Ausschreibungskartellen der Nachweis des hypothetischen Wettbewerbspreises enorme Schwierigkeiten, so hat sich in den Fällen der Manipulation *nach Eingang und Eröffnung der Angebote* ein Wettbewerbspreis bereits gebildet. Dieser ist identisch mit dem zum Eröffnungszeitpunkt günstigsten Angebot. Enthalten die Angebote Rechenfehler, die später berichtigt werden, so ist Wertmesser dasjenige Angebot, das nach Berichtigung das günstigste darstellt. Hieran wird deutlich: In diesen Fallkonstellationen ist im Eröffnungszeitpunkt ein Wettbewerbspreis zustandegekommen; die Täuschungshandlung bezweckt daher lediglich, diesen gebildeten Wettbewerbspreis zu verheimlichen und einen anderen, höheren Wettbewerbspreis vorzutäuschen. Von diesem Ansatz aus ergeben sich auch keine unüberwindbaren Nachweispro-

---

[20] Siehe oben C.II.5.d.

[21] JuS 1977, 38 f.; zustimmend offenbar LK-*Lackner*, § 263 Rn. 195.

[22] Siehe oben C.II.5.d.

bleme: Jeder lautere Anbieter verfügt über Unterlagen, aus denen sich sein wirklicher, unverfälschter Angebotspreis nachträglich ermitteln läßt. Aufgrund dessen läßt sich also jederzeit der wirkliche Wettbewerbspreis rekonstruieren.

Damit bleibt festzuhalten: Der Schaden des Ausschreibenden beläuft sich auf die Differenz zwischen Zuschlagspreis und echtem Wettbewerbspreis, wie er zum Eröffnungszeitpunkt (von etwaigen Rechenfehlern bereinigt) zustandegekommen ist.

Im obigen Beispielsfall bedeutet dies, daß die Stadt F um die Differenz zwischen dem Zuschlagspreis (1,1 Mio. DM) und dem Wettbewerbspreis, der identisch mit dem tatsächlich günstigsten Angebot zum Zeitpunkt der Eröffnung (= Angebot des A: 1 Mio. DM) ist, also um 0,1 Mio. DM geschädigt wurde.

Wegen der leichten Nachweisbarkeit des Schadens kommt diese Form der Manipulation in der Praxis auch so gut wie nicht vor. Die günstigeren Konkurrenten würden aufgrund der Tatsache, daß der Zuschlagspreis über den von ihnen eingereichten Angeboten liegt, sofort die Manipulation bemerken und auf Aufklärung drängen.

(4) Subjektiver Tatbestand

Keine Probleme bereitet der subjektive Tatbestand. In der Regel wird auch der Bedienstete der Vergabestelle diesen erfüllen. Zwar erstrebt er *für sich* keinen mit dem Schaden des Ausschreibenden stoffgleichen Vermögensvorteil. Damit er aber seine Belohnung bekommt, muß der unlautere Bieter den Zuschlag erhalten. Die *Bereicherung des Bieters* ist also zwar nicht Endzweck des Handelns des Bediensteten, ihm kommt es aber – ähnlich wie dem Vertreter in den Provisionsvertreterfällen[23] – auf die Bereicherung des Bieters als notwendige und erwünschte Folge seines Handelns an, so daß ihm insoweit eine Bereicherungsabsicht in bezug auf den unlauteren Bieter, also ein fremdnütziger Betrug, vorzuwerfen wäre.[24]

b) Betrug zu Lasten des aussichtsreichsten Bieters

Weiterhin kommt Betrug zu Lasten eines Mitbieters in Betracht.

---

[23] Vgl. BGHSt 21, 384; OLG Celle NJW 1959, 399, 400; OLG Düsseldorf NJW 1974, 1833, 1834.

[24] Vgl. BGHSt 16, 1; *Roxin*, AT I, § 12 Rn. 11; *Samson*, Strafrecht I, S. 31, S/S-*Cramer*, § 263 Rn. 176; zur Strafbarkeit des Bediensteten wegen eines *eigennützigen* Betruges siehe oben D.I.3.

(1) Täuschungshandlung und Irrtumserregung

Bezüglich der Täuschung und der Irrtumserregung kann auf die vorstehenden Ausführungen verwiesen werden, da dasselbe Verhalten der Mittäter auf seine Strafbarkeit hin untersucht wird.

(2) Vermögensverfügung

Auch in Hinblick auf die Mitbieter kann der Zuschlag eine Vermögensverfügung darstellen. Dann müßte der getäuschte Ausschreibende mit seinem Zuschlag aber unmittelbar eine Vermögensminderung bei einem oder mehreren Mitbietern herbeiführen. Ob dies der Fall ist, verdient nähere Betrachtung.

(a) Vermögenswerte Exspektanz eines Bieters auf Zuschlagserteilung

Allenfalls denkbar ist ein vermögensrelevanter Eingriff dergestalt, daß einem Bieter die vermögenswerte Aussicht auf Zuschlagserteilung durch Zuschlag an den unlauteren Bieter genommen wird.

Einige Autoren wollen in der Aussicht auf Zuschlagserteilung keine vermögenswerte Exspektanz sehen, so daß sie folgerichtig einen Betrug zu Lasten eines Mitbietenden ablehnen müssen.[25] Diese Ansicht beruht aber durchgehend auf einem gegenüber der h.M. engeren Verständnis der Exspektanz als solcher.[26] Nach der Rechtsprechung[27] und der herrschenden Lehre[28] soll dem annehmbarsten Bieter sehr wohl eine vermögenswerte Exspektanz auf den Zuschlag zukommen.

Die Begründung der h.M. ist allerdings recht dünn. Die Revisionsgerichte beschränken sich zumeist auf den Hinweis, daß es Tatfrage sei, ob die Aussicht auf den Zuschlag bereits solche Gewißheit erlangt habe, daß sie nach der Verkehrsauffassung einen meßbaren Vermögenswert habe.[29] Auch die

---

[25] So *Schönfeld*, JZ 1964, 209; *Hoppenz*, S. 56; differenzierend, aber i.E. zumeist auch ablehnend, *D. Geerds*, Wirtschaftsstrafrecht, S. 137.

[26] Dazu siehe ausführlich oben C.II.5.g.(2).

[27] RGSt 73, 382, 384; BGHSt 17, 147, 148; 34, 379, 390 f.; OLG Frankfurt/Main NJW 1990, 1057 f.

[28] *Beulke*, JuS 1977, 37; *Müller-Gugenberger*, § 47 Rn. 15; *Gutmann*, MDR 1963, 6; I/M-*Tiedemann*, vor § 38 Rn. 60; LK-*Lackner*, § 263 Rn. 135, 139; *Lackner*, StGB, § 263 Rn. 34; *Maurach/Schroeder/Maiwald*, BT 1, § 41 Rn. 104; SK-*Samson*, § 263 Rn. 122; *Haft*, BT, § 27 II 2d; zweifelnd *Dreher/Tröndle*, § 263 Rn. 28.

[29] So z.B. BGHSt 17, 147, 148; 34, 379, 390 f.; BGH wistra 1989, 100, 101 f.

Literaturstimmen sind nicht sehr aussagekräftig: Entweder wird einfach behauptet, die Aussicht sei vermögenswert[30] oder die Ansicht wird damit begründet, daß der aussichtsreichste Bieter „praktisch dem gleich steht, der den Zuschlag schon erhalten hat“[31], oder daß „die Wahrscheinlichkeit eines Zuschlags so hoch ist, daß sie im Verkehrsleben als Gewißheit hingestellt wird“, da der Zuschlag zwangsläufig zu seinen Gunsten ausfallen wird.[32]

Überzeugend läßt sich die h.A. nur dann begründen, wenn man den Vermögenswert der Aussicht des annehmbarsten Bieters an den oben aufgestellten Voraussetzungen einer Exspektanz mißt.[33]

1. *Unter den konkreten Umständen* ist ein Zuschlag an den aussichtsreichsten Bieter durchaus *möglich*, da sein Angebot dem Ausschreibenden zugegangen ist und dieser daher die Möglichkeit hatte, dieses Angebot anzunehmen.

2. Darüber hinaus muß die Realisierung der Zuschlagschance *wahrscheinlich* sein. Dies darf nicht einfach ohne Begründung positiv oder negativ beantwortet und m.E. auch nicht einfach als Tatfrage abgetan werden, solange eine Aussage über die Realisierungswahrscheinlichkeit losgelöst vom Einzelfall – wie hier – getroffen werden kann: Zwar steht die Entscheidung, ob der Auftraggeber dem annehmbarsten Bieter den Zuschlag erteilt, allein ersterem zu. Die Bieter haben hierauf keinen Einfluß. Allerdings darf nicht übersehen werden, daß der Ausschreibende bei seiner Entscheidung nicht völlig „frei“ ist, daß er also nicht folgenlos für oder gegen den aussichtsreichsten Bieter entscheiden kann.

Ein *direkter Abschlußzwang* zugunsten dieses Bieters besteht zwar in keinem Fall, da ein subjektives Recht auf Zuschlag nicht existiert. Selbst dann, wenn der Auftraggeber die öffentliche Hand ist, besteht lediglich die Möglichkeit einer Dienstaufsichtsbeschwerde, um die Einhaltung der Vergaberegeln zu erreichen; ein subjektives Recht auf Zuschlag zugunsten des Bieters mit dem annehmbarsten Angebot folgt daraus aber nicht.[34] Ebensowenig hat die Ausgestaltung der Verdingungsordnungen als Rechtsnormen im Anwendungsbereich der einschlägigen EG-Richtlinien[35] einen direkten Ab-

---

[30] *Müller-Gugenberger*, § 47 Rn. 15; LK-*Lackner*, § 263 Rn. 135, 139.

[31] *Gutmann*, MDR 1963, 6.

[32] *Beulke*, JuS 1977, 37.

[33] Dazu oben C.II.5.g.(2).(b).

[34] Dazu schon oben B.II.2.a.; des weiteren *Unger*, BauR 1984, 471; *Vygen*, Rn. 63; *Korbion/Hochstein*, Grundlagen, Rn. 19; *Heiermann/Riedl/Rusam/Schwaab*, Einl. Rn. 3; OLG Köln BauR 1977, 343.

[35] Siehe oben B.II.2.c.

schlußzwang zur Folge, da auch insoweit keine subjektiven Rechte begründet wurden.

Allerdings bewirkt die – im folgenden darzustellende – zivilrechtliche Lage, daß der Ausschreibende, will er nicht wirtschaftlich unvernünftig handeln, zum Abschluß mit dem annehmbarsten Bieter *mittelbar gezwungen* ist. Ein solcher mittelbarer Zwang besteht dann, wenn eine Zuschlagsverweigerung zur Folge hätte, daß diesem Bieter ein Schadensersatzanspruch zustünde, insbesondere dann, wenn er auf das positive Interesse gerichtet ist, wenn also der Ausschreibende diesen Bieter so stellen müßte, als wäre der Vertrag zustandegekommen und ordnungsgemäß durchgeführt.[36]

Eine Schadensersatzpflicht gerichtet auf das Erfüllungsinteresse kann sich in bezug auf die *öffentliche Hand als Auftraggeber* aus *§§ 26 II, 35 I GWB, 249 ff. BGB* ergeben, wenn die engen Voraussetzungen des § 26 II GWB erfüllt sind.[37] Dabei dienen die VOB / A bzw. VOL / A als Maßstab dafür, welche Pflichten der öffentlichen Hand zukommen und welche Handlungen oder Unterlassungen sachlich nicht gerechtfertigt sind, so daß sie unter das Diskriminierungsverbot des § 26 II GWB fallen.[38]

Weit wichtiger, da auf alle Submissionsfälle anwendbar, ist aber ein *Schadensersatzanspruch nach den Grundsätzen der c.i.c.* zugunsten des übergangenen Bieters. Daß zwischen Bietern und Ausschreibenden ein *vorvertragliches Vertrauensverhältnis*, das zu gegenseitiger Rücksichtnahme verpflichtet, besteht, ist bereits behandelt worden.[39]

Als *Pflichtverletzung* des Ausschreibenden kommt in Betracht, daß dieser es unterließ, dem annehmbarsten Bieter den Zuschlag zu erteilen. Soweit auf die Ausschreibung Verdingungsordnungen zur Anwendung kommen, ergibt sich schon aus ihnen, daß der Ausschreibende verpflichtet ist, das *annehmbarste* (bzw. *wirtschaftlichste*) Angebot anzunehmen.[40] Diese vorvertragliche Pflicht verletzt der Ausschreibende, wenn er einem anderen Bieter den Vorzug gibt.[41] Aber auch für die Fälle privater Auftragsvergabe, in denen das

[36] Vgl. auch *Kleine-Möller*, § 4 Rn. 3; *Feber*, BauR 1989, 558 spricht von „Einschränkung der Privatautonomie" durch Abhaltung eines VOB / A-Vergabeverfahrens.

[37] Zur Unternehmenseigenschaft der öffentlichen Hand vgl. *Langen/Niederleithinger/Ritter/Schmidt*, § 98 Rn. 1 ff.

[38] Näher hierzu *Kleine-Möller*, § 4 Rn. 11 ff. m.w.N.

[39] Siehe oben B.II.2.a. und b. sowie C.III.2.c.(1).

[40] Vgl. § 25 Nr. 3 Abs. 3 VOB / A bzw. § 25 Nr. 3 VOL / A; zur Frage der Nachweisbarkeit, welches das „annehmbarste" Angebot darstellt, siehe unten D.II.1.b.(2).(a).

[41] Vgl. z.B. BGH BB 1993, 27; OLG Düsseldorf BauR 1986, 107, 109; 1989, 195, 198; *Feber*, Auftragsvergabe, S. 23 ff., 85; *ders.*, BauR 1989, 556; MüKo-*Emmerich*,

formale Verfahren der Verdingungsordnungen nicht zur Anwendung kommen soll, kann insoweit nichts wesentlich anderes gelten. Hier wird man annehmen dürfen, daß ein Ausschreibender, insbesondere wenn die eingereichten Angebote – wie regelmäßig – erhebliche Kosten verursachen, bei den Bietern berechtigtes Vertrauen darauf erweckt, es werde ein faires, Willkür ausschließendes Ausschreibungsverfahren stattfinden. Kommt es also überhaupt zu einem Zuschlag, darf dieser zumindest nicht willkürlich einem anderen als dem nach objektiven Kriterien annehmbarsten Bieter erteilt werden.

Da der für die Vergabe zuständige Bedienstete wegen der umfassenden Prüfung aller Angebote sehr genau darüber informiert ist, welches Angebot am annehmbarsten ist, er sich aber gleichwohl – in Umsetzung des Manipulationsplans – *vorsätzlich* für ein anderes entscheidet, erfolgt ein solcher Verstoß regelmäßig auch *schuldhaft*. Dieses Verschulden muß sich der Ausschreibende gemäß § 278, 1 BGB zurechnen lassen,[42] so daß die Voraussetzungen eines Schadensersatzanspruchs aufgrund c.i.c. in der Regel gegeben sind.

Die Folge dieses Schadensersatzanspruchs besteht darin, daß der Geschädigte gemäß § 249, 1 BGB so gestellt werden muß, wie er ohne das pflichtwidrige Verhalten des Schädigers stehen würde. Dem Bieter mit dem annehmbarsten Angebot hätte bei ordnungsgemäßem Verfahrensablauf der Zuschlag erteilt werden müssen. Das Verschulden auf seiten des Ausschreibenden führt hier also gerade dazu, daß ein Vertrag mit diesem Bieter nicht zustande kommt. Es entspricht daher nahezu einhelliger Meinung, daß der Schadensersatzanspruch daher ausnahmsweise auf das Erfüllungsinteresse gerichtet sein kann.[43] Allerdings soll nach überwiegender Ansicht Voraussetzung hierfür sein, daß der übergangene Bieter beweist, daß er ohne die Pflichtverletzung des Ausschreibenden mit Sicherheit[44] oder zumindest mit hinreichender Wahrscheinlichkeit[45] den Zuschlag erhalten hätte. Dieser Beweis sei nur schwerlich zu erbringen. Nach richtiger Auffassung, die sich

---

vor § 275 Rn. 66; *Kleine-Möller*, § 4 Rn. 5; *Heiermann/Riedl/Rusam/Schwaab*, Einl. Rn. 3; *Ingenstau/Korbion*, Einl. Rn. 52; *Unger*, BauR 1984, 471; *Jäckle*, NJW 1990, 2524 Fn. 41, 2525.

[42] Zur Anwendbarkeit des § 278 BGB bei c.i.c. vgl. nur RGZ 132, 76, 79; BGH BB 1955, 429.

[43] BGH BB 1993, 27; OLG Düsseldorf BauR 1986, 107; 1989, 195; 1990, 257; *Feber*, BauR 1989, 557; *ders.*, Auftragsvergabe, S. 88; *Jäckle*, NJW 1990, 2524 Fn. 41, 2525; *Heiermann/Riedl/Rusam/Schwaab*, Einl. Rn. 3; *Ingenstau/Korbion*, Einl. Rn. 66; *Korbion/Hochstein*, Grundlagen Rn. 23; *Locher*, Rn. 73; *Vygen*, Rn. 87; a.A. *Hahn*, BauR 1978, 427.

[44] *Heiermann/Riedl/Rusam/Schwaab*, Einl. Rn. 3; *Unger*, BauR 1984, 472.

[45] OLG Düsseldorf BauR 1986, 107.

auch in der neueren Rechtsprechung durchzusetzen scheint, genügt jedoch bereits der Nachweis, daß dem übergangenen Bieter der Zuschlag *hätte erteilt werden müssen.*[46] Er muß also nur beweisen, daß er das annehmbarste Angebot abgegeben hat. Nicht zu beweisen hat er hingegen, daß der Ausschreibende das Verfahren nicht aufgehoben hätte, wenn er von der Pflichtwidrigkeit Kenntnis erlangt hätte. Die diesbezügliche Beweislast obliegt vielmehr dem Ausschreibenden selbst, der darüber hinaus den Beweis führen muß, daß er die Ausschreibung tatsächlich aufgehoben hätte, weil sich sein Ermessen hinsichtlich der Aufhebungsmöglichkeit derart verdichtet habe, daß er die Submission hätte aufheben müssen,[47] was so gut wie nie gelingen dürfte.

Da die Praxis trotz eines Beurteilungsspielraums des Ausschreibenden keinerlei Schwierigkeiten in der Bestimmung des annehmbarsten Gebots hat und man von einer gewissen Vermutung für das günstigste Angebot ausgehen kann, stehen der Beweisführung des übergangenen Bieters keine unüberwindbaren Schwierigkeiten entgegen.[48]

Demnach könnte also ein auf das positive Interesse gerichteter Schadensersatzanspruch geltend gemacht werden, so daß ein *mittelbarer Abschlußzwang* des Ausschreibenden zugunsten des Mindestbietenden als regelmäßig annehmbarsten Bieter besteht. Aufgrund dieser rechtlichen Situation ist es höchst wahrscheinlich, daß diesem Bieter auch der Zuschlag erteilt wird.

3. Diese hohe Wahrscheinlichkeit rechtfertigt die Einschätzung, daß auch nach den *Anschauungen des Geschäftsverkehrs* der Position des annehmbarsten Bieters ein Vermögenswert beigemessen wird.

Als Ergebnis bleibt daher festzuhalten, daß dem aussichtsreichsten, also i.d.R. dem günstigsten Bieter, eine vermögenswerte Exspektanz zusteht, die durch Zuschlag an einen anderen Bieter beeinträchtigt wird.

(b) Transportfunktion der Verfügung

Interpretiert man die Folgen des Zuschlags derart, daß mit ihm die Exspektanz des aussichtsreichsten Bewerbers untergeht und der Täuschende seine eigene, ursprünglich schlechte Chance realisieren kann,[49] so muß man

---

[46] BGH BB 1993, 27; OLG Düsseldorf BauR 1989, 195, 198; *Feber*, Auftragsvergabe, S. 43; *ders.*, BauR 1989, 557.

[47] BGH BB 1993, 27, 28.

[48] So auch *Feber*, Auftragsvergabe S. 17, 44; *ders.*, BauR 1989, 557; vgl. auch *Locher*, Rn. 73; *Jäckle*, NJW 1990, 2525; kritisch aber *Ingenstau/Korbion*, Einl. Rn. 66.

[49] So *Schönfeld*, JZ 1964, 208; *Gallas*, Eb. Schmidt-FS S. 431.

daran zweifeln, ob in dem Zuschlag überhaupt eine Verfügung gesehen werden kann.

Zwar fällt dem Wortlaut nach auch die *Vernichtung einer vermögenswerten Postion* unter die allgemeine Definition einer Vermögensverfügung, die jedes Handeln, Dulden oder Unterlassen erfaßt, das unmittelbar eine Vermögensminderung herbeiführt. Da es aber Zweck des (ungeschriebenen) Tatbestandsmerkmals „Vermögensverfügung" ist, den Charakter des Betrugs als Vermögens*verschiebungs*delikt[50] zu wahren,[51] muß das Verfügungsverhalten eine gewisse „Transportfunktion"[52] erfüllen. Dies darf jedoch nicht bedeuten, daß Vermögenssubstanz von einem Vermögen in das andere übertragen werden muß,[53] da dies im Widerspruch zur wirtschaftlichen Grundlage des heutigen Vermögensbegriffs stünde. Wird durch § 263 StGB demnach nur der wirtschaftliche Gesamtwert des Vermögens geschützt, nicht aber sein konkreter Bestand an Vermögenspositionen, so muß dies auch Auswirkungen für das Verständnis der Transportfunktion der Verfügung haben.[54] Die Frage kann also nicht mehr sein, ob eine Vermögensposition unter Wahrung ihrer Identität in ein anderes Vermögen übertragen wurde, sondern nur noch, ob eine wie auch immer geartete *Wertverlagerung* stattgefunden hat. Deshalb genügt für die Transportfunktion der Verfügung lediglich ein „Gebeakt" im abstrakt-wirtschaftlichen Sinn.[55] Eine Transportfunktion erfüllt ein verfügendes Verhalten deshalb bereits dann, wenn es geeignet ist, neben dem Vermögensnachteil beim Geschädigten zugleich einen Vermögensvorteil beim Begünstigten der Tat herbeizuführen.[56]

Der Zuschlag enthält notwendigerweise eine wirtschaftliche Auswirkung sowohl auf die Vermögensposition des annehmbarsten Bieters, als auch auf die des unlauteren Bewerbers. Ersterer verliert seine vermögenswerte Exspektanz, letzterer vermehrt sein Vermögen durch den Vertragsabschluß mit dem Ausschreibenden. Der Zuschlag vernichtet also nicht lediglich eine Vermögensposition (dann handelte es sich nicht um eine Verfügung), sondern führt gleichzeitig zu Vermögensminderung einerseits und Vermögensmehrung andererseits. Dies genügt, um einen Gebeakt in wirtschaftlichem Sinn bejahen zu können. Welche funktionale Abhängigkeit zwischen Vermögensmeh-

[50] Hierzu *Gallas*, Eb. Schmidt-FS, S. 402.

[51] S / S-*Cramer*, § 263 Rn. 53; *Eser*, Strafrecht IV, 12 A 2.

[52] *Eser*, Strafrecht IV, 12 A 2; *Joecks*, Vermögensverfügung, S. 100, 102.

[53] So aber *Hardwig*, GA 1956, 8.

[54] So zu Recht *Beulke*, JuS 1977, 36.

[55] So auch *Beulke*, JuS 1977, 36; LK-*Lackner*, § 263 Rn. 95.

[56] S / S-*Cramer*, § 263 Rn. 59; *Arzt / Weber*, LH 3, Rn. 419; *Eser*, Strafrecht IV, 12 A 7.

rung und -minderung bestehen muß, ist keine Frage des objektiven Tatbestands,[57] sondern wird bei der „Stoffgleichheit“ im subjektiven Tatbestand zu behandeln sein.[58] Der Zuschlag stellt somit eine Vermögensverfügung dar.

(c) Dreiecksbetrugskonstellation

Bisher unbeachtet blieb, daß Getäuschter (Ausschreibender) und Geschädigter (aussichtsreichster Mitbieter) nicht personengleich sind. Zwar ist allgemein anerkannt, daß auch in der Fallkonstellation des sog. Dreiecksbetrugs § 263 StGB erfüllt sein kann,[59] jedoch darf dabei nicht unberücksichtigt bleiben, in welcher Beziehung der Verfügende zum Vermögen des Geschädigten steht. Kennzeichnend für den Betrugstatbestand als Selbstschädigungsdelikt ist es nämlich, daß der Täter nicht von außen in das Vermögen eines anderen hineingreift, sondern sich unter Einsatz einer dem Vermögensinhaber nahestehenden Person die Vermögensposition herausgeben läßt.[60] Deshalb wird allgemein ein „Näheverhältnis“ zwischen Verfügendem und Geschädigtem verlangt, wobei aber die genauen Anforderungen heftig umstritten sind.

Zumeist wurde dieses Problem beim hier nicht einschlägigen *Sachbetrug* erörtert, bei welchem es maßgeblich darum geht, die Verfügung von der „Wegnahme“ i.S.d. § 242 StGB, also den Betrug vom Diebstahl in mittelbarer Täterschaft abzugrenzen. Dort zeigt sich – vereinfacht dargestellt – folgendes Meinungsspektrum: Eine engere Ansicht will eine Verfügung nur dann bejahen, wenn der Verfügende *rechtlich befugt* war, über die Sache zu verfügen.[61] Wesentlich weiter geht die sog. „Lagertheorie“ der h.M., die darüber hinaus eine nur *faktische Nähe* des Verfügenden zum Vermögen des Geschädigten ausreichen läßt.[62] Jedoch ist innerhalb der Lagertheorie wiederum höchst umstritten, wie diese faktische Nähe i.e. ausgestaltet sein muß. So soll nach der Rechtsprechung insbesondere der Mitgewahrsamsinhaber in

---

[57] So aber *Hardwig*, GA 1956, 8.

[58] Siehe ausführlich dazu unten D.II.1.b.(4).(a).

[59] So z.B. die ständige Rechtsprechung; vgl. nur RGSt 73, 382, 384; BGHSt 18, 221, 223; S/S-*Cramer*, § 263 Rn. 65; *Joecks*, Vermögensverfügung, S. 124.

[60] Vgl. SK-*Samson*, § 263 Rn. 69.

[61] *Otto*, ZStW 79 (1967), 84 f.; *Schünemann*, GA 1969, 53 ff.; *Roxin/Schünemann*, JuS 1969, 375; SK-*Samson*, § 263 Rn. 93 ff.; *Joecks*, Vermögensverfügung, S. 129 ff.; *Backmann*, S. 127 ff.

[62] Z.B. RGSt 21, 236, 242; 64, 226, 228; BGHSt 18, 221; LK-*Heimann-Trosien*, § 242 Rn. 25; LK-*Lackner*, § 263 Rn. 113 ff.; S/S-*Cramer*, § 263 Rn. 66; *Dreher*, GA 1969, 60.

Betracht kommen,[63] nach Lackner wiederum muß der Verfügende „Gewahrsamshüter“ – nicht notwendigerweise aber Mitgewahrsamsinhaber – sein, der sich bei der Verfügung im Rahmen seiner Vorstellungen von der Hüteraufgabe gehalten hat.[64]

Dieser kleine Ausschnitt aus der Meinungsvielfalt zu diesem Problem[65] zeigt bereits, daß sich die hier verwendeten Kriterien größtenteils nicht auf die Verfügung eines Dritten über eine tatsächliche Exspektanz übertragen lassen. Für die Verfügung über tatsächliche Exspektanzen, genauso wie für eine solche über dingliche und obligatorische Rechte, müssen andere Kriterien gefunden werden. Die Sachlage ist nämlich v.a. deshalb eine andere, weil die Folgen der jeweiligen Lösung gravierender sind als beim Sachbetrug: Eine Konkurrenz mit dem Diebstahlstatbestand kommt mangels Sacheigenschaft der hier in Frage stehenden Vermögenspositionen nicht in Betracht, so daß die Alternative nicht Betrug oder Diebstahl, sondern nur Betrug oder Straflosigkeit lautet. Mit dieser Fallkonstellation haben sich Rechtsprechung und Lehre weit weniger eingehend beschäftigt. Der BGH hat in einem solchen Fall die Verfügung bejaht, ohne ein Abgrenzungsproblem aufgeworfen zu haben.[66] Andere[67] verlangen auch hier, wie beim Sachbetrug, ein ausreichendes Näheverhältnis, lassen dazu aber schon genügen, daß auf die Vermögensposition faktisch eingewirkt werden konnte. Bei weiteren Autoren[68] findet sich die Formulierung, daß für ein Näheverhältnis zwar eine besondere tatsächliche oder rechtliche Macht nötig sei, die dem Getäuschten den Zugriff auf das betroffene Vermögen im Verhältnis zu einem Außenstehenden erleichtere. Der Getäuschte habe in diesen Fällen aber regelmäßig eine besondere, nicht jedem zustehende Macht und eine Schädigung sei sogar denkgesetzlich nur bei Realisierung dieser Macht möglich.[69]

In den Ausschreibungsfällen entnimmt man diese besondere Stellung des Getäuschten dem formalisierten Ausschreibungsverfahren.[70] Teilweise wird zusätzlich verlangt, daß diese rechtliche oder tatsächliche Beziehung bereits vor der Tat bestanden haben muß und nicht erst durch die Tat begründet worden sein darf.[71] Strenger sind hingegen Samson[72] und Joecks[73], die eine

---

63 Vgl. BGHSt 18, 221; OLG Stuttgart JZ 1966, 319.

64 LK-*Lackner*, § 263 Rn. 114; so auch *Wessels*, BT 2, § 14 II 3.

65 Eingehend zum Streitstand z.B. SK-*Samson*, § 263 Rn. 91 f.

66 BGHSt 24, 386, 389.

67 SK-*Samson*, § 263 Rn. 98; *Joecks*, Vermögensverfügung, S. 113.

68 LK-*Lackner*, § 263 Rn. 115; *Maurach/Schroeder/Maiwald*, BT 1, § 41 Rn. 81.

69 LK-*Lackner*, § 263 Rn. 115.

70 LK-*Lackner*, § 263 Rn. 115; vgl. auch *Beulke*, JuS 1977, 36.

71 *Eser*, Strafrecht IV, 12 A 39; *Schröder*, JZ 1972, 709; S/S-*Schröder*, § 263 Rn. 46a; *Sennekamp*, BB 1973, 1008.

Befugnis zum verfügenden Verhalten verlangen, so daß der Getäuschte innerhalb des geschädigten Vermögens eingesetzt sein muß.

Unabhängig davon, welcher Ansicht man im allgemeinen folgt, kann das Ergebnis in den Ausschreibungsfällen nur lauten: Eine ausreichende Nähebeziehung liegt vor. Der Vermögenswert der Exspektanz des aussichtsreichsten Bieters besteht gerade in Erwartung eines Verhaltens des Ausschreibenden (Zuschlag) im Rahmen eines formalisierten Verfahrens. Wenn aber die Exspektanz von vornherein an ein Verhalten des später Getäuschten gekoppelt ist, steht der Ausschreibende dem Vermögenswert genauso nahe wie der Vermögensinhaber selbst, da allein seine Entscheidung – und nicht die des Vermögensinhabers – über die Realisierung entscheidet, auch wenn er, wie gezeigt, nicht völlig frei dabei ist. Selbst wenn man also mit der engsten Ansicht verlangt, daß der Getäuschte innerhalb des geschädigten Vermögens eingesetzt sein muß, so ist dies hier zu bejahen, da mit der Beteiligung am Ausschreibungsverfahren dem Ausschreibenden die Macht eingeräumt wurde, über eine eventuelle Exspektanz zu verfügen.

Dies entspricht auch der Ansicht der ganz h.M. Anders wollen – soweit ersichtlich – nur Schröder[74] und Cramer[75] entscheiden. Sie verneinen eine Verfügung, dies allerdings schon deshalb, weil nicht einmal eine faktische Möglichkeit des Ausschreibenden bestehe, über die Vermögensposition des aussichtsreichsten Bieters zu verfügen. Daß diese Mindermeinung nicht richtig sein kann, zeigt schon die Tatsache, daß der Zuschlag unmittelbaren Einfluß auf die Exspektanz des aussichtsreichsten Bieters hat, da ihm die tatsächliche Zuschlagsaussicht durch den Zuschlag an den Täter entzogen wird. Eine faktische Zugriffsmöglichkeit des Ausschreibenden auf diese Vermögensposition sollte deshalb nicht – insbesondere nicht ohne nähere Begründung – geleugnet werden.

(3) Vermögensschaden

Hat man die Exspektanz des aussichtsreichsten Mitbieters als Bestandteil des Vermögens akzeptiert, so ist die Feststellung eines Schadens bei diesem Mitbieter unproblematisch. Er erhält nämlich für den Wegfall des Vermögenswertes keinerlei Ausgleich, der das Vermögensminus kompensieren könnte. Etwaige Schadensersatzansprüche, die den Eintritt eines Schadens

---

[72] SK-*Samson*, § 263 Rn. 98.

[73] Vermögensverfügung, S. 42 ff., 113.

[74] S/S § 263 Rn. 46a, 65: Vermögensverfügung nur, wenn ein Konkurrent durch Täuschung zum Rückzug seines Angebots veranlaßt wird.

[75] Vermögensbegriff, S. 191 Fn. 107; S/S § 263 Rn. 67.

bereits begrifflich voraussetzen, bleiben als bloße reparatio damni außer Betracht.[76] Der aussichtsreichste Mitbieter erleidet somit einen Vermögensschaden.[77]

(4) Subjektiver Tatbestand

Im Rahmen des subjektiven Tatbestands ergeben sich Probleme nur in bezug auf die Stoffgleichheit des vom Täter erstrebten Vorteils mit dem Schaden des aussichtsreichsten Bieters sowie hinsichtlich der Rechtswidrigkeit dieses Vermögensvorteils.

(a) Stoffgleicher Vermögensvorteil

In den hier interessierenden Fallgestaltungen könnte der vom Täter erstrebte Vorteil zum einen in dem *Abschluß des Vertrages mit dem Auftraggeber* liegen, durch den sich dieser dem Täter gegenüber verpflichtet, einen bestimmten Preis für die Erbringung der vertraglichen Leistung zu zahlen. Zum anderen kommt die *vermögenswerte Exspektanz auf Zuschlag* als Objekt seiner Bereicherungsabsicht in Betracht.

Wegen des Charakters des Betrugs als Vermögensverschiebungsdelikt genügt nicht jeder Vermögensvorteil, der durch die Vermögensverfügung verursacht wurde.[78] Vielmehr verlangt die ganz h.M. eine funktionale Abhängigkeit zwischen eingetretenem Vermögensschaden und erstrebtem Vorteil, die als Stoffgleichheit bezeichnet wird. Durch dieses Merkmal sollen solche Vorteile ausgeschlossen werden, die von außen kommen, also „extern" sind und nicht auf einer Vermögensverschiebung zwischen Geschädigtem und Begünstigtem beruhen.[79] Als Beispiel eines nicht stoffgleichen Vorteils sei die Belohnung durch einen Dritten für die Täuschung des letztlich Verfügenden genannt.

Genauso liegt aber der Vorteil des Vertragsabschlusses: Die vertragliche Verpflichtung zugunsten des Täters geht allein zu Lasten des Vermögens des

---

[76] Allgemeine Meinung; vgl. nur S / S-*Cramer*, § 263 Rn. 120.

[77] So i.E. auch RGSt 73, 382, 384; BGHSt 17, 147, 148; *Beulke*, JuS 77, 38; *Gutmann*, MDR 1963, 6; LK-*Lackner*, § 263 Rn. 195.

[78] Anders hat das RG in einigen Entscheidungen Kausalität zwischen Verfügung, Schaden und Vorteil ausreichen lassen. Diese Rechtsprechung ist heute ohne Bedeutung; vgl. die Nachweise bei *Weidemann*, S. 134; zur Stoffgleichheit allgemein *Mohrbotter*, Stoffgleichheit.

[79] *Maurach / Schroeder*, § 46 II B 1; *Mohrbotter*, Stoffgleichheit, S. 203 f.

Ausschreibenden; es handelt sich also um einen nur externen und daher nicht stoffgleichen Vermögensvorteil.

Als stoffgleicher Vermögensvorteil kommt daher allein die Exspektanz auf Zuschlagserteilung, die anfangs dem aussichtsreichsten Bieter zustand, in Betracht. Ursprünglich wurde die Stoffgleichheit allerdings im Sinne der Identitätslehre entwickelt.[80] Nach dieser Ansicht, die ein sehr enges Verständnis von der dem Betrug zugrundeliegenden Vermögensverschiebung hatte, erforderte die Stoffgleichheit, daß ein Objekt aus dem Vermögen des Opfers unter Wahrung seiner inhaltlichen Identität in das Vermögen des Bereicherten überführt wird. Ähnlich verlangt auch Hardwig[81] einen „Vorgang ..., der ... Vermögenssubstanz von einer Seite auf die andere überträgt", so daß „diese Vermögenssubstanz als Schaden und Vorteil" identisch ist.[82]

Wenn auch niemand in Abrede stellt, daß unter dieser Voraussetzung Stoffgleichheit gegeben ist, so wird diese Ansicht heute allgemein als zu eng verworfen. Dies hängt insbesondere mit der Ablehnung der juristischen Vermögenslehre zusammen, deren Vertreter ja auch die Identitätslehre begründet hatten.[83] Dieser Zusammenhang erklärt sich dadurch, daß nach dem juristischen Vermögensbegriff das Vermögen als eine Akkumulation von einzelnen Rechtspositionen aufgefaßt wurde, die durch das Vermögensstrafrecht gegen Entziehung geschützt waren. Dies führte dazu, daß das Vermögen in seinem konkreten Bestand (inventarisierender Vermögensbegriff), und nicht – wie heute – dessen Gesamtwert (Vermögen als Werteinheit) Schutzobjekt war. Wenn also ein Schaden immer schon dann vorlag, wenn dem Berechtigten eine Rechtsposition entzogen wurde und eine Kompensation nicht möglich war, so erscheint es nur konsequent, für die Stoffgleichheit genau auf diese konkrete Rechtsposition abzustellen und danach zu fragen, ob diese Rechtsposition in das Vermögen des Bereicherten verschoben wurde. Mit Berücksichtigung wirtschaftlicher Erwägungen und der Möglichkeit der Kompensation hat sich die Lage aber erheblich kompliziert.[84] Es geht aber nicht an, Vermögen und Schaden „mit den Augen des Wertsummenbegriffs" zu betrachten, die Stoffgleichheit aber an Voraussetzungen zu messen, die sich vom Standpunkt der inventarisierenden Betrachtungsweise aus ergeben.[85] Deshalb muß auch die Stoffgleichheit heute in einem weiteren Sinn

[80] *Merkel*, S. 118; ebenso *Binding*, S. 340 f., 364.

[81] GA 1956, 8.

[82] Siehe oben D.II.1.b.(2).(b).

[83] Siehe Fn. 80.

[84] Man denke nur an den persönlichen Schadenseinschlag, die Anerkennung von Exspektanzen bzw. die „Gleichstellung" von Vermögensgefährdung und -schaden.

[85] So zu Recht *Weidemann*, S. 154.

verstanden werden, so daß bereits abstrakte Wertverschiebungen erfaßt werden können.[86]

Nach wie vor ist die exakte Bedeutung der Stoffgleichheit aber umstritten; zumeist werden abstrakte Formeln und Begriffe genannt, die die Stoffgleichheit recht unscharf haben bleiben lassen.[87] Die Rechtsprechung stellt auf die *Unmittelbarkeit* zwischen Vorteil und Schaden ab: Dieselbe Vermögensverfügung des Getäuschten, die der Täter in der Absicht, sich zu Unrecht zu bereichern, veranlaßt habe, müsse die Vermögensschädigung unmittelbar herbeiführen. Der erstrebte Vermögensvorteil und der verursachte Vermögensnachteil müßten einander entsprechen, das eine müsse gleichsam die Kehrseite des anderen sein.[88] Auch in der Literatur kann dieses Unmittelbarkeitsprinzip als gesichertes Minimum gelten.[89]

Doch auch bei Zugrundelegung dieses Kriteriums ist problematisch, ob der bei der Ausschreibung täuschende Täter einen der Exspektanz des aussichtsreichsten Mitbieters stoffgleichen Vorteil erstrebt.

- Häufig[90] wird der Problemlösung folgende Analyse des Geschehens zugrundegelegt: Mit dem Zuschlag gewinnt der Täter einen (nicht stoffgleichen) Vorteil aus dem Vermögen des Ausschreibenden. Der Täter kann so seine eigene Aussicht auf Zuschlag, die ursprünglich so unwahrscheinlich war, daß sie keinen Vermögenswert besaß, durch die Täuschung realisieren. Die – ursprünglich vermögenswerte – Aussicht des Mitbewerbers wird dabei aber nicht auf den Täter übertragen, sondern sie wird durch den Zuschlag nur „mittelbar" oder „reflexartig" in der Weise betroffen, daß sie untergeht. Vor diesem Hintergrund muß dann die Frage beantwortet werden, ob die für die Stoffgleichheit erforderliche Unmittelbarkeit zwischen Vorteil und Schaden auch in bezug auf einen Schadensposten bejaht werden kann, der durch die Vermögensverfügung nur reflexartig beim aussichtsreichsten Mitbieter eintritt, oder ob lediglich der Schaden des Ausschreibenden unmittelbar durch den Zuschlag herbeigeführt wird.

---

[86] Vgl. dazu *Weidemann*, S. 154 sowie die zur Transportfunktion der Vermögensverfügung gemachten Ausführungen oben D.II.1.b.(2).(b).

[87] Zum Meinungsstand vgl. ausführlich *Weidemann*, S. 126 ff., und *Mohrbotter*, Stoffgleichheit, S. 24 ff.

[88] So BGHSt 6, 115, 116; vgl. auch BGHSt 21, 384; OLG Braunschweig NJW 1961, 1272; OLG Saarbrücken NJW 1968, 262.

[89] So LK-*Lackner*, § 263 Rn. 266; vgl. z.B. *Krey*, BT 2, Rn. 453; *Wessels*, BT 2, § 13 III 4; die Stoffgleichheit aber generell nicht voraussetzend *Eser*, GA 1962, 299 ff.

[90] Vgl. z.B. *Schönfeld*, JZ 1964, 208; *Gallas*, Eb. Schmidt-FS, S. 431; *Mohrbotter*, GA 1971, 326 ff.; ähnlich *Otto*, Struktur, S. 297 f.; *Hardwig*, GA 1956, 8.

Einige Autoren verneinen die Stoffgleichheit, wobei sie schon die Schutzwürdigkeit von Exspektanzen generell ablehnen und die Probleme, die hier bei der Frage nach der Stoffgleichheit auftreten, als Argument dafür anführen, daß die Exspektanz nicht zur Struktur des Betrugstatbestands als Vermögensverschiebungsdelikt passe.[91] Sie verweisen darauf, daß der Vorteil des Täters allein aus dem Vermögen des Bauherrn komme und der Täter aus dem Vermögen des Mitbewerbers nichts erhalten wolle.

Auch Mohrbotter[92] schließt sich zwar der Interpretation des Vorgangs an, daß die Exspektanz des Mitbieters reflexartig erlischt und der erstrebte Vorteil allein dem Vermögen des Bauherrn entstammt, kommt aber trotzdem zum entgegengesetzten Ergebnis. Für ihn liegt die Ursache für die Schwierigkeiten in diesen Fällen in der Anerkennung von Anwartschaften begründet, was zu einer „geteilten Vermögensinhaberschaft" zwischen dem Vollrechtsinhaber und dem Anwärter führe. Allerdings liege zwischen beiden eine Interessengemeinschaft vor, die sich für den Fall des Eingriffs durch Dritte auswirken müsse. Deshalb soll es eine Wertungsfrage sein, ob trotz der nur reflexartigen Drittwirkung auf die nicht an der Vermögensverschiebung teilnehmenden Exspektanz der Täter straffrei bleibe. Diese beantwortet Mohrbotter mittels eines Vergleichs mit der Sachlage beim Dreiecksbetrug: Dort verfüge der Getäuschte über fremdes Vermögen und fungiere so nur als „Durchgangsposten ohne eigenes Interesse". Hier hingegen treffe er als Rechts- oder Vermögensinhaber in eigener Regie die Disposition, d.h. er verfüge über eigenes Vermögen, wodurch reflexartig in die Vermögensposition des Dritten eingegriffen werde. Beide Fälle müßten aber gleich behandelt werden, so daß für die Stoffgleichheit genügen müsse, daß der Vorteil des einen zwar auf Kosten, nicht aber notwendigerweise auch aus dem Vermögen des Geschädigten erlangt ist.

Diese „Modifikation" des Stoffgleichheitserfordernisses aufgrund der Besonderheit der Anwartschaften erscheint sehr konstruiert, um das wünschenswerte Ergebnis erreichen zu können. Insbesondere ist es problematisch, die Frage der Strafbarkeit in diesen Fällen als Wertungsfrage zu behandeln. Zuzustimmen ist aber dem Ergebnis, da dieses allein befriedigt, hat man sich einmal entschieden, Anwartschaften als Vermögensbestandteile am Schutz des § 263 StGB teilhaben zu lassen.[93] Lackner beschreibt

---

[91] *Gallas*, Eb. Schmidt-FS, S. 431; *Schönfeld*, JZ 1964, 208; ähnlich argumentieren *Otto*, Struktur, S. 297 f., und *Hardwig*, GA 1956, 8 für den ähnlich gelagerten Fall der Abwerbung von Stammkunden.

[92] *Mohrbotter*, GA 1971, 326 ff.; *ders.*, Stoffgleichheit, S. 170 ff.; ähnlich auch LK-*Lackner*, § 263 Rn. 274.

[93] Ebenso *Beulke*, JuS 1977, 38; *Gutmann*, MDR 1963, 6 Fn. 20; LK-*Lackner*, § 263 Rn. 274.

das Dilemma, in dem wir uns befinden, recht deutlich, wenn er ausführt: „Hier fällt die grundsätzliche Entscheidung, ob Exspektanzen in den Betrugstatbestand einzubeziehen sind, bei der Bestimmung und Abgrenzung des Vermögensbegriffs .... Der Bereicherte erlangt hier ganz allgemein nicht die Exspektanz ... als solche und daher auch keinen identischen Vermögenszuwachs. Aber er gewinnt auch nicht nur einen externen Vorteil.“[94]

Richtig ist zwar einerseits, daß die Anerkennung der tatsächlichen Exspektanzen als Vermögensposition keinen Sinn machen würde, wenn die Stoffgleichheit in solchen Situationen nicht bejaht werden könnte. An einer Erfassung der Exspektanzen durch den Betrugstatbestand besteht ein starkes praktisches Bedürfnis. M.E. darf die Lösung dieses Konflikts aber andererseits auch nicht zu einer „Anpassung“ des Stoffgleichheitsbegriffs an die jeweilige Situation durch Wertungen o.ä. führen, da dann von einer dem Betrug zugrundeliegenden Vermögensverschiebung – auch wenn man sie noch so abstrakt verstünde – nicht mehr die Rede sein könnte. Dies würde vielmehr nur dazu führen, daß der sowieso schlecht faßbare Begriff der Stoffgleichheit weiter verschwömme.

– Um dies zu vermeiden, muß das Schicksal der Exspektanz des aussichtsreichsten Bieters beim Zuschlag anders gedeutet werden.[95] Der Ausschreibende verfügt mit dem Zuschlag nicht nur über sein eigenes Vermögen, indem dem unlauteren Bieter ein vertraglicher Anspruch auf die Vergütung eingeräumt wird. Vielmehr übt der Ausschreibende gleichzeitig seine Rechtsmacht aus, *über die wirtschaftlich wertvolle Zuschlagsaussicht des ursprünglich aussichtsreichsten Bieters zu verfügen*, wodurch der Vermögenswert dieser Aussicht unmittelbar auf den Täter übertragen wird.

Diese Rechtsmacht, über die Exspektanz des Konkurrenten verfügen zu können, muß dem Ausschreibenden aufgrund folgender Überlegung zustehen: Der Exspektanz des aussichtsreichsten Bieters kommt ein wirtschaftli-

[94] LK-*Lackner*, § 263 Rn. 274.

[95] Auch *Beulke*, JuS 77, 38 setzt bei der Lösung des Problems bei einer anderen Analyse des Geschehens an, wobei er den wirtschaftlichen Gegebenheiten mehr Rechnung tragen will, indem er den wirtschaftlichen Zusammenhang zwischen den Aussichten jedes einzelnen Bieters auf Zuschlag in den Mittelpunkt rückt. Er nimmt an, daß allen Mitbewerbern von Anfang an Anwartschaften zustünden, aber nur der des aussichtsreichsten ein Vermögenswert zukommen solle. Falle dieser Bieter weg, erlange automatisch die Aussicht des zweitaussichtsreichsten Bieters einen Vermögenswert. Dieser Zusammenhang müsse auch dann bestehen, wenn sich ein Bieter mit ursprünglich schlechter Zuschlagsaussicht durch Manipulation zum aussichtsreichsten Bieter mache. Es bedürfe daher nicht des Umwegs über das Erlöschen der Exspektanz des einen Bieters und der davon zu unterscheidenden Ausnutzung der eigenen Chance des Täters. Damit ist aber noch nicht entschieden, ob wirklich eine Unmittelbarkeit zwischen Vorteil und Nachteil besteht.

cher Wert zu. Denknotwendigerweise muß dieser Exspektanz auf seiten des Bieters eine Vermögensminderung in gleicher Höhe entsprechen, da sonst durch bloße Abgabe eines Angebots – gleichsam aus dem „Nichts“ – ein Vermögenswert geschaffen worden wäre. Es muß daher zu einer *Wertverlagerung* vom Ausschreibenden hin zum aussichtsreichsten Bieter gekommen sein.[96]

Auf der anderen Seite kann sich an der *rechtlichen Zuständigkeit* hinsichtlich dieser Vermögensposition trotz Verlagerung des wirtschaftlichen Werts noch nichts geändert haben, ist die Exspektanz doch eine bloß tatsächliche Aussicht ohne jede rechtliche Verselbständigung. Die Entstehung der Exspektanz läßt sich also nur dadurch erklären, daß man eine *Spaltung von rechtlicher und wirtschaftlicher Zuordnung* der Aussicht annimmt. Dementsprechend muß die *rechtliche Verfügungsmacht* über die Exspektanz beim Ausschreibenden verblieben sein, so daß dieser durch den Zuschlag über die Exspektanz des aussichtsreichsten Bieters wirksam verfügen konnte.

Daß der Ausschreibende von dieser Rechtsmacht auch tatsächlich, wenngleich unbewußt Gebrauch macht, zeigt folgende „Gegenprobe“: Nach dem Zuschlag ist der Täter Inhaber der Vertragsverbindlichkeit und damit der vollen hier in Rede stehenden Rechts- und Vermögensposition. Eine vermögenswerte Anwartschaft hierauf hat niemand mehr, so daß der Täter in seiner Hand die Rechts- und Vermögensposition des Ausschreibenden mit der Vermögensposition des aussichtsreichsten Bieters vereinigt. Es muß also dem Täter der Vermögenswert der Exspektanz des ursprünglich aussichtsreichsten Konkurrenten irgendwie zugeflossen sein: Dieser Vermögenszuwachs beim Zuschlag kann nur durch eine Verfügung des Ausschreibenden (auch) über die Exspektanz des Mitbieters erklärt werden. Damit fand aber ein Vermögenstransport vom Vermögen des Mitbieters unmittelbar in das Vermögen des Täters statt, so daß schon die üblichen Kriterien der Stoffgleichheit erfüllt sind.

Dieser Lösungsweg ermöglicht somit eine Bejahung der Stoffgleichheit i.S.d. „Unmittelbarkeit“, ohne dieses Kriterium „anpassen“ zu müssen.

---

[96] Vgl. *Hoppenz*, S. 29 (allerdings in anderem Zusammenhang): „Solange – Normalfall – sich die Zahl der im Umlauf befindlichen Güter nicht erhöht, und solange sich ihr Wert nicht durch Verarbeitung oder Überführung in eine andere Handelsstufe steigert, bleibt in einem abgegerenzten und allein untereinander in Verbindung stehenden Personenkreis die Summe der Einzelvermögen gleich groß … Eine vermögenswirksame Veränderung im Geschäftsverkehr tritt daher in der Regel bei mindestens 2 Vermögensträgern in Erscheinung.“

(b) Rechtswidrigkeit des Vorteils

Der von den Tätern erstrebte Vorteil ist nur dann nicht rechtswidrig, wenn derjenige Rechtszustand herbeigeführt wird, der mit der materiellen Rechtslage übereinstimmt. Dem entspricht die gängige Formulierung, daß ein Vorteil dann rechtswidrig ist, wenn auf ihn kein materiell-rechtlicher Anspruch besteht.[97] Ein Anspruch i.S. eines subjektiven Rechts auf Zuschlagserteilung existiert im Zusammenhang mit Ausschreibungen aber generell nicht, unabhängig davon, ob das formalisierte Vergabeverfahren der Verdingungsordnungen Anwendung findet, ob Ausschreibender die öffentliche Hand oder ein Privater ist und ob es sich um die Ausschreibung eines Großauftrags handelt, bei der die Verdingungsordnungen Rechtsnormcharakter erlangen.[98] Damit ist auch jeder durch einen erschlichenen Zuschlag erstrebte Vorteil rechtswidrig.

(c) Nachweisbarkeit

In den Fällen der vertikalen Einflußnahme stellen sich bei der Nachweisbarkeit des subjektiven Tatbestands keine unüberwindbaren Probleme. Insbesondere läßt das Vorgehen i.d.R. eindeutig erkennen, daß es den Tätern auf den Zuschlag ankommt und sie zumindest billigend in Kauf nehmen, daß Konkurrenten geschädigt werden.

2. Nachträgliche Herabsetzung des eigenen Angebots

Weitaus größere praktische Bedeutung[99] kommt der ganz ähnlichen Verhaltensweise der Täter zu, bei der nicht die Konkurrenzangebote erhöht, sondern das Angebot des unlauteren Bieters nachträglich herabgesetzt wird.

Der obige Beispielsfall muß also wie folgt abgeändert werden: Die Stadt F schreibt auf Grundlage der VOB / A die Erstellung eines Gebäudes öffentlich aus. A, B und C beteiligen sich am Submissionsverfahren, wobei wiederum A mit 1 Mio. DM das günstigste Angebot abgibt, gefolgt von B mit 1,05 Mio. DM und schließlich C mit 1,1 Mio. DM. Diesmal haben C und der Stadtbedienstete S aber abgesprochen, daß S gegen eine Schmiergeldzahlung durch Manipulation am Angebot des C mittels Einbau von Rechenfehlern dieses so weit nach unten korrigiert, bis C als der günstigste Bieter erscheint und den Zuschlag zum manipulierten Preis (z.B. 0,98 Mio. DM) erhält.

---

[97] So z.B. BGH StV 1992, 106; BayObLG StV 1990, 165; *Otto*, JZ 1993, 658.

[98] Siehe oben B.II.2.

[99] Vgl. nur das jüngste Verfahren vor dem LG München I, SZ Nr. 159 v. 14.7. 1993, S. 36.

a) Betrug zu Lasten des Ausschreibenden

Hier liegt der wesentliche Unterschied zu der unter 1. besprochenen Variante der vertikalen Manipulation. Ein Eingehungsbetrug zu Lasten des Ausschreibenden kann schon deshalb nicht in Betracht kommen, weil der Ausschreibende keinen Vermögensnachteil dadurch erleidet, daß durch die Manipulation ein günstigeres Angebot als bei ordnungsgemäßem Ablauf zur Wahl steht. Für den Ausschreibenden ist es im Gegenteil sogar von Vorteil, weil er die ausgeschriebene Leistung zu einem geringeren Preis erhält als wenn nicht manipuliert worden wäre.

b) Betrug zu Lasten des aussichtsreichsten Bieters

Aus Sicht des aussichtsreichsten Bieters stellen sich die Fallgestaltungen unter 1. und die hier zu behandelnde völlig identisch dar. Dementsprechend unterscheidet sich auch die rechtliche Behandlung nicht im geringsten, d.h. auch hier wird dem aussichtsreichsten Bieter durch den irrtumsbedingten Zuschlag des Ausschreibenden die vermögenswerte Zuschlagsaussicht entzogen. Ebenfalls auf obenstehende Ausführungen kann hinsichtlich der Anforderungen an den subjektiven Tatbestand verwiesen werden.

c) Bewertung

Damit stellt auch diese Variante der nachträglichen vertikalen Einflußnahme einen strafbaren Betrug zum Nachteil des aussichtsreichsten Mitbieters dar. Ihre höhere praktische Bedeutung ergibt sich daraus, daß die ursprüngliche Angebotshöhe des unlauteren Bieters ohne Angaben der Täter kaum zu ermitteln ist, so daß die Manipulation auch nicht ohne weiteres für den Ausschreibenden und die Konkurrenz ersichtlich wird. Das Entdeckungsrisiko ist hier also um ein Vielfaches geringer als bei der nachträglichen Erhöhung der Angebote der anderen Bieter.

III. Einflußnahme auf das Verfahren im Vorfeld der Ausschreibung

1. Einflußnahme auf die Auswahl der Bieter bei beschränkten Ausschreibungen

Im Vorfeld beschränkter Ausschreibungen kann ein Anbieter durch Zusammmenwirken mit einem Angestellten der Vergabestelle maßgeblichen

Einfluß auf Verlauf und Ausgang des Verfahrens nehmen. Da der Bieterkreis bei einer beschränkten Ausschreibung begrenzt ist, hängt der Wettbewerbsdruck und die Höhe des Wettbewerbspreises von den teilnehmenden Bietern ab. Gelingt es einem Bieter also, Einfluß auf die Zusammensetzung des Bieterkreises zu nehmen, kann er auf diese Weise den Wettbewerb und dadurch auch den Wettbewerbspreis beeinflussen. V.a. zwei Sachverhaltskonstellationen sind denkbar: Zum einen kann sich ein Submissionskartell zusätzlich dieser vertikalen Manipulation bedienen, um seine horizontale Einflußnahme gegen Unterbietung durch Außenseiter abzusichern und zum anderen kann der unlautere Bieter ausschließlich „Wunschkonkurrenten" benennen, gegen die es ihm ein leichtes ist, sich durchzusetzen.

a) Vertikale Einflußnahme als Ergänzung einer Submissionsabsprache

Haben sich mehrere potentielle Bieter zu einem Submissionskartell zusammengeschlossen, so kann zusätzlich auf einen Bediensteten der Vergabestelle dahingehend Einfluß genommen werden, daß dieser ausschließlich Kartellmitglieder zum Angebot auffordert.[100]

A, B und C haben eine Absprache getroffen, wonach C den nächsten Auftrag der Stadt F zu einem von ihm festzusetzenden Preis bekommen soll. C wirkt auf den für die Vorbereitung der Ausschreibung zuständigen S ein, damit dieser gegen Zahlung eines Schmiergelds zur Teilnahme an der beschränkten Ausschreibung nur A, B und ihn selbst auffordert. A und B geben abredegemäß nur Scheinangebote ab, C erhält deshalb auf sein Angebot den Zuschlag.

(1) Eingehungsbetrug zu Lasten des Ausschreibenden

(a) Irrtumserregung durch Täuschung

Da wir es hier mit einem Fall horizontaler Einflußnahme zu tun haben, begehen die kartellierten Bieter mit Angebotsabgabe zumindest konkludent eine Täuschung darüber, daß ein echtes Wettbewerbsangebot eingereicht wird.[101] Weiterhin wird konkludent verheimlicht, daß der Wettbewerb noch zusätzlich durch das Zusammenwirken mit einem Bediensteten der Vergabestelle völlig ausgeschaltet wurde. Auch bezüglich dieser Tatsache wird durch Angebotsabgabe (konkludent) getäuscht.

---

[100] Ähnliche Vorgehensweisen nennt auch *Schaupensteiner*, ZRP 1993, 251.

[101] Siehe oben C.II.2.b. und c.

Jede Einflußnahme auf den freien Wettbewerb, der die Grundlage jeder Ausschreibung darstellt, ist für den Ausschreibenden so wesentlich, daß kaum anzunehmen ist, er mache sich diesbezüglich keinerlei Vorstellungen, mit der Folge, daß ein Irrtum abzulehnen wäre.[102] Regelmäßig wird ein aktuelles Bewußtsein zumindest in Form eines sachgedanklichen Mitbewußtseins oder eines „Bewußtseins am Rande“[103] bezüglich eines unverfälschten Wettbewerbs, also eine positive Fehlvorstellung hierüber vorliegen, wenn scheinbar normale Wettbewerbsangebote abgegeben werden und der Ausschreibende nicht bemerkt, daß diese auf (vertikaler und horizontaler) Manipulation beruhen.

(b) Vermögensverfügung und -schaden

Auch hier hängt die Bejahung einer Verfügung und eines Schadens davon ab, ob durch den Zuschlag unmittelbar eine Vermögensminderung beim Ausschreibenden eintritt. Da es sich hier im Kern um den Fall einer Submissionsabsprache handelt, gilt auch hier das oben Gesagte,[104] d.h. es kann allein anhand von Indizien versucht werden, eine Überhöhung des Nullpreises gegenüber dem hypothetischen Wettbewerbspreises festzustellen.[105]

Einzige Besonderheit dieser Sachverhaltskonstellation besteht darin, daß zusätzlich zu den sonstigen Indizien ein weiteres aussagekräftiges Indiz hinzutritt: Die vertikale Einflußnahme durch Zusammenwirken mit dem Angestellten der Vergabestelle kann nur dadurch erklärt werden, daß das Kartell sich gegenüber einer Unterbietung durch einen Außenseiter absichern will, d.h., daß die Kartellteilnehmer dadurch zeigen, daß sie es selbst für möglich und wahrscheinlich halten, daß der hypothetische Wettbewerbspreis unter dem Nullpreis liegt und sie die vertikale Einflußnahme zur Absicherung eines überhöhten Preisniveaus benötigen.

Aus diesem Grund spricht die zusätzliche vertikale Manipulation stark für eine Überhöhung des Nullpreises gegenüber einem hypothetischen Wettbewerbspreis. Von den Umständen des Einzelfalls abhängig ist, ob die „Schmiergeldzahlung“ an den Bediensteten der Vergabestelle als Schadensindiz besondere Bedeutung erlangt. Zwar ließe sich grundsätzlich wie bei den Ausgleichszahlungen unter den Absprachteilnehmern[106] argumentieren, daß

---

[102] Sog. „ignorantia facti“; vgl. z.B. RGSt 42, 40; BGHSt 2, 325; *Blei*, Strafrecht II, § 61 II 1; *Heimann-Trosien*, JZ 1976, 552.

[103] Siehe dazu schon oben C.II.3.

[104] Vgl. C.II.4. und 5.

[105] So auch KG ZIP 1992, 1109, 1111.

[106] Siehe oben C.II.5.i.(5).(c).

die Kosten für die „Schmiergeldzahlung“ in den Angebotspreis eingerechnet werden müssen, so daß ohne die vertikale Manipulation günstiger hätte kalkuliert werden können.[107] Da aber bereits oben aufgezeigt wurde, daß die Indizwirkung umso größer ist, je höher die Ausgleichszahlung im Verhältnis zum Gesamtwert des Auftrags ist, kann aus *relativ unbedeutenden* Schmiergeldzahlungen noch kein Schluß auf eine Vermögensminderung gezogen werden. Etwas anderes gilt aber dann, wenn *erhebliche Schmiergeldbeträge* im Spiel sind.[108] Von diesen geht eine starke Indizwirkung aus.[109]

(2) Erfüllungsbetrug zu Lasten des Ausschreibenden

Daneben kommt – wie bei den sonstigen Fällen von Submissionsabsprachen auch – ein Erfüllungsbetrug aufgrund baupreisrechtlicher Konstruktion[110] sowie aufgrund von Verheimlichung eines c.i.c.-Anspruches des Ausschreibenden[111] in Betracht.[112] Auch die Vereinbarung einer Vertragsstrafe kann für die Konstruktion eines Erfüllungsbetrugs herangezogen werden.[113]

(3) Betrug zu Lasten eines Konkurrenten

Ein Betrug in Richtung auf einen Konkurrenten kann in diesen Fällen nicht angenommen werden, da völlig offen ist, wer überhaupt geschädigt sein könnte. Erforderlich wäre ein Bieter, der eine hinreichend konkrete Aussicht auf den Zuschlag hätte. Bei einer beschränkten Ausschreibung kann dies aber nur ein Bieter sein, der zur Angebotsabgabe aufgefordert worden ist. Da die Manipulation hier aber bewirkt, daß nur Kartellmitglieder an der Ausschrei-

---

[107] So jetzt KG ZIP 1992, 1109, 1111.

[108] Zur Höhe von Schmiergeldzahlungen vgl. einerseits *Schaupensteiner*, ZRP 1993, 251, der 3–5%, bei Großaufträgen 1,5–2% der Auftragssumme als üblich nennt. *Herbig*, VerwArch. 1989, 382 ff. gibt andererseits einige Beispiele für relativ geringe Zuwendungen, wie z.B. die kostenlose Bewirtung mit Rippchen und Kraut zu besonderen Anlässen; im Münchener Schmiergeldskandal erhielt ein Regierungs-Oberamtsrat für seine „Hilfestellungen“ regelmäßig 2% der Nettoauftragssumme, SZ Nr. 135 v. 16.6.1993, S. 46.

[109] So auch *Kramm*, JZ 1993, 424; zutreffend daher i.E. auch KG ZIP 1992, 1109, 1111, das als Indiz für einen Schaden die beachtlichen „Provisionen“ in Höhe von 1–3% der Auftragssumme heranzieht.

[110] Siehe oben C.III.1.

[111] Siehe oben C.III.2.

[112] Auch KG ZIP 1992, 1109, 1111 verweist auf die parallelen Erfüllungsbetrugskonstruktionen wie bei Fällen reiner Submissionsabsprachen.

[113] Siehe dazu oben C.III.3.

bung teilnehmen, kommt ein Betrug zu Lasten eines Bieters nicht in Betracht.

b) Vertikale Einflußnahme durch ausschließliche Angebotsaufforderung von „Wunschkonkurrenten“

Soll eine vertikale Einflußnahme nicht dazu dienen, ein Submissionskartell abzusichern, so kann ein potentieller Bieter dadurch Einfluß auf seine Zuschlagschance nehmen, daß er durch Bestechung eines Angestellten der Vergabestelle erreicht, daß nur solche Anbieter zum Angebot aufgefordert werden, die für den unlauteren Bieter keine „echte Konkurrenz“ darstellen. Dies kann zum einen deshalb der Fall sein, weil diese Bieter so leistungsschwach sind, daß sie nur zu einem hohen Preis anbieten können. Zum anderen besteht die Möglichkeit, daß sie derzeit ausgelastet sind, ihr Interesse, diesen Auftrag zu erhalten, dementsprechend gering ist und sie nur deshalb teilnehmen werden, um bei der Vergabestelle „im Gespräch“ zu bleiben.[114]

Dies verdeutlicht folgendes Beispiel: Anbieter C möchte den durch beschränkte Ausschreibung zu vergebenden Auftrag der Stadt F unbedingt erhalten. Er spricht sich deshalb mit dem Stadtbediensteten S ab, damit dieser nur den bekanntermaßen leistungsschwachen A sowie den derzeit durch anderweitige Aufträge völlig ausgelasteten B zur Angebotsabgabe auffordert. A kann nur ein unwirtschaftliches Angebot (1,5 Mio. DM) abgeben, B hat kein Interesse am Auftrag, möchte sich aber durch Nichtteilnahme nicht seine Chancen für zukünftige Aufträge abschneiden und reicht deshalb ein bewußt hohes Angebot (1,4 Mio. DM) ein. C's Angebot (1,1 Mio. DM) erhält plangemäß den Zuschlag.

(1) Eingehungsbetrug zu Lasten des Ausschreibenden

(a) Irrtumserregung durch Täuschung

Wie bei der eben besprochenen Fallgestaltung, erklärt auch hier der unlautere Bieter durch seine Angebotsabgabe konkludent, keinen Einfluß auf den der Ausschreibung zugrundeliegenden freien Wettbewerb genommen zu haben. Da C und S durch ihre Manipulation einen echten Wettbewerb aber gar nicht haben aufkommen lassen, wird der Ausschreibende getäuscht und so ein Irrtum über eine zuschlagsrelevante Tatsache bei ihm erregt.

[114] Zu diesem Motiv siehe schon oben C.I.3.

(b) Vermögensverfügung und -schaden

Auch hier kann eine Überhöhung des Angebotspreises des C gegenüber dem hypothetischen Wettbewerbspreis nur über einen Indizienbeweis nachgewiesen werden. Da bei dieser Sachverhaltskonstellation aber kein Kartell vorliegt, sind die im ersten Teil der Arbeit untersuchten Indizien zum größten Teil nicht heranziehbar. Einzig die „Aufhebung der Intransparenz des Marktes auf Anbieterseite“[115] kann auch hier Indizwirkung entfalten, da sich der unlautere Bieter durch die vertikale Manipulation *vollständige* Gewißheit über die Identität seiner Konkurrenten verschafft und so die Intransparenz *vollständig* aufgehoben ist, so daß er keinem Preisdruck bei seiner Angebotskalkulation mehr unterliegt. In der völligen Ausschaltung der Intransparenz liegt also ein brauchbares Indiz für einen Schaden des Ausschreibenden.

Darüber hinaus kann der Tatsache der vertikalen Einflußnahme selbst Indizwirkung zukommen, da sie zeigt, daß der unlautere Bieter mit seinem Angebot den echten Wettbewerb fürchten muß. Wie sonst ließe sich erklären, daß er zusätzliche Kosten für Schmiergelder aufwendet und insbesondere, daß er das Risiko einer Bestrafung nach §§ 333 f. StGB bzw. § 12 I UWG[116] auf sich nimmt? Daher stehen dem Nachweis eines Schadens und folglich der Annahme eines Eingehungsbetrugs keine unüberwindbaren Schwierigkeiten entgegen.

(2) Erfüllungsbetrug zu Lasten des Ausschreibenden

Auch hier ist u.U. weiterhin ein Erfüllungsbetrug wegen Verheimlichung eines c.i.c.-Anspruchs bzw. eines Anspruchs aus einer entsprechend ausgestalteten Vertragsstrafenabrede[117] möglich. Die baupreisrechtliche Konstruktion kann bei nur vertikalen Manipulationen nicht herangezogen werden, da die automatische Reduzierung des Vertragspreises auf den Selbstkostenfestpreis nach § 7 VO PR 1/72 nur im Falle von Submissionsabsprachen erfolgt.[118]

---

[115] Siehe oben C.II.5.i.(5).(g).

[116] Dazu vgl. oben D.I.3.

[117] Vgl. oben C.III.2. und 3.

[118] Vgl. auch *Hereth/Crome*, Erl. zu § 7 Satz 1 der Baupreisverordnung, 2.

(3) Betrug zu Lasten eines Konkurrenten

Diese Betrugsrichtung kommt aus denselben Gründen wie bei der vertikalen Manipulation zur Ergänzung von Submissionsabsprachen[119] nicht in Betracht, da nicht erkennbar ist, welcher konkrete Konkurrent geschädigt sein soll. Wer kein Angebot abgeben konnte, hatte unter den konkreten Umständen des Falles keine Möglichkeit, den Zuschlag zu bekommen, so daß ihm keine vermögenswerte Exspektanz zustehen konnte.

Aber auch zu Lasten eines *anderen Teilnehmers* an der Ausschreibung ist ein Betrug auszuschließen. Voraussetzung wäre nämlich, daß einem der Mitbieter ursprünglich eine vermögenswerte Exspektanz zugestanden hätte, die ihm dann durch eine täuschungsbedingte Verfügung genommen worden wäre. In diesen Fällen verhindert der Manipulierende aber bereits *von Anfang an*, daß einem der Mitbieter eine vermögenswerte Exspektanz zukommt, da nach der von ihm beeinflußten Submission der Zuschlag nur ihm zufallen kann. Keinem der Mitbieter stand also je eine vermögenswerte Zuschlagsaussicht zu, um die sie hätten betrogen werden können.

2. Einflußnahme auf die Erstellung des Leistungsverzeichnisses

Als letzte Form der vertikalen Manipulation soll die Zusammenarbeit eines unlauteren Bieters mit einem mit der Erstellung des Leistungsverzeichnisses Betrauten untersucht werden, wobei sie das Ziel verfolgen, dem unlauteren Bieter durch Einfügung von *„Luftpositionen"* einen Kalkulationsvorteil zu verschaffen.[120]

Zur Verdeutlichung soll folgender Beispielsfall dienen: S soll ein Leistungsverzeichnis für einen von der Stadt F durch öffentliche Ausschreibung zu vergebenden Bauauftrag erstellen. Mit dem hieran sehr interessierten Unternehmer C spricht sich S dahingehend ab, daß S – für ein „Entgelt" – in das Leistungsverzeichnis einen Posten für umfangreiche Sprengungen von felsigem Untergrund aufnimmt, wohingegen der Baugrund keinerlei Felsuntergrund aufweist. Die Bieter A und B, die von der Notwendigkeit von Sprengungen ausgehen, kalkulieren 20.500 DM bzw. 21.000 DM für die Sprengkosten ein. A's Angebot beläuft sich daher insgesamt auf 251.000 DM, das des B auf 257.000 DM. C, der weiß, daß Sprengungen nicht erforderlich sein werden, kann deshalb ein günstigeres Angebot von 241.000 DM abgeben, worauf ihm der Zuschlag erteilt wird.

---

[119] Siehe oben D.III.1.a.(3).

[120] Näher dazu oben D.I.2.a.(1); vgl. dazu die Taktik der Angeklagten im zweitgrößten Schmiergeldprozeß in der Münchener Elektrobranche, SZ Nr. 159 v. 14.7. 1993, S. 36.

a) Eingehungsbetrug zu Lasten des Ausschreibenden

(1) Irrtumserregung durch Täuschung

Wie bereits in den vorhergehenden Fallgestaltungen festgestellt, erklärt ein Bieter mit Angebotsabgabe konkludent, ein echtes Wettbewerbsangebot abzugeben, also den Wettbewerb nicht entgegen den allgemeinen Ausschreibungsregeln beeinflußt zu haben. Der unlautere Bieter (C) legt aber in Wirklichkeit nicht dasselbe Leistungsverzeichnis wie seine Konkurrenten zugrunde, da er weiß, welcher Posten eine „Scheinnummer" darstellt. Damit ist die Kalkulationsgrundlage des unlauteren Bieters eine andere als die offizielle, die auch die Konkurrenten zugrundelegen müssen. Er gibt damit ein Angebot ab, das auf einem durch die unlautere Zusammenarbeit mit S erzielten Kalkulationsvorteil beruht, so daß darin kein echtes Wettbewerbsangebot gesehen werden kann. Reicht er sein Angebot ein, täuscht er damit konkludent vor, er habe die Wettbewerbsregeln der Ausschreibung eingehalten und folglich ein echtes Wettbewerbsangebot abgegeben. Über diese ausschreibungswesentliche Tatsache irrt der Ausschreibende.

(2) Vermögensverfügung und -schaden

Der Zuschlag hat die Funktion einer Vermögensverfügung, wenn er unmittelbar zu einer Vermögensminderung und schließlich zu einem Schaden beim Ausschreibenden führt. Für die Schadensberechnung ausschlaggebend ist die Differenz zwischen dem durch die Manipulation beeinflußten Zuschlagspreis und dem hypothetischen Wettbewerbspreis, also dem günstigsten Angebotspreis, wie er bei unverfälschtem Leistungsverzeichnis abgegeben worden wäre.

Im Gegensatz zu den bereits besprochenen Sachverhaltsgestaltungen, bei denen der Schadensnachweis von einem kaum bestimmbaren hypothetischen Wettbewerbspreis abhängt, läßt sich hier über den Schaden eine exakte Aussage treffen und ein Eingehungsschaden ohne größere Schwierigkeiten feststellen: Aus jedem abgegebenen Angebot ist der Gesamtpreis sowie der Preis für die „Luftnummer" ersichtlich. Daher kann jedes Angebot „bereinigt" werden, indem der (regelmäßig existierende Markt-)Preis für die „Luftnummer" vom Gesamtpreis subtrahiert wird. Der Eingehungsschaden liegt dann in der Differenz zwischen dem Zuschlagspreis und dem günstigsten „bereinigten" Angebot eines lauteren Bieters.

Zur Veranschaulichung soll der Schaden bei obigem Beispielsfall berechnet werden: Das „bereinigte" Angebot des A lautet auf 251.000 DM – 20.500 DM = *230.500 DM*, das des B auf 257.000 DM – 21.000 DM = *236.000 DM*. Damit beträgt der

Schaden der Stadt F 241.000 DM (Zuschlagspreis) – 230.500 DM (günstigstes bereinigtes Angebot) = *10.500 DM*.

b) Erfüllungsbetrug zu Lasten des Ausschreibenden

Darüber hinaus muß der unlautere Bieter in diesen Fällen einen Erfüllungsbetrug begehen, will er vermeiden, daß die Manipulation ans Licht kommt. Eine Inkongruenz zwischen Angebot und Abrechnung kann er nämlich nur vermeiden, wenn er die – in Wirklichkeit nicht erbrachte – Luftposition abrechnet. Damit täuscht er über den Umfang der erbrachten Leistungen. Von einem entsprechenden Irrtum beeinflußt zahlt der Ausschreibende den vollen Betrag und erleidet so einen Schaden in Höhe des Wertes der nicht erbrachten Leistung.

Vorsatz und Bereicherungsabsicht sind unproblematisch.[121]

c) Betrug zu Lasten von Mitbietern

Auch hier scheitert ein Betrug zu Lasten der Mitbieter, da keinem von ihnen je eine vermögenswerte Aussicht auf Zuschlag zugestanden hat. Die Manipulation des Täters greift vielmehr so früh, daß von Anfang an verhindert wird, daß einem der Konkurrenten unter den konkreten Umständen des Falles eine Exspektanz zukommen kann. Die Sachlage entspricht also der bei D.III.1.a.(3) und D.III.1.b.(3).

---

[121] Es handelt sich hierbei aber um eine mitbestrafte Nachtat.

E. Zusammenfassung und Schlußbetrachtungen

Die vorstehenden Untersuchungen haben ergeben, daß es zahlreiche Möglichkeiten gibt, Manipulationen bei Ausschreibungsverfahren als strafbaren Betrug zu erfassen. Die wichtigsten Ergebnisse lassen sich wie folgt zusammenfassen:

1. Trotz mancher Mißstände bei der Auftragsvergabe seitens der Ausschreibenden müssen *Submissionsabsprachen* als strafwürdig und strafbedürftig bewertet werden.

2. Das Hauptproblem der Subsumtion horizontaler Einflußnahmen auf das Vergabeverfahren unter den Straftatbestand des § 263 StGB stellt der Schadensnachweis dar. Ein *Eingehungsschaden des Ausschreibenden* kann nicht durch Vergleich des Zuschlagspreises mit einem „angemessenen" Preis festgestellt werden, sondern es gilt vielmehr zu ermitteln, ob der vertraglich vereinbarte Preis über dem hypothetischen Wettbewerbspreis liegt, also über dem Preis, der sich gebildet hätte, wenn keine Absprachen unter den Bietern getroffen worden wären. Aufgrund geeigneter *Indizien* läßt sich in einer Vielzahl der Fälle eine Aussage darüber treffen, ob der hypothetische Wettbewerbspreis unter dem Zuschlagspreis gelegen hätte, so daß ein Betrugsschaden bejaht werden kann. Problematisch gestaltet sich allerdings die Bezifferung der genauen Schadenshöhe, die für die Strafzumessung von erheblicher Bedeutung ist. Eine „Schätzung" dieser Größe ist nur in dem Sinn zulässig, daß das Tatgericht aufgrund von Indizien den Schluß auf einen bestimmten Schadensbetrag zieht. Da sich allerdings nur selten entsprechende Indiztatsachen finden werden, wird dies häufig dazu führen, daß keine angemessene Strafe verhängt werden kann.

3. Darüber hinaus kann ein *Erfüllungsschaden* über die Vorschriften des *Baupreisrechts* hergeleitet werden. Danach reduziert sich im Falle einer Submissionsabsprache der vereinbarte Vertragspreis automatisch auf den Selbstkostenfestpreis, der regelmäßig über dem Zuschlagspreis liegen wird. Zahlt der Ausschreibende in Erfüllung des Vertrages gleichwohl den vollen vereinbarten Preis, erleidet er einen Schaden. Diese Lösung ist allerdings auf den Anwendungsbereich des Baupreisrechts beschränkt und weist zumindest für in der Vergangenheit liegende Sachverhalte den Nachteil auf, daß Täter sich häufig auf einen Tatbestandsirrtum werden berufen können.

4. Ein Schaden des Ausschreibenden läßt sich weiterhin in einem ihm durch das Verhalten des Herausgestellten verheimlichten *c.i.c.-Schadenser-*

satzanspruchs sehen. Aufgrund der von der Zivilrechtsprechung für vergleichbare Fälle aufgestellten Grundsätze wird dem Ausschreibenden vor den Zivilgerichten der Schadensnachweis als Voraussetzung für einen Schadensersatzanspruch aus c.i.c., der auf „Vertragsanpassung" gerichtet ist, erleichtert, indem zu seinen Gunsten Beweiserleichterungen eingreifen und ein subjektivierter Schadensbegriff angewandt wird. Dies führt dazu, daß ein Schadensersatzbegehren vor den Zivilgerichten relativ leicht durchsetzbar sein wird, so daß diesem Ersatzanspruch wirtschaftlicher Wert und damit Vermögenswert auch im strafrechtlichen Sinne zukommen wird. Durch die Verheimlichung der Voraussetzungen dieses c.i.c.-Anspruchs wird dieser schadensgleich gefährdet, wenn der Ausschreibende in Erfüllung des Vertrages den vollen vereinbarten Preis zahlt. Auch dieser Lösung begegnet bezüglich in der Vergangenheit liegender Sachverhalte der mögliche Einwand eines Tatbestandsirrtums.

5. Schließlich hat es der Ausschreibende selbst, durch entsprechende Ausgestaltung der Ausschreibungsbedingungen in der Hand, zu einem vereinfachten Schadensnachweis beizutragen. Das Zivilrecht steht einer formularmäßigen Vereinbarung einer *Vertragsstrafe* für den Fall, daß über eine Beteiligung an einer Submissionsabsprache nicht aufgeklärt wird, grundsätzlich nicht im Wege; allerdings sind gewisse inhaltliche Grenzen zu beachten. Verwirkt das herausgestellte Submissionskartellmitglied die Vertragsstrafe und bezahlt der Ausschreibende den vollen Vertragspreis in Unkenntnis seiner Forderung gegen den Vertragspartner, erleidet er einen Schaden durch schadensgleiche Gefährdung dieses Anspruchs.

6. Im allgemeinen weniger problematisch ist die Subsumtion *vertikaler Manipulationen* unter den Betrugstatbestand. Die Schwierigkeit besteht hier hauptsächlich in der Vielgestaltigkeit der möglichen Taktiken der Täter. Dient eine vertikale Einflußnahme auf das Vergabeverfahren der Ergänzung einer Submissionsabsprache, so liegen die rechtlichen Probleme parallel zu denjenigen bei rein horizontalen Manipulationen. Im übrigen variieren je nach Art der Manipulation auch die bei der strafrechtlichen Beurteilung auftretenden Fragen. Im Ergebnis läßt sich aber feststellen, daß vertikale Manipulationen regelmäßig strafbar nach § 263 StGB sind, sei es als Betrug zu Lasten des Ausschreibenden, sei es als solcher zu Lasten eines Mitbieters.

Damit bietet der § 263 StGB weitreichende Möglichkeiten, Manipulationen bei Auftragsvergaben durch Ausschreibungen zu bestrafen. Ob der Betrugstatbestand zum gängigen Instrumentarium der Gerichte in diesen Fällen werden wird, hängt zum einen davon ab, inwieweit Staatsanwaltschaften und Gerichte einer umfassenden Aufklärung der einschlägigen Sachverhalte in dieser Hinsicht, insbesondere durch Teileinstellungen und Verständigungen der Verfahrensbeteiligten über den Verfahrensausgang aus dem Weg gehen werden und zum anderen, inwieweit die Kartellbehörden ihre Augen gegenüber einer umfassenderen Anwendung des § 263 StGB öffnen und so gemäß § 41 I OWiG bei „Anhaltspunkten dafür, daß die Tat eine Straftat ist", einschlägige Fälle an die Staatsanwaltschaften abgeben.[1] Erlangt der Betrugstatbestand auf diese Weise die ihm angemessene Bedeutung, so ist damit gleichzeitig das rechtspolitische Problem gelöst: Die langwierigen Diskussionen um die Schaffung eines Sondertatbestands des Ausschreibungsbetrugs können beendet werden. Ein Tätigwerden des Gesetzgebers ist entbehrlich.

[1] So auch *Kramm*, JZ 1993, 424.

Literaturverzeichnis

Achenbach, Hans: Übungsklausur Strafrecht – Ein phantasiebegabter „Drücker", Jura 1984, 602 ff.

Alsberg, Max / *Nüse*, Karl-Heinz / *Meyer*, Karlheinz: Der Beweisantrag im Strafprozeß, 5. Aufl. Köln u.a. 1983

Alvermann, Michael: Neuausgabe der Verdingungsordnung für Bauleistungen (VOB – Ausgabe 1992), NJW 1993, 1244

Alwart, Heiner: Über die Hypertrophie eines Unikums (§ 265a StGB), JZ 1986, 563 ff.

Arzt, Gunther: Die Strafrechtsklausur, 4. Aufl. München 1984

— Zur Garantenstellung beim unechten Unterlassungsdelikt, JA 1980, 553 ff., 647 ff., 712 ff.

Arzt, Gunther / *Weber*, Ulrich: Strafrecht Besonderer Teil. LH 3, 2. Aufl. Bielefeld 1986

Backmann, Leonhard: Die Abgrenzung des Betrugs von Diebstahl und Unterschlagung, Köln u.a. 1974

Basedow, Jürgen: Preiskalkulation und culpa in contrahendo, NJW 1982, 1030 ff.

Baumann, Jürgen: Über die notwendigen Veränderungen im Bereich des Vermögensschutzes, JZ 1972, 2 ff.

— Der Betrugsschaden beim Submissionsbetrug, Bauwirtschaft 1973, 1517 ff.

— Zum Ärgernis Submissionsabsprachen, in: Festschrift für Dietrich Oehler zum 70. Geburtstag, Köln u.a. 1985, S. 291 ff. (zitiert: Oehler-FS)

— Endlich strafrechtliche Bekämpfung des Submissionsbetruges, NJW 1992, 1661 ff.

Baumann, Jürgen / *Arzt*, Gunther: Kartellrecht und allgemeines Strafrecht, ZHR 1970, 24 ff.

Baumann, Jürgen / *Weber*, Ulrich: Strafrecht Allgemeiner Teil, 9. Aufl. Bielefeld 1985

Baumbach, Adolf / *Hefermehl*, Wolfgang: Wettbewerbsrecht. Gesetz gegen den unlauteren Wettbewerb, Zugabeverordnung, Rabattgesetz und Nebengesetze, 17. Aufl. München 1993

Belke, Rolf: Die Schadenspauschalierung in Allgemeinen Geschäftsbedingungen, DB 1969, 559 ff., 603 ff.

Bergemann-Gorsky, Fritz: Das Verdingungskartell, Berlin 1931

Beulke, Werner: Anmerkung zu BGH v. 7.10.1876 – 2 Ns 98/76, NJW 1977, 1073 f.

— Der praktische Fall – Strafrecht: Der findige Bauunternehmer, JuS 1977, 35 ff.

— Strafprozeßrecht, Heidelberg 1994

Beuthien, Volker: Pauschalierter Schadensersatz und Vertragsstrafe, in: Festschrift für Karl Larenz zum 70. Geburtstag, München 1973 (zitiert: Larenz-FS)

Binding, Karl: Lehrbuch des Gemeinen Deutschen Strafrechts. Besonderer Teil, I. Band, 2. Aufl. Leipzig 1902

Bleckmann, Albert: Europarecht. Das Recht der Europäischen Gemeinschaft, 5. Aufl. Köln u.a. 1990

Blei, Hermann: Strafrecht II. Besonderer Teil, 12. Aufl. München 1983

Blumers, Wolfgang / *Göggerle*, Werner: Handbuch des Verteidigers und Beraters im Steuerstrafverfahren, 2. Aufl. Köln 1989

Bockelmann, Paul: Der Unrechtsgehalt des Betruges, in: Festschrift für Eduard Kohlrausch zum 70. Geburtstag, Berlin 1944 (zitiert: Kohlrausch-FS)

— Zum Begriff des Vermögensschadens beim Betrug, JZ 1952, 461 ff.

— Die Behandlung unvollkommener Verbindlichkeiten im Vermögensstrafrecht, in: Festschrift für Edmund Mezger zum 70. Geburtstag, München / Berlin 1954, S. 363 ff. (zitiert: Mezger-FS)

— Betrug verübt durch Schweigen, in: Festschrift für Eberhard Schmidt zum 70. Geburtstag, Göttingen 1961, S. 437 ff. (zitiert: Eb. Schmidt-FS)

— Strafrecht Besonderer Teil / 1 (Vermögensdelikte), 2. Aufl. München 1982

Böhm, Franz: Ausschreibung und Verdingungskartelle, Kartell-Rundschau 1931, 311 ff.

Brems, Hans: Kartelle und Wettbewerb, in: Hans-Heinrich Barnikel (Hrsg.), Theorie und Praxis der Kartelle, Darmstadt 1972

Broß, Siegfried: Ausgewählte Probleme des Vergabewesens der öffentlichen Hand, VerwArch. 84 (1993), 395 ff.

Broß, Siegfried / *Thode*, Reinhold: Untreue und Betrug am Bau – und deren Bewältigung durch Teile der Justiz?, NStZ 1993, 369 ff.

Bruns, Hans-Jürgen: Strafzumessungsrecht. Gesamtdarstellung, 2. Aufl. Köln u.a. 1974

— Können ordnungswidrige Preisabsprachen bei öffentlichen Ausschreibungen nach geltendem Recht auch als Betrug mit Kriminalstrafe geahndet werden, NStZ 1983, 385 ff.

Bundeskartellamt: Berichte des Bundeskartellamts über seine Tätigkeit in den Jahren 1985 / 86, BT-Drs. 11 / 554; in den Jahren 1989 / 90, BT-Drs. 12 / 847

Callmann, Rudolf: Der unerlaubte Wettbewerb, 2. Aufl. Mannheim 1932

— Das Deutsche Kartellrecht, Berlin 1934

Canaris, Claus-Wilhelm: Leistungsstörungen beim Unternehmenskauf, ZGR 1982, 395 ff.

Cramer, Peter: Grenzen des Vermögensschutzes im Strafrecht, JuS 1966, 472

— Vermögensbegriff und Vermögensschaden im Strafrecht, Bad Homburg u.a. 1968

— Kausalität und Funktionalität der Täuschungshandlung im Rahmen des Betrugstatbestands, JZ 1971, 415

— Anmerkung zu BGH v. 8.1.1992 – 2 StR 102/91, NStZ 1993, 42 f.

Crome, H.: Ursachen der Kartellbildung in der Bauwirtschaft und Möglichkeiten zu ihrer Beseitigung, BB 1959, 832 ff.

— Weitere Ursachen der Kartellbildung in der Bauwirtschaft mit praktischen Beispielen, BB 1961, 118 ff.

von Czarnowski, Jürgen / *Gutzler*, Helmut / *Hoffmann*, Volker / *Strauch*, Volkmar: Kartelle in der Bauindustrie, in: Freimut Duve (Hrsg.), Technologie und Politik. Aktuell Magazin, Bd. 5, Reinbek bei Hamburg 1976

Daub, Walter / *Eberstein*, Hermann: Kommentar zur VOL / A. Verdingungsordnung für Leistungen – ausgenommen Bauleistungen, Teil A: Allgemeine Bestimmungen für die Vergabe von Leistungen, 3. Aufl. Düsseldorf 1985

Diehl, Heinz: Die Strafbarkeit von Baupreisabsprachen im Vergabeverfahren, BauR 1993, 1 ff.

Dingeldey, Thomas: Das Prinzip der Aussagefreiheit im Strafprozeßrecht, JA 1984, 407 ff.

Dörn, Harald: Schätzung im Steuerstraf- und Besteuerungsverfahren (2. Teil), wistra 1993, 50 ff.

Dreher, Eduard: Das Strafrecht hat seine eigene Methode, GA 1969, 56 ff.

Dreher, Eduard / *Tröndle*, Herbert: Strafgesetzbuch und Nebengesetze, 46. Aufl. München 1993

Duden: Deutsches Universalwörterbuch, hrsg. vom Wissenschaftlichen Rat und den Mitarbeitern der Dudenredaktion unter Leitung von Günther Drosdowski, 2. Aufl. Mannheim u.a. 1989

Dumke, Wolfgang / *Marx*, Thomas: Steuerstrafrecht, Freiburg 1990

Ebisch, Hellmuth / *Gottschalk*, Joachim: Preise und Preisprüfungen bei öffentlichen Aufträgen einschließlich Bauaufträgen, 4. Aufl. München 1977

Eichler, Helmut: Submissionsabsprachen auf dem Bausektor zwischen Verwaltungsunrecht und Strafrecht, BB 1972, 1347 ff.

— Submissionsabsprachen und Betrugstatbestand, Bauwirtschaft 1973, 1039 ff.

Ellscheid, Günther: Das Problem der bewußten Selbstschädigung beim Betrug, GA 1971, 161

Emmerich, Volker: Kartellrecht, 6. Aufl. München 1991

Erlinghagen, Peter / *Zippel*, Klaus: Der „Mehrerlös" als Grundlage der Bußgeldfestsetzung bei Kartellverstößen, DB 1974, 953 ff.

Erman: Handkommentar zum Bürgerlichen Gesetzbuch, hrsg. v. Harm Peter Westermann, 8. Aufl. Münster 1989 (zitiert: Erman-*Bearbeiter*)

Eser, Albin: Die Beeinträchtigung der wirtschaftlichen Bewegungsfreiheit als Betrugsschaden, GA 1962, 289 ff.

— Strafrecht II, 3. Aufl. München 1980

— Strafrecht IV, 4. Aufl. München 1983

Feber, Andreas: Schadensersatzansprüche bei der Auftragsvergabe nach VOB/A, Düsseldorf 1987

— Schadensersatzansprüche aus culpa in contrahendo bei VOB/A-Verstößen öffentlicher Auftraggeber, BauR 1989, 553 ff.

Fezer, Gerhard: Strafprozeßrecht I, München 1986

Fikentscher, Wolfgang: Horizontale Wettbewerbsbeschränkungen und Verträge mit Dritten, BB 1956, 793 ff.

— Schuldrecht, 8. Aufl. Berlin/New York 1992

Foth, Heinrich: Betrug und illegales Rechtsgeschäft, GA 1966, 33 ff.

Frank, Reinhard: Strafgesetzbuch, 18. Aufl. Tübingen 1931

Franzen, Karlheinz: Die Strafbarkeit und Strafwürdigkeit von Submissionskartellen und Bietungsabkommen, Diss. Köln 1970

Franzheim, Horst: Zur Strafbarkeit des Komplicen- und Dirnenlohnbetruges. Ein Beitrag zum Begriff des Vermögensschadens, GA 1960, 269 ff.

Gallas, Wilhelm: Der Betrug als Vermögensdelikt, in: Festschrift für Eberhard Schmidt zum 70. Geburtstag, Göttingen 1961, S. 401 ff. (zitiert: Eb. Schmidt-FS)

Gandenberger, Otto: Die Ausschreibung, Heidelberg 1961

Geerds, Detlev: Wirtschaftsstrafrecht und Vermögensschutz, Diss. Bayreuth 1990

— Anmerkung zu BGH v. 8.1.1992 – 2 StR 102/91, DWiR 1992, 120 ff.

Gehm, Volker/*Link*, Martina: Organisierte Kriminalität, Kriminalistik 1992, 491 ff.

Gerhardt, Rudolf: Donnergrollen aus Karlsruhe, Die Zeit Nr. 11 v. 6.3.1992, S. 35

Gerhold, Thomas: Zweckverfehlung und Vermögensschaden, Berlin 1988

Gerland, Heinrich, Deutsches Reichsstrafrecht, 2. Aufl. Berlin/Leipzig 1932

Gernhuber, Joachim: Handbuch des Schuldrechts – Das Schuldverhältnis, Tübingen 1989

Grabitz, Eberhard (Hrsg.): Kommentar zum EWG-Vertrag, München Lbl. Stand 1992

Grebing, Gerhardt: Probleme der Tagessatz-Geldstrafe, ZStW 100 (1988), 1044 ff.

von der Groeben, Hans/*Thiesing*, Jochen/*Ehlermann*, Claus-Dieter: Handbuch des Europäischen Rechts, Baden-Baden, Lbl. Stand Juni 1993

Große Strafrechtskommission: Niederschriften über die Sitzungen. 8. Band: Besonderer Teil, 76.–90. Sitzung, Bonn 1959 (zitiert: NdschrStrKomm.)

Grünwald, Gerald: Der Vorsatz des Unterlassungsdelikts, Festschrift für Hellmuth Meyer zum 70. Geburtstag, Berlin 1966, S. 281 ff. (zitiert: Hellmuth Meyer-FS)

Günther, Hans-Ludwig: Die Genese eines Straftatbestandes. Eine Einführung in Fragen der Strafgesetzgebungslehre, JuS 1978, 8 ff.

Gutmann, Alexander: Der Vermögensschaden beim Betrug im Licht der neueren höchstrichterlichen Rechtsprechung (I), MDR 1963, 3 ff.

Hack, Christoph: Probleme des Tatbestandes Subventionsbetrug, Berlin 1982

Haft, Fritjof: Strafrecht Besonderer Teil, 4. Aufl. München 1991

Hahn, Carl: Die gesamten Materialien zu den Reichs-Justizgesetzen. Band 3: Materialien zur Strafprozeßordnung, Abt. 1, 2. Aufl. Berlin 1885

Hahn, Ubbo: Haftung aus „culpa in contrahendo" bei der Vergabe im Baurecht, BauR 1978, 426 ff.

Hammer: Schätzung und Indizienbeweis, Deutsche Steuer-Zeitung 1958, 193 ff.

Hansen, Uwe: Die subjektive Seite der Vermögensverfügung beim Betrug, MDR 1975, 533 ff.

Hardwig, Werner: Lehre vom Betrug, GA 1956, 6 ff.

Hassemer, Winfried: Anmerkung zu OLG Frankfurt a.M. v. 24.7.1989 – 1 Ws 211/88, JuS 1990, 669 ff.

— Anmerkung zu BGH v. 8.1.1992 – 2 StR 102/91, JuS 1992, 616 f.

Hefendehl, Roland: Die Submissionsabsprache als Betrug – ein Irrweg! BGHSt 38, 186, JuS 1993, 805 ff.

Heiermann, Wolfgang / *Riedl*, Richard / *Rusam*, Martin / *Schwaab*, Fritz: Handkommentar zur VOB, Teile A und B, 5. Aufl. Wiesbaden / Berlin 1989

Heimann-Trosien, Georg: Zur strafrechtlichen Beurteilung des Scheckkartenmißbrauchs, JZ 1976, 549 ff.

Heinitz, E.: Anmerkung zu BGH v. 20.2.1968 – 5 StR 694/67, JR 1968, 387 f.

Heinrichs, Helmut: Die EG-Richtlinie über mißbräuchliche Klauseln in Verbraucherverträgen, NJW 1993, 1817 ff.

Herbig, Gottfried: Korruptionsfälle in der Stadtverwaltung Frankfurt. Situationsbericht und Gegenstrategie, VerwArch. 80 (1989), 381 ff.

Herbst, Hans-Jürgen: Wettbewerb und Wettbewerbsbeschränkungen bei Ausschreibungen. Der Markt für Tiefbauleistungen als Beispiel, Köln u.a. 1965

Herdegen, Gerhard: Bemerkungen zur Beweiswürdigung, NStZ 1987, 193 ff.

Hereth, Franz / *Crome*, Hermann: Baupreisrecht, 3. Aufl. München 1973

Heuser, Uwe Jean: Preise von der Kaffeetafel, Die Zeit Nr. 11 v. 6.3.1983, S. 35

Hiddemann, Hans-Joachim: Leistungsstörungen beim Unternehmenskauf, ZGR 1982, 435 ff.

Hirschberg, Rudolf: Der Vermögensbegriff im Strafrecht, Berlin 1934

Hoppenz, Rainer: Die dogmatische Struktur des Betrugstatbestands, dargestellt an Hand der Fälle der Erschleichung von Aktien im Rahmen der Privatisierung von Bundesvermögen, Diss. Freiburg 1968

Immenga, Ulrich / *Mestmäcker*, Ernst-Joachim: Kommentar zum GWB, 2. Aufl. München 1992 (zitiert: I/M-*Bearbeiter*)

Ingenstau, Heinz / *Korbion*, Hermann: VOB Teile A und B, Kommentar, 12. Aufl. Düsseldorf 1993

Jaath, Karl-Ernst: Empfiehlt sich die Schaffung eines strafrechtlichen Sondertatbestandes zum Ausschreibungsbetrug?, in: Festschrift für Karl Schäfer zum 80. Geburtstag, Berlin / New York 1980, S. 89 ff. (zitiert: Schäfer-FS)

Jäckle, Wolfgang: Die Haftung der öffentlichen Verwaltung aus culpa in contrahendo im Licht der oberinstanzlichen Rechtsprechung, NJW 1990, 2520 ff.

Jakobs, Günther: Strafrecht Allgemeiner Teil, 2. Aufl. Berlin / New York 1991

Jescheck, Hans-Heinrich: Lehrbuch des Strafrechts, Allgemeiner Teil, 4. Aufl. Berlin 1988

Joecks, Wolfgang: Zur Vermögensverfügung beim Betrug, Köln 1982

— Zur Schadensfeststellung beim Submissionsbetrug, wistra 1992, 247 ff.

Kantzenbach, Erhard: Die Funktionsfähigkeit des Wettbewerbs, 2. Aufl. Göttingen 1967

Karrte, Wolfgang / *von Portatius*, Alexander: Kriminalisierung des Kartellrechts, BB 1975, 1169 ff.

Klages, Heinrich: Submissionskartelle, Stuttgart 1932

Klein, Hermann / *Witzel*, Friedmann: Das Recht der öffentlichen Auftragsvergabe, Koblenz 1987

Kleine-Möller, Nils / *Merl*, Heinrich / *Oelmaier*, Winfried: Handbuch des privaten Baurechts, München 1992

Kleinknecht, Theodor / *Meyer*, Karlheinz: Strafprozeßordnung, fortgef. von Lutz Meyer-Goßner, 40. Aufl. München 1991

Klimm, Joachim: Optimale Gebote bei Ausschreibungen, Frankfurt a.M. /Bern 1982

Knöpfle, Robert: Wege und Irrwege der kartellrechtlichen Preismißbrauchsaufsicht, DB 1981, 1129 ff., 1184 ff.

Kohlmann, Günther / *Brauns*, Uwe: Zur strafrechtlichen Erfassung der Fehlleitung öffentlicher Mittel, Wiesbaden 1979

Kohlrausch, Eduard / *Lange*, Richard: Strafgesetzbuch, 43. Aufl. Berlin 1961

Korbion, Hermann / *Hochstein*, Reiner: Der VOB-Vertrag, Handbuch zum System der VOB-Vertragsbedingungen, 5. Aufl. Düsseldorf 1991

Kramm, Dietrich: Anmerkung zu BGH v. 8.1.1992 – 2 StR 102/91, JZ 1993, 422 ff.

Krey, Volker: Strafrecht Besonderer Teil. Band 2: Vermögensdelikte, 8. Aufl. Stuttgart u.a. 1991

Kromik, Wolfgang / *Schwager*, Eberhard / *Noss*, Friedhelm: Das Recht der Bauunternehmung. Handbuch für die tägliche Praxis, Wiesbaden / Berlin 1987

Kühne, Hans H.: Geschäftstüchtigkeit oder Betrug? Wettbewerbspraktiken im Lichte des § 263 StGB, Kehl am Rhein 1978

Lackner, Karl: StGB – Strafgesetzbuch mit Erläuterungen, 20. Aufl. München 1993

Lampe, Ernst-Joachim: Ingerenz oder dolus subsequens, ZStW 72 (1960), 93 ff.

Lampe-Helbig, Gudrun / *Zeit*, Christiane: Die Anwendung der zivilrechtlichen Haftung aus culpa in contrahendo auf die Vergabe von Bauleistungen nach der VOB / A durch die öffentliche Hand, BauR 1988, 659 ff.

Langen, Eugen / *Niederleithinger*, Ernst / *Ritter*, Lennart / *Schmidt*, Ulrich: Kommentar zum Kartellgesetz, begr. v. Eugen Langen, 6. Aufl. Neuwied / Darmstadt 1982

Larenz, Karl: Methodenlehre der Rechtswissenschaft, 5. Aufl. Berlin u.a. 1983

— Lehrbuch des Schuldrechts. Erster Band: Allgemeiner Teil, 14. Aufl. München 1987

Leipziger Kommentar: Strafgesetzbuch, hrsg. v. Heinrich Jagusch und Edmund Mezger u.a., 8. Aufl. Berlin 1958 (zitiert: LK^8-*Bearbeiter*)

Leipziger Kommentar: Strafgesetzbuch, hrsg. v. Hans-Heinrich Jescheck, Wolfgang Ruß und Günther Willms, 10. Aufl. Berlin / New York 1978 ff. (zitiert: LK-*Bearbeiter*)

Leitzinger, Helmut: Submission und Preisbildung, Köln / Berlin / Bonn / München 1988

Lenckner, Theodor: Vertragswert und Vermögensschaden beim Betrug des Verkäufers, MDR 1961, 652 ff.

— Zum Problem des Vermögensschadens (§§ 253, 263 StGB) beim Verlust nichtiger Forderungen, JZ 1967, 105 ff.

— Vermögensschaden und Vermögensgefährdung beim sog. Eingehungsbetrug, JZ 1971, 320 ff.

— Anmerkung zu BayObLG v. 17.12.1973 - RReg 7 St 233 / 73, JR 1974, 337 ff.

Liefmann, Robert: Kartelle, Konzerne und Trusts, 7. Aufl. Stuttgart 1927

Lindacher, Walter: Phänomenologie der „Vertragsstrafe“, Frankfurt a.M. 1972

— Zulässigkeit und Schranken des Ausbedingens und Forderns von Vertragsstrafen zur Bekämpfung von Submissionsabsprachen, ZIP 1986, 817 ff.

Locher, Horst: Das private Baurecht. Kurzlehrbuch, 4. Aufl. München 1988

Locher, Horst / *Blind*, Jörg: Die strafrechtliche Beurteilung von Scheingeboten und Scheinzuschlägen in der Kunstversteigerung, NJW 1979, 2290 ff.

Löffeler, Peter: „In dubio pro reo“ – einheitliche Antwort auf alle Zweifelsfragen?, JA 1987, 77 ff.

Löwe / Rosenberg: Die Strafprozeßordnung und das Gerichtsverfassungsgesetz, hrsg. v. Peter Rieß, 24. Aufl. Berlin / New York 1984 ff. (zitiert: LR-*Bearbeiter*)

Lohmeyer, Heinz: Schatzungen als Schuldnachweis im Steuerstrafverfahren, NJW 1959, 373 ff.

Maaß, Wolfgang: Betrug verübt durch Schweigen, Gießen 1982

Mailänder, K. Peter: Privatrechtliche Folgen unlauterer Kartellpraxis, Karlsruhe 1964

Maiwald, Manfred: Buchbesprechung von: Harro Otto, Die Struktur des strafrechtlichen Vermögensschutzes, Berlin 1970, in: MSchrKrim 1972, 191 ff.

Maurach, Reinhart: Die strafrechtliche Beurteilung des unberechtigten Erwerbes von Volkswagenaktien, NJW 1961, 625 ff.

Maurach, Reinhart / *Gössel*, Karl Heinz / *Zipf*, Heinz: Strafrecht Allgemeiner Teil. Teilband 2: Erscheinungsformen des Verbrechens und Rechtsfolgen der Tat, 7. Aufl. Heidelberg 1989

Maurach, Reinhart / *Schroeder*, Friedrich Christian: Strafrecht Besonderer Teil. Teilband 1: Straftaten gegen Persönlichkeits- und Vermögenswerte, 6. Aufl. Heidelberg / Karlsruhe 1977

Maurach, Reinhart / *Schroeder*, Friedrich Christian / *Maiwald*, Manfred: Strafrecht Besonderer Teil. Teilband 1: Straftaten gegen Persönlichkeits- und Vermögenswerte, 7. Aufl. Heidelberg 1988

Merkel, Adolf: Kriminalistische Abhandlungen. II.: Die Lehre vom strafbaren Betruge, Leipzig 1867

Meyer, Dieter: Zum Problem des Vermögensschadens beim sogenannten „Eingehungsbetrug", MDR 1971, 718 ff.

Mittelbach, Rolf / *Lohmeyer*, Heinz / *Kühr*, Christian (Hrsg.): Handbuch des Abgabenrechts, Neuwied / Frankfurt a.M., Stand: Juni 1992

Möschel, Wernhard: Der Oligopolmißbrauch im Recht der Wettbewerbsbeschränkungen, Tübingen 1974

— Mißbrauchsaufsicht über marktbeherrschende Unternehmen, NJW 1975, 753 ff.

— Zur Problematik einer Kriminalisierung von Submissionsabsprachen, Köln u.a. 1980

Mohrbotter, Kurt: Die Stoffgleichheit beim Betrug, Diss. Göttingen 1965

— Der Bettel-, Spenden- und Subventionserschleichungsbetrug. Ein Beitrag zum modernen Vermögensbegriff, GA 1969, 225 ff.

— Die Anwartschaften im System des Betrugstatbestandes, GA 1971, 321 ff.

Müller, Bernd: Anmerkung zu OLG Stuttgart v. 19.1.1979 - 2 Ss 23/78, JR 1979, 472 ff.

Müller-Gugenberger, Christian (Hrsg.): Wirtschaftsstrafrecht, 2. Aufl. Münster 1992

Müller-Henneberg, Hans / *Schwartz*, Gustav: Gesetz gegen Wettbewerbsbeschränkungen und Europäisches Kartellrecht. Gemeinschaftskommentar, 4. Aufl. Köln u.a. 1982 (zitiert: GK-*Bearbeiter*)

Münchener Kommentar zum Bürgerlichen Gesetzbuch, hrsg. v. Kurt Rebmann und Franz-Jürgen Säcker, Band II, 2. Aufl. München 1979

Nack, Armin: Der Indizienbeweis, MDR 1986, 366 ff.

Naucke, Wolfgang: Zur Lehre vom strafbaren Betrug, Berlin 1964

— Anmerkung zu BGH v. 9.8.1984 - 4 StR 459/84, StV 1985, 187 f.

Neye, Hans-Werner: Untreue im öffentlichen Dienst, Köln 1981

Niederleithinger, Ernst: Kurzkommentar zu BGH v. 8.1.1992 - 2 StR 102/91, EWiR § 263 StGB 1/92, 295 f.

Otto, Harro: Zur Abgrenzung von Diebstahl, Betrug und Erpressung bei der deliktischen Verschaffung fremder Sachen, ZStW 79 (1967), 59 ff.

— Die Struktur des strafrechtlichen Vermögensschutzes, Berlin 1970

— Bargeldloser Zahlungsverkehr und Strafrecht, Köln 1978

— Die strafrechtliche Bekämpfung unlauterer Einflußnahmen auf öffentliche Versteigerungen durch Scheingebote, NJW 1979, 681 ff.

— Bankentätigkeit und Strafrecht, Köln u.a. 1983

— Probleme des Kreditbetrugs, des Scheck- und Wechselmißbrauchs, Jura 1983, 16 ff.

— Die neuere Rechtsprechung zu den Vermögensdelikten, Teile 1 und 2, JZ 1985, 21 ff., 69 ff.

— Die strafrechtliche Bekämpfung unseriöser Geschäftstätigkeit, Lübeck 1990

— Grundkurs Strafrecht. Die einzelnen Delikte, 3. Aufl. Berlin / New York 1991

— Die neue Rechtsprechung zu den Vermögensdelikten, Teile 1 und 2, JZ 1993, 559 ff., 652 ff.

Palandt: Bürgerliches Gesetzbuch, begr. v. Otto Palandt, 52. Aufl. München 1993

Pelchen, Michael: Die Verwertung steuerrechtlicher Schätzungen im Strafverfahren, MDR 1982, 10 ff.

Peters, Karl: Beschränkung der Tatbestände im Besonderen Teil, ZStW 77 (1965), 470 ff.

Pickel, Walter: Anmerkung zu BayObLG v. 4.6.1965 – KB 1 / 1964, WuW / E OLG 750 ff.

Poerting, Peter: Submissionsbetrug – Hintergründe der Preisabsprachen, Wirtschaftskriminalität 1984, 69 f.

Portz, Evelin: Die Einflüsse des Europäischen Binnenmarktes auf das private Baurecht, NJW 1993, 2145 ff.

Portz, Norbert / *Runkel*, Peter: Baurecht für die kommunale Praxis. Planung, Genehmigung und Auftragsvergabe bei Bau- und Sanierungsarbeiten, Berlin 1992

Puppe, Ingeborg: Vermögensverfügung und Vermögensschaden bei Eingehung unwirksamer Verbindlichkeiten, MDR 1973, 12 ff.

Quack, Friedrich: Anmerkung zu BGH v. 8.1.1992 – 2 StR 102/91, BauR 1992, 387 f.

Ranft, Otfried: Grundprobleme des Betrugstatbestandes, Jura 1992, 66 ff.

RGRK: Das Bürgerliche Gesetzbuch mit Berücksichtigung der Rechtsprechung des Reichsgerichts und des Bundesgerichtshofs. Kommentar, Band II, Teil 1, 12. Aufl. Berlin / New York 1975

Riemann, Thomas: Vermögensgefährdung und Vermögensschaden, Heidelberg 1989

Rogall, Klaus: Der Beschuldigte als Beweismittel gegen sich selbst, Berlin 1977

Rosenberg, Leo / *Schwab*, Karl Heinz: Zivilprozeßrecht, 14. Aufl. München 1986

Roxin, Claus: Strafverfahrensrecht, 22. Aufl. München 1991

— Strafrecht Allgemeiner Teil. Band I, München 1992

Roxin, Claus / *Schünemann*, Bernd, Der falsche Kommilitone, JuS 1969, 372

Roxin, Claus / *Schünemann*, Bernd / *Haffke*, Bernhard: Strafrechtliche Klausurenlehre mit Fallrepetitorium, 4. Aufl. Köln u.a. 1982

Roxin, Claus / *Zipf*, Heinz / *Stree*, Walter / *Jung*, Heike: Einführung in das neue Strafrecht, 2. Aufl. München 1975

Samson, Erich: Strafrecht II, 5. Aufl. Frankfurt a.M. 1985

— Strafrecht I, 7. Aufl. Frankfurt a.M. 1988

— Grundprinzipien des strafrechtlichen Vermögensbegriffs, JA 1989, 510 ff.

Schäfer, Gerhard: Die Praxis der Strafzumessung, München 1990

Schaupensteiner, Wolfgang: Submissionsabsprachen und Korruption im öffentlichen Bauwesen, ZRP 1993, 250 ff.

Schelle, Hans / *Erkelenz*, Peter: VOB / A. Alltagsfragen und Problemfälle bei Ausschreibungen und Vergaben von Bauleistungen, Wiesbaden / Berlin 1983

Schlüchter, Ellen: Zweites Gesetz zur Bekämpfung der Wirtschaftskriminalität. Kommentar mit einer kriminologischen Einführung, Heidelberg 1987

Schmid, Reinhard Th.: Der Ausschreibungsbetrug als ein Problem der Strafgesetzgebung, Diss. Tübingen 1982

— Schadensersatzansprüche des Bauherrn bei Submissionsabsprachen, ZIP 1983, 652 ff.

— Die staatliche Reaktion auf Baupreisabsprachen, wistra 1984, 1 ff.

Schmidhäuser, Eberhard: Strafrecht Besonderer Teil, 2. Aufl. Tübingen 1983

Schmidt, Eberhard: Lehrkommentar zur Strafprozeßordnung und zum Gerichtsverfassungsgesetz, Teil II, Göttingen 1957

Schönfeld, Friedrich: Interessenverletzung und Betrugsschaden, JZ 1964, 206 ff.

Schönke / Schröder: Strafgesetzbuch. Kommentar, begründet von Adolf Schönke, fortgef. von Horst Schröder, 17. Aufl. München 1974 (zitiert: S / S^{17})

Schönke / Schröder: Strafgesetzbuch. Kommentar, bearbeitet von Theodor Lenckner, Peter Cramer, Albin Eser, Walter Stree, 24. Aufl. München 1991 (zitiert: S / S-*Bearbeiter*)

Schreiber, Hans-Ludwig / *Beulke*, Werner: Untreue durch Verwendung von Vereinsgeldern zu Bestechungszwecken – BGH, NJW 1975, 1234, JuS 1977, 656 ff.

Schröder, Horst: Anmerkung zu HansOLG v. 6.6.1962 – Ss 355 / 61, JR 1962, 431

— Grenzen des Vermögensschadens beim Betrug, NJW 1962, 721 f.

— Zum Vermögensbegriff bei Betrug und Erpressung, JZ 1965, 513 ff.

— Anmerkung zu BGH v. 26.7.1992 – 2 StR 62 / 72, JZ 1972, 707 ff.

Schünemann, Bernd: Methodenprobleme bei der Abgrenzung von Betrug und Diebstahl in mittelbarer Täterschaft, GA 1969, 46 ff.

— Zur Kritik der Ingerenz-Garantenstellung, GA 1974, 231 ff.

Seelmann, Kurt: Grundfälle zu den Straftaten gegen das Vermögen als Ganzes, JuS 1982, 268 ff., 509 ff.

— Anmerkung zu BGH v. 23.1.1985 – 1 StR 691 / 84, JR 1986, 346 ff.

Seidel, Bernd: Nimmt die Korruption zu?, Kriminalistik 1993, 2 ff.

Seifert, Karl-Heinz / *Hömig*, Dieter: Grundgesetz für die Bundesrepublik Deutschland. Taschenkommentar, 4. Aufl. Baden-Baden 1991

Sennekamp, Michael: Zur Strafbarkeit der Begebung ungedeckter Schecks unter Verwendung der Scheckkarte, BB 1973, 1005 ff.

Soergel: Bürgerliches Gesetzbuch mit Einführungsgesetz und Nebengesetzen, Band 2, 12. Aufl. Stuttgart u.a. 1990 (zitiert: Soergel-*Bearbeiter*)

Sonnen, Rüdiger: Die soziale Zweckverfehlung als Vermögensschaden beim Betrug, JA 1982, 593 f.

Staudinger: Kommentar zum Bürgerlichen Gesetzbuch mit Einführungsgesetz und Nebengesetzen, Buch 2, 12. Aufl. Berlin 1979 (zitiert: Staudinger-*Bearbeiter*)

Stein, Peter-Georg: Submissionsabsprachen auf dem Bausektor zwischen Verwaltungsunrecht und Strafrecht, Bauwirtschaft 1973, 432 ff.

Steinke, Wolfgang: Betrug durch Zeitschriftenwerber, Kriminalistik 1979, 568

Stoll, Hans: Tatbestände und Funktionen der Haftung für culpa in contrahendo, in: Festschrift für Ernst von Caemmerer, Tübingen 1978, S. 435 ff. (zitiert: von Caemmerer-FS)

Stree, Walter: Ingerenzprobleme, Festschrift für Ulrich Klug zum 70. Geburtstag, Band II, Köln 1983, S. 395 ff. (zitiert: Klug-FS)

Streng, Franz: Strafrechtliche Sanktionen, Stuttgart u.a. 1991

Stypmann, Rolf: Methoden zur Feststellung der Steuerverkürzung und Schätzung im Steuerstrafverfahren, wistra 1983, 95 ff.

Systematischer Kommentar zum Strafgesetzbuch, bearbeitet von Hans-Joachim Rudolphi, Eckhard Horn und Erich Samson, Band 2: Besonderer Teil, 5. Aufl. Neuwied / Frankfurt a.M., Lbl. Stand Juni 1991 (zitiert: SK-*Bearbeiter*)

Systematischer Kommentar zur Strafprozeßordnung und zum Gerichtsverfassungsgesetz, bearbeitet von Hans-Joachim Rudolphi, Wolfgang Frisch, Hans-Ullrich Paeffgen, Klaus Rogall, Ellen Schlüchter und Jürgen Wolter, Frankfurt a.M., Lbl. 1986 ff. (zitiert: SK-StPO-*Bearbeiter*)

Thomas, Heinz / *Putzo*, Hans: Zivilprozeßordnung mit Gerichtsverfassungsgesetz und Einführungsgesetzen, 18. Aufl. München 1993

Tiedemann, Klaus: Tatbestandsfunktionen im Strafrecht, Tübingen 1969

— Kartellrechtsverstöße und Strafrecht, Köln 1974

— Der Subventionsbetrug, ZStW 86 (1974), 897 ff.

— Subventionskriminalität in der Bundesrepublik, Reinbek bei Hamburg 1974

— Wettbewerb und Strafrecht, Karlsruhe / Heidelberg 1976

— Wirtschaftsstrafrecht und Wirtschaftskriminalität 2: Besonderer Teil, Reinbek bei Hamburg 1976

— Submissionskartell als Betrug?, ZRP 1992, 149 ff.

Tiedtke, Klaus: Der Inhalt des Schadensersatzanspruchs aus Verschulden beim Vertragsabschluß wegen fehlender Aufklärung, JZ 1989, 569 ff.

Triffterer, Otto: Vermögensdelikte im Bundesligaskandal, NJW 1975, 612 ff.

Tröndle, Herbert: Anmerkung zu OLG Frankfurt a.M. v. 17.2.1977 - 2 Ss 51 / 77, JR 1977, 250 ff.

Tutmann, Theodor: Minderung des Kaufpreises aufgrund von culpa in contrahendo, Hamburg 1982

Unger, Brigitte: Rechtsfragen im Zusammenhang mit der Vergabe öffentlicher Aufträge, BauR 1984, 465 ff.

Volhard, Rüdiger: Schadensbezifferung und Schadensbeweis bei Submissionskartellen, in: Festschrift für Walter Oppenhoff zum 80. Geburtstag, München 1985 (zitiert: Oppenhoff-FS)

— Schadensersatzansprüche bei Preisabsprachen in der neueren Rechtsprechung, in: Festschrift für Alfred-Carl Gaedertz zum 70. Geburtstag, München 1992 (zitiert: Gaedertz-FS)

Vygen, Klaus: Bauvertragsrecht nach VOB und BGB, Handbuch des privaten Baurechts, 2. Aufl. Wiesbaden / Berlin 1991

Wahrig, Gerhard: Deutsches Wörterbuch, Gütersloh / Berlin 1977

Weidemann, Jürgen: Das Kompensationsproblem beim Betrug, Diss. Bonn 1972

Weinmann, Günther: Gesetzgeberische Maßnahmen zur Bekämpfung der Wirtschaftskriminalität, in: Strafrecht, Unternehmensrecht, Anwaltsrecht. Festschrift für Gerd Pfeiffer zum Abschied aus dem Amt als Präsident des Bundesgerichtshofes, Köln u.a. 1988 (zitiert: Pfeiffer-FS)

Welzel, Hans: Vorteilsabsicht beim Betrug, NJW 1962, 20 ff.

— Das deutsche Strafrecht, 11. Aufl. Berlin 1969

Wessels, Johannes: Strafrecht. Allgemeiner Teil: Die Straftat und ihr Aufbau, 22. Aufl. Heidelberg 1992

— Strafrecht. Besonderer Teil – 2: Straftaten gegen Vermögenswerte, 15. Aufl. Heidelberg 1992

Westermann, Harm Peter: Haftung beim Unternehmens- und Anteilskauf, ZGR 1982, 45 ff.

Willemsen, Heinz Josef: Zum Verhältnis von Sachmängelhaftung und culpa in contrahendo beim Unternehmenskauf, AcP 182 (1982), 515 ff.

Wöhe, Günter: Einführung in die Allgemeine Betriebswirtschaftslehre, 17. Aufl. München 1990

Zippelius, Reinhold: Juristische Methodenlehre, 5. Aufl. München 1990